图书在版编目（C I P）数据

承德统计年鉴. 2020 = Chengde Statistical Yearbook 2020 / 承德市统计局，国家统计局承德调查队编. -- 北京 : 中国统计出版社，2021.2
ISBN 978-7-5037-9444-5

Ⅰ. ①承… Ⅱ. ①承… ②国… Ⅲ. ①统计资料—承德—2020—年鉴 Ⅳ. ①C832.223-54

中国版本图书馆 CIP 数据核字(2021)第 014444 号

承德统计年鉴-2020

作　　者/ 承德市统计局　国家统计局承德调查队
责任编辑/ 钟钰
装帧设计/ 秦福有
出版发行/ 中国统计出版社有限公司
地　　址/ 北京市丰台区西三环南路甲 6 号
邮政编码/ 100073
电　　话/ 邮购（010）63376909　书店（010）68783171
网　　址/ http://www.zgtjcbs.com
印　　刷/ 廊坊市百花印刷有限公司
经　　销/ 新华书店
开　　本/ 890mm×1240mm　1/16
字　　数/ 993 千字
印　　张/ 31.25
版　　别/ 2021 年 2 月第 1 版
版　　次/ 2021 年 2 月第 1 次印刷
定　　价/ 280.00 元

《承德统计年鉴—2020》编委会、编辑人员名单

国内贸易	陈　敏	白雪圆	
服务业	范尉新	邓玲玲	邢慧翔
外经、旅游	陈　敏	李晓雪	
财政、金融等	王　洁	孟　迪	
交通、邮电	王　洁	孟　迪	
城镇就业	王　欣	吴宗娜	
价格	尹文超	张　朋	
科学技术	王　欣	王　宇	
教育、卫生等	王　洁	孟　迪	
居民生活	迟宪辉	孙　静	肖亚光
基本单位名录库	张春燕	于正伟	
一套表平台维护	韩　轶	裘　菊	

编 写 说 明

一、《承德统计年鉴—2020》收录了全市和各县（市、区）2019 年国民经济和社会发展各方面的统计数据以及多个重要历史年份主要统计数据，是一部全面反映 2019 年承德市国民经济和社会发展情况的资料性年刊，与往年《承德市统计资料》和《承德统计年鉴》形成系列。

二、年鉴共分十六个部分，即：综合，农村经济，工业，建筑业，固定资产投资，房地产，国内贸易，其他服务业，外经、旅游，财政、金融、保险，交通、邮电，城镇就业，价格，科学技术，教育、卫生、广播、体育，居民生活；各部分资料取自承德市统计局专业年报或相关部门的年度统计报表，根据需要进行加工整理。

三、年鉴以反映承德市情况为主，一些指标分列分县（自治县、市、区）的情况；为印刷方便，资料中鹰手营子矿区、宽城满族自治县、丰宁满族自治县、围场满族蒙古族自治县简印为营子区、宽城县、丰宁县、围场县。为反映承德高新技术产业开发区情况，部分指标进行单列，并简印为承德高新区。

四、年鉴所使用的计量单位均采用国际统一标准计量单位，并统一使用最新颁布实施的产品目录。地区生产总值、人均生产总值、产业增加值、产值指标绝对值按现行价格计算，增长速度按不变价（可比价格）计算。

五、年鉴中符号使用说明：“空格”表示该项统计指标数据不详、无该项统计指标数据或指标数据为 0；“#”表示其中的主要项。

六、由于各种原因，本年鉴对以前发表的统计资料进行了修订。相应调整了部分数据。读者在使用历史资料时，如数据有出入，请以本年鉴数据为准。

如有错误与不当之处，敬请批评指正。

《承德统计年鉴》编辑部

2020 年 10 月

目　　录

一 综合

1-1 行　政　区　划

（2019 年）　　单位：个

县（市、区）名称	乡镇数				村民委员会	居民委员会
	合计	乡　数	镇　数	街道办事处		
全　市	**218**	**95**	**109**	**14**	**2459**	**177**
市辖区	28	1	16	11	168	115
双桥区	14		7	7	90	76
双滦区	9	1	5	3	63	28
营子区	5		4	1	15	11
承德县	23	11	12		378	7
兴隆县	20	5	15		289	8
平泉市	19	4	15		241	8
滦平县	21	10	10	1	199	14
隆化县	25	15	9	1	357	5
丰宁县	27	16	10	1	310	9
宽城县	18	8	10		205	5
围场县	37	25	12		312	6

1-2 土　地　状　况

（2019 年）

县（市、区）名称	土地面积（平方公里）	常住人口密度（人/平方公里）
全　市	**39489.53**	**90.7**
市辖区	1252.72	550.8
双桥区	651.67	710.4
双滦区	451.74	362.4
营子区	149.31	424.4
承德县	3648.07	107.9
兴隆县	3116.46	102.7
平泉市	3294.11	138.1
滦平县	2992.96	98.6
隆化县	5473.45	68.8
丰宁县	8738.67	41.9
宽城县	1935.73	133.1
围场县	9037.38	47.4

注：土地面积数据为 2018 年末数据。

1-3 人口

（2019 年）

县（市、区）名称	年末总户数	年末总人口数	在总人口中		在总人口中	
			城镇人口	农村人口	男	女
承德市	1419780	3825261	1381757	2443504	1965187	1860074
市辖区	229900	600802	481950	118852	298637	302165
双桥区	148281	390603	320488	70115	192632	197971
双滦区	56450	148616	105709	42907	75037	73579
营子区	25169	61583	55753	5830	30968	30615
承德县	156500	427636	106950	320686	222946	204690
兴隆县	130390	328165	117686	210479	166964	161201
滦平县	121873	331287	96820	234467	168201	163086
隆化县	167064	448745	99443	349302	234892	213853
丰宁县	155735	409460	97868	311592	210200	199260
宽城县	79630	262930	98356	164574	137361	125569
围场县	208436	536550	113097	423453	278998	257552
平泉市	170252	479686	169587	310099	246988	232698

注：本表数据为户籍人口数，由公安部门提供。

1-4 气象

（2019 年）

县（市、区）名称	年平均气温（℃）	极端最高气温		极端最低气温		年内相对湿度（%）	年降水量（毫米）	最长连续降水日（天）
		（℃）	日/月	（℃）	日/月			
市　区	10.0	37.7	21/07	-21.4	31/12	49.6	419.8	5
承德县	9.3	37.8	21/07	-22.4	31/12	54.2	508.3	5
兴隆县	8.7	35.3	21/07	-21.7	31/12	56.6	566.4	6
平泉市	8.4	35.4	21/07	-21.4	09/02	51.3	451.9	4
滦平县	8.8	38.7	21/07	-25.4	31/12	54.6	506.9	5
隆化县	7.3	37.3	21/07	-27	31/12	54.1	444.9	5
丰宁县	7.9	37.7	21/07	-24.9	31/12	51.8	502.8	6
宽城县	10.4	37.7	21/07	-18.6	31/12	49.5	604.8	7
围场县	5.3	36.1	21/07	-26.4	31/12	53.2	396.5	3

状　　　　　　况

单位：户、人

年内人口变动情况						2019年平均人口
出生人口	死亡人口	迁　入		迁　出		
		省内迁入	省外迁入	迁往省内	迁往省外	
33267	14293	5387	3759	7769	10965	3820593
5465	2296	2268	996	1379	3272	599924
3702	1433	1746	769	857	2522	389680
1427	533	442	179	280	511	148356
336	330	80	48	242	239	61888
3843	1347	553	330	846	772	426751
2704	1337	343	289	524	969	327918
3105	1233	274	303	445	788	330680
3728	1628	426	340	1178	946	448387
3556	1493	309	358	718	983	408965
2644	1001	222	178	595	463	262436
4344	2066	639	465	1144	1354	536078
3878	1892	353	500	940	1418	479456

状　　　　　　况

连续降水量（毫米）	一日最大降水量（毫米）	全年无霜期（天）	初 霜日 期（日/月）	终霜日期(日/月）	年日照时数（小时）	最长连续无降水日（天）	年平均风速（米/秒）
36.8	36.7	194	14/10	03/04	2611.3	44	1.7
85.3	61.7	194	14/10	03/04	2556.5	78	1.3
46.4	46.4	187	14/10	10/04	2587.5	34	1.8
66.6	45.7	185	05/10	03/04	2718.7	43	2.3
41.3	41.3	187	14/10	10/04	2725.6	44	2.0
37.6	37.4	162	14/10	06/05	2608.3	44	2.1
66.3	65.9	186	15/10	12/04	2737.0	36	3.0
157.2	51.2	195	14/10	01/04	2507.4	44	2.2
35.1	34.6	176	08/10	15/04	2595.4	35	2.1

1-5 主要年份

指标名称	单位	2005年	2010年	2011年
土地面积	平方公里	39513.0	39513.0	39489.5
年末总人口	万人	361.28	372.96	374.31
#城镇人口	万人	87.13	112.42	113.21
人口自然增长率	‰	6.1	4.0	4.8
年末常住人口	万人	336.87	347.63	348.91
#城镇人口	万人	115.70	137.00	142.04
城镇化率	%	32.03	39.41	40.71
从业人员	万人	193.20	214.52	217.62
第一产业	万人	99.19	96.56	96.75
第二产业	万人	49.50	58.06	59.68
第三产业	万人	44.51	59.90	61.19
地区生产总值	万元	3531979	8889619	11067368
第一产业	万元	586458	1394058	1680817
第二产业	万元	1835377	4537041	6054324
第三产业	万元	1110144	2958520	3332227
地区生产总值指数	%	116.7	111.4	112.1
第一产业	%	113.7	111.4	107.9
第二产业	%	122.7	110.2	114.0
第三产业	%	111.0	113.3	111.1
人均地区生产总值	元	10485	25698	31778
人均地区生产总值指数	%	124.7	110.3	111.3
农村用电量	万千瓦时	111243	147034	157585
化肥施用量(折纯量)	吨	90315	106123	108001

注：2018年为利用第四次经济普查数据核算的地区生产总值，人均GDP为初步数据，省局尚未认定。2018年以前为历史未修订数据。

国民经济指标

2012年	2013年	2014年	2015年	2016年	2017年	2018年	2019年
39489.5	39489.5	39489.5	39489.5	39489.5	39489.5	39489.5	39489.53
376.92	378.15	380.74	382.35	383.30	380.22	381.59	382.53
114.04	115.08	116.16	121.30	126.90	128.46	132.74	138.18
8.3	4.2	8.2	5.5	6.6	-6.3	5.7	5
350.63	351.51	352.72	353.01	353.18	356.50	357.89	358.27
146.98	152.10	156.96	165.21	173.06	180.75	186.46	190.81
41.92	43.27	44.50	46.80	49.00	50.70	52.10	53.3
212.05	219.57	222.52	219.85	222.07	224.46	225.13	227.8
96.46	96.96	96.12	95.78	95.47	95.91	94.93	94.92
59.76	63.06	61.85	58.89	59.86	57.07	55.01	55.57
55.83	59.54	64.55	65.18	66.74	71.49	79.19	77.31
11855701	12734592	13409737	13513639	14290182	14654537	13760923	14710010
1888065	2119408	2243199	2281636	2280718	2349696	2674691	2979858
6253952	6436988	6710434	6364173	6587818	6101735	4881640	4885089
3713684	4178196	4456104	4867830	5421646	6203106	6204592	6845063
110.5	109.3	107.8	105.6	106.9	107.0	106.3	106.5
104.7	106.2	104.6	103.0	106.7	106.1	106.8	104.5
113.0	110.5	107.6	104.5	105.1	104.0	102.6	101.3
109.4	108.8	109.6	108.1	109.5	111.0	109.5	111.7
33896	36274	38083	38297	40471	41299	38525	41080
110.1	108.9	107.5	105.3	106.9	106.4	105.6	106.2
166844	188997	202526	197739	206468	215540	240996	242468
107950	111517	113189	113706	111572	108728	104324	100438

1-5 主要年份

1-5 续表1

指标名称	单位	2005年	2010年	2011年
农林牧渔业总产值	万元	1143441	2360777	2632496
农　业	万元	469362	1150742	1281639
林　业	万元	109394	168306	156533
牧　业	万元	547307	958750	1103633
渔　业	万元	7405	31559	31365
服务业	万元	9973	51420	59325
农林牧渔业总产值指数	%	113.6	111.5	107.9
农　业	%	117.1	114.0	111.3
林　业	%	116.6	111.4	101.1
牧　业	%	110.2	107.8	105.4
渔　业	%	185.0	168.0	102.3
服务业	%	106.0	104.9	104.8
粮食产量	万吨	111.60	95.34	101.02
油料产量	吨	7804	12475	12530
干鲜果产量	万吨	43.97	55.93	73.30
#鲜果产量	万吨	39.34	48.74	63.94
水产品产量	吨	11316	33801	35504

注：部分数据根据第三次全国农业普查结果核定修订。

国民经济指标

2012年	2013年	2014年	2015年	2016年	2017年	2018年	2019年
2933376	3320212	3508085	3562905	3569334	3632165	4080564	4560989
1488295	1754847	1880737	1938622	1917056	2074574	2498733	2611238
182825	202921	208153	209819	200807	253544	235422	333854
1166902	1257708	1309624	1292346	1334162	1181882	1238007	1506878
30932	34443	33839	40978	31517	26567	6524	5941
64421	70292	75732	81140	85792	95598	101878	103078
104.4	105.6	104.3	102.6	106.4	105.6	105.9	104.4
106.6	109.1	105.7	104.4	109.5	108.7	111.3	102.7
103.3	106.3	105.7	102.9	99.4	112.3	85.5	117.3
102.1	100.9	102.3	100.0	102.9	100.4	103.1	105.8
100.2	110.7	100.8	90.8	103.6	86.9	23.9	72.7
105.0	105.0	105.0	105.5	103.0	109.6	100	98.2
100.52	112.56	96.87	96.93	121.84	129.33	140.05	144.62
11918	13063	13911	15713	22353	24022	247.04	25830
81.41	88.45	87.85	94.90	113.55	123.12	123.71	115.9
69.94	72.87	73.71	77.37	96.57	104.55	102.27	98.6
36482	39987	40163	40205	42011	20683	4586	4124

1-5 主要年份

1-5 续表 2

指 标 名 称	单 位	2005 年	2010 年	2011 年
规模以上				
工业主营业务收入	亿元	334.7	1232.0	1559.9
工业增加值	亿元	111.0	346.7	478.0
工业利润总额	亿元	21.4	122.3	124.4
公路通车里程	公里	9086	18804	19027
年末固定电话用户数	万部	54.1	41.7	37.8
年末移动电话用户数	万户	79.4	244.8	263.3
社会消费品零售总额	亿元	117.9	254.6	303.9
进出口总值	万美元	22758	31893	18827
#出口总值	万美元	10629	23449	16216
实际利用外资	万美元	11047	10080	5695
全部财政收入	亿元	45.3	114.0	153.4
#公共财政预算收入	亿元	18.1	54.8	71.1
公共财政预算支出	亿元	51.0	149.5	186.7
全部金融机构各项存款余额	亿元	376.6	1087.6	1193.4
全部金融机构各项贷款余额	亿元	229.6	766.2	853.5

注：1.工业主营业务收入：2000-2005 年为国有及年销售收入 500 万元以上的工业企业产品销售收入。2010 年以后为主营业务收入 2000 万元以上的工业企业主营业务收入。

2.工业增加值、工业利润总额口径：2000 年以前为全部独立核算工业增加值，2000 年（含 2000 年）-2009 年为国有及年销售收入 500 万元以上工业企业。2010 年以后为年主营业务收入 2000 万元以上工业企业。

3.2005 年以后邮电业务总量指标为邮电业务总收入数，2015 年数据由邮政局和工信局提供。年末固定电话和移动电话数由移动、联通、电信三大运营商提供。

国 民 经 济 指 标

2012 年	2013 年	2014 年	2015 年	2016 年	2017 年	2018 年	2019 年
1629. 5	1412. 9	1781. 5	1571. 4	1678. 1	1111. 3	1226. 4	1308. 5
484. 0	528. 1	531. 0	468. 1	471. 7			
121. 3	125. 4	99. 3	58. 0	87. 5	55. 8	78. 8	88
19369	20110	20701	21725	22149	22482	22885	23496
37. 2	36. 7	33. 9	32. 8	28. 1	25. 7	20. 8	25. 28
289. 0	273. 3	294. 8	282. 6	328. 7	373. 9	381. 0	405. 4
349. 7	392. 6	441. 9	490. 8	543. 3	603. 4	640. 7	691. 7
15242	25581	64539	39941	47563	44389	32105	32755
14057	23010	52165	38280	43732	42537	30926	27230
13043	4137	14940	15959	20006	3770	20238	5456
175. 5	192. 4	196. 6	163. 5	147. 0	177. 1	216. 0	230
82. 5	102. 5	107. 6	97. 3	82. 1	89. 2	104. 6	112. 5
235. 8	261. 8	265. 5	292. 5	303. 8	337. 6	377. 2	415. 4
1359. 1	1601. 3	1755. 5	1932. 9	2210. 4	2505. 2	2671. 9	2907. 5
971. 2	1108. 8	1297. 0	1496. 0	1656. 8	1916. 5	2203. 8	2470. 2

1-5 主要年份

1-5 续表3

指标名称	单位	2005年	2010年	2011年
居民消费价格指数	%	101.8	102.3	105.1
全部职工人数	万人	23.4	25.7	25.4
职工工资总额	亿元	33.2	76.3	86.7
在岗职工平均工资	元	13898	29960	34134
全体居民人均可支配收入	元	--	--	--
城镇居民人均可支配收入	元	7436	13212	15038
城镇居民人均居住面积	平方米	16.1	28.7	28.9
农村居民人均可支配收入	元	2582	4382	4935
农村居民人均居住面积	平方米	21.7	23.0	25.3
各类学校在校学生数	人	544469	597453	572289
#中等职业教育在校学生数	人	25140	46320	49589
普通中学在校生数	人	210875	184370	176519
各类学校专任教师数	人	32310	39548	36078
#中等职业教育专任教师数	人	1249	2676	2242
普通中学专任教师数	人	14238	15285	12264
学龄儿童入学率	%	100.0	98.5	100.0
卫生机构数	所	279	3831	3800
卫生机构床位数	张	9338	13697	14308
专业卫生技术人员	人	11670	16565	16401
#执业（助理）医师	人	4967	7511	7257

注：1.2010 年全部职工人数为城镇单位从业人员数；职工工资总额为城镇单位职工工资总额，2012 年以后为含劳务派遣的在岗职工工资总额。2012 年以后在岗职工平均工资含劳务派遣。

2.城镇居民人均居住面积 2009 年以后为人均总建筑面积。

3.卫生机构、床位、专业卫生技术人员及医生数中含村卫生室。

国民经济指标

2012年	2013年	2014年	2015年	2016年	2017年	2018年	2019年
102.1	102.4	102.4	101.6	101.6	102.0	102.8	103.3
26.4	30.2	29.9	29.9	29.6	26.6	26.7	27.1
95.3	117.1	120.5	137.4	144.3	140.8	158.6	176.3
37787	41992	44281	49071	53449	60270	65558	69365
--	--	13345	14617	16095	17755	19677	21828
16832	20637	20983	22885	24856	27042	29557	32365
29.2	28.0	28.9	29.4	30.0	29.8	34.1	34.1
5546	6226	7163	7923	8736	9682	10804	12101
25.3	25.5	25.5	25.8	25.9	26.5	29.2	29.7
524336	605395	504388	537115	527218	632662	581106	649802
47675	43309	39343	36876	36527	37419	36664	36894
165795	158420	162118	164800	165847	177805	192000	204800
31379	44245	33292	33900	34650	40779	36403	52349
2011	2005	1992	2074	2051	2047	2152	2290
11553	11765	12001	12032	12134	12401	12972	14089
100.0	100.0	100.0	100.0	100.0	100.0	100.0	100
3787	3787	3751	3732	3679	4319	4378	4356
16057	16507	17588	18228	19747	24934	21692	25475
16594	16594	17623	18072	19342	22699	24105	25806
7473	7473	7979	8168	8496	9732	10614	11287

1-6　历年常住人口情况（2010-2019年）

单位：人

县（市、区）名　称	2010年	2011年	2012年	2013年	2014年	2015年	2016年	2017年	2018年	2019年
全　市	**3476300**	**3489100**	**3506300**	**3515100**	**3527200**	**3530100**	**3531800**	**3565000**	**3578900**	**3582700**
双桥区	425277	430723	434995	437575	439981	440343	440793	457893	462246	347845
双滦区	147013	148003	149653	150553	151971	152096	152396	158499	162999	163699
营子区	62510	62630	62750	62820	62936	62988	63038	63276	63324	63364
承德县	388901	389660	390898	391518	392366	392689	392789	393032	393072	393492
兴隆县	315010	315325	316525	317105	318097	318359	318459	320109	320159	320199
平泉市	447335	448208	449888	450588	451839	452210	452310	452796	454638	455038
滦平县	288242	288805	289895	290495	291495	291735	291835	293155	294610	295010
隆化县	372362	373089	374439	375089	375880	376189	376289	377554	376554	376804
丰宁县	357348	358045	359295	359945	360984	361281	361481	364606	366056	366356
宽城县	250525	251013	252863	253513	254486	254695	254795	256215	257237	257637
围场县	421776	423599	425099	425899	427165	427515	427615	427865	428005	428155

注：本表数据为常住人口数，来源于1%人口抽样调查推算数据。

1-7　城乡劳动力资源配置情况

（2019年）　　单位：万人

	城乡合计	城　镇	乡　村
经济活动人口	230.02		
就业人员	227.80	67.39	160.42
按国民经济行业分组			
农、林、牧、渔业	94.92	2.02	92.91
采矿业	9.12	1.73	7.39
制造业	11.37	5.30	6.07
电力、燃气及水的生产和供应业	2.47	1.43	1.04
建筑业	32.62	5.96	26.66
批发和零售业	20.64	13.43	7.22
交通运输、仓储和邮政业	8.51	3.02	5.49
住宿和餐饮业	12.03	6.54	5.49
信息传输、计算机服务和软件业	1.90	1.36	0.54
金融业	2.00	1.79	0.21
房地产业	1.14	0.93	0.21
租赁和商务服务业	2.67	2.07	0.60
科学研究和科技服务业	1.20	1.14	0.06
水利、环境和公共设施管理业	0.77	0.57	0.20
居民服务、修理和其它服务业	7.86	4.61	3.25
教育	6.17	5.19	0.98
卫生和社会工作	3.78	3.01	0.77
文化、体育和娱乐业	1.33	1.01	0.32
公共管理、社会保障和社会组织	7.29	6.27	1.02
失业人口			
#城镇登记失业人员	2.22		

1-8 城市社会基本情况

指 标 名 称	单 位	2019年		2018年	
		全市	市区	全市	市区
社会保障					
城镇职工基本养老保险参保人数	万人	80.5	37.8	76.0	35.9
城乡居民基本医疗保险参保人数	万人	293.5	33.8	177.9	8.3
失业保险参保人数	万人	25.1	13.5	23.1	12.6
社会福利院数	个	3	1	3	1
社会福利院床位数	张	220	220	400	220
社区服务设施数	个	179	177	179	115
城市居民最低生活保障人数	人	19421	7715	23198	8915
社会治安					
交通事故死亡人数	人	74	12	76	13
交通事故损失额	万元	255.13	37.65	188	50
火灾事故死亡人数	人	–	–	0	0
火灾事故损失额	万元	–	–	656	119
市政公用事业					
年末实有城市道路面积	万平方米	2632.76	1171	2523.8	979
排水管道长度	公里	1386	566.17	1424.9	598
供水综合生产能力(包括自备水源)	万立方米/日	62.48	24.05	60.21	29.73
城市供水总量	万吨	7914.82	4056.46	9815.0	5838.0
售水量	万吨	6143.5	3064.83	7408	4130.0
#居民生活用水量	万吨	4012.4	1851.87	3776	1888
用水人口	万人	132.9	57.15	134.5	59.8
供气总量(人工、天然气)	万立方米	10427.19	7705.24	7696.3	5295.3
#家庭用量	万立方米	2604.36	1408.88	2850.6	1821.9
液化石油气供气总量	吨	17167.75	4935	18809.2	4986
#家庭用量	吨	15638.25	4716	16115	4721
用液化气人口	万人	83.14	33.39	83.88	35.83
年末实有公共汽(电)车营运车辆数	辆	1458	785	1412	785
全年公共汽(电)车客运总量	万人次	12958.7	9045.19	14099	10145.8
年末实有出租汽车数	辆	6064	2470	6064	2470
绿地面积	公顷	6880.12	3636.36	8521	6175
#公园绿地面积	公顷	2042.79	1155.73	2044	1186
建成区绿化覆盖面积	公顷	9976.28	5962.85	6783	3310

注：1.年末实有出租汽车数本年为市区数据，不含下辖县数据。
2.养老保险分为：城镇职工基本养老保险（包括：企业职工养老保险、机关事业单位养老保险）、城乡居民社会养老保险（由原来城镇居民社会养老保险与农村社会养老保险合并后统一名称）。
3.医疗保险分为：城镇职工基本医疗保险、城乡居民基本医疗保险（由原来城镇居民医疗保险与新农合合并后统一名称）。

1-9 分县（市、区）生

（2019 年）

县（市、区）名称	地区生产总值		第一产业		第二产业	
	绝对值	增 速	绝对值	增 速	绝对值	增 速
全 市	14710010	6.5	2979858	4.5	4885089	1.3
双桥区（含高新区）	2191822	5.8	11288	-13.5	693747	-3.5
其中：高新区	681922	4.0	5852	-15.6	416774	-1.3
双桥区	1509900	6.6	5436	-10.4	276973	-6.5
双滦区	1355317	6.5	26182	6.4	847601	0.5
营子区	283208	7.4	7829	4.5	142630	4.6
承德县	1274325	6.5	414876	10.5	297617	2.7
兴隆县	1127096	3.2	241368	-18.1	408558	2.9
平泉市	1350512	6.3	414847	6.3	280841	1.1
滦平县	1450996	6.9	308732	6.9	522349	3.1
隆化县	1431867	6.8	488883	8.2	307254	2.4
丰宁县	1194812	7.0	296340	5.0	335530	5.7
宽城县	1485938	6.6	192062	6.9	680768	3.1
围场县	1546643	7.2	577451	7.0	368195	1.7

注：2019 年地区生产总值及相关数据为初步核实数据。

产 总 值 及 增 速

单位：万元、%

工业		第三产业		人均地区生产总值	
绝对值	增　速	绝对值	增　速	绝对值（元）	增　速
3827356	1.1	6845063	11.7	41080	6.2
399899	-0.3	1486787	11.1	47607	5.7
351793	-0.6	259296	14.9	59298	2.3
48106	1.4	1227491	10.4	43438	6.4
774794	0.2	481534	17.8	82996	4.8
137437	4.6	132749	10.1	44741	7.3
236574	2.1	561832	6.5	32401	6.4
381353	2.6	477170	18.0	35200	3.2
209742	-1.6	654824	9.6	29695	6.0
409061	2.7	619915	10.7	49220	6.6
182629	1.4	635730	7.9	38011	6.9
228609	3.3	562942	9.0	32627	6.7
614056	2.5	613108	11.6	57729	6.3
253203	0.7	600997	11.6	36128	7.2

1-10　2019年地区生产总值及增速

单位：万元、%

指标名称	按当年价格计算	比上年增长
地区生产总值	14710010	6.5
农、林、牧、渔业	3027330	4.4
农、林、牧、渔专业及辅助性活动	47472	-2.2
工业	3827356	1.1
采矿业	1039587	0.4
#开采辅助活动	10	11.8
制造业	2095598	0.3
#金属制品、机械和设备修理业	6876	2.7
电力、热力燃气及水生产和供应业	692171	5.2
建筑业	1064619	2.3
批发和零售业	831353	6.3
批发业	328366	4.7
零售业	502987	7.4
交通运输、仓储和邮政业	777788	18.2
铁路运输业	155234	14.7
道路运输业	596798	19.6
装卸搬运和仓储业	8171	43.7
邮政业	10361	0.5
住宿和餐饮业	152654	6.7
住宿业	30358	4.3
餐饮业	122296	7.2
信息传输、软件和信息技术服务业	157510	23.4
电信、广播电视和卫星传输服务	121513	27.8
互联网和相关服务	2379	56.2
软件和信息技术服务业	33618	6.1
金融业	1231304	7.9
货币金融服务	1087847	7.7
资本市场服务	6198	22.3
保险业	137060	8.4
房地产业	704960	0.5
租赁和商务服务业	189440	6.3
科学研究和技术服务业	160662	15.5
水利、环境和公共设施管理业	45352	19.9
居民服务、修理和其他服务业	143844	6.3
教育	643336	17.0
卫生和社会工作	488301	15.9
文化、体育和娱乐业	94904	8.3
公共管理、社会保障和社会组织	1169297	18.7
第一产业	2979858	4.5
第二产业	4885089	1.3
第三产业	6845063	11.7

注：该数据为2019年初步核实数据。

1-11 分县（市、区）民营经济主要指标

单位：万元、人、%

县（市、区）名称	民营经济增加值		民营经济增加值占地区生产总值比重		民营经济实缴税金	
	2019 年	2018 年	2019 年	2018 年	2019 年	2018 年
承德市	9664787	9020377	65.70	65.55	1731007	1802550
双桥区	1036431	955098	47.29	45.23	374547	422810
双滦区	532665	513538	39.30	39.20	167730	253926
营子区	209376	153576	73.93	69.45	99477	34965
承德县	739108	661965	58.00	57.51	109744	106561
兴隆县	734794	723418	65.19	65.00	90950	102444
平泉市	938677	907077	69.51	69.40	102454	119978
滦平县	1133280	1032002	78.10	77.99	184981	178707
隆化县	943703	772073	65.91	64.56	100500	92588
丰宁县	847861	807097	70.96	72.15	121100	111157
宽城县	1091781	1140402	73.47	77.58	256589	233886
围场县	855880	784372	55.34	55.18	104642	103037

1-11 续表 1

单位：万元、人、%

县（市、区）名称	民营经济实缴税金占财政收入比重		民营经济从业人员		民营经济从业人员占全社会二三产业从业人员比重	
	2019 年	2018 年	2019 年	2018 年	2019 年	2018 年
承德市	75.25	83.48	920176	882039	75.04	72.29
双桥区	56.74	63.31	113728	104348	51.24	49.11
双滦区	64.97	89.18	57826	55393	63.07	61.02
营子区	96.87	94.82	10101	8680	55.40	47.81
承德县	73.75	76.53	125634	120986	80.43	85.97
兴隆县	73.83	92.52	59573	59616	91.42	93.58
平泉市	85.81	90.56	108470	112027	60.78	61.55
滦平县	84.54	90.57	114523	113266	91.10	91.00
隆化县	88.54	98.41	27499	26851	23.56	23.34
丰宁县	73.51	81.61	75359	74035	87.31	87.07
宽城县	94.81	95.94	69555	68764	78.17	78.86
围场县	86.92	88.34	94619	91345	91.72	90.94

注：本表为经普调整前年快报通报指标数据。

二

农村经济

2-1 历年农作物播种面积（1949-2019年）

单位：万亩

年份	总播种面积	粮食作物					
		合计	稻谷	玉米	高粱	谷子	秋收小麦
1949	374.67	351.15	7.05	34.36	62.58	138.23	1.04
1950	432.12	411.91	9.62	38.74	63.62	122.27	5.54
1951	450.43	425.42	11.07	41.88	54.03	129.47	2.04
1952	476.78	443.1	8.2	43.41	54.59	143.1	2.97
1953	504.68	481.12	4.23	42.93	62.77	170.19	4.1
1954	510.65	483.58	6.76	38.99	64.83	167.25	8.12
1955	514.74	481.39	7.91	48.26	55.18	160.76	6.8
1956	560.33	526.72	14.33	85.43	41.6	175.22	8.33
1957	569.73	534.52	12.61	57.39	51.79	170.75	10.15
1958	560.9	531.88	11.36	119.62	32.28	133.26	34.74
1959	525.14	489.33	6.35	89.26	37.44	142.74	22.58
1960	534.85	490.69	8.38	135.49	30.45	116.6	23.44
1961	542.89	510.23	4.5	88.41	46.02	134.76	11.88
1962	557.84	528.24	3.78	68.26	56.7	151.88	9.63
1963	548.77	521.05	4.69	60.51	57.12	161.57	9.83
1964	559.05	530.59	7.5	65.86	57.27	174.69	8.39
1965	557.74	524.83	8.49	77.48	54.95	79.85	6.95
1966	553.26	522.5	7.78	105.1	51.49	163.62	9.27
1967	549	518.71	8.24	94.86	53.96	164.16	9.75
1968	546.13	514.97	9.24	86.03	55.13	173.31	7.2
1969	543.6	513.43	8.87	90.97	55.77	172.88	8.04
1970	542.9	514.23	7.62	100.6	53.81	171.48	7.35
1971	545.88	517.81	8.81	103.99	75.95	162.44	5.98
1972	543	511.8	9.1	98.9	59.6	132.9	6.6
1973	545.79	514.14	7.05	104.85	58.63	141.93	8.58
1974	539.63	508.19	7.25	131.17	72.58	127.75	10.07
1975	539.77	498.1	8.9	133.63	67.91	123.04	18.58
1976	549.86	509.86	10.2	140.55	95.21	91.88	50.69
1977	543.57	501.73	9.3	151.46	72.03	95.93	31.22
1978	542.52	495.52	8.63	163.44	63.05	99.06	27.98
1979	539.95	483.45	8.88	177	53.91	98.44	15.73
1980	533.68	479.05	9.59	182.07	41.75	96.6	14.75
1981	531.68	479.3	10.61	169.53	37.96	112.27	14.28
1982	530.12	483.26	9.48	161.35	45.69	119.07	12.82

历年农作物播种面积（1949-2019年）

2-1 续表1 单位：万亩

年份	粮食作物			油料	麻类	蔬菜	其他作物
	大豆	薯类	其他				
1949	27.28	12.59	60.61	2.29	2.14	0.48	14.73
1950	31.54	22	107.45	3.53	1.98	1.34	9.42
1951	30.7	35.51	111.87	2.98	3.63	1.2	9.07
1952	26.23	34.8	119.91	5.46	2.55	2.46	15.64
1953	32.91	31.73	122.5	5.49	3.59	1.29	10.04
1954	38.79	27.86	120.15	5.65	3.73	2.69	12.62
1955	42.28	24.04	128.89	7.87	3.95	2.72	15.54
1956	71.84	32.61	92.19	9.15	3.62	14.72	1.36
1957	82.23	25.02	118.46	8.27	3.85	15.34	6.1
1958	61.39	50.75	80.6	8.51	3.74	13.18	3.07
1959	59.38	36.64	88.3	11.72	4.77	12.33	2
1960	38.09	40.03	87.16	11.71	5.35	19.26	5.6
1961	49.98	35.86	128.58	8.9	2.76	20.14	0.08
1962	64.68	38.04	134.47	7.58	2.68	17.4	1
1963	59.22	24.45	119.64	7.55	3.19	15.17	0.69
1964	63.86	25.19	102.99	8.19	3.61	14.69	0.73
1965	58.59	27.32	90.05	9.34	3.73	17.98	0.74
1966	53.52	34.88	94.61	9.21	3.44	14.87	2.54
1967	50.07	36.2	99.81	6.55	3.18	0	19.78
1968	44.53	33.98	89.51	8.06	3.15	17.45	1.79
1969	50.2	32.87	95.55	7.71	3.37	17.27	1.11
1970	44.78	28.11	88.09	6.86	3.18	17.19	0.71
1971	37.45	29.45	123.78	6.88	3.45	16.38	0.54
1972	29.8	41.7	133.2	6.4	2.8	19.5	0.2
1973	39.87	49.84	103.39	6.75	2.92	17.98	2.18
1974	34.03	39.47	85.87	6.64	2.91	17.15	2.13
1975	31	33.24	81.8	18.3	3.08	16.87	1.79
1976	23.81	26.2	71.32	17.76	2.42	14.16	3.32
1977	26.71	33.72	81.34	17.36	2.66	15.97	2.91
1978	24.31	40.99	68.06	23.12	2.74	16.73	1.15
1979	25.68	38.02	65.79	30.87	2.58	17.48	1.71
1980	25.48	37.87	71.54	28.92	2.59	17.45	2.09
1981	25.37	37.22	71.96	27.83	1.86	16.52	2.56
1982	25.71	38.35	70.79	21.31	1.09	19.03	1.96

历年农作物播种面积（1949-2019年）

2-1 续表2

单位：万亩

年份	总播种面积	粮食作物					
		合计	稻谷	玉米	高粱	谷子	秋收小麦
1983	529.5	484.16	9.55	159.07	47.08	116.53	14.15
1984	525.83	481.02	9.67	155.69	47.41	118.87	11.52
1985	517.26	455.19	12.85	146.62	38.55	115.67	13.62
1986	512.23	452.26	13.17	146.01	35.43	104.16	14.22
1987	515.05	454.94	15.11	174.09	32.6	96.97	15.08
1988	516.15	457.27	14.58	176.4	35.14	93.55	17.81
1989	512.17	459.48	18.67	177.8	30.72	93.65	17.56
1990	512.99	461.85	19.22	189.28	25.97	89.03	21.02
1991	516.49	460.09	20.14	192.4	23.53	81.94	34.46
1992	516.48	467.11	23.56	191.41	20.9	80.02	43.68
1993	516.08	469.55	23.12	191.4	19.11	73.49	46.16
1994	523.96	463.38	39.01	216.96	11.1	43.56	44.45
1995	511.05	459.7	26.13	210.22	15.18	51.46	43.94
1996	516.3	457.47	29.88	218.08	15.26	46.18	41.03
1997	523.96	463.38	39.01	216.96	11.1	43.56	44.45
1998	524.87	456.81	43.76	216.84	11.04	34.48	40.37
1999	524.99	456.88	44.23	227.4	9.88	30.5	35.33
2000	523.37	459.7	48.55	209.39	9.82	28.6	27.83
2001	466.48	392.6	35.67	189.52	8.24	33.18	17.92
2002	466.35	384.24	34.12	195.19	8.36	25.34	10.59
2003	420.36	330.78	30.55	171.93	5.63	17.83	6.01
2004	414.22	323.29	23.57	171.86	4.33	17.82	8.87
2005	438.18	343.17	24.4	189.5	3.99	17.45	11.56
2006	454.66	364.39	22.6	204.35	3.71	18.06	13.8
2007	418.82	361.76	20.94	223.47	3.21	17.27	12.62
2008	419.97	352.42	21.17	213.94	3.21	18.59	6.78
2009	452.80	375.31	19.14	238.63	2.66	15.81	6.90
2010	480.83	404.14	16.12	256.66	2.81	15.62	16.72
2011	482.44	404.31	16.40	262.66	2.64	18.61	15.21
2012	490.24	410.30	14.80	271.34	2.64	17.69	14.71
2012	497.53	407.73	13.52	279.09	2.57	16.44	18.21
2014	499.27	404.44	11.74	284.94	2.30	17.27	17.25
2015	528.84	425.05	9.22	289.53	2.17	20.77	23.57
2016	546.60	423.71	7.18	269.00	0.77	24.04	21.46
2017	550.86	413.78	6.21	250.45	1.08	27.86	21.80
2018	561.51	414.20	7.86	250.73	3.04	23.47	24.27
2019	579.34	420.75	7.87	252.95	4.42	22.66	21.74

注：2007～2017年是依据第三次农业普查修订数据。

历年农作物播种面积（1949-2019 年）

2-1　续表 3　　单位：万亩

年　　份	粮食作物			油　料	麻　类	蔬　菜	其他作物
	大　豆	薯　类	其　他				
1983	24.68	42.57	70.53	20.9	0.89	18.7	1.33
1984	23.92	43.74	70.2	20.28	0.83	18.08	1.16
1985	27.36	41.34	59.18	31.04	0.88	18.46	4.92
1986	24.52	35.09	79.66	29.16	0.88	18.96	5.12
1987	26.15	38.8	56.14	28.1	0.86	18.18	8.17
1988	26.21	39.7	53.88	25.49	0.85	17.68	8.11
1989	26.46	41.65	52.97	25.21	0.39	18.66	3.58
1990	25.61	37.7	54.02	24.83	0.37	17.73	3.27
1991	26.63	36.46	44.53	27.27	0.33	16.39	3.79
1992	25.03	38.7	43.81	26.04	0.29	17.2	2.83
1993	31.32	38.68	46.27	18.95	0.32	18.94	3.3
1994	23.5	52.37	32.43	16.55	0.19	39.55	1.77
1995	25.03	45.61	42.13	18.96	0.29	24.83	1.42
1996	22.97	54.58	32.49	16.92	0.16	37.23	1.26
1997	23.5	52.37	32.43	16.55	0.19	39.55	1.77
1998	23.28	59.25	27.79	16.92	0.18	46.23	3.2
1999	21.17	61.31	27.06	16.75	0.14	47.94	2.59
2000	22.75	66.79	45.94	16.75	0.06	59.75	1.1
2001	22.6	56.28	29.19	7.73	0.08	59.28	4.93
2002	20.68	65.84	24.12	10.61	0.06	64.35	5.44
2003	18.81	61.35	18.67	10.07	0.04	65.25	11.05
2004	21.57	56.85	18.42	8.88	0.03	67.28	12.11
2005	23.3	56.57	11.14	7.51	0.01	73.88	13.61
2006	20.92	57.41	23.54	6.96	0.01	79.01	3.15
2007	18.02	57.66	8.56	6.01	0.01	49.51	1.53
2008	16.61	61.44	10.67	10.30	0.01	45.93	11.31
2009	13.28	61.29	17.60	12.85	0.01	55.76	8.88
2010	10.39	74.23	11.59	8.29	0.01	58.66	9.73
2011	9.25	71.30	8.23	11.00	0.01	60.02	7.10
2012	7.86	70.83	10.43	11.86	0.01	63.71	4.36
2012	6.98	70.22	0.70	11.12	0.00	64.38	14.31
2014	5.94	64.26	0.75	10.32	0.00	68.06	16.45
2015	5.37	69.88	4.54	11.21	0.00	69.24	23.34
2016	4.82	76.74	41.34	14.73	0.00	79.54	28.62
2017	5.32	77.65	23.41	16.22	0.00	82.29	38.57
2018	7.58	75.8	25.8	18.08	15	87.16	42.09
2019	7.31	79.78	24.02	17.81	0.00	93.29	47.49

2-2 农 村 基 本 情 况

（2019 年）　　单位：个

县（市、区）名称	农村基层组织情况			
	乡个数	镇个数	街道办事处数个数	村委会个数
全　市	**95**	**109**	**14**	**2456**
双桥区		5	7	53
双滦区	1	5	3	63
营子区		4	1	15
承德县	11	12		378
兴隆县	5	15		289
滦平县	10	10	1	199
隆化县	15	9	1	357
丰宁县	16	10	1	309
宽城县	8	10		205
围场县	25	12		312
高新区		2		38
平泉市	4	15		238

2-2　续表 1

县（市、区）名称	农村基础设施			
	自来水受益村数	通有线电视数	通宽带村数	通公共交通村数
全　市	**1952**	**2365**	**2440**	**1034**
双桥区	34	44	49	42
双滦区	44	61	63	52
营子区	13	15	15	12
承德县	312	376	376	23
兴隆县	147	227	284	40
滦平县	133	198	199	33
隆化县	267	350	356	10
丰宁县	276	301	304	77
宽城县	177	203	204	182
围场县	312	315	315	315
高新区	31	37	37	24
平泉市	206	238	238	224

2-3 乡 村 人 口

（2019 年）

县（市、区）名称	乡村户数	乡村人口数	#男	女	乡村劳动力资源数	#男
全　市	**1014858**	**3093198**	**1618274**	**1474924**	**1888671**	**1048671**
双桥区	25523	73851	36384	37467	47428	24966
双滦区	29044	91060	46993	44067	53221	30642
营子区	6070	19456	9782	9674	11107	5947
承德县	128460	388857	205420	183437	247558	136190
兴隆县	97932	292093	149952	142141	180854	102066
滦平县	100375	293927	152789	141138	172661	97458
隆化县	120473	390298	205837	184461	251613	139061
丰宁县	122998	349066	183581	165485	197182	109940
宽城县	69077	231402	120822	110580	140277	77277
围场县	164560	481341	252864	228477	291337	164016
高新区	18355	63093	32776	30317	37148	19709
平泉市	131991	418754	221074	197680	258285	141399

2-3　续表 1

县（市、区）名称	从　业　人　员					
	建筑业	批发和零售业	交通运输、仓储和邮政业	住宿和餐饮业	信息传输、软件和信息服务业	金融业
全　市	**266591**	**72177**	**54932**	**54923**	**5370**	**2089**
双桥区	8901	5495	1346	2721	390	125
双滦区	7966	2806	1625	2956	127	105
营子区	1700	599	525	476	36	28
承德县	40484	9514	4836	7162	510	151
兴隆县	16531	5705	6144	3587	274	196
滦平县	40600	7848	6564	4863	636	148
隆化县	38192	9282	8599	7974	988	146
丰宁县	23056	5962	3536	5265	408	174
宽城县	16056	6544	8095	6235	122	222
围场县	18513	10297	7796	6805	808	320
高新区	8242	1188	1279	1918	180	75
平泉市	46350	6937	4587	4961	891	399

与 从 业 人 员

单位：户、人

女	乡村从业人员数	#男	女	从业人员按行业分组 农林牧渔业	工业
840000	**1604163**	**906169**	**697994**	**929077**	**144959**
22462	33559	19826	13733	9305	2436
22579	41179	23723	17456	13232	7675
5160	8889	4745	4144	3141	1602
111368	211330	116789	94541	120375	21312
78788	156186	90250	65936	100370	17299
75203	153852	87689	66163	71656	15158
112552	213830	120002	93828	126293	12403
87242	172608	98148	74460	120683	6570
63000	122816	70364	52452	49817	30676
127321	241498	136738	104760	177660	9894
17439	29525	16176	13349	12789	2079
116886	218891	121719	97172	123756	17855

单位：户、人

按行业分组 房地产业	租赁和商务服务业	科学研究和技术服务业	水利、环境和公共设施管理业	居民服务、修理和其他服务业	教育
2107	**5978**	**572**	**2030**	**32489**	**9769**
139	410	20	36	1464	277
171	79	2	74	3781	81
57	94	3		194	43
187	351	43	157	2631	968
180	531	9	134	2746	792
152	540	78	331	2377	812
58	514	15	96	5995	1723
397	958	15	281	2181	388
206	197	5	51	1712	1002
159	447	34	176	3430	1738
107	393	13	93	523	144
294	1464	335	601	5455	1801

2-3　续表 2

（2019 年）

县（市、区）名称	从业人员按行业分组			全部从业人员中：	
	卫生和社会工作	文化、体育和娱乐业	公共管理、社会保障和社会组织	第二产业外出从业人员	第三产业外出从业人员
全　市	**7660**	**3222**	**10218**	**157131**	**81383**
双桥区	293	114	87	1870	1782
双滦区	169	221	109	2821	1452
营子区	114	105	172	210	330
承德县	876	317	1456	27497	10015
兴隆县	507	190	991	9804	4269
滦平县	671	377	1041	21873	7933
隆化县	659	267	626	24343	15737
丰宁县	881	366	1487	12108	5735
宽城县	597	128	1151	11870	9537
围场县	1476	528	1417	12736	12527
高新区	120	112	270	1808	495
平泉市	1297	497	1411	30191	11571

2-4　农业机械化、水利

（2019 年）

县（市、区）名称	农用机械总动力（千瓦）				主　要　农　业	
		#柴　油发动机动力	汽　油发动机动力	电动机动力	大中型拖拉机（台）	拖拉机配套农具（台）
全　市	**2635880**	**1930690**	**42408**	**662782**	**17437**	**68920**
双桥区	21774	12608	69	9097	114	452
双滦区	62822	43506	551	18765	172	838
营子区	34459	26403	151	7905	33	39
承德县	166297	91208	824	74265	1244	3030
兴隆县	74990	30734	5419	38837	141	1356
滦平县	313494	219933	5726	87835	654	4609
隆化县	315585	255502	931	59152	1852	7929
丰宁县	498129	374839	4156	119134	3353	21314
宽城县	92528	58928	3418	30182	280	1494
围场县	717650	610540	5840	101270	8409	18528
高新区						
平泉市	338152	206489	15323	116340	1185	9331

与 从 业 人 员

单位：户、人

从业人员按文化程度划分				
未上过学	小学文化程度	初中文化程度	高中文化程度	大专及以上文化程度
9734	**362838**	**787198**	**369363**	**75030**
218	6432	15135	9189	2585
357	8499	21694	8624	2005
74	1526	4453	2171	665
886	48269	103443	48443	10289
452	47938	74414	29001	4381
1558	38407	74697	33783	5407
672	53429	99962	49150	10617
543	23641	93847	43373	11204
847	24298	63935	29456	4280
654	65457	110601	57029	7757
344	5261	15226	5324	3370
3129	39681	109791	53820	12470

设 施 及 农 业 主 要 物 质 消 耗

机　械　与　设　备				农机作业情况		
联　合收割机（台）	机　动脱粒机（台）	节水灌溉机械（套）	农用水泵（台）	机耕面积（公顷）	机播面积（公顷）	机收面积（公顷）
292	**16012**	**5910**	**57410**	**259088**	**231361**	**108353**
	30	137	345	1100	1035	
	50		1100	2223	1979	
	100	1059	43	293	283	
6	1290	2079	3023	25000	19520	953
1	410		8835	6700	4500	
20	950	195	14100	18355	14515	1761
14	4800		4256	34800	21350	5238
203	4235	842	13568	65865	60012	28540
	345	160	590	7907	6000	
19	1802	398	3582	75805	66800	65700
				1800	1390	
29	2000	1040	7968	19240	33977	6161

农业机械化、水利

2-4 续表1 （2019年）

县（市、区）名称	农业主要				
	农村水电站数（处）	装机容量（千瓦）	发电量（万千瓦时）	农村用电量（万千瓦时）	农用化肥施用量(按实物量计算)(吨)
全 市	**31**	**49220**	**3649**	**242468**	**270822**
双桥区	3	4200	470	3281	1080
双滦区	1	4000	772	3053	1849
营子区				1007	257
承德县	3	3760	410	44096	25180
兴隆县	5	1745	70	13810	15538
滦平县	2	2670	390	39106	22947
隆化县	4	3590	719	12255	47591
丰宁县	4	21390	108	11233	24854
宽城县	5	4350	352	82028	11932
围场县	4	3515	358	14115	63039
高新区				2248	1541
平泉市				16235	55015

2-4 续表2

县（市、区）名称	农业主要				
	磷肥	钾肥	复合肥	农用塑料薄膜使用量（吨）	#地膜使用量
全 市	**7126**	**9475**	**41619**	**7325**	**3244.8**
双桥区	10	12	149	3	2.8
双滦区	6	24	218	271	17.8
营子区	9	7	41	4	1.5
承德县	133	217	4551	86	7.9
兴隆县	200	134	3387	76	15.8
滦平县	770	752	2760	597	58.2
隆化县	679	760	7641	140	66.2
丰宁县	428	722	4883	302	152
宽城县	208	246	3056	224	6
围场县	3411	4796	7641	3696	2615.8
高新区	2	5	200	5	2.2
平泉市	1269	1800	7092	1923	298.7

设施及农业主要物质消耗

物质消耗					
#氮肥	磷肥	钾肥	复合肥	农用化肥施用量(按折纯法计算)(吨)	#氮肥
126494	**41539**	**19287**	**83502**	**100438**	**42218**
698	64	24	294	430	259
1279	32	47	490	771	523
121	49	14	72	107	49
14773	855	453	9099	9735	4834
7575	1261	273	6428	6582	2860
11484	4849	1490	5124	8372	4090
26314	4221	1563	15494	17105	8025
11142	2736	1445	9531	10058	4024
4758	1260	456	5458	5480	1970
17908	18363	9900	16868	21770	5922
1098	13	9	420	553	346
29344	7835	3612	14224	19476	9315

物质消耗			农田水利建设情况		
地膜覆盖面积（公顷）	农用柴油使用量（吨）	农药使用量（吨）	有效灌溉面积（公顷）	旱涝保收面积（公顷）	年末机电井数（眼）
53989	**116077**	**1114**	**142299**	**56209**	**33841**
28	9	1	1760	28	516
189	2900	4	2230	95	795
28	4100	5	630	125	229
127	2224	124	15070	4343	4021
72	7750	156	6713	4279	1366
1025	19980	153	19530	10086	4778
1151	10250	57	22060	15634	3828
2825	6253	74	31020	3499	5190
104	10088	56	6040	1966	3514
43680	43630	396	23680	5900	3690
43	12	5		17	
4715	8881	80	13566	10236	5914

2-5 种　　植　　业

（2019年）

县（市、区）名称	农作物播种面积	一、粮食作物播种面积	播种单产	总产量	（一）谷物播种面积
全　市	**386229**	**280502**	**5156**	**1446244**	**221027**
双桥区	1600	997	4763	4750	943
双滦区	3609	3003	4876	14643	2939
营子区	920	439	5286	2321	412
承德县	39411	33547	5921	198622	31897
兴隆县	6775	5466	4086	22335	5290
滦平县	32696	16486	4813	79345	15911
隆化县	60658	33542	6027	202160	31416
丰宁县	76972	57683	3100	178799	53934
宽城县	14472	11242	4835	54353	10180
围场县	100212	76333	5964	455240	28234
高新区	2856	2475	3601	8912	2202
平泉市	46047	39289	5721	224765	37669

2-5　续表 1

县（市、区）名称	播种单产	总产量	#玉米繁种面积	播种单产	总产量
全　市	**5200**	**876926**	**742**	**5791**	**4297**
双桥区	4800	4238			
双滦区	5274	14044			
营子区	5398	1668			
承德县	6037	182374			
兴隆县	4045	20053			
滦平县	4828	68416			
隆化县	6263	153934	175	9771	1710
丰宁县	4237	109361			
宽城县	5257	44237	334	4392	1467
围场县	3270	68515	233	4807	1120
高新区	3879	7495			
平泉市	6002	202590			

生　产　情　况

单位：公顷、公斤/公顷、吨

播种单产	总产量	1. 稻谷播种面积	播种单产	总产量	2. 玉米播种面积（不含青贮、鲜食）
4646	**1026813**	**5249**	**5903**	**30981**	**168636**
4750	4479	0		0	883
4926	14476	0		0	2663
5449	2245	0		0	309
5963	190210	450	5591	2516	30209
4066	21510	0		0	4957
4810	76529	479	4906	2350	14170
6056	190242	4192	6056	25387	24578
2865	154537	0		0	25813
4939	50276	56	5071	284	8415
3376	95331	24	5625	135	20953
3698	8143	0		0	1932
5809	218836	47	6533	309	33754

单位：公顷、公斤/公顷、吨

3. 谷子播种面积	播种单产	总产量	4. 高粱播种面积	播种单产	总产量
15108	**3919**	**59208**	**2946**	**4714**	**13890**
55	3953	218	5	4694	23
274	1558	427	2	2500	5
89	5787	515	14	4429	62
848	4309	3654	180	4843	872
331	4381	1450	1	5000	5
835	4587	3830	345	4907	1693
1855	4363	8095	196	5058	990
1633	3336	5448	165	4121	680
1177	3070	3613	370	4981	1843
5645	4127	23296	18	3985	73
188	2276	429	81	2700	219
2177	3783	8233	1570	4731	7426

种　　植　　业

2-5　续表 2

（2019 年）

县（市、区）名称	5. 秋收小麦播种面积	播种单产	总产量	6. 莜麦播种面积	播种单产
全　市	**14492**	**1555**	**22534**	**12828**	**1457**
双桥区					
双滦区					
营子区					
承德县					
兴隆县					
滦平县					
隆化县					
丰宁县	14197	1524	21639	11810	1444
宽城县				0	
围场县	295	3034	895	1018	1611
高新区				0	
平泉市				0	

2-5　续表 3

县（市、区）名称	（二）豆类播种面积	播种单产	总产量	#大豆播种面积	播种单产
全　市	**6286**	**2814**	**17687**	**4872**	**3050**
双桥区	31	3679	115	25	3736
双滦区	36	1444	52	34	1441
营子区	22	2516	56	20	2600
承德县	1010	3266	3299	760	3525
兴隆县	115	3304	380	113	3336
滦平县	439	3984	1749	422	4057
隆化县	1127	3554	4004	988	3661
丰宁县	854	2480	2118	732	2568
宽城县	617	1901	1173	366	2301
围场县	805	2140	1723	656	2185
高新区	58	1928	112	40	1969
平泉市	1172	2480	2906	716	2856

生　产　情　况

单位：公顷、公斤/公顷、吨

总产量	7. 荞麦 播种面积	播种单产	总产量	8. 其它谷物 播种面积 （含鲜食玉米）	播种单产	总产量
18694	**356**	**1130**	**403**	**1412**	**2958**	**4177**
				0		0
				0		0
				0		0
				210	3781	794
				1	2000	2
				82	2927	240
				594	3087	1835
17054	316	1123	355			
0	0		0	162	1846	299
1640	40	1183	48	240	3033	728
0	0		0	0	2250	0
0	0		0	122	2279	278

单位：公顷、公斤/公顷、吨

总产量	绿　豆 播种面积	播种单产	总产量	红小豆 播种面积	播种单产	总产量
14858	**444**	**2416**	**1073**	**496**	**1911**	**948**
93	4	3500	15	2	3333	6
49	1	1000	1	1	2000	2
52	1	1833	1	2	1667	3
2679	120	2300	276	130	2646	344
377	0		0	2	1500	3
1712	9	2222	20	8	2125	17
3617	106	2834	299	33	2661	88
1880	8	3375	27	6	1667	10
842	76	1250	95	74	1189	88
1433	10	1832	18	9	1846	17
79	6	1737	11	8	1303	10
2045	103	2991	309	222	1625	360

种　植　业

2-5　续表 4　　(2019 年)

县（市、区）名称	其他豆类播种面积	播种单产	总产量	（三）薯类播种面积	播种单产
全　市	**474**	**1705**	**808**	**53189**	**37766**
双桥区	0		0	23	33655
双滦区	0		0	28	20429
营子区	0		0	5	20400
承德县	0		0	640	39945
兴隆县	0		0	61	36475
滦平县	0		0	136	39228
隆化县	0		0	999	39608
丰宁县	108	1861	201	2895	38244
宽城县	101	1465	148	445	32629
围场县	130	1960	255	47294	37868
高新区	4	3058	12	215	15286
平泉市	131	1468	192	448	33738

2-5　续表 5

县（市、区）名称	（一）花生播种面积	播种单产	总产量	（二）油菜籽播种面积	播种单产
全　市	**234**	**3263**	**763**	**2847**	**1947**
双桥区					
双滦区					
营子区	3	2494	7		
承德县	30	3497	106		
兴隆县	24	4048	96	5	3615
滦平县	36	2396	86	38	2139
隆化县				39	2505
丰宁县				841	1507
宽城县	111	3541	393		
围场县	7	2648	19	1908	2127
高新区	15	2156	33		
平泉市	8	2996	23	17	1399

生　产　情　况

单位：公顷、公斤/公顷、吨

总产量（鲜）				二、油料播种面积	播种单产	总产量
	#马铃薯播种面积	播种单产	总产量			
2008717	**52359**	**37886**	**1983654**	**11876**	**2175**	**25830**
781	5	38217	176	260	2330	606
572	13	15692	204	4	2286	10
102	3	28000	84	29	3046	89
25565	410	37756	15480	144	3090	445
2225	21	37238	782	36	3930	141
5335	87	40345	3510	341	1765	602
39569	988	39550	39089	1596	3876	6184
110717	2868	38393	110112	4514	1706	7702
14520	275	38291	10530	487	2419	1178
1790932	47294	37868	1790932	4239	1995	8456
3282	16	18876	299	33	1682	56
15118	379	32833	12457	191	1877	359

单位：公顷、公斤/公顷、吨

总产量	（三）芝麻播种面积	播种单产	总产量	（四）胡麻籽播种面积	播种单产	总产量
5544	**26**	**1790**	**47**	**2845**	**1587**	**4517**
	5	987	5			
17						
82	0	1289	1	0	1576	1
98						
1267				2837	1588	4506
	14	1643	23			
4057	2	8705	17	8	1350	10
	4	241	1	0	606	0
24	1	1038	1			

2-5　续表 6　　　　（2019 年）

县（市、区）名称	（五）葵花籽播种面积	播种单产	总产量	（六）其他油料播种面积	播种单产
全　市	**5633**	**2541**	**14315**	**290**	**2223**
双桥区	260	2330	606		
双滦区	4	2286	10		
营子区	27	3101	82		
承德县	108	3083	332	1	2940
兴隆县	8	3752	28		
滦平县	210	1646	346	56	1554
隆化县	1519	3907	5932	38	4047
丰宁县	829	2320	1924	7	750
宽城县	231	2053	474	131	2198
围场县	2265	1877	4251	50	2058
高新区	14	1582	22		
平泉市	159	1933	308	7	612

2-5　续表 7

县（市、区）名称	五、烟叶播种面积	播种单产	总产量	六、中草药材播种面　积	总产量	七、蔬菜播种面积	播种单产	总产量(含食用菌)
全　市	**7**	**1286**	**9**	**21958**	**161110**	**62191**	**64736**	**4026007**
双桥区				85	38	247	50397	12454
双滦区				78	400	455	116307	52955
营子区				75	212	377	48371	18243
承德县				946	1469	4675	93875	438901
兴隆县				124	1322	1145	38822	44444
滦平县				8173	30927	7529	73008	549655
隆化县				7102	78211	16430	44662	733793
丰宁县				1638	11256	9865	52661	519506
宽城县	7	1286	9	628	8254	1997	78881	157525
围场县				2239	26511	13610	63092	858661
高新区				155		176	37118	6519
平泉市				715	2512	5685	111404	633351

生　　产　　情　　况

单位：公顷、公斤/公顷、吨

总产量	三、生麻播种面积	播种单产	总产量	四、甜菜播种面积	播种单产	总产量
644	0	0	0	24	77118	1849
2						
88						
154						
5						
288						
103				14	78634	1099
4				10	75000	750

单位：公顷、公斤/公顷、吨

八、瓜果类播种面积	播种单产	总产量	九、其他农作物播种面积	# 青饲料播种面积	#饲用玉米面积	十、特种农作物		
						花卉种植面积	鲜切花（万枝）	盆栽、盆景观赏植物(盆）
1802	**37188**	**67029**	**7869**	**6376**	**4321**	**257**	**206**	**1557325**
1	11594	16	9			7		
55	38744	2118	13			13	18	660000
			0			0	21	907
99	25936	2564						
1	37967	34	4			4	111	
134	32496	4354	33			10	6	340245
911	45388	41347	1077	901	810	1		94623
465	26833	12475	2808	2663	1357			
18	12000	216	93			50	20	440000
45	33678	1520	3732	2812	2154	171		21550
2	25419	42	15					
72	32535	2345	84			1	30	

2-6 蔬菜瓜果类及

（2019年）

县（市、区）名称	一、蔬菜及食用菌播种面积	播种单产	总产量	（一）蔬菜播种面积	播种单产	总产量
全　市	**62191**	**64736**	**4026007**	**62191**	**53920**	**3353323**
双桥区	247	50397	12454	247	50397	12454
双滦区	455	116307	52955	455	116296	52950
营子区	377	48371	18243	377	47885	18060
承德县	4675	93875	438901	4675	33777	157919
兴隆县	1145	38822	44444	1145	34225	39181
滦平县	7529	73008	549655	7529	69397	522470
隆化县	16430	44662	733793	16430	44004	722979
丰宁县	9865	52661	519506	9865	52476	517680
宽城县	1997	78881	157525	1997	60052	119924
围场县	13610	63092	858661	13610	62916	856265
高新区	176	37118	6519	176	37044	6506
平泉市	5685	111404	633351	5685	57507	326936

2-6　续表 1

县（市、区）名称	播种单产	总产量	5.卷心菜播种面积	播种单产	总产量	6.白萝卜播种面积
全　市	**62577**	**1350810**	**2932**	**56308**	**165084**	**2629**
双桥区	55123	5341	1	45548	33	12
双滦区	30370	840	1	38435	57	3
营子区	83948	6674	8	44769	349	32
承德县	55559	76380	11	35022	368	209
兴隆县	43470	17306	1	24640	22	122
滦平县	72472	125807	109	67098	7336	713
隆化县	60578	392665	1041	44670	46518	423
丰宁县	61894	341822	496	62601	31046	377
宽城县	89861	28396	38	55737	2118	170
围场县	65829	300643	1201	63981	76832	403
高新区	51580	3043	2	23125	37	3
平泉市	55996	51893	23	15800	368	162

特种作物生产情况

单位：公顷、公斤/公顷、吨

1.芹菜 播种面积	播种单产	总产量	2.油菜 播种面积	播种单产	总产量	3.菠菜 播种面积	播种单产	总产量	4.大白菜 播种面积
1216	**42792**	**52051**	**812**	**34227**	**27799**	**1583**	**32360**	**51227**	**21586**
6	47285	290	3	46978	127	7	44771	305	97
1	23284	16	1	23987	19	5	26761	144	28
11	44356	499	16	15669	247	15	31571	486	80
54	18903	1021	75	16700	1246	161	18493	2983	1375
9	25156	216	25	26339	656	51	27842	1410	398
58	58888	3402	99	49785	4938	172	48409	8325	1736
449	34692	15560	207	21827	4521	657	23699	15564	6482
153	43094	6581	72	30842	2226	86	32950	2847	5523
76	51368	3904	69	47913	3306	112	50464	5652	316
311	57923	17987	145	47725	6925	169	49364	8336	4567
4	38931	141	3	27268	68	9	28145	258	59
87	28122	2435	98	35791	3521	138	35543	4917	927

单位：公顷、公斤/公顷、吨

播种单产	总产量	7.胡萝卜 播种面积	播种单产	总产量	8.生姜 播种面积	播种单产	总产量	9.黄瓜 播种面积
59067	**155259**	**6146**	**59155**	**363582**	**2**	**49165**	**92**	**6725**
42286	505	0	27604	13				57
16394	45	0	14853	5				220
38759	1247	3	49627	149				40
42957	8990	15	23953	352				475
34488	4191							116
84328	60153	79	57109	4518				1592
34143	14437	438	31392	13745				997
51681	19493	213	32444	6924	0	17143	1	492
77024	13094	44	56455	2484				186
63677	25668	5300	62879	333280	2	50403	91	158
30047	84	1	17910	12				31
45481	7352	52	40111	2101				2361

蔬 菜 瓜 果 类 及

2-6 续表2 （2019年）

县（市、区）名称	播种单产	总产量	10.南瓜 播种面积	播种单产	总产量	11.冬瓜 播种面积
全 市	**67783**	**455831**	**117**	**40895**	**4790**	**69**
双桥区	49416	2794				0
双滦区	206003	45385	0	45000	5	1
营子区	36785	1487	0	26514	10	0
承德县	28561	13559	18	24615	443	10
兴隆县	26812	3098				2
滦平县	96406	153523	32	49904	1597	1
隆化县	37319	37223	7	12380	86	13
丰宁县	33703	16588	1	8500	7	1
宽城县	50075	9314	25	48960	1224	14
围场县	55434	8766	3	23538	66	13
高新区	39024	1193	1	9434	5	0
平泉市	69011	162902	31	44075	1347	15

2-6 续表3

县（市、区）名称	总产量	15.辣椒 播种面积	播种单产	总产量	16.西红柿 播种面积	播种单产
全 市	**94837**	**1953**	**33010**	**64470**	**4458**	**48959**
双桥区	391	11	52414	551	38	49207
双滦区	1020	6	13032	80	44	37936
营子区	621	14	46108	646	23	28971
承德县	6505	82	19519	1607	412	27146
兴隆县	1319	29	21247	626	44	29311
滦平县	37495	619	37181	23029	684	58723
隆化县	22769	425	22953	9744	924	36344
丰宁县	6255	195	30408	5917	866	35717
宽城县	4065	67	44403	2975	68	47515
围场县	4600	153	42527	6519	683	64458
高新区	242	7	20199	141	11	44508
平泉市	9555	345	36641	12634	659	74497

特 种 作 物 生 产 情 况

单位：公顷、公斤/公顷、吨

播种单产	总产量	12.豇豆 播种面积	播种单产	总产量	13.四季豆 播种面积	播种单产	总产量	14.茄子 播种面积	播种单产
40690	**2813**	**113**	**28374**	**3196**	**1402**	**31317**	**43917**	**2405**	**39439**
30091	3	0	36667	3	0	27273	9	9	42862
77357	43	17	15134	255	22	35843	802	23	43404
29744	12				15	24093	367	19	33233
24375	241	17	18902	324	269	20694	5571	274	23756
24669	39							48	27601
58344	56	3	31731	102	186	33399	6227	699	53653
30428	398	18	30634	560	505	30691	15501	717	31744
4473	2	9	29573	270	99	38948	3854	172	36265
48214	675	14	47143	660	97	50814	4929	79	51456
64756	837	8	27112	222	72	44736	3205	102	45179
15385	2	0	13970	5	10	18722	195	10	23516
33684	506	25	31289	796	126	25914	3257	252	37913

单位：公顷、公斤/公顷、吨

总产量	17.大葱 播种面积	播种单产	总产量	18.蒜头 播种面积	播种单产	总产量	19.莲藕 播种面积	播种单产	总产量
218253	**1514**	**37330**	**56529**	**359**	**26150**	**9399**	**2**	**34949**	**55**
1889	5	29840	155	1	32200	16			
1675	16	34035	560						
674	12	23468	273	8	28558	241			
11198	264	21069	5556	5	10800	51			
1286									
40180	148	42700	6323	43	23103	1004			
33595	678	38665	26200	135	19998	2702			
30944	75	34539	2590	0	4222	1	1	22388	15
3231	128	52766	6754	27	41593	1123			
44008	46	56608	2622	24	3135	76	1	44300	40
508	19	23851	446	1	10885	12			
49066	124	40850	5051	115	36381	4173			

蔬菜瓜果类及

2-6　续表 4

（2019 年）

县（市、区）名称	20.其他蔬菜播种面积	播种单产	总产量	(二)食用菌产量(干鲜混合)	1.干品	#香菇
全　市	**6168**	**37831**	**233329**	**672684**	**163865**	**160237**
双桥区	1	43639	27			
双滦区	66	30417	2000	5		
营子区	80	51102	4078	183	183	
承德县	950	22653	21525	280982	132094	130647
兴隆县	302	29853	9013	5263	285	285
滦平县	553	69543	38452	27186	2021	2018
隆化县	2314	30767	71195	10814	534	317
丰宁县	1034	38983	40298	1826	501	501
宽城县	467	55717	26020	37601	2560	2560
围场县	249	62407	15543	2396	406	17
高新区	6	19748	115	13		
平泉市	147	34477	5064	306415	25280	23893

2-6　续表 5

县（市、区）名称	总产量	香瓜播种面积	播种单产	总产量	草莓播种面积	播种单产
全　市	**34484**	**270**	**23278**	**6279**	**642**	**30573**
双桥区					1	11594
双滦区	64	2	22540	34	43	42883
营子区						
承德县	2169	12	22767	264	14	7707
兴隆县					1	37967
滦平县	1457	7	37481	251	25	24280
隆化县	22881	38	41693	1590	393	36884
丰宁县	6796	172	18980	3256	125	13612
宽城县					18	12000
围场县	224	5	22253	113	12	32038
高新区	5	0	15152	5	1	28736
平泉市	888	35	21982	767	10	23009

特 种 作 物 生 产 情 况

单位：公顷、公斤/公顷、吨

黑木耳	其他干品	2.鲜品	#蘑菇	其他鲜品	二、瓜果类播种面积	播种单产	总产量	#西瓜播种面积	播种单产
3344	**284**	**508819**	**502456**	**6363**	**1802**	**37188**	**67029**	**671**	**51429**
					1	11594	16		
		5	5		55	38744	2118	2	38327
	183								
1350	97	148887	148507	381	99	25936	2564	72	30046
		4978	4648	330	1	37967	34		
	3	25164	25152	13	134	32496	4354	38	38721
218		10280	9748	532	911	45388	41347	422	54188
		1325	1193	132	465	26833	12475	117	58318
		35041	35041		18	12000	216		
390		1990	1610	380	45	33678	1520	5	43914
		13	13		2	25419	42	0	15152
1387		281135	276539	4596	72	32535	2345	15	60000

单位：公顷、公斤/公顷、吨

总产量	其他瓜果类播种面积	播种单产	总产量	花卉种植面积(公顷)	鲜切花(万枝)	盆栽观赏植物(盆)
19614	**221**	**30146**	**6652**	**257**	**206**	**1557325**
16				7		
1827	9	21721	193	13	18	660000
				0	21	907
106	1	18921	24			
34				4	111	
602	65	31510	2044	10	6	340245
14480	58	41307	2396	1		94623
1696	52	13920	727			
216				50	20	440000
371	23	34770	812	171		21550
25	0	57308	7			
241	12	37670	449	1	30	

2-7 水 果 及 食 用

（2019 年）

县（市、区）名称	园　林水果产量	苹果	梨	桃	猕猴桃	葡萄	红枣（枣应折成鲜枣1：2.5）	柿子（柿饼应折成鲜柿1：3）	杏	红果
全　市	**985501**	**600445**	**118204**	**10271**	**11**	**5201**	**4810**	**9160**	**17186**	**206297**
双桥区	572	117	121	8		185	45		82	12
双滦区	1180	43	92	109	1	523	113		164	53
营子区	1039	5	1	99		7	3		77	846
承德县	238877	208154	10831	1797		545	2348	63	3374	10860
兴隆县	281845	51521	37845	5307		829	139	9067	8979	168114
滦平县	32850	1715	24796	285	0	385	879		1067	2717
隆化县	43396	23859	8434	1582		1023	200		2380	3814
丰宁县	5920	1100	2312	531	10	690	3		384	283
宽城县	48600	26600	1805	201		6	600	30	410	18936
围场县	211639	197335	6428	7		86			14	
高新区	659	106	187	21		132	117		75	18
平泉市	118923	89891	25352	323	0	790	364		178	645

2-8 渔 业 生

（2019 年）

县（市、区）名称	水产品总产量	淡水产品产　量	淡水捕捞	鱼　类	淡水养殖	鱼　类
全　市	**4124**	**4124**	**1411**	**1411**	**2713**	**2713**
双桥区	60	60	20	20	40	40
双滦区	460	460			460	460
营子区						
承德县	519	519	167	167	352	352
兴隆县	320	320			320	320
滦平县	405	405	205	205	200	200
隆化县	490	490	60	60	430	430
丰宁县	610	610	180	180	430	430
宽城县	610	610	610	610		
围场县	372	372	169	169	203	203
高新区	96	96			96	96
平泉市	182	182			182	182

坚 果 生 产 情 况

单位：公顷、吨

其他	食用坚果产量	#核桃	板栗	松子	其他坚果	年末果园面积	#苹果园	梨园	桃园	葡萄园
13916	**173189**	**11369**	**147284**	**17**	**14519**	**92888**	**47724**	**11346**	**1156**	**538**
2	49	0	1		47	57	16	16	0	5
82						109	21	25	8	17
1	476	27	444	1	4	236	19	30	6	7
906	2781	59	1992	1	729	15693	13103	683	230	116
44	111030	8551	102420		60	16954	2215	1556	181	19
1005	1193	66	1054		74	3137	753	1519	73	48
2104	202	0	1		201	10853	3414	2224	44	50
609	501	8	6	0	487	1524	395	537	136	116
12	43100	2600	40000		500	21389	9737	1810	243	1
7769	11955	2			11953	13447	13113	140		1
4	33		27		6	380	29	61	6	11
1380	1868	57	1338	15	459	9109	4908	2745	229	147

产 情 况

单位：公顷、吨

水产养殖面积	淡水养殖	池塘养殖	湖泊养殖	水库养殖
1703	**1703**	**338**	**41**	**1324**
36	36	2	33	1
39	39	39		
102	102	35		67
166	166	58		108
182	182	22		160
72	72	31		41
800	800	40		760
280	280	95	8	177
9	9	9		
17	17	7		10

2-9 分县（市、区）农林

（2019年）

县（市、区）名称	农林牧渔业总产值	一、农业产值	（一）谷物及其他作物	1.谷物	#稻谷	玉米
全　市	**4560989**	**2611238**	**453148**	**184124**	**11463**	**149956**
双桥区	8784	4215	1432	773	0	725
双滦区	44877	25543	2551	2406	0	2402
营子区	11810	6341	433	337	0	285
承德县	652358	392404	39701	33287	931	31186
兴隆县	345267	258082	4612	3895	0	3429
滦平县	494448	229981	15491	13433	870	11699
隆化县	777009	381424	48221	39494	9393	26323
丰宁县	508458	162163	47409	25026	0	18701
宽城县	283581	168423	13882	9742	105	7565
围场县	865760	527153	234700	16168	50	11716
高新区	9813	3797	2512	1619	0	1282
平泉市	558824	451712	42204	37944	114	34643

2-9 续表1

县（市、区）名称	其中：饲料作物	（二）蔬菜、食用菌及花卉盆景园艺	1.蔬菜（含菜用瓜）	2.食用菌	3.花卉	4.盆景园艺	（三）水果、坚果、饮料和香料	1.水果
全　市	**1434**	**1151133**	**583820**	**559959**	**2070**	**5284**	**608971**	**364563**
双桥区	0	2396	2386	0	0	10	292	220
双滦区	0	18421	16473	4	744	1200	3571	3571
营子区	0	4367	4173	152	42	0	1011	332
承德县	0	253243	21407	231756	0	80	95787	92286
兴隆县	0	11554	6934	4169	231	220	238631	83986
滦平县	0	124093	98260	22447	386	3000	13664	8985
隆化县	0	114475	104520	9502	90	363	23250	23099
丰宁县	0	81958	80282	1576	0	100	5651	4719
宽城县	0	57921	27196	30178	497	50	75985	14823
围场县	1434	126586	124464	2102	20	0	102403	86430
高新区	0	966	956	10	0	0	319	262
平泉市	0	355153	96769	258063	60	261	48407	45850

牧 渔 业 总 产 值

单位：万元

2.薯类	马铃薯	3.油料	#花生	油菜籽	4.豆类	#大豆	5.糖料	6.烟草	7.其他农作物
240441	**234072**	**13183**	**408**	**3021**	**9665**	**7281**	**45**	**9**	**5681**
175	21	420	0	0	64	46	0	0	0
118	24	0	0	0	27	24	0	0	0
15	10	52	4	0	29	25	0	0	0
4389	1827	163	57	0	1862	1313	0	0	0
459	92	70	52	9	188	185	0	0	0
878	414	308	44	44	872	839	0	0	0
4735	4613	1879	0	53	2113	1772	0	0	0
13147	12993	5067	0	691	1115	921	0	0	3054
2256	1243	617	211	0	671	413	0	9	587
211330	211330	4456	10	2211	906	702	0	0	1840
793	35	32	18	0	68	39	0	0	0
2146	1470	119	12	13	1750	1002	45	0	200

单位：万元

园林水果	苹果	梨	瓜果类	2.食用坚果	#核桃	板栗	3.香料及饮料原料	#花椒	（四）中草药材
347150	**245833**	**29710**	**17413**	**239946**	**18562**	**201940**	**4462**	**1372**	**397986**
213	49	29	7	72	0	1	0	0	95
399	19	22	3172	0	0	0	0	0	1000
332	2	0	0	679	49	622	0	0	530
91830	84489	2729	456	3471	87	2708	30	0	3673
83958	20739	9780	28	153847	13785	139914	798	798	3285
8044	707	5833	941	1619	107	1417	3060	0	76733
14234	9986	2088	8865	151	0	1	0	0	195478
1850	483	566	2869	932	9	8	0	0	27145
14758	10963	448	65	60588	4420	55358	574	574	20635
86108	82394	1576	322	15973	5	0	0	0	63464
238	44	48	24	57	0	36	0	0	0
45186	35958	6591	664	2557	100	1875	0	0	5948

分　县　（市、区）　农　林

2-9　续表 2

（2019 年）

县（市、区）名称	二、林业产值	（一）林木的培育和种植	1.育种育苗	2.造林	3.抚育和管理	（二）竹木采运	其中：村及村以下	（三）林产品
全　市	**333854**	**202269**	**12096**	**166802**	**23371**	**22879**	**12448**	**108706**
双桥区	1320	1123	0	994	129	137	0	60
双滦区	2108	1812	0	1721	91	94	94	202
营子区	924	502	0	502	0	42	42	380
承德县	31999	15511	223	13401	1887	2838	2838	13650
兴隆县	24408	16332	29	14743	1560	466	466	7610
滦平县	47824	32816	611	32077	128	868	868	14140
隆化县	47869	27843	679	22749	4415	1078	218	18948
丰宁县	67453	40876	9448	27239	4189	3177	3177	23400
宽城县	22718	9374	941	7790	643	410	410	12934
围场县	73060	48991	19	40578	8394	12721	3287	11348
高新区	1040	525	0	499	26	515	515	0
平泉市	13131	6564	146	4509	1909	533	533	6034

2-9　续表 3

县（市、区）名称	6.其他牲畜副产品	（二）猪的饲养	（三）家禽饲养	1.肉禽	2.禽蛋
全　市	**1001**	**404277**	**269080**	**170848**	**98232**
双桥区	0	2102	389	63	326
双滦区	1000	4742	1256	293	963
营子区	0	2298	721	143	578
承德县	0	52385	97263	78227	19036
兴隆县	0	29623	2680	1740	940
滦平县	1	98380	72991	64197	8794
隆化县	0	78906	9977	2331	7646
丰宁县	0	42986	23088	6407	16681
宽城县	0	37216	10633	3713	6920
围场县	0	36458	31138	9041	22097
高新区	0	1182	2835	1232	1603
平泉市	0	17999	16109	3461	12648

牧 渔 业 总 产 值

单位：万元

三、牧业产值	(一)牲畜饲养	1.牛的饲养	2.羊的饲养	3.其他牲畜饲养	4.奶产品	生牛奶	5.毛绒产品	#羊毛	山羊绒
1506878	**790980**	**574488**	**157196**	**17064**	**32802**	**32798**	**8429**	**3179**	**5250**
2987	476	92	384	0	0	0	0	0	0
8725	2427	313	775	250	89	89	0	0	0
4358	1109	324	785	0	0	0	0	0	0
211232	58715	43339	14348	0	411	411	617	133	484
49551	15368	4956	10067	95	43	43	207	46	161
207285	32984	16225	13171	2	2161	2158	1424	296	1128
335110	236827	198536	36318	0	742	742	1231	546	685
257149	183475	129033	26486	5927	21035	21035	994	107	887
76372	20380	5091	14145	220	0	0	924	108	816
259954	186853	141888	24685	10160	8170	8170	1950	1345	605
4367	350	13	337	0	0	0	0	0	0
89788	52016	34678	15695	410	151	150	1082	598	484

单位：万元

(五)其他畜牧业	家兔	四、渔业产值	淡水产品	其中：养殖	1.鱼类	五、农林牧渔服务业
42541	**1433**	**5941**	**5941**	**2170**	**5941**	**103078**
20	0	86	86	0	86	176
300	0	651	651	19	651	7850
230	0	0	0	0	0	187
2869	39	743	743	506	743	15980
1880	0	456	456	0	456	12770
2930	5	582	582	294	582	8776
9400	3	705	705	618	705	11901
7600	0	893	893	264	893	20800
8143	1343	876	876	0	876	15192
5505	5	552	552	209	552	5041
0	0	137	137	0	137	472
3664	38	260	260	260	260	3933

2-10 分县（市、区）农林

（2019年）

县（市、区）名称	农林牧渔业商品产值	一、农业商品产值	（一）谷物及其他作物	谷物	薯类	油料	豆类
全市	**3906392**	**2370932**	**371201**	**141054**	**211094**	**11154**	**5634**
双桥区	5350	2955	1209	690	144	322	53
双滦区	31747	22873	0	0	0	0	0
营子区	10022	6085	378	309	10	37	22
承德县	569396	360457	24126	20437	2563	88	1038
兴隆县	287902	237271	3505	2998	320	45	142
滦平县	434200	215908	14706	12819	815	301	771
隆化县	696234	355241	39288	34512	3145	996	635
丰宁县	428901	150849	41179	22525	12538	4955	1101
宽城县	232189	151500	10499	7906	1353	532	298
围场县	718992	464700	208271	13749	188421	3784	767
高新区	6562	2104	1284	828	395	25	36
平泉市	484897	400989	26756	24281	1390	69	771

2-10 续表1

县（市、区）名称	（三）水果、坚果、饮料和香料	水果	#园林水果	瓜果类	食用坚果	茶及饮料原料	花椒
全市	**558043**	**326180**	**309720**	**16460**	**227799**	**2970**	**1094**
双桥区	226	166	162	4	60	0	0
双滦区	3506	3506	334	3172	0	0	0
营子区	973	332	332	0	641	0	0
承德县	88604	85640	85218	422	2934	30	0
兴隆县	221537	74306	74281	25	146596	0	635
滦平县	11990	7588	6738	850	1462	2940	0
隆化县	19512	19361	11107	8254	151	0	0
丰宁县	5463	4539	1737	2802	924	0	0
宽城县	71853	12819	12754	65	58575	0	459
围场县	91315	77189	76894	295	14126	0	0
高新区	226	183	166	17	43	0	0
平泉市	42838	40551	39997	554	2287	0	0

牧 渔 业 商 品 产 值

单位：万元

糖料（甜菜）	其他农作物	（二）蔬菜、食用菌及花卉盆景园艺	蔬菜	食用菌（干鲜混合）	花卉	盆景园艺
45	**2220**	**1051803**	**503983**	**541706**	**2064**	**4050**
0	0	1440	1440	0	0	0
0	0	18367	16419	4	744	1200
0	0	4204	4010	152	42	0
0	0	244202	19401	224801	0	0
0	0	9595	5291	4079	225	0
0	0	113253	88041	22026	386	2800
0	0	100963	91371	9502	90	0
0	60	77062	75547	1515	0	0
0	410	48513	17938	30028	497	50
0	1550	108163	106291	1852	20	0
0	0	594	586	8	0	0
45	200	325447	77648	247739	60	0

单位：万元

（四）中草药材	二、林业商品产值	林木的培育和种植	木材采运	林产品采集及其他	三、牧业商品产值	牲畜的饲养	牛的饲养
389885	**125855**	**11408**	**20878**	**93569**	**1404735**	**753066**	**557518**
80	144	0	99	45	2191	382	71
1000	202	0	0	202	8672	2427	313
530	15	0	15	0	3922	1078	320
3525	15707	194	2613	12900	192645	56061	41604
2634	5416	0	466	4950	44816	14143	4833
75959	14143	0	853	13290	203663	32394	16113
195478	16713	679	1049	14985	323575	231089	198536
27145	34745	9448	3177	22120	242414	177289	128938
20635	11051	941	410	9700	68762	18973	5091
56951	21366	0	11251	10115	232438	167324	127012
0	412	0	412	0	3923	314	11
5948	5941	146	533	5262	77714	51592	34676

分县（市、区）农林

2-10 续表2

（2019年）

县（市、区）名称	羊的饲养	其他牲畜饲养	奶产品	毛绒产品	其他牲畜副产品	猪的饲养
全 市	**145385**	**9504**	**31955**	**7704**	**1000**	**385144**
双桥区	311	0	0	0	0	1525
双滦区	775	250	89	0	1000	4724
营子区	758	0	0	0	0	2190
承德县	13923	0	403	131	0	48727
兴隆县	9060	0	43	207	0	26532
滦平县	12742	0	2139	1400	0	97238
隆化县	30580	0	742	1231	0	78622
丰宁县	26322	0	21035	994	0	42381
宽城县	12738	220	0	924	0	33409
围场县	22189	9034	7354	1735	0	32533
高新区	303	0	0	0	0	1063
平泉市	15684	0	150	1082	0	16200

2-11 农业产业化龙

（2019年）

县（市、区）名称	龙头经营组织总数	按组织					
		1.龙头企业带动型	销售收入1亿元以上	销售收入10亿元以上	2.专业市场带动型	成交额5千万元以上	成交额1亿元以上
全 市	**214**	**200**	**28**	**3**	**4**	**4**	**4**
双桥区	7	6	2				
双滦区	6	6					
营子区	3	3	1				
承德县	17	15	3				
兴隆县	20	20	2				
滦平县	20	20	2	1			
隆化县	22	20	4		1	1	1
丰宁县	32	32	2				
宽城县	23	21	3				
围场县	29	27	3				
高新区	3	3	3	2			
平泉市	32	27	3		3	3	3

牧渔业商品产值

单位：万元

家禽的饲养	肉禽	禽蛋	其他畜牧业	四、渔业商品产值	#淡水产品
241923	**157615**	**84308**	**24602**	**4870**	**4870**
274	52	222	10	60	60
1221	293	928	300	0	0
654	139	515	0	0	0
87819	69849	17970	38	587	587
2411	1556	855	1730	399	399
71136	62934	8202	2895	486	486
7285	1838	5447	6579	705	705
22744	6374	16370	0	893	893
8238	2878	5360	8142	876	876
27691	8138	19553	4890	488	488
2546	1107	1439	0	123	123
9904	2457	7447	18	253	253

头经营组织情况

单位：个、人、户、万元

类型分			按利益联结方式分						
3.中介服务组织带动型	#专业合作经济组织	#服务收入100万元以上的专业合作组织	1.合同关系	#订单关系	年订单总额	年履约订单成交额	2.实行利润返还	3.股份分红	4.其他
10	**2**	**2**	**166**	**133**	**1026471**	**971946**	**3**	**8**	**37**
1	1	1	6	6	27300	25360	1		
			6	5	8375	6357			
			3	1	20310	20310			
2			7	5	88947	90429	1		9
			19	15	28364	18816		1	
			8	8	206317	205524	1	3	8
1			22	22	75634	74508			
			23	13	48538	39438		3	6
2	1	1	23	18	37457	29954			
2			28	20	76900	73012			1
			3	3	328620	328620			
2			18	17	79709	59618		1	13

农 业 产 业 化 龙

2-11　续表 1

（2019 年）

县（市、区）名称	龙头经营组织产业类型						
	种植业	粮　食	饲　料	油　料	园林水果	瓜果类	蔬　菜
全　市	**100**	**15**	**3**	**2**	**23**	**1**	**16**
双桥区	2	1					
双滦区	1						
营子区	1				1		
承德县	7	1			2	1	2
兴隆县	12				9		
滦平县	13	1			3		4
隆化县	12	6		1	1		2
丰宁县	10	1	1	1	2		2
宽城县	10	4			2		1
围场县	13	1			1		4
高新区	2		1				
平泉市	17		1		2		1

2-11　续表 2

县（市、区）名称	龙头经营组织产业类型				龙头经营组织规模			
	水产业	林　业	食用坚果	其　他	从业人员	1.龙头企业	2.专业市场	3.中介服务组织
全　市	**1**	**24**	**7**	**41**	**25542**	**24715**	**119**	**708**
双桥区		2		2	499	349		150
双滦区				1	224	224		
营子区				2	1348	1348		
承德县				4	1688	1591		97
兴隆县		10	5		1510	1510		
滦平县					4121	4121		
隆化县				3	1579	1406	15	158
丰宁县				6	3379	3379		
宽城县	1	2	1	7	2334	2129		205
围场县		1		11	1883	1850		33
高新区				1	2844	2844		
平泉市		9	1	4	4133	3964	104	65

头 经 营 组 织 情 况

单位：个、人、户、万元

龙头经营组织产业类型										
食用菌	中药材	其他种植业	畜牧业	猪	牛	羊	禽肉	蛋类	奶类	其他畜牧业
22	**9**	**9**	**55**	**16**	**13**	**4**	**2**	**6**	**11**	**3**
	1		1					1		
	1		4					2	1	1
1			6	3	1			1		1
2	1		3	3						
3	1	1	7	3			2	1	1	
	2		7		6					1
1		2	16	4	3	1		1	7	
3			4	2		2				
1	1	5	4		1	1			2	
	1									
11	1	1	3	1	2					

单位：个、人、户、万元

龙头经营组织规模								
#专业合作经济组织	固定资产净值	1.龙头企业	2.专业市场	3.中介服务组织	带动农户	#订单带动农户	1.龙头企业	#订单带动农户
295	**810023**	**772651**	**4187**	**33185**	**760103**	**496896**	**632101**	**435001**
150	9187	7887		1300	12188	9702	12038	9602
	3906	3906			3005	2275	3005	2275
	16665	16665			40205	30135	40205	30135
	70501	63801		6700	13016	1741	12664	1561
	38766	38766			33050	29513	33050	29513
	107638	107638			16337	10024	16337	10024
	70428	67769	900	1759	123581	102127	91881	70427
	148195	148195			42380	27627	42380	27627
145	95610	73556		22054	60635	25305	49135	13855
	85850	85228		622	51295	27396	40745	27396
	30010	30010			148330	120560	148330	120560
	133267	129230	3287	750	216081	110491	142331	92026

农 业 产 业 化 龙

2-11 续表3 （2019年）

县（市、区）名称	龙头经营组织规模					
	#带动省外农户	2.专业市场	#订单带动农户	3.中介服务组织	#订单带动农户	销售总额
全 市	**50077**	**50000**	**12700**	**78002**	**49195**	**1677184**
双桥区	1500			150	100	35886
双滦区						15055
营子区	10010					19773
承德县	1933			352	180	93910
兴隆县	235					70788
滦平县	281					213884
隆化县	2443	8700	8700	23000	23000	160999
丰宁县	67					165403
宽城县				11500	11450	123183
围场县	2538			10550		125671
高新区	27770					428496
平泉市	3300	41300	4000	32450	14465	224136

2-11 续表4

县（市、区）名称	龙头经营组织效益						
	上交税金	龙头企业	专业市场	中介服务组织	龙头企业出口创汇（万美元）	专业市场成交额	国家重点龙头
全 市	**70115**	**68667**	**996**	**452**	**7948**	**448579**	**6**
双桥区	434	434					
双滦区	84	84			233		
营子区	748	748			61		1
承德县	4172	4124		48			
兴隆县	2004	2004			231		
滦平县	1443	1443			3530		
隆化县	2566	1561	880	125	440	265000	
丰宁县	4471	4471					1
宽城县	879	600		279	798		1
围场县	3329	3329			221		
高新区	33661	33661			2		2
平泉市	16324	16208	116		2432	183579	1

头经营组织情况

单位：个、人、户、万元

龙头经营组织效益							
				净利润			
1.龙头企业	2.专业市场	3.中介服务组织	#专业合作经济组织		龙头企业	专业市场	中介服务组织
1591509	**40364**	**45311**	**18985**	**177183**	**140413**	**29031**	**7739**
34436		1450	1450	2136	1786		350
15055				558	558		
19773				535	535		
88583		5327		8344	5397		2947
70788				1415	1415		
213884				17588	17588		
118568	30120	12311		38681	13112	22950	2619
165403				16612	16612		
99338		23845	17535	5358	3755		1603
125021		650		14896	14793		103
428496				51129	51129		
212164	10244	1728		19931	13733	6081	117

单位：个、人、户、万元

龙头经营组织其他分类情况							
			按上市情况分		按产品辐身范围分		
省级重点龙头	市级重点龙头	县级重点龙头	境内上市	未上市	本省内	跨省区	国外
56	**145**	**7**	**4**	**210**	**51**	**146**	**17**
1	6			7	4	3	
	5	1		6	4	1	1
	2			3		2	1
3	13	1		17	7	10	
6	14			20		17	3
5	15		1	19	5	11	4
8	12	2		22	7	13	2
9	21	1		32	16	16	
6	15	1		23	3	19	1
6	23		1	28	3	26	
1			1	2	2	1	
11	19	1	1	31		27	5

2-12 农 产 品 生

（2019 年）

县（市、区）名称	农产品生产(加工)基地个数	按基地类型分		按带动基地的龙头经营组织类型分			
		种植业生产基地(含林果)	养殖业生产基地(含水产)	龙头企业带动型	专业市场带动型	中介服务组织带动型	无龙头带动
全　市	**50**	**34**	**16**	**34**	**3**	**3**	**10**
双滦区	2	2					2
承德县	7	4	3	5		1	1
兴隆县	3	3		2			1
滦平县	6	3	3	2			4
隆化县	9	7	2	8		1	
丰宁县	4	2	2	4			
宽城县	9	6	3	7		1	1
围场县	4	3	1	4			
平泉市	6	4	2	2	3		1

2-12　续表 1

县（市、区）名称	按　产　业　类　型　分					
	猪	牛	羊	禽肉	蛋类	奶业
全　市	**4**	**4**	**3**	**2**	**1**	**1**
双滦区						
承德县	1			1	1	
兴隆县						
滦平县	1		1	1		
隆化县	1	1				
丰宁县		1				1
宽城县	1		1			
围场县		1				
平泉市		1	1			

产　基　地　情　况

单位：个、万元

按产业类型分						
粮　食	园林水果	瓜果类	食用坚果	蔬　菜	食用菌	中药材
3	**6**	**1**	**2**	**8**	**4**	**3**
		1		1		
	1			1	1	
	1		1		1	
				1		1
2	1			1		1
				1		
	1		1	1	1	1
1	1			1		
	1			1	1	

单位：个、万元

按产业类型分			农产品生产（加工）基地规模效益		
水产业	林业	其他	基地产值	基地销售产值	基地上交税金
1	**5**	**2**	**2789119**	**2690179**	**22394**
			19382	19282	
	1		473480	453590	
			182331	170919	
	1		250176	242225	
	1	1	537761	522943	21584
	1		246871	242169	810
1		1	163054	157402	
			538544	529946	
	1		377520	351703	

农　产　品　生

2-12　续表 2　　　　（2019 年）

县（市、区）名称	农产品生产（加工）基地规模效益					
	1.种植业生产基地种植面积（公顷）	种植业产值	种植业销售产值	种植业上交税金	2.养殖业生产基地牲畜饲养量（百头）	禽类饲养量（百只）
全　市	**243563**	**1954574**	**1884846**	**22320**	**30387**	**414958**
双滦区	407	19382	19282			
承德县	16570	339700	327040		2950	392950
兴隆县	36355	182331	170919			
滦平县	9328	138605	135920		6362	22008
隆化县	50245	316268	307478	21510	8470	
丰宁县	8452	96836	92222	810	2346	
宽城县	47870	129370	125520		3148	
围场县	67701	398475	394868		3839	
平泉市	6635	333607	311597		3272	

2-12　续表 3

县（市、区）名称	牲畜饲养量（百头）	#有龙头企业带动的牲畜饲养量（百头）	禽类饲养量（百只）	#有龙头企业带动的禽类饲养量	农产品生产（加工）基地联系农户数（户）	#订单带动农户数
全　市	**28890**	**25618**	**414958**	**414958**	**716978**	**87272**
双滦区					3196	
承德县	2950	2950	392950	392950	56350	3300
兴隆县					60283	
滦平县	4865	4865	22008	22008	61717	5423
隆化县	8470	8470			109820	38278
丰宁县	2346	2346			48849	
宽城县	3148	3148			68677	14333
围场县	3839	3839			234941	
平泉市	3272				73145	25938

产　基　地　情　况

单位：个、万元

农产品生产（加工）基地规模效益				有龙头经营组织带动的生产基地规模			
水产养殖面积（公顷）	养殖业产值	养殖业销售产值	养殖业上交税金	种植面积（公顷）	#有龙头企业带动的种植面积	水产养殖面积（公顷）	#有龙头企业带动的水产养殖面积
30	**834545**	**805333**	**74**	**215884**	**213356**	**30**	**30**
	133780	126550		3870	3870		
				36355	36355		
	111571	106305					
	221493	215465	74	50245	50070		
	150035	149947		8452	8452		
30	33684	31882		47242	46908		
	140069	135078		67701	67701	30	30
	43913	40106		2019			

单位：个、万元

种植业生产基地联系农户数（户）	#订单联系农户数	养殖业生产基地联系农户数（户）	#订单联系农户数	基地联系农户的户均纯收入（元）	#从产业化经营中得到的户均纯收入
538079	**60213**	**178899**	**27059**	**23316**	**10727**
3196				28468	27355
22510		33840	3300	13254	7843
60283				47414	14989
39366		22351	5423	41193	16825
62040	22118	47780	16160	15774	10717
45349		3500		11570	8739
57577	12157	11100	2176	55363	14619
179173		55768		11282	5196
68585	25938	4560		23631	19020

2-13 乡 镇 社 会

（2019年）

乡镇名称	一、基本						
	行政区域面积	居民委员会(社区)个数	村民委员会个数	其中：通公共交通的村个数	通宽带互联网的村	通有线电视的村	通自来水的村
承德市	**3905291**	**120**	**2458**	**1967**	**2444**	**2367**	**1853**
双桥区	**34445.2**	**18**	**52**	**43**	**48**	**43**	**24**
水泉沟镇	4128	3	6	6	6	6	6
狮子沟镇	3038	5	5	5	5	5	5
牛圈子沟镇	6200	6	11	11	11	11	9
大石庙镇	8230	3	12	9	12	7	3
双峰寺镇	12849.2	1	18	12	14	14	1
双滦区	**45174.4**	**4**	**63**	**60**	**63**	**63**	**45**
双塔山镇	8856		17	16	17	17	17
滦河镇	1525		5	5	5	5	5
大庙镇	9436.2	2	10	10	10	10	8
偏桥子镇	5253	1	11	9	11	11	5
西地镇	11309.2	1	10	10	10	10	10
陈栅子乡	8795		10	10	10	10	
营子区	**14090**	**6**	**15**	**15**	**15**	**15**	**14**
鹰手营子镇	3283		6	6	6	6	6
北马圈子镇	2510	2	3	3	3	3	2
寿王坟镇	6037	2	3	3	3	3	3
汪家庄镇	2260	2	3	3	3	3	3
承德县	**364804.6**	**8**	**378**	**277**	**376**	**375**	**302**
下板城镇	25364	8	26	18	26	26	26
甲山镇	17116		21	16	21	21	8
六沟镇	18040		33	33	33	33	30
三沟镇	18033		21	21	21	21	14
头沟镇	18513.5		28	28	28	28	28
高寺台镇	13364		17	4	17	17	17
鞍匠镇	18693		13	8	13	13	9
三家镇	30329.4		29	23	29	27	29
磴上镇	24997		25	21	23	24	25
上谷镇	12472		24	24	24	24	9
新杖子镇	10029		10	10	10	10	

经　济　基　本　情　况

情　况		二、人口与就业		三、　农　业					
生活垃圾全部集中处理的村个数	生活污水全部集中处理的村个数	户籍户数	户籍人口	耕地面积	耕地灌溉面积	农业技术服务机构	农业技术服务机构从业人员	农业企业	家庭农场
1621	**119**	**1264087**	**3472529**	**414179**	**107848**	**452**	**1219**	**1034**	**1233**
47	**7**	**53980**	**136792**	**2304.5**	**285**	**3**	**6**	**9**	
6		7419	18833	153	1			5	
5	5	11556	26100	28				2	
11		15299	37214	231	22	2	3		
12	2	8845	22431	679	62	1	3	1	
13		10861	32214	1213.5	200			1	
54	**11**	**30610**	**90342**	**5134.4**	**861.7**	**6**	**12**	**175**	**52**
17	4	6989	21749	645	44	1	3		8
5		2873	8371	73.4	46.7	1	2		
10		5640	12823	540	48	1	3		2
11		3620	10238	779	397	1	2	168	16
5	3	6795	21915	1586					5
6	4	4693	15246	1511	326	2	2	7	21
15	**9**	**14305**	**36746**	**642.1**	**100**	**1**	**2**	**6**	**2**
6	6	2282	7122	244.1	40			6	
3		4334	10315	117					
3		4200	10945	170	45	1	2		1
3	3	3489	8364	111	15				1
313	**23**	**153045**	**424944**	**34053**	**14836**	**85**	**210**	**109**	**74**
20	6	31255	73282	1336.1	1252	6	10	6	17
8		6989	21570	1191.6	664	1	8	4	2
33	12	11299	33630	2960.5	1475	8	44	4	7
21		8460	22432	2162.7	1160	4	7	2	13
28		9825	27086	2973	1199	8	13	44	5
13	4	6165	15161	1121.8	190	1	2	1	
13		5444	16532	991.6	600	2	5		
29		8228	23064	2728.6	1190	6	14	4	1
25		5227	17015	2075	555	10	23		2
24		7249	21026	1954.9	350	6	14	5	4
		4987	13406	810	330	1	4	3	3

乡 镇 社 会

2-13 续表 1

（2019 年）

乡镇名称	一、基本						
	行政区域面积	居民委员会(社区)个数	村民委员会个数	其中：通公共交通的村个数	通宽带互联网的村	通有线电视的村	通自来水的村
石灰窑镇	12868		17	15	17	17	8
东小白旗乡	11693		7	6	7	7	3
刘杖子乡	17587		10	10	10	10	10
孟家院乡	10147		11		11	11	11
大营子乡	17358		8		8	8	8
八家乡	13741		9		9	9	9
满杖子乡	11026.7		10	10	10	10	10
五道河乡	15857		11		11	11	11
岔沟乡	18367		14	12	14	14	4
岗子满族乡	8120		10	5	10	10	9
两家满族乡	10098		9	2	9	9	9
仓子乡	10991		15	11	15	15	15
兴隆县	**283497.4**	**8**	**289**	**209**	**284**	**227**	**147**
兴隆镇	16423.3	8	29	22	29	29	23
半壁山镇	13257.6		22	9	22	22	4
挂兰峪镇	16975.3		13	12	13	6	9
青松岭镇	17476.3		12	10	11	12	4
六道河镇	18216.6		20	15	19	14	19
平安堡镇	8942.4		13	1	13	13	13
北营房镇	9872.8		10	3	10	10	9
孤山子镇	7719		8	6	8	8	
蓝旗营镇	10065		14	12	14	11	1
雾灵山镇	15291.4		24	16	22	24	18
李家营镇	15387.2		7	7	7	5	5
大杖子镇	21776.7		20	14	20	12	4
三道河镇	11968.7		18	15	18	16	
蘑菇峪镇	30040.5		22	19	22	3	22
大水泉镇	21463.6		14	14	14	8	4
南天门满族乡	10024.1		10	9	10	7	2
八卦岭满族乡	9966.9		8	8	8	8	3
陡子峪乡	7554.3		7	3	6	6	4
上石洞乡	13019.7		9	8	9	9	2

经　济　基　本　情　况

情　况		二、人口与就业		三、　农　业					
生活垃圾全部集中处理的村个数	生活污水全部集中处理的村个数	户籍户数	户籍人口	耕地面积	耕地灌溉面积	农业技术服务机构	农业技术服务机构从业人员	农业企业	家庭农场
17		7534	23198	2348	810	2	4	1	2
4		3238	9601	821.1	190	2	3	4	
10		4202	11755	803.3	290	2	3	3	3
9		3945	11720	1571.9	374			4	
		3327	9825	683	379	2	3		
9	1	3452	9715	506.4	373	4	6	2	2
10		3116	9277	855	426	3	7	5	3
11		3163	9162	818.2	502	4	5	1	1
11		5248	16228	2182.3	880	3	8		2
10		3078	8715	770.8	486	6	18		2
5		3667	10840	1283.4	652	3	7	16	2
3		3947	10704	1103.9	509	1	2		3
153	**13**	**130390**	**328165**	**9598.7**	**4554.3**	**35**	**147**	**5**	**9**
29	8	31171	72443	916.9	419	5	34		
22		8345	22321	664	385	5	22		
	1	4891	13617	173.5	173.5	4	13		
		6646	14755	250.3	200	1	6		1
		8131	18691	422.8	340	1	7		
5		6458	15478	491.8		5	14		
10		6001	13840	668.1	143	1	1		1
8		4141	11505	28	25	1	4	1	
1		5883	14897	454.3	228	1	3		
21		5928	13830	629.3	300	1	7		
		4321	11416	797.3	142	1	3		2
15	1	5932	17980	993.6	720	1	2	4	3
		6282	16802	722.3	306	1	3		
1		6736	17645	611	513	1	2		
12		5449	14470	832.8	350	1	12		2
10	2	2689	7384	208.9	55	1	4		
3		4918	15055	239.8	160	1	3		
7		2614	6632	25.2	9.8	1	3		
9		1813	3778	289.4	37	1	1		

乡　镇　社　会

2-13　续表 2　　　　(2019 年)

乡镇名称	一、基本						
	行政区域面积	居民委员会(社区)个数	村民委员会个数	其中：通公共交通的村个数	通宽带互联网的村	通有线电视的村	通自来水的村
安子岭乡	8056		9	6	9	4	1
滦平县	**299295.8**	**14**	**199**	**139**	**199**	**199**	**135**
中兴路街道	2269	13					
滦平镇	14165.3		15	13	15	15	9
长山峪镇	20084		13	6	13	13	7
红旗镇	13531		9	9	9	9	6
金沟屯镇	21025.4		13	1	13	13	11
虎什哈镇	24224		14	14	14	14	10
巴克什营镇	18445		10	9	10	10	9
张百湾镇	21751		14	5	14	14	13
付营子镇	21101.7		14	5	14	14	3
大屯镇	15843	1	13	13	13	13	13
火斗山镇	15815		10	7	10	10	10
平坊满族乡	6753		8	8	8	8	
安纯沟门满族乡	15703		11	9	11	11	11
小营满族乡	12869		10	1	10	10	2
西沟满族乡	15255		9	9	9	9	9
邓厂满族乡	7386		3	3	3	3	2
五道营子满族乡	12370.4		6	6	6	6	6
马营子满族乡	13872		10	7	10	10	6
付家店满族乡	7928		6	3	6	6	2
两间房乡	9680		6	6	6	6	6
涝洼乡	9225		5	5	5	5	
隆化县	**545932.5**		**357**	**274**	**357**	**351**	**256**
隆化镇	28958		28	28	28	28	28
韩麻营镇	21670.8		21	10	21	21	15
中关镇	8296.6		10	10	10	10	10
七家镇	14610		11	9	11	11	11
汤头沟镇	26346.9		31	12	31	31	13
张三营镇	14280.8		19	7	19	19	7
唐三营镇	27821.8		22	17	22	22	4
蓝旗镇	26526		18	12	18	18	14

经 济 基 本 情 况

情　况		二、人口与就业		三、　农　业					
生活垃圾全部集中处理的村个数	生活污水全部集中处理的村个数	户籍户数	户籍人口	耕地面积	耕地灌溉面积	农业技术服务机构	农业技术服务机构从业人员	农业企业	家庭农场
	1	2041	5626	179.4	48	1	3		
179	**2**	**121873**	**331287**	**22183**	**13489**	**27**	**74**	**79**	**84**
		18110	39368	85.1		1	1		
15		6913	19313	1396		1	1		24
13		7927	22988	1353.9	880	1	5	6	6
8		6168	16528	1498.9	1210	2	7	6	5
13		7345	20885	2000	850	1	2	9	8
14		8910	23128	2074	1430	1	4	9	5
10		7682	21678	993.8	650	3	15	3	1
14	1	9349	26489	1969.8	1450	2	8		4
1	1	6257	19094	1182.9	700	1	2	4	5
13		7072	21668	1603.4	920	1	2	3	4
10		5381	15846	1114.2	853	2	6	9	
8		2757	7586	616.4	230	2	4		3
11		4711	13516	988	920	1	1	2	
10		5483	15241	1428.5	988	1	2	3	3
9		2586	7906	1244.7	620	1	2	1	6
3		1098	2684	186.3	170	1	2		
6		1926	4937	592	410	1	1	3	1
10		3735	9522	449.5	408	1	2	8	5
		2054	5581	373	235	1	1	2	1
6		3824	10168	571.2	380	1	4	2	2
5		2585	7161	461.4	185	1	2	9	1
288	**8**	**146452**	**412206**	**57263**	**18443.7**	**25**	**92**	**125**	**80**
13	4	15286	42856	2308	1250	1	6		4
21		7268	22954	2196.5	1194				1
10		4188	11624	1355.1	622	1	5	9	2
11	3	4994	13988	1397.9	703			6	1
31	1	11229	30238	3900	1670	1	7	19	9
9		9230	24892	3427	1615	2	8	21	
22		10831	28569	4325.5	901	1	4		
7		7795	20652	2634	1302	1	4	4	2

乡　镇　社　会

2-13　续表 3　　　　（2019 年）

乡镇名称	一、基本						
	行政区域面积	居民委员会(社区)个数	村民委员会个数	其中：通公共交通的村个数	通宽带互联网的村	通有线电视的村	通自来水的村
步古沟镇	27254		14	12	14	14	11
郭家屯镇	68911.1		21	18	21	15	16
荒地乡	28562.7		17	16	17	17	12
章吉营乡	15628		13	12	13	13	4
茅荆坝乡	30568.1		12	11	12	12	12
尹家营满族乡	8994		11	6	11	11	2
庙子沟蒙古族满族乡	9825		6	6	6	6	6
偏坡营满族乡	17903		14	14	14	14	10
山湾乡	19097.5		11	11	11	11	10
八达营蒙古族乡	18879		12	7	12	12	9
太平庄满族乡	17131		11	8	11	11	11
旧屯满族乡	17405.2		11	11	11	11	11
西阿超满族蒙古族乡	18968.6		10	10	10	10	10
白虎沟满族蒙古族乡	9409		6	3	6	6	3
碱房乡	20396.5		7	7	7	7	7
韩家店乡	28285.9		10	10	10	10	9
湾沟门乡	20203		11	7	11	11	11
丰宁县	**874604.9**	**20**	**309**	**202**	**307**	**301**	**229**
大阁镇	45908.6	10	21	21	21	21	21
大滩镇	62419.9		22	6	22	22	22
鱼儿山镇	36114.4		9	9	9	9	7
土城镇	34300		13	7	13	13	5
黄旗镇	32191.2		18	3	18	18	12
凤山镇	37000.6	1	34	34	34	34	8
波罗诺镇	16101.6		11	2	11	11	2
黑山咀镇	29692.1		19	19	19	19	19
天桥镇	15948.6		9	1	9	9	9
胡麻营镇	26764.2	1	16	1	16	16	2
万胜永乡	25701.6		4	1	4	4	4
四岔口乡	65649.3		8	8	8	8	8
苏家店乡	48257.7		6	6	6	6	6
外沟门乡	57818.1		6	6	6	6	3

经　济　基　本　情　况

情　况		二、人口与就业		三、　农　业					
生活垃圾全部集中处理的村个数	生活污水全部集中处理的村个数	户籍户数	户籍人口	耕地面积	耕地灌溉面积	农业技术服务机构	农业技术服务机构从业人员	农业企业	家庭农场
14		6154	16950	3136.2	314	4	5	9	22
21		8068	23124	5138.5	921	1	8	7	4
17		6489	18601	2644	965	1	4	21	10
13		6621	21878	2425	875	1	4		
12		4310	10699	1237	705	1	5	5	
11		2964	8677	1706.9	90	1	3	5	2
		2501	6890	1096	200	1	2		
14		4506	13223	2530.4	751	1	3	2	2
11		3587	10777	1938.4	240	1	5	1	1
1		4863	14114	2044.7	706	1	3	1	3
10		4343	11580	1413	900			2	
11		3047	8139	1255.5					
		4076	10808	1960	229.7	1	5		1
6		2806	8024	1224.5	752	1	2	1	5
2		2530	7222	1549.5	280	1	3	11	8
10		5200	15062	2526.8		1	4		2
11		3566	10665	1892.8	1258	1	2	1	1
168	**11**	**134365**	**366175**	**98356**	**14824.1**	**16**	**64**	**123**	**83**
16	4	13858	42305	4786.5	1518	2	10	3	2
2		8655	23750	14061				20	10
		5459	15360	12000	2500			4	6
13		6461	18152	4357	780			16	
13		6195	15828	3719.6				1	14
		16983	42981	5788.8		1	3	12	4
11		4626	12173	2580	189				4
4		7936	21109	2490	2270	1	5	3	1
6	1	3742	9485	1890	643.6	1	2		2
2		6431	17902	2495	1560	1	3	17	6
4	1	1845	4845	5925.6	245				6
		2869	7349	4725.1	87	1	2		
6		2307	5946	1655	530	1	6	6	6
6	4	2564	6377	3838.3	123	1	8	1	6

乡　镇　社　会

2-13　续表 4　　　　（2019 年）

乡镇名称	一、基本						
	行政区域面积	居民委员会(社区)个数	村民委员会个数	其中：通公共交通的村个数	通宽带互联网的村	通有线电视的村	通自来水的村
草原乡	20209.3		4	4	4	4	4
窟窿山乡	27458.2		7	5	5	5	1
小坝子乡	30975		6	6	6	6	3
五道营乡	36369		8	5	8	8	8
南关蒙古族乡	35370		14	14	14	14	14
选将营乡	33140		10	10	10	10	10
西官营乡	26050		10	7	10	10	10
王营乡	13233.1	8	8	7	8	8	8
北头营乡	19855		7	1	7	7	6
石人沟乡	34741		14	14	14	14	14
汤河乡	44431.7		14	1	14	10	14
杨木栅子乡	18904.7		11	4	11	9	9
农牧局孤石牧场							
国营鱼儿山牧场农工商联合公司							
宽城县	**182784.7**	**5**	**205**	**182**	**204**	**203**	**177**
宽城镇	17252.6	5	25	25	25	25	25
龙须门镇	18619.5		22	19	22	22	20
峪耳崖镇	14149.4		20	18	20	20	17
板城镇	16061.4		17	16	17	17	13
汤道河镇	23125.8		18	17	18	18	11
饽罗台镇	8091		10	9	9	9	7
碾子峪镇	7848.6		11	11	11	11	11
亮甲台镇	6710.2		7	5	7	7	7
化皮溜子镇	5854.5		6	6	6	6	6
松岭镇	4844.3		7	7	7	7	5
塌山乡	8306.6		9	7	9	8	9
孟子岭乡	9682.1		8	5	8	8	6
独石沟乡	4967.9		6	3	6	6	6
铧尖乡	6274.1		8	7	8	8	8
东黄花川乡	4422.1		7	6	7	7	5
苇子沟乡	9592.1		8	8	8	8	8

经　济　基　本　情　况

情　况		二、人口与就业		三、　农　业					
生活垃圾全部集中处理的村个数	生活污水全部集中处理的村个数	户籍户数	户籍人口	耕地面积	耕地灌溉面积	农业技术服务机构	农业技术服务机构从业人员	农业企业	家庭农场
4		2374	6601	6122.4	700	1	3	1	1
		1626	4093	1117.2	500			1	
6		2196	5091	1706.9	540			3	1
5	1	3510	9151	1862	1200	1	5	15	4
14		6814	19160	2643	60	1	3	4	5
		4514	14204	2800.6	410	1	8		
10		4035	13032	1814	93.8	1	2	7	2
8		2418	6484	1352.4	182			3	1
7		2875	7280	1205.9	10	1	2	2	1
6		5780	17358	3241.8				2	1
14		4999	11814	2589	455			2	
11		3293	8345	1589	227.7	1	2		
199	**4**	**79630**	**262930**	**12705**	**6019.5**	**74**	**214**	**256**	**136**
25	4	19538	62792	1122.2	517.4	18	92	48	17
22		6902	24747	2029.5	949.7	8	26	28	14
20		9977	27686	954.7	264.2	7	16	12	2
17		6936	23870	1254.6	661.9	4	11	27	8
18		6108	21706	1998.2	926.4	5	7	37	28
10		2773	9049	103	98.9	2	3	6	2
11		5219	17707	353.1	202.5	3	6	14	7
7		2200	7884	727.3	344	2	4	10	12
6		3173	10169	402.4	250.5	3	5	10	7
7		1808	6320	150.9	62.3	2	4	2	
9		2085	6177	236.2	193.4	3	4	15	7
8		2361	7540	273.9	213.6	3	5	9	4
		506	1600	30.7	3.3	2	4	6	
8		2267	7665	243	67.6	2	5	2	2
7		1719	6257	377.4	100.6	4	9	3	
8		2189	7839	931.7	446.7	2	5	7	11

乡 镇 社 会

2-13 续表5 (2019年)

乡镇名称	一、基本						
	行政区域面积	居民委员会(社区)个数	村民委员会个数	其中：通公共交通的村个数	通宽带互联网的村	通有线电视的村	通自来水的村
大字沟门乡	7250.1		5	5	5	5	5
大石柱子乡	9732.4		11	8	11	11	8
围场县	**903296.5**	**8**	**315**	**315**	**315**	**315**	**315**
围场镇	18778.8	5	9	9	9	9	9
四合永镇	15268.5	1	13	13	13	13	13
克勒沟镇	16804.4		10	10	10	10	10
棋盘山镇	27518.7		15	15	15	15	15
半截塔镇	20781.7		11	11	11	11	11
朝阳地镇	16277		10	10	10	10	10
朝阳湾镇	18271.4		11	11	11	11	11
腰站镇	20940.4		17	17	17	17	17
龙头山镇	14856.1		8	8	8	8	8
新拨镇	27273.7		13	13	13	13	13
御道口镇	24240		4	4	4	4	4
城子镇	29561		11	11	11	11	11
道坝子乡	19333		10	10	10	10	10
黄土坎乡	24507		8	8	8	8	8
四道沟乡	10901.4		6	6	6	6	6
兰旗卡伦乡	20215.8		13	13	13	13	13
银窝沟乡	20732.4		16	16	16	16	16
新地乡	18052		9	9	9	9	9
广发永乡	13261		5	5	5	5	5
育太和乡	9412		4	4	4	4	4
郭家湾乡	18381.3		7	7	7	7	7
杨家湾乡	16763.9		8	8	8	8	8
大唤起乡	12404.6		7	7	7	7	7
哈里哈乡	23344.8		7	7	7	7	7
张家湾乡	12878.4		4	4	4	4	4
宝元栈乡	16983.8		6	6	6	6	6
山湾子乡	22959.6		7	7	7	7	7
三义永乡	24527.4		5	5	5	5	5

经　济　基　本　情　况

情　况		二、人口与就业		三、　农　业					
生活垃圾全部集中处理的村个数	生活污水全部集中处理的村个数	户籍户数	户籍人口	耕地面积	耕地灌溉面积	农业技术服务机构	农业技术服务机构从业人员	农业企业	家庭农场
5		1669	5922	666	281	2	3	12	15
11		2200	8000	849.8	435.5	2	5	8	
99	**14**	**208436**	**536550**	**113123**	**20528**	**48**	**197**	**41**	**491**
7	6	33580	73642	1653	465	5	23	2	
3	1	11065	26715	2624.8	455	1	2		1
2		6873	20864	4728.3	289			1	
2		8364	23391	5952.4	1500	3	12	3	7
1	1	5116	12660	2585.2	1067	1	6		7
10		6988	19466	5490.5	1383				1
2		7717	21609	5089	990	1	4	1	9
1		9600	24745	4022	1689	1	17	3	1
5		4411	12647	1572.1	645	3	14	1	5
13		6303	17458	5080.7	1041	2	3	2	2
4	4	2461	5670	3890.8	405	1	5		6
1		5547	12990	3612.9	130	3	10	1	
1		4185	11099	2305.7	242	1	4	1	8
		5648	14770	2636.2	130	1	3	2	2
5		3203	8855	1231.7	90	1	3	2	6
		4574	12535	1977.8	565	1	6	1	
1		6650	18520	4130.4	993	2	13	2	
4		7456	22106	4685.8	1535	1	2	3	25
5		4253	11263	2634.2	230	1	2		3
		3074	8482	2230.6	88	1	4		13
2		4102	10377	4715.3	330	2	16	3	2
		5462	14052	2848.3				1	8
2		3518	9865	1844.4	740	1	4	1	4
		3877	11031	2489.8	809	1	2		
2		1891	5226	1989.8	696	1	2	1	8
1		3963	10531	2644.4	150	1	1		2
		3806	10585	4383.2	610	1	2	1	
1		3975	10392	4495.8	1450	1	2		2

乡　镇　社　会

2-13　续表 6

（2019 年）

乡镇名称	一、基本						
	行政区域面积	居民委员会(社区)个数	村民委员会个数	其中：通公共交通的村个数	通宽带互联网的村	通有线电视的村	通自来水的村
姜家店乡	24420		5	5	5	5	5
下伙房乡	17643.7		8	8	8	8	8
燕格柏乡	29630.8		8	8	8	8	8
牌楼乡	15169.1		9	9	9	9	9
老窝铺乡	27611.4		3	3	3	3	3
石桌子乡	16041.1		8	8	8	8	8
大头山乡	17791.4		9	9	9	9	9
南山嘴乡	17476.4		4	4	4	4	4
西龙头乡	23735.9		4	4	4	4	4
塞罕坝机械林场	87529	2	2	2	2	2	2
国营御道口牧场	91017.6		1	1	1	1	1
高新区	**27954.3**	**13**	**38**	**24**	**38**	**37**	**15**
冯营子镇	8327.3	11	15	10	15	15	15
上板城镇	19627	2	23	14	23	22	
平泉市	**329410.2**	**16**	**238**	**227**	**238**	**238**	**194**
平泉镇	22386.1	15	29	29	29	29	24
黄土梁子镇	15340.2		12	12	12	12	5
榆树林子镇	29871.9		20	17	20	20	20
杨树岭镇	20475.6		20	16	20	20	17
七沟镇	28118.7		13	13	13	13	11
小寺沟镇	15067		14	14	14	14	8
党坝镇	22242.9		16	16	16	16	13
卧龙镇	23023		18	16	18	18	14
南五十家子镇	9140.2	1	11	10	11	11	10
北五十家子镇	11555.5		6	6	6	6	6
桲椤树镇	13833		9	9	9	9	7
柳溪镇	22811.2		7	7	7	7	7
平北镇	12535.9		11	11	11	11	7
青河镇	15459.6		11	11	11	11	9
台头山镇	19015.1		12	12	12	12	12
王土房乡	12803.1		4	3	4	4	4
七家岱满族乡	11424.2		4	4	4	4	4
茅兰沟满族蒙古族乡	16997.4		9	9	9	9	7
道虎沟乡	7309.6		12	12	12	12	9

经 济 基 本 情 况

情况		二、人口与就业		三、农业					
生活垃圾全部集中处理的村个数	生活污水全部集中处理的村个数	户籍户数	户籍人口	耕地面积	耕地灌溉面积	农业技术服务机构	农业技术服务机构从业人员	农业企业	家庭农场
		3227	8578	2442.5	159	1	4	3	2
		3600	9232	1438.9	300	1	2		
8		2789	6524	1725.2	150	1	2		3
9		4440	11043	2274.1	297	1	4		8
		1696	3836	2010.1		1	2	1	1
		2743	6748	1420.2	215	1	3	2	1
		4964	11932	2271.4	395	1	4		2
		2114	5249	1550.2		1	2		
4		2142	5205	1749	95	1	2		
2	2	1063	2300	452.2					
1		1996	4357	2244.1	200	1	10	3	352
22	**5**	**20749**	**66706**	**2449**	**746**	**2**	**2**	**3**	**2**
5	5	8444	28648	697	100	1	1		
17		12305	38058	1752	646	1	1	3	2
84	**12**	**170252**	**479686**	**56367**	**13160.7**	**130**	**199**	**103**	**220**
29	9	37282	102081	3599.6	209	6	25		
1		7243	21245	3720.5	1018.5	8	9	9	19
		12046	31484	5115.8	1668.7	8	16	1	14
		12422	33097	4388.4	535	10	18	9	8
6		8833	28045	3705.5	898	7	12	20	5
14		8732	25223	3261.3	732.1	7	11	4	34
1		9187	26935	3604.4	693.1	6	12		3
4		11622	32933	3380.1	1873.4	7	13	14	8
8		7872	20410	2066.8	802.1	4	8	2	9
6		4267	13527	2257.7	470.9	8	8	8	15
		6709	21208	2189.9	496	8	8	1	18
		4312	12890	1646.4	322	8	8	2	10
11		6482	17525	3027.3	723.4	6	7	7	11
		6643	18228	2379.2	663.8	5	6		
		7800	21640	3968.7	887	6	11	6	10
		2241	6772	526		4	4	5	4
		3420	9674	1414.8	207	5	5		1
4	3	7071	19570	3856.7	496	9	10	7	39
		6068	17199	2258.3	464.7	8	8	8	12

乡 镇 社 会

2-13 续表 7 （2019 年）

乡镇名称	三、农业		四、财政、经济、贸易				
	农民专业合作社	农民专业合作社成员	一般公共预算收入	一般公共预算支出	资产总额	债务总额	工业企业
承德市	**7882**	**110705**	**354262.3**	**226244.6**	**323033.8**	**150176.7**	**3795**
双桥区	**76**	**1843**	**5686.8**	**5521.7**	**24973.9**	**22972.1**	**179**
水泉沟镇	10	126	913.9	802.8	9016.6	9038.9	48
狮子沟镇	2	1344	1545.9	1407.9	2458.3	970.2	25
牛圈子沟镇	12	99	1298	1298	591	551	51
大石庙镇	27	149	1071	1112	5858	5704	33
双峰寺镇	25	125	858	901	7050	6708	22
双滦区	**348**	**19291**	**6381**	**6282**	**2689.3**	**188.2**	**168**
双塔山镇	34	170	1058	1127	304		95
滦河镇	5	2816	1065.9	1065.9	990.3	0.6	35
大庙镇	33	5499	971	971	125.5		24
偏桥子镇	152	760	1324.2	1156.2	226.8	122.8	11
西地镇	14	8445	1058	1058	816	64.8	
陈栅子乡	110	1601	903.9	903.9	226.7		3
营子区	**30**	**1405**	**3298.9**	**3298.9**	**1258.7**	**930**	**71**
鹰手营子镇	12	1218	973.5	973.5	169		5
北马圈子镇			698.7	698.7	759.7		37
寿王坟镇	13	153	990	990	170	900	25
汪家庄镇	5	34	636.7	636.7	160	30	4
承德县	**614**	**13921**	**42030.4**	**20108.2**	**20094.8**	**2617.1**	**504**
下板城镇	19	614	2118	2048	1242		162
甲山镇	11	82	13458	1085	1460		82
六沟镇	16	2285	1463.1	1285.7	633.2		26
三沟镇	52	672	1055.1	902.3	1610.4		14
头沟镇	48	288	825.2	825.2	1968.2	633.1	33
高寺台镇	38	678	6787	1079	1199.5		56
鞍匠镇	12	221	834.1	834.1	614.8		12
三家镇	46	322	1057.7	938.4	1245.8	694.2	21
磴上镇	43	1348	518.9	518.9	831		12
上谷镇	37	475	986.7	889	425.2		7
新杖子镇	26	656	556	747	261		5

经　济　基　本　情　况

四、财政、经济、贸易					五、教育、文化、卫生				
其中：规模以上工业企业	建筑业企业	住宿餐饮业企业	商品交易市场	营业面积50平米以上的综合商店或超市	幼儿园、托儿所	小学校	小学专任教师	小学在校学生	图书馆
362	**531**	**1503**	**120**	**4649**	**1437**	**565**	**16071**	**229308**	**156**
8	**41**	**217**	**5**	**132**	**65**	**22**	**406**	**7324**	**5**
2	12	11	1	14	10	3	50	936	1
2	6	56	1	18	8	2	30	550	1
3	11	49	3	32	17	3	94	2237	1
	12	6		28	18	3	107	1535	1
1		95		40	12	11	125	2066	1
15	**8**	**5**	**5**	**149**	**39**	**22**	**451**	**6179**	**6**
5	1			42	10	2	120	1656	1
7			4	17	3	1	67	1041	1
2		5	1	15	4	4	37	339	1
1	7			10	7	3	38	464	1
				20	7	6	102	1796	1
				45	8	6	87	883	1
5	**7**	**3**	**1**	**19**	**6**	**3**	**118**	**886**	**5**
	6	2		11	2				
4				2	1	1	41	276	3
1	1			3	2	1	42	400	1
		1	1	3	1	1	35	210	1
46	**13**	**53**	**24**	**448**	**132**	**95**	**1483**	**26525**	**12**
11	10	22	7	24	16	9	470	12447	2
8			1	17	6	5	53	465	2
2		1		49	10	12	113	1709	
2			1	11	4	4	84	1062	1
7				28	10	9	88	1635	2
5		21		33	4	2	48	652	
		2	2	8	11	10	62	921	
				21	6	5	81	850	1
1		1		7	4	6	55	821	
1			6	31	8	2	49	561	1
1		3		36	7	1	42	705	

乡镇社会

2-13 续表 8 （2019 年）

乡镇名称	三、农业		四、财政、经济、贸易				
	农民专业合作社	农民专业合作社成员	一般公共预算收入	一般公共预算支出	资产总额	债务总额	工业企业
石灰窑镇	17	646	1109.6	1198.8	511.7	200	7
东小白旗乡	13	338	180	572.6	720.1		
刘杖子乡	12	1210	410	760	880		5
孟家院乡	32	260	1580	740	620		15
大营子乡	18	381	65	610	1166		6
八家乡	14	548	2088	697.7	691.3		10
满杖子乡	18	260	606.3	531	337		2
五道河乡	50	400	762.9	762.9	677.4	357	6
岔沟乡	24	1190	3816.9	889.4	774.2		10
岗子满族乡	20	533	654.5	714.9	527.6	306.4	5
两家满族乡	27	258	145	630	341		8
仓子乡	21	256	952.4	848.3	1357.4	426.4	
兴隆县	**540**	**7102**	**14885.9**	**14743.3**	**11523.6**	**3194.5**	**298**
兴隆镇	18	206	1261	1261	505.3	224.1	89
半壁山镇	68	2115	811	811	820.5		20
挂兰峪镇	37	328	843	843	890		14
青松岭镇	28	700	759.8	755.5	408.1		20
六道河镇	54	543	828.7	827	605.1	1.7	8
平安堡镇	8	45	1154.6	1154.6	700.2	283.9	23
北营房镇	22	349	864.4	864.4	192.3	134.8	10
孤山子镇	42	210	613	652	212	55	27
蓝旗营镇	54	284	576.8	576.8	1735		10
雾灵山镇	23	435	796.6	796.6	320.4	159.4	11
李家营镇	9	72	620.1	768	440.8	249.2	9
大杖子镇	17	495	679	679	618	376	17
三道河镇	66	479	630.5	630.5	370.1	170.7	1
蘑菇峪镇	32	197	1019	733	1208.5	1028.7	18
大水泉镇	8	126	668.9	668.9	249.6		2
南天门满族乡	3	30	505	505	497.7	115.5	5
八卦岭满族乡	26	175	747	616	528	249	5
陡子峪乡	7	35	484.5	578	502.5	121.5	4
上石洞乡	1	5	494.7	494.7	383		1

经　济　基　本　情　况

四、财政、经济、贸易					五、教育、文化、卫生				
其中：规模以上工业企业	建筑业企业	住宿餐饮业企业	商品交易市场	营业面积50平米以上的综合商店或超市	幼儿园、托儿所	小学校	小学专任教师	小学在校学生	图书馆
1			2	16	13	2	60	937	
			1	17	6	6	28	308	1
			1	20	2	1	33	529	
3	2	2		11	5	3	28	280	
				6	2	2	28	326	1
1				21	2	3	22	206	
			2	9	2	2	16	210	
				14	2	1	23	268	
2				22	5	6	34	653	
1				17	3	1	21	307	
		1		16	2	2	21	355	
	1		1	14	2	1	24	318	1
25	**9**	**34**	**1**	**318**	**138**	**64**	**1675**	**19384**	**1**
11	6	14	1	43	20	8	485	7390	1
		3		39	11	8	139	2055	
		1		14	8	3	75	888	
2		5		28	9	4	55	514	
1	3	3		2	3	3	78	684	
2				10	4	2	69	624	
3				10	4	3	55	423	
2				4	7	1	38	507	
				1	9	3	87	980	
1		5		12	5	2	62	449	
2				22	4	5	56	265	
		2		40	9	2	77	614	
				8	6	4	86	1012	
				16	7	5	79	801	
				29	11	3	59	456	
				11	6	2	32	315	
				20	8	3	77	1050	
				7	1	1	30	191	
				1		1	9	38	

2-13　续表 9 （2019 年）

乡镇名称	三、农业		四、财政、经济、贸易				
	农民专业合作社	农民专业合作社成员	一般公共预算收入	一般公共预算支出	资产总额	债务总额	工业企业
安子岭乡	17	273	528.3	528.3	336.5	25	4
滦平县	**916**	**6777**	**26579**	**24986**	**30772.5**	**21410.3**	**402**
中兴路街道	35	178	1587	1174	407	265	22
滦平镇	65	373	3603	3496	81.1	198.5	36
长山峪镇	103	556	1246	1230	1626.7	780.8	8
红旗镇	50	426	944	824	830.3	791.6	22
金沟屯镇	23	235	1330	1523	3976	29	28
虎什哈镇	83	415	1404	1170	3862	3440	23
巴克什营镇	29	150	1042	915	3560	6638	18
张百湾镇	105	550	2432	2035	886	260	52
付营子镇	70	1226	989	1003	3067.5	1996	20
大屯镇	85	665	2037	1964	1545	199	39
火斗山镇	28	284	812	966	1288.7	987	7
平坊满族乡	9	73	2577	2684	1383.6	716.5	7
安纯沟门满族乡	56	280	870	797	2015.8	1766.3	5
小营满族乡	15	76	913	858	1881	26	42
西沟满族乡	26	546	695	687	1028.7	510.4	10
邓厂满族乡	22	110	510	500	183	10	
五道营子满族乡	20	105	877	577	80	162	5
马营子满族乡	29	155	776	751	1002	904	13
付家店满族乡	12	64	594	567	517	239	4
两间房乡	10	61	715	680	946.1	936.2	37
涝洼乡	41	249	626	585	605	555	4
隆化县	**1283**	**10132**	**28078.9**	**28360**	**34120.2**	**29863.8**	**211**
隆化镇	56	308	2228	2228	1182	8956	109
韩麻营镇	71	355	1502.3	1808.5	6872.8	6872.8	19
中关镇	29	145	2509.1	2509.1	864.2		18
七家镇	61	413	1180	980	5227	3743	
汤头沟镇	137	725	1095	1095	1225		7
张三营镇	75	538	1521.9	1521.9	1289.3	980	8
唐三营镇	78	406	1469	1469	902.1	601	4
蓝旗镇	62	310	1075	1075	1132	595	10

经　济　基　本　情　况

四、财政、经济、贸易					五、教育、文化、卫生				
其中：规模以上工业企业	建筑业企业	住宿餐饮业企业	商品交易市场	营业面积50平米以上的综合商店或超市	幼儿园、托儿所	小学校	小学专任教师	小学在校学生	图书馆
1		1		1	6	1	27	128	
34	**71**	**190**	**18**	**633**	**150**	**38**	**1733**	**21517**	**23**
	25	16		165	14	5	543	10524	2
2	20	2	1	19	7	2	39	166	1
	2	1		76	13	3	105	1191	1
2		2		35	8	2	59	800	1
2	1			30	8	1	62	689	1
		28	1	77	8	5	75	868	1
1	4	4		22	9	1	80	1007	1
5	1			58	11	3	137	1224	2
	2	35	7	6	12	1	108	1122	1
7	7	40		22	7	1	84	914	1
1		6		27	10	2	64	485	1
1					3	1	41	134	1
	1	3	2	30	6	2	61	355	1
12	1	10		17	11	2	62	640	1
				3	4	1	31	218	1
				4	1	1	15	89	1
		2	1	5	1	1	23	108	1
		6		3	3	1	30	268	1
1				10	4	1	26	73	1
	7	30	6	15	6	1	52	422	1
		5		9	4	1	36	220	1
33	**45**	**160**	**17**	**389**	**197**	**58**	**2193**	**29950**	**25**
13	15	24	2	55	16	7	491	11598	1
6				8	13	2	112	1514	1
5	2			2	8	1	53	620	1
	2	88		22	9	2	64	607	1
1	4	16	6	56	16	5	178	1502	1
	1	1	1	24	7	4	115	1493	1
1	4			11	20	3	129	1279	1
2			5	7	13	3	102	1053	1

2-13 续表 10 （2019 年）

乡镇名称	三、农业		四、财政、经济、贸易				
	农民专业合作社	农民专业合作社成员	一般公共预算收入	一般公共预算支出	资产总额	债务总额	工业企业
步古沟镇	36	255	755.6	755.6	903	455	4
郭家屯镇	74	1824	2145	2145	1631.5	67.5	7
荒地乡	1	6	1124	1124	1135	941	1
章吉营乡	112	615	926	926	395		2
茅荆坝乡	108	554	651.9	651.9	3077.8	2913.5	
尹家营满族乡	49	908	730.9	730.9	346.5		1
庙子沟蒙古族满族乡	20	110	796	796	665		
偏坡营满族乡	63	363	1229	1229	434.9	362.9	1
山湾乡	38	568	654	654	958	405	5
八达营蒙古族乡	6	53	660	660	940	940	1
太平庄满族乡	11	159	772.5	772.5	957.8	635	
旧屯满族乡	38	212	838.8	838.8	490.5	607	4
西阿超满族蒙古族乡	43	404	1008.5	1008.5	548.7	345.1	3
白虎沟满族蒙古族乡	38	202	811.9	811.9	847	356.7	2
碱房乡	30	343	705.3	705.3	569.8		2
韩家店乡	25	148	725.7	900.6	1223.3	26.3	
湾沟门乡	22	208	963.5	963.5	302	61	3
丰宁县	**820**	**9160**	**40577.9**	**23116.9**	**30295.7**	**9955.3**	**459**
大阁镇	33	348	3980	3980	11023	1756	313
大滩镇	72	1173	550	550	435	490	5
鱼儿山镇	61	956	333	333	324	60	8
土城镇	14	82	2509.2	2509.2	667.6	480.6	6
黄旗镇	22	376	2090.9	2090.9	679.3	371.7	5
凤山镇	121	1325	2580	2580	243		26
波罗诺镇	8	40	743	743	346	216	10
黑山咀镇	53	625	590	590	15	268	14
天桥镇	15	442	510	523.4	272.2	306.1	3
胡麻营镇	25	154	18569	892	2605	53	7
万胜永乡	25	172	500	500	351.2	75	3
四岔口乡	20	278	130	130	586.8	8	1
苏家店乡	13	325	510	510	188	38	6
外沟门乡	15	75	419	250	736	450	1

经　济　基　本　情　况

四、财政、经济、贸易					五、教育、文化、卫生				
其中：规模以上工业企　业	建筑业企　业	住宿餐饮业企业	商品交易市　场	营业面积50平米以上的综合商店或超市	幼儿园、托儿所	小学校	小学专任教　师	小学在校学　生	图书馆
1				3	2	2	76	848	1
1	1			25	2	4	134	1387	1
	5	8	1	20	15	2	65	962	1
		4		12	9	2	58	1056	1
		2		5	2	1	50	472	1
1				11	7	1	33	524	1
	2			2	1	1	36	284	1
				16	6	6	63	565	1
	3			28	11	1	40	391	1
	2	5		3	11	3	78	602	1
			1	5	9	1	32	403	1
				4	1	1	38	426	1
1	1	6	1	4	1	1	47	409	1
	1	3		15	1	1	50	380	1
1	2	1		10	1	1	32	312	1
				29	10	2	68	698	1
		2		12	6	1	49	565	1
37	**139**	**573**	**2**	**582**	**124**	**113**	**1490**	**16889**	**15**
14	46	70		83	14	17	156	1506	1
		112		50	7	5	102	1130	1
	1	1		24	7	2	115	590	
1	10	2		43	2	11	107	983	1
				25	9	1	73	661	1
2	1	59		38	16	14	94	1995	
1		3		3	3	3	34	692	1
6	3	38		65	1	2	92	1209	2
		7		10	5	6	37	755	1
4	2	156	1	32	12	3	75	1095	1
3		1		2	1	1	11	65	
1	2	10		1	1	1	16	154	
				22	1	3	16	235	
		42		18	4	4	19	279	

2-13　续表 11　　　　（2019 年）

乡镇名称	三、农业		四、财政、经济、贸易				
	农民专业合作社	农民专业合作社成员	一般公共预算收入	一般公共预算支出	资产总额	债务总额	工业企业
草原乡	35	186	45	45	267		3
窟窿山乡			210	210	420	90	
小坝子乡	25	125	855.7	855.7	725.8		
五道营乡	32	282	658	658	517	84	8
南关蒙古族乡	47	631	218.7	218.7	1416.6		11
选将营乡	10	150	257	257	1520.3	359	5
西官营乡	37	547	1191	1191	624		5
王营乡	42	256	730	730	257	98	7
北头营乡	10	79	33	29	420	20	
石人沟乡	40	286	781.2	511.8	854		4
汤河乡	18	98	105	750	220	150	4
杨木栅子乡	27	149	1479.2	1479.2	4581.9	4581.9	4
农牧局孤石牧场							
国营鱼儿山牧场农工商联合公司							
宽城县	**802**	**12746**	**74571.5**	**11410**	**20253.9**	**12431.5**	**442**
宽城镇	118	2228	21842.7	1099.9	3515	2916	115
龙须门镇	84	1509	4192.6	853.2	1048.4	572.4	61
峪耳崖镇	44	623	8720.3	1223.7	1607.4	754.2	58
板城镇	56	1125	8941.7	937	1462.1	899.9	38
汤道河镇	69	1295	368.3	746	1400.6	885.1	24
饽罗台镇	32	340	2477.9	564	1223.8	841.6	14
碾子峪镇	55	604	7997.1	821.6	976.5	763.3	38
亮甲台镇	37	767	6331.7	645.8	894.6	183.9	9
化皮溜子镇	31	548	419.2	531	339.8	128.8	5
松岭镇	19	225	8761.2	440	630.6	438.6	21
塌山乡	54	640	638.6	530.2	1283.6	979.7	2
孟子岭乡	43	793	473	408.6	1256.4	168.1	6
独石沟乡	20	314	12.3	329.8	470.3	158.7	
铧尖乡	36	568	353.4	426.7	814	755	22
东黄花川乡	13	98	2766.4	625.7	1605.5	1355.2	9
苇子沟乡	40	344	112.4	455.7	853.7	217.6	10

经 济 基 本 情 况

四、财政、经济、贸易					五、教育、文化、卫生				
其中：规模以上工业企业	建筑业企业	住宿餐饮业企业	商品交易市场	营业面积50平米以上的综合商店或超市	幼儿园、托儿所	小学校	小学专任教师	小学在校学生	图书馆
	1	2		2	4	1	21	260	
		25		6	1	1	11	80	
				7	2	1	16	110	
1	20	6	1	12	1	1	40	360	2
2	1			45	2	14	90	1089	1
		8		6	2	2	76	823	
	1	1		25	8	8	66	438	1
2	1			11	4	1	20	202	
		4		20	6	7	48	426	1
	50	11		4	6	1	89	1070	1
		15		11	3	2	31	298	
				17	2	1	35	384	
41	**88**	**36**	**37**	**460**	**95**	**28**	**1959**	**23965**	**19**
10	20	21	5	127	43	5	755	12885	2
11	11	1	5	45	13	3	147	1112	1
5	13	2	3	46	7	4	163	2000	1
5	6	3	4	34	11	2	146	1601	1
	1		4	18	1	1	98	1061	1
	5	5	1	13	4	1	59	368	1
6	17		3	23	1	1	106	1019	1
1	1		1	6	1	1	43	379	1
1	5	1	1	20	1	1	66	465	1
1	2		2	9	2	1	51	561	1
	2		1	16	1	1	36	167	1
	2	1	1	19	1	1	43	384	1
		1		2		1	20	42	1
1	1		1	14	3	1	56	599	1
			2	29	1	1	39	437	1
	1		1	16	3	1	46	317	1

乡 镇 社 会

2-13 续表 12 （2019 年）

乡镇名称	三、农业		四、财政、经济、贸易				
	农民专业合作社	农民专业合作社成员	一般公共预算收入	一般公共预算支出	资产总额	债务总额	工业企业
大字沟门乡	21	137	35.5	379.5	83.1	52.2	5
大石柱子乡	30	588	127.2	391.6	788.5	361.2	5
围场县	**1341**	**8345**	**68726.9**	**62330.9**	**111540**	**39576.8**	**382**
围场镇	13	65	1452.4	1452.4	710		155
四合永镇	35	280	1672.8	1672.8	351.8		71
克勒沟镇	118	694	797.4	797.4	405.5		8
棋盘山镇	116	580	1275.3	1275.3	300	70	4
半截塔镇	25	130	769	769	91.1		5
朝阳地镇	89	612	726.9	726.9	212		3
朝阳湾镇	107	535	756.7	756.7	136.3		5
腰站镇	67	379	942.4	942.4	162		16
龙头山镇	43	260	748.1	748.1	176.7		5
新拨镇	47	342	638.2	638.2	145.8	486.2	1
御道口镇	6	30	613.1	613.1	203.5		9
城子镇	16	85	603.5	603.5	150.2		4
道坝子乡	18	203	691	691	140		4
黄土坎乡	42	265	665.8	665.8	325	260	9
四道沟乡	19	158	473	473	79.2	15	1
兰旗卡伦乡	9	45	700.5	700.5	135.7	98	1
银窝沟乡	75	410	757.9	757.9	362.8	40	6
新地乡	24	700	551.4	551.4	228.4	608.1	4
广发永乡	31	201	508.8	508.8	142.7		6
育太和乡	50	265	393.6	393.6	106.3	3	3
郭家湾乡	37	224	566.7	566.7	139.5		2
杨家湾乡	61	305	608.3	608.3	124.3		6
大唤起乡	11	56	575	575	110.1		2
哈里哈乡	3	16	638.1	638.1	305.5	950.4	5
张家湾乡	4	20	422.9	422.9	106.9	80	4
宝元栈乡	24	126	482.1	482.1	75.2	13.3	3
山湾子乡	71	397	588	588	185	6.5	2
三义永乡	18	90	438.4	438.4	63	640	2

经 济 基 本 情 况

四、财政、经济、贸易					五、教育、文化、卫生				
其中：规模以上工业企业	建筑业企业	住宿餐饮业企业	商品交易市场	营业面积50平米以上的综合商店或超市	幼儿园、托儿所	小学校	小学专任教师	小学在校学生	图书馆
			1	10		1	45	243	1
	1	1	1	13	2	1	40	325	1
35	**68**	**146**	**1**	**1025**	**306**	**61**	**2032**	**41665**	**43**
9	17	22		59	25	8	679	15695	2
6	2	19		30	5	4	82	2316	5
		1		76	13	1	23	1265	1
1	13	1	1	74	17	2	67	1260	2
2		1		22	11	1	41	790	1
				41	9	2	52	830	1
	2	10		6	9	2	120	1900	1
3	8	10		62	11	4	80	1905	1
3		20		20	9	1	38	782	1
		1		71	11	1	43	988	1
	10	5		18	4	1	22	525	1
				51	9	1	21	662	1
	2	1		6	10	1	27	526	1
				21	8	2	43	633	1
		2		21	6	1	24	413	1
				27	13	1	28	688	1
		1		45	7	4	64	1172	1
	2			51	10	4	61	1532	1
1		2		14	5	1	34	640	1
				15	5	1	28	399	1
1	3	3		23	6	1	36	403	1
	1	2		4	7	1	27	462	1
	6	4		4	10	1	28	345	1
				22	7	1	28	416	1
1		8		11	5	1	24	375	1
1				8	7	1	29	477	1
				8	6	1	24	636	1
		4		25	5	1	20	502	1

乡 镇 社 会

2-13 续表 13 （2019 年）

乡镇名称	三、农业		四、财政、经济、贸易				
	农民专业合作社	农民专业合作社成员	一般公共预算收入	一般公共预算支出	资产总额	债务总额	工业企业
姜家店乡	12	60	423	423	70		6
下伙房乡	2	12	493.5	493.5	268		1
燕格柏乡	17	130	457.3	457.3	64.1		3
牌楼乡	46	230	481.8	481.8	516		5
老窝铺乡	8	40	412	412	47.8		
石桌子乡	30	155	447.6	447.6	110.9	3	3
大头山乡	25	134	546.1	546.1	332	140.3	5
南山嘴乡	14	71	340.1	340.1	45.7		4
西龙头乡	3	15	361.2	361.2	110	30	4
塞罕坝机械林场			42047	35651	92751	24506	
国营御道口牧场	5	25	2660	2660	11550	11627	5
高新区	**52**	**1480**	**5078.9**	**4232.7**	**14067.2**	**100**	**212**
冯营子镇	30	470	1890	1296	12324	100	126
上板城镇	22	1010	3188.9	2936.7	1743.2		86
平泉市	**1060**	**18503**	**38366.2**	**21854**	**21444**	**6937.1**	**467**
平泉镇	31	181	18405	2158.9	2805	1264	172
黄土梁子镇	43	1306	1174.6	1174.6	1641.7	796.1	11
榆树林子镇	112	3928	1435	1435	651		3
杨树岭镇	68	1508	1521.2	1521.2	2152.2		40
七沟镇	34	721	1362.1	1362.1	1909.3		27
小寺沟镇	47	317	1495.9	1495.9	891.7	236	20
党坝镇	52	928	1476.5	1476.5	753	110	22
卧龙镇	81	548	1778.2	1778.2	3264.6	3124.6	80
南五十家子镇	61	794	1120.5	1120.5	897		21
北五十家子镇	19	554	694.7	694.7	466		14
桲椤树镇	21	787	974.6	974.6	826		8
柳溪镇	61	795	918	918	823.4		4
平北镇	56	593	949.4	949.4	884.2	133	5
青河镇	44	430	1006.8	1006.8	936.1	570.1	11
台头山镇	134	2818	865	607.9	867	518.3	1
王土房乡	30	151	807.2	807.2	424.8		10
七家岱满族乡	65	615	720	720	120		8
茅兰沟满族蒙古族乡	77	1232	780	771	659	185	6
道虎沟乡	24	297	881.5	881.5	472		4

经　济　基　本　情　况

四、财政、经济、贸易					五、教育、文化、卫生				
其中：规模以上工业企业	建筑业企业	住宿餐饮业企业	商品交易市场	营业面积50平米以上的综合商店或超市	幼儿园、托儿所	小学校	小学专任教师	小学在校学生	图书馆
1				21	5	1	34	384	1
				6	8	1	30	425	1
	2	3		8	7	1	17	230	1
				20	8	1	32	407	1
				9	1	1	8	76	1
1				21	8	1	19	290	1
				7	9	1	28	542	1
				8	5	1	27	386	1
				21	4	1	22	280	1
		14		2					
5		12		67	1	1	22	108	
32	**31**	**34**	**5**	**58**	**43**	**18**	**424**	**5428**	**1**
22	12	33		24	30	9	257	3543	
10	19	1	5	34	13	9	167	1885	1
51	**11**	**52**	**4**	**436**	**142**	**43**	**2107**	**29596**	**1**
20	10	39	2	100	65	9	636	13079	1
3		1		17	8	1	74	988	
			1	3	5	2	126	1483	
3		1		40	10	4	123	1036	
4		2		21	4	3	117	1319	
3	1			31	1	1	104	1208	
		1		38	14	3	108	983	
11		2		46	5	4	143	2130	
2		1		27	1	2	81	849	
2				11	2	1	41	645	
1		1		15	1	2	110	1094	
		1		3	6	1	40	639	
				29	1	1	66	776	
				6	1	3	52	429	
					8	2	101	1100	
1		1		6	2	1	30	151	
		2		3	4	1	29	323	
			1	25	1	1	67	759	
1				15	3	1	59	605	

乡 镇 社 会

2-13 续表 14 (2019 年)

乡镇名称	五、教育、文化、卫生					
	剧场、影剧院	体育场馆	医疗卫生机构	医疗卫生机构床位	执业(助理)医师	兽医(防疫)技术人员
承德市	**14**	**13**	**3090**	**14510**	**5851**	**827**
双桥区		**1**	**61**	**641**	**219**	**2**
水泉沟镇			8	186	56	
狮子沟镇			10	350	95	1
牛圈子沟镇		1	14	15	12	
大石庙镇			14	30	26	1
双峰寺镇			15	60	30	
双滦区	**1**	**1**	**82**	**174**	**141**	**26**
双塔山镇	1		21	25	45	
滦河镇			6	20	21	
大庙镇			11	35	19	10
偏桥子镇			17	26	17	11
西地镇		1	13	40	20	5
陈栅子乡			14	28	19	
营子区			**23**	**195**	**52**	
鹰手营子镇			11	15	19	
北马圈子镇			5	23	10	
寿王坟镇			3	130	17	
汪家庄镇			4	27	6	
承德县	**3**	**1**	**497**	**1201**	**882**	**32**
下板城镇	3		48	340	556	
甲山镇			24	35	19	
六沟镇			47	110	20	3
三沟镇			26	100	28	3
头沟镇			35	60	26	4
高寺台镇			24	24	11	
鞍匠镇			18	40	18	1
三家镇			32	131	35	1
磴上镇			27	65	7	2
上谷镇			26	50	15	5
新杖子镇			17	24	12	

经 济 基 本 情 况

六、社会保障						七、公用事业			
提供住宿的社会工作机构	其中：本级政府创办的养老机构	提供住宿的社会工作机构床位	城乡居民基本养老保险参保人数	城乡居民基本医疗保险参保人数	城乡居民最低生活保障人数	自来水用　户	管道燃气用　户	金融机构网点数	公园及休闲健身广场
70	**11**	**10116**	**1521377**	**2450981**	**174973**	**539125**	**238123**	**574**	**3050**
6	**1**	**326**	**20340**	**71326**	**1546**	**25501**	**20215**	**21**	**27**
			1914	8915	348	6335	1782	3	8
2		270	3665	11300	215	1426	6431	6	6
2		21	3268	14789	549	11572	9892	6	13
1	1	20	3985	12822	335	4318	2110	4	
1		15	7508	23500	99	1850		2	
4		**305**	**22381**	**58718**	**993**	**13488**	**4732**	**18**	**54**
			4197	14462	259	3582	2604	10	2
2		120	1078	5223	112	2706	680	4	5
1		120	3815	6700	269	3723	318	1	10
1		65	4439	7105	91	855		1	11
			4820	14873	139	2622	1130	1	14
			4032	10355	123			1	12
			10839	**21342**	**2301**	**12305**		**4**	**34**
			4183	6550	194	2131			3
			2814	5782	1084	2940			6
			1564	4500	283	4700		2	7
			2278	4510	740	2534		2	18
2		**762**	**160347**	**331529**	**20945**	**78507**	**81116**	**66**	**560**
1		750	10837	75488	2213	25676	28620	22	46
			7625	17231	1585	2338	6600	2	40
			9576	22770	1888	6180	6321	3	33
			8735	17341	1176	2137	5820	2	40
1		12	15688	19674	1105	4950	5220	2	29
			3950	9223	749	3286	3923	3	17
			11035	14220	927	1506		2	13
			9351	17310	1121	5083	6002	2	35
			6952	11841	1222	3917		1	25
			8183	15452	911	1122		3	33
			5270	10731	501	2150		1	27

乡 镇 社 会

2-13 续表 15 （2019 年）

乡镇名称	五、教育、文化、卫生					
	剧场、影剧院	体育场馆	医疗卫生机构	医疗卫生机构床位	执业(助理)医师	兽医（防疫）技术人员
石灰窑镇			25	26	26	2
东小白旗乡			12	25	10	
刘杖子乡			16	22	20	
孟家院乡			12	23	11	
大营子乡			12	12	6	1
八家乡			14	10	8	2
满杖子乡			12	19	10	1
五道河乡			11	11	8	1
岔沟乡			18	25	15	1
岗子满族乡			11	12	9	2
两家满族乡			14	25	6	2
仓子乡		1	16	12	6	1
兴隆县	**1**	**1**	**309**	**1315**	**623**	**230**
兴隆镇	1	1	33	706	386	4
半壁山镇			24	75	29	20
挂兰峪镇			14	45	10	14
青松岭镇			12	42	14	5
六道河镇			20	36	15	16
平安堡镇			15	33	14	7
北营房镇			11	35	12	11
孤山子镇			9	10	7	8
蓝旗营镇			15	65	26	16
雾灵山镇			20	35	13	11
李家营镇			8	18	8	8
大杖子镇			22	45	10	18
三道河镇			19	34	12	21
蘑菇峪镇			23	41	12	18
大水泉镇			17	30	13	17
南天门满族乡			12	15	9	11
八卦岭满族乡			8	22	8	8
陡子峪乡			7	10	7	7
上石洞乡			9	9	6	9

经 济 基 本 情 况

六、社会保障						七、公用事业			
提供住宿的社会工作机构	其中：本级政府创办的养老机构	提供住宿的社会工作机构床位	城乡居民基本养老保险参保人数	城乡居民基本医疗保险参保人数	城乡居民最低生活保障人数	自来水用户	管道燃气用户	金融机构网点数	公园及休闲健身广场
			12787	14354	1498	674		2	29
			4048	6767	599	1845	2859	1	10
			5220	9320	510	3700		1	10
			5100	7200	580	850	2560	1	17
			4359	7650	506	1379	919	1	13
			3779	6842	450	2579	2150	1	23
			4370	6790	480	1100	1800	1	23
			3855	7052	623	1950	1390	1	16
			5605	11065	1069	1478	4432	2	28
			3143	6462	316	2030	2500	1	24
			4494	8367	534	1350		10	13
			6385	8379	382	1227		1	16
2		**82**	**176226**	**222210**	**11476**	**55538**	**29480**	**46**	**451**
1		50	22010	37071	1463	30542	29480	9	44
			12624	16228	610	1304		4	39
			8509	9498	526	958		2	14
			9123	11083	373	1110		2	14
			11002	13196	761	3551		4	36
			8684	11615	530	2387		2	22
1		32	7867	10433	587	2930		1	25
			6614	6991	325			1	8
			9063	10726	491	172		1	14
			8573	10097	468	3916		1	34
			7120	8379	386	1206		1	17
			11130	14180	1171	1230		3	26
			10386	12167	587			2	18
			10558	13752	1059	4183		2	20
			9385	11201	600	83		3	36
			4548	5527	243	305		2	23
			8984	8568	517	608		3	15
			3954	4371	309	753		1	5
			2618	2811	211	55		1	1

乡镇社会

2-13 续表16 (2019年)

乡镇名称	五、教育、文化、卫生					
	剧场、影剧院	体育场馆	医疗卫生机构	医疗卫生机构床位	执业(助理)医师	兽医(防疫)技术人员
安子岭乡			11	9	12	1
滦平县	**1**	**1**	**309**	**2020**	**680**	**112**
中兴路街道	1	1	65	1338	455	1
滦平镇			23	45	32	3
长山峪镇			16	56	20	14
红旗镇			11	65	11	2
金沟屯镇			16	45	17	
虎什哈镇			17	40	11	14
巴克什营镇			13	67	20	
张百湾镇			16	55	16	4
付营子镇			16	50	12	3
大屯镇			16	35	16	14
火斗山镇			12	33	10	8
平坊满族乡			9	16	7	14
安纯沟门满族乡			13	28	7	1
小营满族乡			12	29	10	10
西沟满族乡			10	18	6	1
邓厂满族乡			4	7	2	2
五道营子满族乡			7	10	5	1
马营子满族乡			11	25	5	10
付家店满族乡			7	14	6	8
两间房乡			10	25	7	2
涝洼乡			5	19	5	
隆化县	**2**	**1**	**349**	**1674**	**589**	**33**
隆化镇	2	1	36	862	320	1
韩麻营镇			21	85	15	
中关镇			11	50	17	
七家镇			12	30	19	
汤头沟镇			10	34	15	
张三营镇			20	82	19	6
唐三营镇			25	60	12	1
蓝旗镇			18	35	11	4

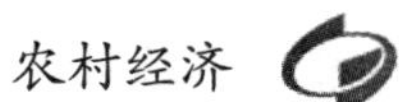

经　济　基　本　情　况

六、社会保障						七、公用事业			
提供住宿的社会工作机构	其中：本级政府创办的养老机构	提供住宿的社会工作机构床位	城乡居民基本养老保险参保人数	城乡居民基本医疗保险参保人数	城乡居民最低生活保障人数	自来水用　户	管道燃气用　户	金融机构网点数	公园及休闲健身广场
			3474	4316	259	245		1	40
12	**5**	**2641**	**166521**	**219922**	**9739**	**43271**	**1215**	**60**	**502**
1		80	3153	13689	854	16365	835	20	6
6	1	1211	9564	14299	376	967			30
1	1	410	13109	16127	747	784	110	3	26
			8392	11232	416	2556		3	26
			11267	14595	414	3028		3	21
			13370	16247	779	3628		3	35
			10360	14153	339	404		4	29
			14600	18620	604	1520		5	36
			11250	13574	737	1040		2	25
1	1	210	12082	15826	821	2500		2	35
1	1	210	9661	11361	547	3050		2	21
1		40	4638	5520	277			1	15
1	1	480	8746	10150	596	988		2	27
			7911	10242	310	1752		2	22
			4735	5905	327	2001		1	20
			1698	1942	111	783		2	9
			3130	3595	128	1043		1	15
			5913	6610	364	355		2	46
			2995	3986	166	87			22
			5862	7198	401	420	270	1	19
			4085	5051	425			1	17
5	**2**	**1172**	**224365**	**294683**	**30031**	**49803**	**7876**	**46**	**248**
1		300	26749	30241	2017	9652	7876	13	4
			9299	18735	1328	5083		3	6
			6752	8933	806	2398		1	
			5738	8943	868	1258		2	11
1		108	16432	20291	2326	2435		3	30
1	1	380	14035	17727	1715	906		3	18
			14565	19501	1351	653		2	15
1		240	11530	15240	1773	2672		1	18

乡　镇　社　会

2-13　续表 17　　　　　　　　　　　　　　　　　　　　　　　　　　　　　　　　　　（2019 年）

乡镇名称	五、教育、文化、卫生					
	剧场、影剧院	体育场馆	医疗卫生机　构	医疗卫生机构床位	执业(助理)医　师	兽医（防疫）技术人员
步古沟镇			13	80	9	2
郭家屯镇			20	30	23	4
荒地乡			17	40	11	
章吉营乡			14	35	6	2
茅荆坝乡			14	14	11	1
尹家营满族乡			12	30	8	
庙子沟蒙古族满族乡			6	18	9	
偏坡营满族乡			14	20	6	3
山湾乡			8	18	8	1
八达营蒙古族乡			12	25	15	2
太平庄满族乡			11	30	5	
旧屯满族乡			12	15	9	1
西阿超满族蒙古族乡			9	15	5	1
白虎沟满族蒙古族乡			6	15	9	2
碱房乡			6	15	11	1
韩家店乡			10	21	11	
湾沟门乡			12	15	5	1
丰宁县	**1**	**2**	**330**	**1797**	**663**	**46**
大阁镇	1	1	23	1156	262	2
大滩镇			22	46	24	13
鱼儿山镇			10	30	13	4
土城镇			14	30	22	1
黄旗镇			18	31	15	
凤山镇			39	43	43	
波罗诺镇			13	35	15	
黑山咀镇			21	34	29	2
天桥镇			10	28	35	
胡麻营镇			17	38	17	4
万胜永乡			5	12	4	
四岔口乡			9	13	15	1
苏家店乡			6	12	6	
外沟门乡			6	23	5	1

经 济 基 本 情 况

六、社会保障						七、公用事业			
提供住宿的社会工作机构	其中：本级政府创办的养老机构	提供住宿的社会工作机构床位	城乡居民基本养老保险参保人数	城乡居民基本医疗保险参保人数	城乡居民最低生活保障人数	自来水用 户	管道燃气用 户	金融机构网点数	公园及休闲健身广场
			9983	11893	615	1823		1	14
			9461	14372	2767	1769		2	1
			10537	13746	1368	1648		2	18
1	1	144	10056	12730	1098	180		1	
			6952	9525	617	3752		1	21
			5790	6156	702	431		1	8
			4310	5290	730	627		1	
			8226	10060	1328	823		1	12
			7035	6825	1012	1014		1	14
			8370	10205	649	255		1	12
			5116	8481	772	2804		1	1
			3854	6562	782	2521		1	11
			7373	8640	1050	2497		1	8
			4786	6849	804	158			
			4313	5342	754	1529		1	5
			6842	11168	1573	1367		1	11
			6261	7228	1226	1548		1	10
6		**6**	**160997**	**301688**	**29852**	**57515**	**13352**	**63**	**372**
			17231	39876	1317	4410	12795	25	24
6		6	9942	17600	1582	6428		2	36
			6820	13034	1969	1307		1	15
			8140	16088	1714	1989		2	13
			8167	11439	1104	2657		2	17
			15325	23286	2837	2670		10	34
			4300	10840	950	2100		1	12
			8753	20297	1206	5002	200	2	12
			4124	7394	1022	1243		1	17
			7792	17228	1083	2298		2	16
			2248	4441	734	895			4
			3640	6140	854	1630		1	9
			4476	5913	459	1386			8
			3093	5378	737	272		1	6

乡 镇 社 会

2-13 续表 18 （2019 年）

乡镇名称	五、教育、文化、卫生					
	剧场、影剧院	体育场馆	医疗卫生机构	医疗卫生机构床位	执业(助理)医师	兽医（防疫）技术人员
草原乡			5	12	9	3
窟窿山乡			7	15	9	1
小坝子乡			4	12	7	
五道营乡			9	20	7	2
南关蒙古族乡			15	47	19	2
选将营乡			12	32	18	
西官营乡			11	25	24	5
王营乡			8	16	11	2
北头营乡			7	15	6	
石人沟乡		1	14	45	17	
汤河乡			14	15	21	3
杨木栅子乡			11	12	10	
农牧局孤石牧场						
国营鱼儿山牧场农工商联合公司						
宽城县	**1**	**1**	**339**	**1324**	**573**	**90**
宽城镇	1	1	122	999	354	16
龙须门镇			22	20	13	4
峪耳崖镇			23	44	28	6
板城镇			24	20	29	9
汤道河镇			21	33	28	11
饽罗台镇			11	24	10	3
碾子峪镇			15	16	16	9
亮甲台镇			9	11	10	1
化皮溜子镇			11	26	12	4
松岭镇			9	14	6	1
塌山乡			9	12	8	6
孟子岭乡			11	16	11	2
独石沟乡			3	4	2	1
铧尖乡			9	20	15	2
东黄花川乡			9	19	10	3
苇子沟乡			11	15	7	6

经　济　基　本　情　况

六、社会保障						七、公用事业			
提供住宿的社会工作机构	其中：本级政府创办的养老机构	提供住宿的社会工作机构床位	城乡居民基本养老保险参保人数	城乡居民基本医疗保险参保人数	城乡居民最低生活保障人数	自来水用　户	管道燃气用　户	金融机构网点数	公园及休闲健身广场
			3289	5857	901	1995			4
			2787	3319	515	58		1	5
			2216	4108	581	625		1	6
			4094	7031	1026	2206		1	10
			9531	16951	2118	2577	357	2	9
			6020	13820	1157	4352		2	23
			5555	9200	1095	4532		1	16
			3299	4984	565	1565		1	13
			3208	6615	914	1253		1	8
			7396	15442	1586	2025		1	15
			4168	8204	1021	702		1	14
			5383	7203	805	1338		1	26
7		**1130**	**121232**	**211253**	**15106**	**48093**	**4300**	**63**	**280**
4		520	19689	38534	3583	20807	4300	28	34
1		150	13741	21121	1138	3869		2	34
1		160	11894	23273	1136	5384		7	21
			10946	19754	1023	1720		6	28
1		300	12660	19147	2083	2286		4	24
			4410	7762	487	940		2	9
			8108	14806	641	3916		3	13
			3579	7191	493	1666		1	7
			5810	9139	704	622		1	7
			3113	5942	320	723		1	7
			3257	5286	578	1119		1	9
			4007	6761	590	469		1	17
			933	1345	88	332		1	9
			3342	6454	444	1445		1	7
			3082	5859	279	723		1	11
			4399	6773	555	1331		1	21

乡　镇　社　会

2-13　续表 19　　（2019 年）

乡镇名称	五、教育、文化、卫生					
	剧场、影剧院	体育场馆	医疗卫生机构	医疗卫生机构床位	执业(助理)医师	兽医（防疫）技术人员
大字沟门乡			8	21	6	1
大石柱子乡			12	10	8	5
围场县	**2**	**2**	**343**	**2395**	**714**	**72**
围场镇	2	2	10	1500	460	10
四合永镇			16	36	16	5
克勒沟镇			15	46	14	1
棋盘山镇			16	35	13	5
半截塔镇			11	36	14	
朝阳地镇			11	27	4	5
朝阳湾镇			13	40	13	3
腰站镇			17	42	13	1
龙头山镇			9	18	15	
新拨镇			14	30	11	
御道口镇			5	29	6	3
城子镇			12	33	6	
道坝子乡			14	35	5	1
黄土坎乡			8	19	9	2
四道沟乡			6	24	8	3
兰旗卡伦乡			13	35	6	2
银窝沟乡			16	31	9	7
新地乡			9	35	4	1
广发永乡			6	21	5	5
育太和乡			4	20	5	1
郭家湾乡			7	23	3	4
杨家湾乡			8	17	4	
大唤起乡			8	14	5	
哈里哈乡			7	15	3	
新拨乡						
张家湾乡			5	12	6	
宝元栈乡			6	14	3	1
山湾子乡			7	15	11	3
三义永乡			6	25	7	

经　济　基　本　情　况

六、社会保障						七、公用事业			
提供住宿的社会工作机构	其中：本级政府创办的养老机构	提供住宿的社会工作机构床位	城乡居民基本养老保险参保人数	城乡居民基本医疗保险参保人数	城乡居民最低生活保障人数	自来水用户	管道燃气用户	金融机构网点数	公园及休闲健身广场
			3144	5177	467	170		1	8
			5118	6929	497	571		1	14
13	**2**	**1565**	**225690**	**333022**	**33533**	**71305**	**30672**	**95**	**499**
9	1	1100	12050	16680	1750	30802	30500	29	11
			10491	17371	1172	3086		7	17
1		150	11592	14738	1398	1791		3	19
2		285	9436	14821	1456	1604		3	25
			5653	7730	1025	866		3	19
			10630	13030	820	673		2	17
			9806	15325	1549	130		5	25
			12025	18002	1823	837		3	33
			7722	8073	611	1292		1	26
			8490	13070	1505	222		3	16
			2562	3658	395	1702	22	1	4
			5807	9864	1182	2973			12
			5536	8480	956	2518		1	12
			5554	7161	563	360		1	28
			3693	6203	423	1180		1	18
			6320	9010	492	1416		2	12
			10736	18520	932	922		2	16
			8335	12493	1777	169		1	11
			4600	8700	389	746		2	12
			3447	6057	821	182		1	13
			5837	7786	836	1262		3	7
			4975	9045	935	235		1	12
			4968	7120	875	902		2	10
			5223	8352	986	2745		1	11
			2502	3370	319	588		2	4
			4690	6286	1013	2053		1	6
			6102	7614	938	1292		2	7
			4452	5561	875	634		1	9

乡　镇　社　会

2-13　续表 20　　（2019 年）

乡镇名称	五、教育、文化、卫生					
	剧场、影剧院	体育场馆	医疗卫生机　构	医疗卫生机构床位	执业(助理)医　师	兽医（防疫）技术人员
姜家店乡			5	15	4	2
下伙房乡			9	19	5	
燕格柏乡			8	9	2	2
牌楼乡			9	24	5	
老窝铺乡			4	13		
石桌子乡			8	20	3	2
大头山乡			10	22	6	
南山嘴乡			4	19	4	
西龙头乡			5	10	4	
塞罕坝机械林场			1	2		
国营御道口牧场			1	15	3	3
高新区	**1**	**1**	**39**	**130**	**53**	**31**
冯营子镇	1	1	16	30	22	8
上板城镇			23	100	31	23
平泉市	**1**	**1**	**409**	**1644**	**662**	**153**
平泉镇	1	1	63	920	338	41
黄土梁子镇			26	35	16	20
榆树林子镇			36	45	12	9
杨树岭镇			27	30	27	8
七沟镇			35	35	36	8
小寺沟镇			18	30	27	9
党坝镇			17	35	39	6
卧龙镇			31	180	32	6
南五十家子镇			16	45	20	5
北五十家子镇			14	30	12	7
桲椤树镇			18	20	14	5
柳溪镇			16	36	7	1
平北镇			17	20	12	9
青河镇			18	25	8	2
台头山镇			13	66	18	6
王土房乡			6	20	8	1
七家岱满族乡			10	20	5	4
茅兰沟满族蒙古族乡			12	20	15	4
道虎沟乡			16	32	16	2

经　济　基　本　情　况

六、社会保障						七、公用事业			
提供住宿的社会工作机构	其中：本级政府创办的养老机构	提供住宿的社会工作机构床位	城乡居民基本养老保险参保人数	城乡居民基本医疗保险参保人数	城乡居民最低生活保障人数	自来水用　户	管道燃气用　户	金融机构网点数	公园及休闲健身广场
			4210	4800	671	283		1	5
			4267	6193	776	453		1	8
			2613	4442	424	931			6
			4217	8439	896	782		1	27
			1277	2018	375	405			7
			3164	4752	530	946		1	11
			5590	8098	1069	1364		2	11
			3452	3938	476	826		1	5
			2800	4000	400	460		1	4
1	1	30	456	456	65	788		1	1
			410	1766	35	885	150	2	2
			32163	**47172**	**424**	**10359**	**8165**	**16**	**14**
			23145	22548	80	10359	8165	10	14
			9018	24624	344			6	
13	**1**	**2127**	**200276**	**338116**	**19027**	**73440**	**37000**	**76**	**9**
5	1	814	36063	64183	1583	34600	37000	32	3
1		200	11069	17800	903	911		2	
			21142	20866	1463	5446		2	
1		490	18152	25064	687	5040		4	
			10591	22844	1460	2681		3	3
			7052	15705	1197	2298		2	
			8606	18405	1438	2190		4	
4		273	10715	26837	1178	1613		3	
1		270	5212	11720	816	4881		4	
			6935	9029	858	1155		1	
			11460	14727	1715	360		1	
			6245	11650	682	2372		1	
			8598	14177	756	799		1	
			7156	12410	492	1620		1	
			7625	14222	1206	3783			
			2714	5164	458	610		1	
			3588	6900	432	1200		4	
			10952	14021	1210	852		8	3
1		80	6401	12392	493	1029		2	

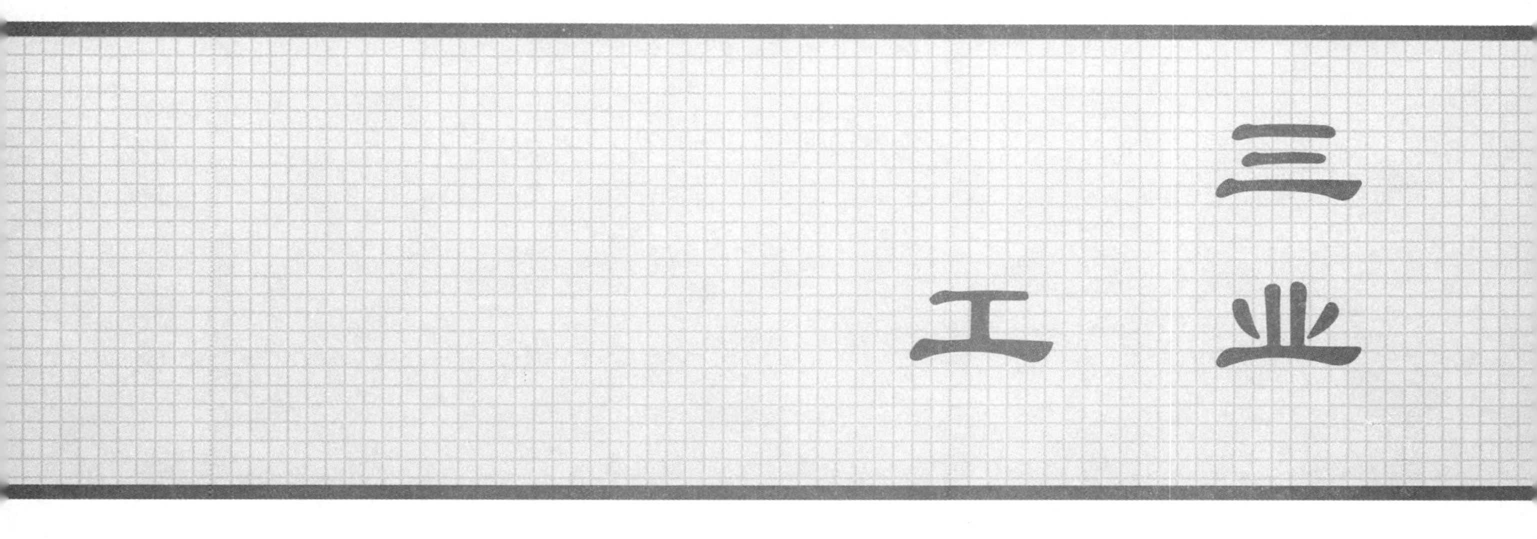

三 工业

3-1　规模以上工业企业主要经济指标

（2019 年）　　　　单位：万元

指标名称	企业单位数（个）	亏损企业	年初存货	产成品	资产总计	流动资产合计
总　计	**370**	**83**	**1411203.7**	**389682.5**	**23231515.6**	**10341664.5**
一、按登记注册类型分组：						
内资企业	357	79	1387283.4	376829.2	22433323.4	10072049.9
国有企业	5	1	7394.2	2205.9	140539.5	89621.2
地方企业	5	1	7394.2	2205.9	140539.5	89621.2
集体企业	1	0	361.9	0	4793.4	3512.1
有限责任公司	128	24	894348.6	132914.3	13731409.3	5047081.4
国有独资公司	9	1	3165.3	1634.2	1491992.9	193441.1
其他有限责任公司	119	23	891183.3	131280.1	12239416.4	4853640.3
股份有限公司	5	2	65525.4	25587.8	624604.8	398850.4
私营企业	218	52	419653.3	216121.2	7931976.4	4532984.8
私营有限责任公司	216	51	411424.1	209369.5	7882628.2	4502547.1
私营股份有限公司	2	1	8229.2	6751.7	49348.2	30437.7
港、澳、台商投资企业	7	2	11703.3	9228.0	645734.9	206537.7
合资经营企业(港或澳、台资)	4	2	5064.5	2734.5	170916.3	51509.2
港澳台商独资经营企业	2	0	6638.8	6493.5	288354.3	90588.6
港澳台商投资股份有限公司	1	0	0	0	186464.3	64439.9
外商投资企业	6	2	12217.0	3625.3	152457.3	63076.9
中外合资经营企业	5	1	7402.0	2983.5	118503.5	51226.2
中外合作经营企业	1	1	4815.0	641.8	33953.8	11850.7
二、在总计中：亏损企业	83	83	168190.0	62765.7	3391623.1	1342653.6
在总计中：国有控股企业	62	14	713170.3	59092.8	10491187.7	3364947.5
在总计中：轻工业	72	18	286068.3	152314.4	1778235.6	1025524.4
重工业	298	65	1125135.4	237368.1	21453280.0	9316140.1
在总计中：大型企业	9	1	696095.4	48264.5	8536205.8	4583243.9
中型企业	58	20	361405.4	179833.7	4901390.1	2227817.6
小型企业	303	62	353702.9	161584.3	9793919.7	3530603.0
纯小型企业	256	57	346039.2	158424.2	7320740.8	3140733.9
微型企业	47	5	7663.7	3160.1	2473178.9	389869.1
在总计中：公有制企业	64	14	715814.1	59092.8	10639133.9	3487281.6
其中：国有控股企业	62	14	713170.3	59092.8	10491187.7	3364947.5
其中：中央企业	10	3	20238.3	227.3	1827292.3	204232.9
地方企业	52	11	692932.0	58865.5	8663895.4	3160714.6
非公有制企业	306	69	695389.6	330589.7	12592381.7	6854382.9
在总计中：集体企业	1	0	361.9	0	4793.4	3512.1
股份制企业	351	78	1379527.3	374623.3	22287990.5	9978916.6
外商及港澳台商投资企业	13	4	23920.3	12853.3	798192.2	269614.6
在总计中：私营企业	218	52	419653.3	216121.2	7931976.4	4532984.8

规 模 以 上 工 业 企 业

3-1 续表 1 （2019 年）

指标名称	资产总计						
	流动资产合计			长期股权投资	固定资产原价	房屋和构筑物	机器设备
	应收账款	存货	产成品				
总 计	**2370908.9**	**1508191.3**	**398329.2**	**830165.7**	**14370271.0**	**2453603.4**	**5943449.9**
一、按登记注册类型分组：							
内资企业	2246647.3	1480667.4	385390.6	825472.3	13553356.1	2348321.5	5246464.0
国有企业	13343.2	5755.5	712.0	0	57559.4	3348.5	3841.8
地方企业	13343.2	5755.5	712.0	0	57559.4	3348.5	3841.8
集体企业	1888.1	46.7	46.7	0	1808.1	482.3	1286.8
有限责任公司	960151.1	906521.3	163543.2	318876.9	9945701.9	1197486.4	3655767.3
国有独资公司	38321.5	12676.2	7837.7	32747.4	1847754.5	155573.5	1437834.1
其他有限责任公司	921829.6	893845.1	155705.5	286129.5	8097947.4	1041912.9	2217933.2
股份有限公司	87480.3	70020.6	33427.6	19508.9	304536.2	73214.5	148428.3
私营企业	1183784.6	498323.3	187661.1	487086.5	3243750.5	1073789.8	1437139.8
私营有限责任公司	1176039.5	488675.9	180917.9	479735.5	3232541.7	1073789.8	1437139.8
私营股份有限公司	7745.1	9647.4	6743.2	7351.0	11208.8	0	0
港、澳、台商投资企业	102196.0	12805.7	9400.8	3900.0	666957.7	80689.3	576895.9
合资经营企业(港或澳、台资)	27516.8	4451.6	1946.4	0	217931.2	12282.3	199475.8
港澳台商独资经营企业	50317.2	8307.6	7454.4	3000.0	205886.2	61474.9	142775.5
港澳台商投资股份有限公司	24362.0	46.5	0	900.0	243140.3	6932.1	234644.6
外商投资企业	22065.6	14718.2	3537.8	793.4	149957.2	24592.6	120090.0
中外合资经营企业	16887.3	9005.7	2832.7	0	127323.5	7128.5	115514.1
中外合作经营企业	5178.3	5712.5	705.1	793.4	22633.7	17464.1	4575.9
二、在总计中：亏损企业	188400.3	185038.8	73702.8	62805.5	1996582.4	492399.7	836116.8
在总计中：国有控股企业	653580.9	692919.8	76722.1	135330.1	8486768.4	646174.8	3201692.0
在总计中：轻工业	107983.0	317929.2	126901.1	104872.1	729634.0	264994.4	206793.7
重工业	2262925.9	1190262.1	271428.1	725293.6	13640637.0	2188609.0	5736656.2
在总计中：大型企业	381506.7	738896.3	73263.8	399510.7	4468013.0	457011.2	607363.4
中型企业	513249.0	377023.0	137040.6	277330.2	3085695.4	1077214.6	1449343.2
小型企业	1476153.2	392272.0	188024.8	153324.8	6816562.6	919377.6	3886743.3
纯小型企业	1279545.3	380860.3	181406.5	119886.9	4385104.2	710234.7	1985661.1
微型企业	196607.9	11411.7	6618.3	33437.9	2431458.4	209142.9	1901082.2
在总计中：公有制企业	718734.9	695032.9	77664.5	135330.1	8514619.6	646657.1	3202978.8
其中：国有控股企业	653580.9	692919.8	76722.1	135330.1	8486768.4	646174.8	3201692.0
其中：中央企业	83708.4	21115.4	209.8	32747.4	2424724.3	251743.3	1606434.5
地方企业	569872.5	671804.4	76512.3	102582.7	6062044.1	394431.5	1595257.5
非公有制企业	1652174.0	813158.4	320664.7	694835.6	5855651.4	1806946.3	2740471.1
在总计中：集体企业	1888.1	46.7	46.7	0	1808.1	482.3	1286.8
股份制企业	2231416.0	1474865.2	384631.9	825472.3	13493988.6	2344490.7	5241335.4
外商及港澳台商投资企业	124261.6	27523.9	12938.6	4693.4	816914.9	105281.9	696985.9
在总计中：私营企业	1183784.6	498323.3	187661.1	487086.5	3243750.5	1073789.8	1437139.8

主 要 经 济 指 标

单位：万元

资产总计								
累计折旧	本年折旧	固定资产净额	在建工程	无形资产	土地使用权	负债合计	流动负债合计	应付账款
5768693.2	**897817.0**	**8452760.2**	**1235065.6**	**688573.2**	**303685.7**	**16879372.9**	**12963941.2**	**2390227.6**
5420448.5	834772.1	7984090.2	1203374.7	673740.8	289842.0	16437720.0	12683208.4	2366253.0
24739.7	2204.2	32819.4	17835.4	240.3	0.0	120096.8	80649.3	17875.1
24739.7	2204.2	32819.4	17835.4	240.3	0.0	120096.8	80649.3	17875.1
943.0	132.9	865.1	380.3	0	0	3532.7	3532.7	1886.6
3938388.0	638175.4	6048642.0	947510.4	397402.8	137283.0	10151461.1	7752153.2	1411156.7
950387.7	72256.7	900689.2	306467.2	6210.9	1882.9	972705.8	716572.4	324132.8
2988000.3	565918.7	5147952.8	641043.2	391191.9	135400.1	9178755.3	7035580.8	1087023.9
93695.2	7043.3	79093.1	5179.9	36658.9	8011.2	330657.1	320777.4	89529.9
1362682.6	187216.3	1822670.6	232468.7	239438.8	144547.8	5831972.3	4526095.8	845804.7
1357892.2	184813.5	1816252.3	232066.3	237963.1	144235.7	5800041.0	4494164.5	839902.0
4790.4	2402.8	6418.3	402.4	1475.7	312.1	31931.3	31931.3	5902.7
278455.2	55120.4	388502.4	31370.2	6948.1	6462.2	373150.3	222982.3	16620.2
105562.8	29865.7	112368.4	2602.1	2921.2	2716.2	62315.8	62315.8	3140.4
49382.9	11635.4	156503.2	28716.1	3208.2	3186.6	219796.2	138310.2	13109.1
123509.5	13619.3	119630.8	52.0	818.7	559.4	91038.3	22356.3	370.7
69789.5	7924.5	80167.6	320.7	7884.3	7381.5	68502.6	57750.5	7354.4
61856.4	6253.9	65467.0	320.7	1275.4	772.6	40060.4	32308.3	7640.6
7933.1	1670.6	14700.6	0	6608.9	6608.9	28442.2	25442.2	-286.2
874756.5	105226.1	1061743.5	371068.8	147558.4	102036.5	2803233.5	2424823.8	431584.9
3312766.2	553509.6	5077855.4	873029.5	319802.0	89703.5	8152060.9	5867038.9	1016774.3
288672.4	31684.0	425873.7	82650.6	110188.4	54386.0	1044659.1	871437.4	176175.5
5480020.8	866133.0	8026886.5	1152415.0	578384.8	249299.7	15834713.8	12092503.8	2214052.1
1916608.5	384790.4	2551404.5	256219.6	228695.2	17591.8	6711188.1	5310814.5	761534.1
1300682.3	164607.5	1605708.0	181942.6	175042.1	111581.5	3592198.2	3073237.8	637562.3
2551402.4	348419.1	4295647.7	796903.4	284835.9	174512.4	6575986.6	4579888.9	991131.2
1538328.2	232094.3	2939737.7	520562.0	261191.9	157324.1	5061622.9	3656330.1	751611.0
1013074.2	116324.8	1355910.0	276341.4	23644.0	17188.3	1514363.7	923558.8	239520.2
3329744.9	553843.7	5088727.8	874727.4	320720.1	89703.5	8234378.4	5949336.6	1073628.7
3312766.2	553509.6	5077855.4	873029.5	319802.0	89703.5	8152060.9	5867038.9	1016774.3
1234708.4	119689.2	1302094.7	212217.7	13267.1	4483.0	1247752.5	868364.7	284461.0
2078057.8	433820.4	3775760.7	660811.8	306534.9	85220.5	6904308.4	4998674.2	732313.3
2438948.3	343973.3	3364032.4	360338.2	367853.1	213982.2	8644994.5	7014604.6	1316598.9
943.0	132.9	865.1	380.3	0	0	3532.7	3532.7	1886.6
5394765.8	832435.0	7950405.7	1185159.0	673500.5	289842.0	16314090.5	12599026.4	2346491.3
348244.7	63044.9	468670.0	31690.9	14832.4	13843.7	441652.9	280732.8	23974.6
1362682.6	187216.3	1822670.6	232468.7	239438.8	144547.8	5831972.3	4526095.8	845804.7

规 模 以 上 工 业 企 业

3-1 续表 2 （2019 年）

指标名称	所有者权益合计	所有者权益合计					
		实收资本	国家资本	集体资本	法人资本	个人资本	港澳台资本
总　计	**6152574.1**	**2991905.6**	**1044276.8**	**34441.7**	**1357243.2**	**409096.2**	**132920.9**
一、按登记注册类型分组：							
内资企业	5796034.9	2724775.2	1010814.0	34441.7	1268805.0	404011.1	6653.3
国有企业	20442.7	5145.4	5145.4	0	0	0	0
地方企业	20442.7	5145.4	5145.4	0	0	0	0
集体企业	1260.6	13.0	0	0	13.0	0	0
有限责任公司	3380382.1	1716524.3	963999.2	28341.7	588499.4	128980.7	6653.3
国有独资公司	519287.0	343391.0	341491.0	0	1900.0	0	0
其他有限责任公司	2861095.1	1373133.3	622508.2	28341.7	586599.4	128980.7	6653.3
股份有限公司	293947.7	196294.8	10000.0	0	181010.2	5284.6	0
私营企业	2100001.8	806797.7	31669.4	6100.0	499282.4	269745.8	0
私营有限责任公司	2082585.0	803457.7	31669.4	6100.0	498282.4	267405.8	0
私营股份有限公司	17416.8	3340.0	0	0	1000.0	2340.0	0
港、澳、台商投资企业	272584.5	211343.7	0	0	85076.1	0	126267.6
合资经营企业(港或澳、台资)	108600.4	92846.1	0	0	37076.1	0	55770.0
港澳台商独资经营企业	68558.1	53303.0	0	0	0	0	53303.0
港澳台商投资股份有限公司	95426.0	65194.6	0	0	48000.0	0	17194.6
外商投资企业	83954.7	55786.7	33462.8	0	3362.1	5085.1	0
中外合资经营企业	78443.1	50585.9	33462.8	0	3362.1	0	0
中外合作经营企业	5511.6	5200.8	0	0	0	5085.1	0
二、在总计中：亏损企业	388824.1	413601.5	55022.0	22008.7	254538.3	73027.1	8889.7
在总计中：国有控股企业	2339126.5	1489074.9	997500.4	20008.7	427778.8	31746.4	886.4
在总计中：轻工业	733575.3	302419.9	10115.3	0	202793.0	89145.9	250.0
重工业	5418998.8	2689485.7	1034161.5	34441.7	1154450.2	319950.3	132670.9
在总计中：大型企业	1825017.6	588178.0	335645.1	0	199208.0	53324.9	0
中型企业	1309191.5	697035.3	25664.8	20498.7	537788.1	100314.7	12653.3
小型企业	3018365.0	1706692.3	682966.9	13943.0	620247.1	255456.6	120267.6
纯小型企业	2259115.1	1230452.2	329256.2	12743.0	563249.3	191125.0	120267.6
微型企业	759249.9	476240.1	353710.7	1200.0	56997.8	64331.6	0
在总计中：公有制企业	2404755.1	1496732.9	997500.4	26341.7	428839.8	32010.4	886.4
其中：国有控股企业	2339126.5	1489074.9	997500.4	20008.7	427778.8	31746.4	886.4
其中：中央企业	579539.7	346313.9	222632.3	12165.7	109148.4	2367.5	0
地方企业	1759586.8	1142761.0	774868.1	7843.0	318630.4	29378.9	886.4
非公有制企业	3747819.0	1495172.7	46776.4	8100.0	928403.4	377085.8	132034.5
在总计中：集体企业	1260.6	13.0	0	0	13.0	0	0
股份制企业	5774331.6	2719616.8	1005668.6	34441.7	1268792.0	404011.1	6653.3
外商及港澳台商投资企业	356539.2	267130.4	33462.8	0	88438.2	5085.1	126267.6
在总计中：私营企业	2100001.8	806797.7	31669.4	6100.0	499282.4	269745.8	0

主 要 经 济 指 标

单位：万元

外商资本	营业收入	主营业务收入	营业成本	销售费用	管理费用	研发费用	财务费用	利息费用
13926.8	**14575960.5**	**12446483.5**	**11958490.1**	**390566.5**	**539584.8**	**164440.6**	**481456.1**	**440744.7**
50.0	14274502.1	12154630.0	11785241.2	370347.8	523680.6	164184.7	468062.0	427693.1
0	28875.4	25818.6	25014.2	1317.3	3682.8	0	175.2	162.1
0	28875.4	25818.6	25014.2	1317.3	3682.8	0	175.2	162.1
0	3064.2	3064.2	2366.9	501.2	258.7	0	0	0
50.0	7666405.7	6108209.1	6363020.7	216456.2	264350.0	85883.8	294847.4	275474.4
0	1169060.9	251530.0	1130274.4	3983.3	21472.8	1876.6	16530.6	16651.7
50.0	6497344.8	5856679.1	5232746.3	212472.9	242877.2	84007.2	278316.8	258822.7
0	614254.6	592089.9	471045.9	46084.8	16868.9	1368.7	5099.2	4974.9
0	5961902.2	5425448.2	4923793.5	105988.3	238520.2	76932.2	167940.2	147081.7
0	5910548.3	5375181.2	4883294.9	103524.1	235697.4	75312.2	165374.9	147081.7
0	51353.9	50267.0	40498.6	2464.2	2822.8	1620.0	2565.3	0
0	222107.8	212644.7	122302.4	14074.8	11989.9	255.9	10952.6	11035.4
0	43883.9	43044.5	20435.3	10686.6	3727.5	255.9	471.2	507.2
0	140827.7	132204.0	78887.1	3388.2	7111.3	0	6708.1	6747.2
0	37396.2	37396.2	22980.0	0	1151.1	0	3773.3	3781.0
13876.8	79350.6	79208.8	50946.5	6143.9	3914.3	0	2441.5	2016.2
13761.1	53296.1	53234.1	28699.6	5274.8	2220.4	0	975.1	822.8
115.7	26054.5	25974.7	22246.9	869.1	1693.9	0	1466.4	1193.4
115.7	1138122.7	1077504.1	1003379.5	35507.4	100868.8	1967.6	71394.5	60333.5
11154.3	5847244.9	4374950.9	5110981.8	90303.9	164668.9	52821.5	220747.9	212450.2
115.7	1314540.8	1285297.0	949318.2	156775.5	63638.8	6766.3	21401.5	15583.2
13811.1	13261419.7	11161186.5	11009171.9	233791.0	475946.0	157674.3	460054.6	425161.5
0	6959874.1	5938761.3	6027490.1	114409.2	141469.8	116733.3	230343.1	210274.2
115.7	3185173.1	3050418.2	2377315.2	166259.5	197053.6	29442.4	80302.9	71484.3
13811.1	4430913.3	3457304.0	3553684.8	109897.8	201061.4	18264.9	170810.1	158986.2
13811.1	3197744.3	3154621.4	2450702.9	107142.1	170092.5	16362.0	124608.4	117168.2
0	1233169.0	302682.6	1102981.9	2755.7	30968.9	1902.9	46201.7	41818.0
11154.3	5895484.4	4423190.4	5147594.8	90805.1	170770.8	52821.5	221526.3	213228.9
11154.3	5847244.9	4374950.9	5110981.8	90303.9	164668.9	52821.5	220747.9	212450.2
0	1200493.6	282952.7	1157076.5	299.5	26897.4	2593.2	27863.4	27788.1
11154.3	4646751.3	4091998.2	3953905.3	90004.4	137771.5	50228.3	192884.5	184662.1
2772.5	8680476.1	8023293.1	6810895.3	299761.4	368814.0	111619.1	259929.8	227515.8
0	3064.2	3064.2	2366.9	501.2	258.7	0	0	0
50.0	14242562.5	12125747.2	11757860.1	368529.3	519739.1	164184.7	467886.8	427531.0
13876.8	301458.4	291853.5	173248.9	20218.7	15904.2	255.9	13394.1	13051.6
0	5961902.2	5425448.2	4923793.5	105988.3	238520.2	76932.2	167940.2	147081.7

规 模 以 上 工 业 企 业

3-1 续表 3 （2019 年）

指标名称	利息收入	资产减值损失	其他收益	投资收益	公允价值变动收益	资产处置收益	营业利润
总 计	**13548.0**	**40649.9**	**19481.6**	**43431.6**	**32.9**	**337.8**	**926086.7**
一、按登记注册类型分组：							
内资企业	13448.8	40812.4	17171.9	43166.3	68.7	337.7	850592.7
国有企业	12.7	0	0	0	0	0	-1854.6
地方企业	12.7	0	0	0	0	0	-1854.6
集体企业	0	0	0	0	0	0	-186.6
有限责任公司	7244.1	11330.2	15207.1	30624.2	0	-461.7	420617.9
国有独资公司	151.0	1548.5	4642.2	92.1	0	0	22883.3
其他有限责任公司	7093.1	9781.7	10564.9	30532.1	0	-461.7	397734.6
股份有限公司	2235.1	11091.0	495.3	0.1	0	-41.3	59428.9
私营企业	3956.9	18391.2	1469.5	12542.0	68.7	840.7	372587.1
私营有限责任公司	3956.9	18391.2	1469.5	12294.5	68.7	840.7	372169.8
私营股份有限公司	0	0	0	247.5	0	0	417.3
港、澳、台商投资企业	92.6	0	1393.9	265.3	-35.8	0.1	59669.8
合资经营企业(港或澳、台资)	43.8	0	1393.9	0	0	0.1	9218.6
港澳台商独资经营企业	38.1	0	0	224.1	0	0	41485.5
港澳台商投资股份有限公司	10.7	0	0	41.2	-35.8	0	8965.7
外商投资企业	6.6	-162.5	915.8	0	0	0	15824.2
中外合资经营企业	5.3	-162.5	915.8	0	0	0	16360.9
中外合作经营企业	1.3	0	0	0	0	0	-536.7
二、在总计中：亏损企业	92.2	6097.6	1242.8	1213.5	68.7	-208.2	-99440.0
在总计中：国有控股企业	4544.5	22391.1	14329.0	18931.3	0	-56.7	207956.2
在总计中：轻工业	2792.0	844.5	1590.1	4971.2	68.7	-53.1	89058.7
重工业	10756.0	39805.4	17891.5	38460.4	-35.8	390.9	837028.0
在总计中：大型企业	5868.1	19259.6	1870.4	19332.4	0	-61.6	277759.6
中型企业	6021.3	16692.5	6198.4	20199.4	68.7	-229.0	277756.6
小型企业	1658.6	4697.8	11412.8	3899.8	-35.8	628.4	370570.5
纯小型企业	1467.8	2399.6	8440.6	3783.3	-35.8	625.0	297325.7
微型企业	190.8	2298.2	2972.2	116.5	0	3.4	73244.8
在总计中：公有制企业	4544.8	22391.1	14329.0	19010.3	0	-56.7	210932.9
其中：国有控股企业	4544.5	22391.1	14329.0	18931.3	0	-56.7	207956.2
其中：中央企业	296.3	76.7	405.4	240.1	0	3.3	9460.8
地方企业	4248.2	22314.4	13923.6	18691.2	0	-60.0	198495.4
非公有制企业	9003.2	18258.8	5152.6	24421.3	32.9	394.5	715153.8
在总计中：集体企业	0	0	0	0	0	0	-186.6
股份制企业	13436.1	40812.4	17171.9	43166.3	68.7	337.7	852633.9
外商及港澳台商投资企业	99.2	-162.5	2309.7	265.3	-35.8	0.1	75494.0
在总计中：私营企业	3956.9	18391.2	1469.5	12542.0	68.7	840.7	372587.1

主 要 经 济 指 标

单位：万元

营业外收入	营业外支出	利润总额	应付职工薪酬	平均用工人数（人）	期末用工人数（人）	从业人员期末人数(人)	从业人员平均人数(人)	亏损企业亏损总额
80131.5	**44880.5**	**961336.0**	**821456.0**	**93806**	**93160**	**94061**	**93552**	**97440.6**
76300.6	44524.0	882367.6	801657.0	91544	90982	91857	91314	95941.3
1835.9	262.7	-281.7	3185.5	538	583	1011	991	548.6
1835.9	262.7	-281.7	3185.5	538	583	1011	991	548.6
375.7	3.4	185.6	437.0	90	90	98	98	0
33182.0	22843.2	430956.3	496651.6	45668	45865	45147	44997	54789.4
11104.8	1918.3	32069.5	108421.6	3685	3698	3833	3821	2428.9
22077.2	20924.9	398886.8	388230.0	41983	42167	41314	41176	52360.5
1176.9	281.6	60323.9	48690.9	3623	3400	3390	3623	4827.4
39730.1	21133.1	391183.5	252692.0	41625	41044	42211	41605	35775.9
39506.2	21052.5	390622.9	250678.6	41262	40652	41819	41213	33665.6
223.9	80.6	560.6	2013.4	363	392	392	392	2110.3
3424.6	251.1	62843.3	10354.5	1009	988	1014	984	1198.8
564.0	16.5	9766.0	3246.8	299	284	291	299	1198.8
120.3	121.6	41484.2	5640.8	611	605	624	586	0
2740.3	113.0	11593.1	1466.9	99	99	99	99	0
406.3	105.4	16125.1	9444.5	1253	1190	1190	1254	300.5
61.6	10.4	16412.1	5974.9	487	449	449	488	13.5
344.7	95.0	-287.0	3469.6	766	741	741	766	287.0
8284.6	6284.4	-97440.6	131850.3	19983	19797	19809	19817	97440.6
19908.1	7195.0	220669.4	390785.6	28384	28211	28584	28883	40371.7
11099.4	4155.4	96001.4	107346.2	17316	17347	17189	17082	14784.1
69032.1	40725.1	865334.6	714109.8	76490	75813	76872	76470	82656.5
20061.6	14576.4	283244.8	279616.5	31548	31582	31495	31353	1405.7
12624.9	17576.0	272805.7	263187.5	31644	30826	31477	31495	62545.9
47445.0	12728.1	405285.5	278652.0	30614	30752	31089	30704	33489.0
36250.7	10113.3	323461.6	174940.7	27206	27473	27870	27391	32628.1
11194.3	2614.8	81823.9	103711.3	3408	3279	3219	3313	860.9
20306.8	9126.0	222113.9	393479.0	29007	28866	29247	29514	40371.7
19908.1	7195.0	220669.4	390785.6	28384	28211	28584	28883	40371.7
10599.9	2189.9	17870.6	139174.2	5628	5419	5453	5654	16210.9
9308.2	5005.1	202798.8	251611.4	22756	22792	23131	23229	24160.8
59824.7	35754.5	739222.1	427977.0	64799	64294	64814	64038	57068.9
375.7	3.4	185.6	437.0	90	90	98	98	0
74089.0	44257.9	882463.7	798034.5	90916	90309	90748	90225	95392.7
3830.9	356.5	78968.4	19799.0	2262	2178	2204	2238	1499.3
39730.1	21133.1	391183.5	252692.0	41625	41044	42211	41605	35775.9

3-2 按行业大类分规模以上

（2019年）

指标名称	企业单位数（个）	亏损企业	年初存货	产成品	资产总计	流动资产合计
总　计	**370**	**83**	**1411203.7**	**389682.5**	**23231515.6**	**10341664.5**
煤炭开采和洗选业	2	1	1984.2	1796.7	72429.3	19560.0
黑色金属矿采选业	68	21	175335.4	106135.1	4527094.8	2389446.2
有色金属矿采选业	7	1	9761.5	6668.4	216911.5	81977.3
非金属矿采选业	17	4	9042.2	3126.5	93151.4	51453.4
农副食品加工业	20	2	43268.9	27076.5	355508.4	203506.4
食品制造业	15	4	37204.0	10106.6	284781.9	127731.8
酒、饮料和精制茶制造业	17	4	156624.0	100645.0	843502.6	521350.6
纺织业	1	0	958.6	568.4	17817.1	3104.1
纺织服装、服饰业	3	1	4366.8	162.1	11933.2	7877.5
木材加工和木、竹、藤、棕、草制品业	3	1	6154.3	2644.9	50286.4	8972.5
印刷和记录媒介复制业	2	0	2204.8	1777.0	11738.0	8288.0
文教、工美、体育和娱乐用品制造业	4	2	1264.5	790.7	13426.2	7015.6
石油、煤炭及其他燃料加工业	1	0	14804.9	206.8	190161.3	90656.1
化学原料和化学制品制造业	18	4	29403.7	12793.4	486393.9	201299.3
医药制造业	6	2	29200.6	5171.7	179819.9	121011.1
橡胶和塑料制品业	1	0	1171.0	835.1	15601.5	6107.5
非金属矿物制品业	54	10	86065.6	29568.8	1342396.7	677025.3
黑色金属冶炼和压延加工业	6	1	653520.9	33127.6	6946308.1	3520414.2
有色金属冶炼和压延加工业	11	3	26991.9	4512.7	467843.9	106371.6
金属制品业	9	6	12350.7	6029.5	122375.8	50386.7
通用设备制造业	14	1	35044.8	13956.4	835667.6	760001.8
专用设备制造业	7	2	5757.3	1680.3	66609.3	30195.0
汽车制造业	5	2	11984.7	6125.1	216155.1	67780.7
铁路、船舶、航空航天和其他运输设备制造业	1	1	544.2	416.3	9176.1	6225.8
电气机械和器材制造业	7	1	8393.6	2795.3	55392.2	29373.9
计算机、通信和其他电子设备制造业	1	0	1309.0	766.1	6211.7	4087.0
仪器仪表制造业	12	1	19783.5	8980.7	251667.8	126794.8
废弃资源综合利用业	2	0	1176.6	955.6	19469.8	5812.1
电力、热力生产和供应业	52	8	24882.3	74.2	5441044.5	1076211.9
燃气生产和供应业	1	0	0.9	0	904.8	861.0
水的生产和供应业	3	0	648.3	189.0	79734.8	30765.3

工业企业主要经济指标

单位：万元

资产总计							
	流动资产合计		长期股权投资	固定资产投资			累计折旧
应收账款	存货	产成品			房屋和构筑物	机器设备	
2370908.9	**1508191.3**	**398329.2**	**830165.7**	**14370271.0**	**2453603.4**	**5943449.9**	**5768693.2**
2717.4	605.9	391.4	0	24888.7	15959.8	8928.9	11548.9
462579.8	178990.6	97382.0	276040.0	2239873.0	916222.5	718575.1	989497.8
3393.6	11662.0	7488.3	11509.6	148846.9	99324.1	37755.0	59725.2
18487.9	8738.0	3569.1	3090.9	37138.0	3979.3	10945.0	14905.1
16165.6	54620.7	39906.1	39823.4	146526.5	66307.7	45093.9	41690.2
27677.7	44215.4	13784.7	2832.0	165840.5	68203.6	65075.5	61294.2
20253.8	169397.2	56499.3	34802.7	284704.8	78321.8	62880.0	126923.3
482.3	818.5	441.8	0	11986.5	0	0	582.5
1693.2	4074.2	369.5	917.7	4966.0	1849.3	2819.8	3231.2
1684.9	3804.3	951.5	0	53901.0	13450.0	39207.9	24698.4
3900.3	2228.2	2098.5	40.0	3990.5	504.1	1503.0	2677.6
4282.2	1341.6	894.6	0	7403.3	21.8	10.0	1199.9
71360.7	13064.4	151.2	0	161505.5	51348.1	109899.9	14969.1
63962.3	30809.2	18433.6	28717.3	231378.2	40493.1	111770.4	103453.8
23413.3	29843.5	7071.1	21602.9	67300.5	24305.4	19975.0	35407.3
3840.2	1418.2	1023.7	4010.0	7812.3	4634.5	2054.8	3200.3
265469.4	75634.1	26400.5	26084.3	794013.9	268711.9	392791.6	300760.5
245973.5	693105.5	64561.2	244801.7	3863777.2	218889.5	455781.5	1649774.5
32063.6	27917.6	5344.5	2752.0	194947.8	24117.0	28067.3	86481.8
17080.8	13915.6	6015.3	1018.3	58596.0	18101.8	6324.8	15484.4
513291.1	48940.9	16539.7	3370.2	56182.1	7786.0	17490.4	22523.5
12576.0	6917.6	2239.3	6765.0	28118.4	6912.6	3715.7	7658.1
38976.2	13332.8	8048.4	742.4	164557.9	62439.0	98344.8	55877.2
5119.9	519.5	384.4	998.8	154.8	0	0	108.2
10548.3	8043.4	3320.4	0	21200.0	8059.6	4411.4	9958.6
994.6	2016.8	1085.7	0	1582.4	0	1582.4	159.3
40927.2	23726.7	9965.4	78110.5	46873.3	13458.2	10338.9	30588.9
3177.3	1101.4	856.0	0	4793.8	0	56.9	3851.6
452852.1	36829.7	3037.8	39486.0	5478068.6	437281.5	3678621.0	2060653.5
178.8	2.8	0	0	51.0	0	33.1	7.2
5784.9	555.0	74.2	2650.0	59291.6	2921.2	9395.9	29801.1

按行业大类分规模以上

3-2 续表 1

（2019 年）

指标名称	资产总计					负债合计
	本年折旧	固定资产净额	在建工程	无形资产	土地使用权	
总　计	897817.0	8452760.2	1235065.6	688573.2	303685.7	16879372.9
煤炭开采和洗选业	975.7	13339.7	16443.9	23085.5	20583.9	25994.7
黑色金属矿采选业	120398.8	1228526.5	126658.8	84650.4	26807.8	3585216.8
有色金属矿采选业	7753.1	89191.1	2419.3	6673.9	3041.1	106949.0
非金属矿采选业	2758.1	17360.1	7970.9	5633.3	4355.4	55643.4
农副食品加工业	8402.4	98807.2	16287.6	14281.3	6899.0	215500.6
食品制造业	8782.3	104487.4	17531.0	18178.6	11304.9	177706.2
酒、饮料和精制茶制造业	9011.0	153401.7	46368.7	61647.8	23041.9	462141.6
纺织业	84.9	11404.0	0	0	0	10396.4
纺织服装、服饰业	162.7	1734.9	994.1	408.9	408.9	10157.9
木材加工和木、竹、藤、棕、草制品业	3271.1	28293.5	50.8	11716.6	11716.6	90384.1
印刷和记录媒介复制业	623.8	1962.8	224.0	1225.9	1225.9	10752.7
文教、工美、体育和娱乐用品制造业	163.5	933.8	0	914.9	269.3	7660.5
石油、煤炭及其他燃料加工业	2220.8	14636.4	2020.8	5072.8	0	75675.5
化学原料和化学制品制造业	9432.4	123473.5	107903.1	15104.7	11048.0	242831.3
医药制造业	2084.7	31892.8	1232.3	5585.3	3292.7	106947.9
橡胶和塑料制品业	455.6	4612.0	0	872.0	869.7	4367.1
非金属矿物制品业	43785.6	487676.0	32187.0	66483.8	56282.9	949464.8
黑色金属冶炼和压延加工业	360925.7	2214002.6	335601.6	206763.9	11995.2	5550049.6
有色金属冶炼和压延加工业	9901.1	108465.8	24626.2	11502.0	2947.3	230746.9
金属制品业	3537.9	29668.1	5288.0	22198.1	15518.2	128206.5
通用设备制造业	3606.4	30848.4	24027.2	14446.7	9691.0	784193.4
专用设备制造业	932.7	18418.4	4636.8	5530.3	4526.0	34364.3
汽车制造业	11480.7	108645.0	4960.1	17125.8	17103.0	148553.9
铁路、船舶、航空航天和其他运输设备制造业	14.9	46.6	0	1841.8	0	1583.0
电气机械和器材制造业	2503.1	10601.2	9215.2	5761.8	3208.4	29203.3
计算机、通信和其他电子设备制造业	0	1423.0	54.7	18.4	0	5898.7
仪器仪表制造业	2194.7	16284.3	5385.6	25880.5	19246.0	120470.4
废弃资源综合利用业	151.7	942.2	2880.1	978.4	927.3	11241.9
电力、热力生产和供应业	281115.8	3472147.0	425364.5	54714.9	37375.3	3636256.3
燃气生产和供应业	6.7	43.8	0	0	0	529.6
水的生产和供应业	1079.1	29490.4	14733.3	274.9	0	60284.6

工业企业主要经济指标

单位：万元

流动负债合计	应收账款	所有者权益合计	所有者权益合计				
			实收资本	国家资本	集体资本	法人资本	个人资本
12963941.2	2390227.6	6152574.1	2991905.6	1044276.8	34441.7	1357243.2	409096.2
22760.7	10834.0	46434.6	17600.2	1020.0	0	12480.2	4100.0
3312745.7	732757.5	941877.9	245338.3	6080.0	13233.0	130185.9	89839.4
106715.4	50091.7	109962.4	13457.6	0	0	9906.7	3550.9
53337.4	13248.6	37507.9	11187.9	739.5	0	2201.7	8246.7
164469.2	30749.2	140007.5	68870.2	9000.0	0	42090.2	17780.0
124253.7	18724.4	107075.5	42662.3	186.5	0	21964.3	20511.5
400234.8	98399.9	381360.9	148575.6	645.1	0	115272.5	32658.0
10396.4	0	7420.7	1283.7	283.7	0	0	1000.0
10157.9	628.5	1775.1	3002.0	0	0	2952.0	50.0
88146.7	3903.8	-40097.8	10144.6	0	0	10100.0	44.6
10752.7	684.7	985.3	1740.0	0	0	1590.0	150.0
7360.5	1366.9	5765.6	3150.0	0	0	2000.0	1150.0
71549.0	33337.8	114485.8	77800.0	0	0	77800.0	0
208538.5	33320.6	243562.6	139561.0	29085.0	0	92639.1	17836.9
104277.9	23227.9	72871.6	17814.3	0	0	15108.0	2456.3
4195.4	1418.7	11234.4	8100.0	0	0	0	8100.0
878077.6	178790.0	392931.5	261211.8	37800.0	1200.0	168786.6	53425.1
4186418.4	583537.8	1396258.4	533498.0	339000.0	0	168498.0	26000.0
208412.9	21121.1	37531.9	48228.4	20000.0	0	10698.4	17530.0
118050.9	18826.5	-5830.9	14230.8	0	0	8360.0	5755.1
783233.9	29519.1	51473.6	46980.8	1530.0	0	21365.6	24085.2
32221.8	10770.4	32245.0	16167.0	0	0	14867.0	1300.0
147616.7	46121.6	67601.3	45203.3	0	0	44983.3	220.0
1583.0	340.9	7593.1	7843.0	0	7843.0	0	0
29203.3	10663.8	26189.0	12710.6	7010.6	0	3100.0	2600.0
5898.7	3014.0	313.0	100.0	0	0	100.0	0
119631.7	11936.7	131197.2	27338.5	0	0	6877.4	11151.0
11241.9	5274.7	8227.8	3226.0	0	0	2339.6	0
1717211.3	410966.0	1804787.8	1153093.4	591005.1	12165.7	360281.7	59355.5
529.6	0	375.2	200.0	0	0	0	200.0
24717.6	6650.8	19450.2	11586.3	891.3	0	10695.0	0

按行业大类分规模以上

3-2 续表 2 （2019 年）

指标名称	所有者权益合计 实收资本 港澳台资本	外商资本	营业收入	主营业务收入	营业成本	销售费用
总 计	**132920.9**	**13926.8**	**14575960.5**	**12446483.5**	**11958490.1**	**390566.5**
煤炭开采和洗选业	0	0	15706.4	15307.2	13281.5	1383.2
黑色金属矿采选业	6000.0	0	2788404.5	2650083.6	2062031.5	53444.5
有色金属矿采选业	0	0	142769.8	139757.8	90469.3	1797.5
非金属矿采选业	0	0	84025.7	83757.2	46799.9	18408.3
农副食品加工业	0	0	432575.3	429527.9	392909.5	5541.4
食品制造业	0	0	148016.7	147241.2	119197.7	12408.6
酒、饮料和精制茶制造业	0	0	505053.6	480182.1	294044.1	77157.2
纺织业	0	0	2135.5	2135.5	1246.9	25.4
纺织服装、服饰业	0	0	9602.2	9602.2	8623.7	104.0
木材加工和木、竹、藤、棕、草制品业	0	0	12841.9	12742.0	12719.6	395.0
印刷和记录媒介复制业	0	0	16753.3	16753.3	14169.4	835.6
文教、工美、体育和娱乐用品制造业	0	0	10589.4	10589.4	10240.8	164.8
石油、煤炭及其他燃料加工业	0	0	309797.3	309506.9	274397.2	0
化学原料和化学制品制造业	0	0	220722.3	220515.8	192001.7	5977.4
医药制造业	250.0	0	149855.7	149745.0	74232.5	58754.9
橡胶和塑料制品业	0	0	6545.7	6223.1	5054.8	255.7
非金属矿物制品业	0	0	701083.6	687466.8	537562.7	24438.0
黑色金属冶炼和压延加工业	0	0	6194790.3	5235396.9	5464711.1	101478.8
有色金属冶炼和压延加工业	0	0	177925.8	175247.9	142245.0	1256.5
金属制品业	0	115.7	86327.7	86247.9	78246.2	1295.5
通用设备制造业	0	0	368319.4	367967.6	332901.3	3488.0
专用设备制造业	0	0	27084.3	27062.4	19745.1	1324.4
汽车制造业	0	0	71768.7	68648.4	65436.3	1676.2
铁路、船舶、航空航天和其他运输设备制造业	0	0	932.0	891.8	269.8	809.8
电气机械和器材制造业	0	0	42215.4	42015.8	32858.6	972.5
计算机、通信和其他电子设备制造业	0	0	2017.4	2017.4	1789.2	47.8
仪器仪表制造业	6653.3	2656.8	92094.6	89246.5	54110.3	9101.4
废弃资源综合利用业	886.4	0	38621.2	38621.2	33903.9	1140.0
电力、热力生产和供应业	119131.2	11154.3	1889710.5	923375.6	1565374.4	4359.9
燃气生产和供应业	0	0	4131.4	4130.0	3833.0	118.6
水的生产和供应业	0	0	23542.9	14477.1	14083.1	2405.6

工业企业主要经济指标

单位：万元

管理费用	研发费用	财务费用			资产减值损失	其他收益	投资收益
			利息费用	利息收入			
539584.8	**164440.6**	**481456.1**	**440744.7**	**13548.0**	**40649.9**	**19481.6**	**43431.6**
3202.9	35.0	343.5	344.5	3.4	2.1	1306.3	0
159534.5	25675.5	137759.9	125802.9	2584.2	5683.9	130.1	15830.9
12844.9	543.2	2985.1	2976.0	253.5	0	0	1060.7
6174.4	849.2	1721.0	1635.1	6.5	0	0	0
9144.7	222.3	6268.3	5514.3	316.6	912.7	851.0	-199.3
10071.5	783.8	5815.5	2368.4	9.5	48.1	201.5	351.1
28527.6	2036.5	5309.7	4086.0	2249.5	95.0	458.9	1112.6
254.4	0	480.2	480.2	0.1	0	0	0
808.0	79.0	400.5	390.8	0.1	0	0	14.1
4837.2	0	4.9	4.2	0.3	165.8	3.7	0
912.9	0	109.1	8.1	0	0	0	0
328.4	0	234.8	233.1	0.1	0	0	0
4598.5	0	2287.3	2271.4	15.9	11101.1	180.8	0
11840.6	2665.1	2585.3	2900.6	502.5	60.4	137.0	1053.5
10593.5	3400.3	1219.3	1139.8	214.9	-211.3	78.7	3692.7
546.5	244.4	108.0	106.8	0	0	0	0
44572.8	1970.2	24471.3	23573.2	632.4	-172.0	3472.9	185.8
104601.5	116511.0	159653.2	146846.2	5807.6	18984.4	980.2	16212.9
18861.0	3134.5	8284.2	7959.2	63.3	-17.3	2.3	43.9
6017.8	60.8	4496.2	3951.0	2.0	0	0	0
14980.6	0	2841.9	2270.0	14.6	-174.7	0.4	0
2974.7	810.2	669.3	257.5	0.5	0	0	5.3
9880.4	2129.7	3785.4	3821.3	135.3	-132.1	982.3	900.0
1124.3	125.8	1.9	2.9	-1.0	0	0	0
3666.4	235.5	396.7	357.9	-11.3	456.0	0	11.3
201.1	0	186.9	186.3	0	0	0	0
11006.9	727.0	2609.1	2614.8	9.6	-162.5	0	28.9
1156.4	255.9	54.0	48.5	2.2	0	0	0
53448.4	1945.7	105938.0	98219.0	698.0	4010.3	10421.5	3127.2
74.7	0	-0.1	-0.4	0.4	0	0	0
2797.3	0	435.7	375.1	37.3	0	274.0	0

按行业大类分规模以上

3-2 续表3 （2019年）

指标名称	公允价值变动收益	资产处置收益	营业利润	营业外收入	营业外支出
总计	**32.9**	**337.8**	**926086.7**	**80131.5**	**44880.5**
煤炭开采和洗选业	0	0	-1558.9	6.0	64.8
黑色金属矿采选业	0	-369.5	304290.0	8040.9	20412.2
有色金属矿采选业	0	-22.0	19997.5	3521.6	338.4
非金属矿采选业	0	0	7936.5	1497.5	100.7
农副食品加工业	0	-6.2	17569.9	1427.7	1486.8
食品制造业	68.7	0	-762.2	4676.3	1604.5
酒、饮料和精制茶制造业	0	-46.9	69925.3	2567.8	489.3
纺织业	0	0	101.8	6.6	0
纺织服装、服饰业	0	0	-437.1	644.8	18.6
木材加工和木、竹、藤、棕、草制品业	0	0	-5397.2	252.3	50.1
印刷和记录媒介复制业	0	0	641.9	171.7	32.8
文教、工美、体育和娱乐用品制造业	0	0	-419.3	15.0	0.5
石油、煤炭及其他燃料加工业	0	0	16583.0	0.9	172.2
化学原料和化学制品制造业	0	7.8	4889.6	1953.1	661.9
医药制造业	0	0	4153.1	1192.8	160.4
橡胶和塑料制品业	0	0	290.2	51.6	18.5
非金属矿物制品业	0	868.3	65497.8	5401.2	2518.4
黑色金属冶炼和压延加工业	0	-61.6	215154.1	16457.0	10302.1
有色金属冶炼和压延加工业	0	0	2376.6	1673.8	434.4
金属制品业	0	0	-4442.8	417.6	229.3
通用设备制造业	0	0	12593.9	636.5	1507.0
专用设备制造业	0	0	1195.3	955.4	22.5
汽车制造业	0	4.4	-10257.2	112.7	20.8
铁路、船舶、航空航天和其他运输设备制造业	0	0	-1411.9	398.9	13.6
电气机械和器材制造业	0	0	3165.8	734.5	199.4
计算机、通信和其他电子设备制造业	0	0	-210.3	236.0	6.7
仪器仪表制造业	0	-43.3	13514.4	702.3	181.6
废弃资源综合利用业	0	0	1994.2	471.6	14.7
电力、热力生产和供应业	-35.8	6.8	186926.1	25462.6	3785.9
燃气生产和供应业	0	0	100.3	0	0
水的生产和供应业	0	0	2086.3	444.8	32.4

工业企业主要经济指标

单位：万元

利润总额	应付职工薪酬	平均用工人数（人）	期末用工人数（人）	从业人员期末人数（人）	从业人员平均人数（人）	亏损企业亏损总额
961336.0	**821456.0**	**93806**	**93160**	**94061**	**93552**	**97440.6**
-1617.7	6284.0	1012	1008	1154	1101	2107.1
291919.1	138634.6	20364	19779	20299	19902	29311.8
23180.7	8725.2	1087	1136	1171	1089	840.7
9333.3	4740.5	897	897	910	911	924.1
17510.0	30635.9	4486	4519	4644	4559	227.7
2309.3	18699.7	3332	3403	3382	3390	3712.5
72003.8	38699.3	5043	5137	4953	4877	6793.0
108.4	110.4	50	49	52	52	0
189.1	2533.9	904	879	878	907	543.9
-5195.0	1722.3	314	334	321	334	5779.5
780.8	1510.0	205	122	232	205	0
-404.8	284.9	88	87	88	88	438.0
16411.7	22796.2	828	828	818	828	0
6180.4	16592.3	2540	2517	2426	2386	1065.6
5185.4	7923.1	1749	1735	1534	1540	1065.1
323.3	330.2	47	48	48	48	0
68381.1	42205.0	6385	6272	6755	6815	3651.6
221309.1	222584.7	23447	23454	23681	23610	2428.9
3615.5	22362.4	3281	3086	2956	3181	4345.9
-4254.6	8342.0	1625	1670	1702	1686	4403.5
11723.2	12562.9	2454	2432	2482	2450	1458.1
2128.1	4620.4	621	635	635	621	510.3
-10164.4	15340.7	2262	2233	2064	2106	11339.8
-1026.5	573.9	40	40	40	60	1026.5
3700.7	4750.0	788	783	811	792	404.6
18.9	351.5	54	54	54	54	0
14034.9	14523.9	1706	1703	1708	1712	106.7
2451.1	2247.2	364	360	360	364	0
208602.2	163918.1	7047	7170	7146	7032	14955.7
100.3	81.8	13	17	17	13	0
2498.6	6769.0	773	773	740	839	0

3-3 按行业大中小类分规模

（2019 年）

指标名称	企业单位数（个）	亏损企业	年初存货	产成品	资产总计	流动资产合计
总 计	**370**	**83**	**1411203.7**	**389682.5**	**23231515.6**	**10341664.5**
采矿业	94	27	196123.3	117726.7	4909587.0	2542436.9
煤炭开采和洗选业	2	1	1984.2	1796.7	72429.3	19560.0
烟煤和无烟煤开采洗选	2	1	1984.2	1796.7	72429.3	19560.0
黑色金属矿采选业	68	21	175335.4	106135.1	4527094.8	2389446.2
铁矿采选	68	21	175335.4	106135.1	4527094.8	2389446.2
有色金属矿采选业	7	1	9761.5	6668.4	216911.5	81977.3
常用有色金属矿采选	5	1	5139.8	3706.9	31575.2	17786.6
铅锌矿采选	2	0	4201.6	3184.1	19580.0	7399.5
其他常用有色金属矿采选	3	1	938.2	522.8	11995.2	10387.1
贵金属矿采选	1	0	491.6	14.0	61916.7	26154.8
金矿采选	1	0	491.6	14.0	61916.7	26154.8
稀有稀土金属矿采选	1	0	4130.1	2947.5	123419.6	38035.9
钨钼矿采选	1	0	4130.1	2947.5	123419.6	38035.9
非金属矿采选业	17	4	9042.2	3126.5	93151.4	51453.4
土砂石开采	17	4	9042.2	3126.5	93151.4	51453.4
石灰石、石膏开采	5	3	469.2	455.9	19432.5	7186.1
耐火土石开采	4	1	5260.9	841.6	25920.5	12916.0
粘土及其他土砂石开采	8	0	3312.1	1829.0	47798.4	31351.3
制造业	220	48	1189548.9	271692.6	12800244.5	6691389.4
农副食品加工业	20	2	43268.9	27076.5	355508.4	203506.4
谷物磨制	4	1	3346.6	579.7	18597.8	11047.3
稻谷加工	2	1	2193.8	545.7	10959.2	5044.2
小麦加工	1	0	1101.8	0	3623.4	3592.5
其他谷物磨制	1	0	51.0	34.0	4015.2	2410.6
植物油加工	1	0	530.9	12.9	2288.9	1780.7
食用植物油加工	1	0	530.9	12.9	2288.9	1780.7
屠宰及肉类加工	7	0	27453.0	21337.7	224673.5	135329.7
牲畜屠宰	4	0	14868.8	12513.0	51053.6	37757.5
禽类屠宰	3	0	12584.2	8824.7	173619.9	97572.2

以上工业企业主要经济指标

单位：万元

资产总计							
流动资产合计			长期股权投资	固定资产投资			累计折旧
应收账款	存货				房屋和构筑物	机器设备	
		产成品					
2370908.9	**1508191.3**	**398329.2**	**830165.7**	**14370271.0**	**2453603.4**	**5943449.9**	**5768693.2**
487178.7	199996.5	108830.8	290640.5	2450746.6	1035485.7	776204.0	1075677.0
2717.4	605.9	391.4	0	24888.7	15959.8	8928.9	11548.9
2717.4	605.9	391.4	0	24888.7	15959.8	8928.9	11548.9
462579.8	178990.6	97382.0	276040.0	2239873.0	916222.5	718575.1	989497.8
462579.8	178990.6	97382.0	276040.0	2239873.0	916222.5	718575.1	989497.8
3393.6	11662.0	7488.3	11509.6	148846.9	99324.1	37755.0	59725.2
3343.5	4535.8	3476.9	0	16342.9	5118.8	2247.0	6077.6
184.6	3701.0	2951.8	0	13920.0	4532.0	1123.1	5030.6
3158.9	834.8	525.1	0	2422.9	586.8	1123.9	1047.0
0	1503.2	51.2	0	54070.6	46299.0	7771.6	25841.1
0	1503.2	51.2	0	54070.6	46299.0	7771.6	25841.1
50.1	5623.0	3960.2	11509.6	78433.4	47906.3	27736.4	27806.5
50.1	5623.0	3960.2	11509.6	78433.4	47906.3	27736.4	27806.5
18487.9	8738.0	3569.1	3090.9	37138.0	3979.3	10945.0	14905.1
18487.9	8738.0	3569.1	3090.9	37138.0	3979.3	10945.0	14905.1
1459.2	574.4	525.1	0	12777.8	689.6	7558.0	5035.3
1550.7	4133.6	736.4	0	12785.9	0	0	4867.3
15478.0	4030.0	2307.6	3090.9	11574.3	3289.7	3387.0	5002.5
1424914.4	1270807.3	286386.4	497389.2	6382113.2	977915.0	1479195.9	2602554.4
16165.6	54620.7	39906.1	39823.4	146526.5	66307.7	45093.9	41690.2
846.5	5264.5	1201.5	4.3	8388.8	3961.2	4254.8	2112.7
845.5	2725.0	707.9	4.3	6565.8	3005.0	3425.8	2043.6
0	1346.0	0	0	37.8	0	0	12.8
1.0	1193.5	493.6	0	1785.2	956.2	829.0	56.3
91.4	999.5	149.9	0	772.6	0	0	461.3
91.4	999.5	149.9	0	772.6	0	0	461.3
12877.9	36707.4	31012.1	18340.3	89537.5	44323.0	27635.0	29916.8
814.7	20056.6	18871.1	0	13300.0	3121.6	1774.4	1698.5
12063.2	16650.8	12141.0	18340.3	76237.5	41201.4	25860.6	28218.3

按行业大中小类分规模

3-3 续表 1 （2019 年）

指标名称	企业单位数（个）	亏损企业	年初存货	产成品	资产总计	流动资产合计
蔬菜、菌类、水果和坚果加工	4	1	4854.9	2709.2	40915.7	23382.3
蔬菜加工	1	0	667.0	0	5544.0	4553.4
水果和坚果加工	3	1	4187.9	2709.2	35371.7	18828.9
其他农副食品加工	4	0	7083.5	2437.0	69032.5	31966.4
淀粉及淀粉制品制造	4	0	7083.5	2437.0	69032.5	31966.4
食品制造业	15	4	37204.0	10106.6	284781.9	127731.8
焙烤食品制造	1	0	1788.6	325.6	4941.6	2203.6
饼干及其他焙烤食品制造	1	0	1788.6	325.6	4941.6	2203.6
糖果、巧克力及蜜饯制造	2	1	2209.7	711.0	45632.8	23114.2
蜜饯制作	2	1	2209.7	711.0	45632.8	23114.2
方便食品制造	1	0	10177.6	1886.3	53274.8	23349.0
方便面制造	1	0	10177.6	1886.3	53274.8	23349.0
乳制品制造	2	0	1760.1	307.6	11533.8	5504.7
液体乳制造	2	0	1760.1	307.6	11533.8	5504.7
罐头食品制造	2	1	2281.6	208.5	21719.5	7349.4
蔬菜、水果罐头制造	2	1	2281.6	208.5	21719.5	7349.4
调味品、发酵制品制造	1	0	238.4	165.5	2231.9	1176.0
其他调味品、发酵制品制造	1	0	238.4	165.5	2231.9	1176.0
其他食品制造	6	2	18748.0	6502.1	145447.5	65034.9
保健食品制造	5	1	15878.2	4752.0	108579.1	54803.8
食品及饲料添加剂制造	1	1	2869.8	1750.1	36868.4	10231.1
酒、饮料和精制茶制造业	17	4	156624.0	100645.0	843502.6	521350.6
酒的制造	8	2	115898.6	78587.2	441902.2	233066.7
酒精制造	1	0	19000.5	4908.9	103765.4	50716.6
白酒制造	6	2	42033.3	19944.6	185334.0	121188.4
啤酒制造	1	0	54864.8	53733.7	152802.8	61161.7
饮料制造	9	2	40725.4	22057.8	401600.4	288283.9
瓶（罐）装饮用水制造	2	1	2080.1	75.8	16572.9	4032.2
果菜汁及果菜汁饮料制造	2	0	8404.3	165.1	52173.7	23399.3
含乳饮料和植物蛋白饮料制造	5	1	30241.0	21816.9	332853.8	260852.4

以上工业企业主要经济指标

单位：万元

应收账款	存货	产成品	长期股权投资	固定资产投资	房屋和构筑物	机器设备	累计折旧
1191.6	5298.1	2870.5	139.2	15523.8	3245.0	3561.0	4057.1
191.6	695.9	0	0	0	0	0	0
1000.0	4602.2	2870.5	139.2	15523.8	3245.0	3561.0	4057.1
1158.2	6351.2	4672.1	21339.6	32303.8	14778.5	9643.1	5142.3
1158.2	6351.2	4672.1	21339.6	32303.8	14778.5	9643.1	5142.3
27677.7	44215.4	13784.7	2832.0	165840.5	68203.6	65075.5	61294.2
-26.3	1849.5	237.4	0	3536.1	986.5	2549.6	841.6
-26.3	1849.5	237.4	0	3536.1	986.5	2549.6	841.6
3460.5	2838.2	609.7	0	24871.4	17542.1	7296.3	8751.0
3460.5	2838.2	609.7	0	24871.4	17542.1	7296.3	8751.0
4548.0	12690.9	2135.9	0	37642.8	7874.5	14743.9	17575.2
4548.0	12690.9	2135.9	0	37642.8	7874.5	14743.9	17575.2
1021.6	1940.0	536.7	2080.0	4697.8	1023.5	977.1	1996.8
1021.6	1940.0	536.7	2080.0	4697.8	1023.5	977.1	1996.8
731.7	3054.3	144.5	100.0	16372.8	7667.5	4209.5	4872.8
731.7	3054.3	144.5	100.0	16372.8	7667.5	4209.5	4872.8
156.0	123.6	61.9	0	1129.6	1009.1	113.6	73.7
156.0	123.6	61.9	0	1129.6	1009.1	113.6	73.7
17786.2	21718.9	10058.6	652.0	77590.0	32100.4	35185.5	27183.1
15080.0	16490.3	6224.0	652.0	36658.1	13211.5	13218.8	11188.7
2706.2	5228.6	3834.6	0	40931.9	18888.9	21966.7	15994.4
20253.8	169397.2	56499.3	34802.7	284704.8	78321.8	62880.0	126923.3
14777.6	122891.2	24081.6	15799.0	203542.4	60393.1	21667.0	84383.0
3594.4	24270.6	2398.5	0	63109.6	40997.6	13151.9	32199.9
9875.3	44886.9	19523.0	15799.0	52491.5	19395.5	8515.1	19074.6
1307.9	53733.7	2160.1	0	87941.3	0	0	33108.5
5476.2	46506.0	32417.7	19003.7	81162.4	17928.7	41213.0	42540.3
345.6	345.5	75.8	0	11836.0	4947.0	6184.2	2056.9
4087.4	9196.1	4206.0	0	16933.5	1370.0	1441.3	5509.7
1043.2	36964.4	28135.9	19003.7	52392.9	11611.7	33587.5	34973.7

注：表头层级——“资产总计”下含“流动资产合计”（其下为存货，存货下为产成品）、长期股权投资、固定资产投资（其下为房屋和构筑物、机器设备）、累计折旧。

按行业大中小类分规模

3-3 续表2

（2019年）

指标名称	企业单位数（个）	亏损企业	年初存货	产成品	资产总计	流动资产合 计
纺织业	1	0	958.6	568.4	17817.1	3104.1
针织或钩针编织物及其制品制造	1	0	958.6	568.4	17817.1	3104.1
针织或钩针编织品制造	1	0	958.6	568.4	17817.1	3104.1
纺织服装、服饰业	3	1	4366.8	162.1	11933.2	7877.5
机织服装制造	2	0	45.9	25.3	3734.5	1880.4
其他机织服装制造	2	0	45.9	25.3	3734.5	1880.4
针织或钩针编织服装制造	1	1	4320.9	136.8	8198.7	5997.1
其他针织或钩针编织服装制造	1	1	4320.9	136.8	8198.7	5997.1
木材加工和木、竹、藤、棕、草制品业	3	1	6154.3	2644.9	50286.4	8972.5
木材加工	2	0	1063.1	450.5	5196.0	3795.1
锯材加工	1	0	1024.6	412.0	3201.2	1848.2
其他木材加工	1	0	38.5	38.5	1994.8	1946.9
人造板制造	1	1	5091.2	2194.4	45090.4	5177.4
纤维板制造	1	1	5091.2	2194.4	45090.4	5177.4
印刷和记录媒介复制业	2	0	2204.8	1777.0	11738.0	8288.0
印刷	2	0	2204.8	1777.0	11738.0	8288.0
包装装潢及其他印刷	2	0	2204.8	1777.0	11738.0	8288.0
文教、工美、体育和娱乐用品制造业	4	2	1264.5	790.7	13426.2	7015.6
工艺美术及礼仪用品制造	4	2	1264.5	790.7	13426.2	7015.6
其他工艺美术及礼仪用品制造	4	2	1264.5	790.7	13426.2	7015.6
石油、煤炭及其他燃料加工业	1	0	14804.9	206.8	190161.3	90656.1
煤炭加工	1	0	14804.9	206.8	190161.3	90656.1
炼焦	1	0	14804.9	206.8	190161.3	90656.1
化学原料和化学制品制造业	18	4	29403.7	12793.4	486393.9	201299.3
基础化学原料制造	5	2	15718.1	3573.0	225813.5	96032.9
无机酸制造	2	1	15043.6	3218.8	120470.4	56603.0
有机化学原料制造	1	0	532.0	216.8	18431.5	16889.8
其他基础化学原料制造	2	1	142.5	137.4	86911.6	22540.1
肥料制造	4	0	5616.7	3943.0	83799.8	53626.5
磷肥制造	1	0	2659.7	2127.7	30584.6	17417.4

以上工业企业主要经济指标

单位：万元

资产总计							
	流动资产合计		长期股权投资	固定资产投资			累计折旧
应收账款	存货	产成品			房屋和构筑物	机器设备	
482.3	818.5	441.8	0	11986.5	0	0	582.5
482.3	818.5	441.8	0	11986.5	0	0	582.5
482.3	818.5	441.8	0	11986.5	0	0	582.5
1693.2	4074.2	369.5	917.7	4966.0	1849.3	2819.8	3231.2
588.9	547.1	243.0	0	914.6	317.7	589.7	342.2
588.9	547.1	243.0	0	914.6	317.7	589.7	342.2
1104.3	3527.1	126.5	917.7	4051.4	1531.6	2230.1	2889.0
1104.3	3527.1	126.5	917.7	4051.4	1531.6	2230.1	2889.0
1684.9	3804.3	951.5	0	53901.0	13450.0	39207.9	24698.4
1547.5	1175.3	404.8	0	1428.6	85.5	509.0	371.6
557.0	499.6	404.8	0	1376.3	85.5	509.0	367.2
990.5	675.7	0	0	52.3	0	0	4.4
137.4	2629.0	546.7	0	52472.4	13364.5	38698.9	24326.8
137.4	2629.0	546.7	0	52472.4	13364.5	38698.9	24326.8
3900.3	2228.2	2098.5	40.0	3990.5	504.1	1503.0	2677.6
3900.3	2228.2	2098.5	40.0	3990.5	504.1	1503.0	2677.6
3900.3	2228.2	2098.5	40.0	3990.5	504.1	1503.0	2677.6
4282.2	1341.6	894.6	0	7403.3	21.8	10.0	1199.9
4282.2	1341.6	894.6	0	7403.3	21.8	10.0	1199.9
4282.2	1341.6	894.6	0	7403.3	21.8	10.0	1199.9
71360.7	13064.4	151.2	0	161505.5	51348.1	109899.9	14969.1
71360.7	13064.4	151.2	0	161505.5	51348.1	109899.9	14969.1
71360.7	13064.4	151.2	0	161505.5	51348.1	109899.9	14969.1
63962.3	30809.2	18433.6	28717.3	231378.2	40493.1	111770.4	103453.8
27451.7	13321.6	6803.3	21584.8	180231.8	24268.0	101782.7	83602.9
11282.4	12883.0	6614.5	21579.8	62241.1	5997.8	12076.4	27799.1
4094.0	374.7	131.5	5.0	1837.3	0	0	1187.7
12075.3	63.9	57.3	0	116153.4	18270.2	89706.3	54616.1
12590.0	8227.2	4308.8	796.6	20673.6	4463.5	1937.4	5300.2
11377.6	3777.7	1711.0	796.6	11170.8	0	0	3646.3

按行业大中小类分规模

3-3 续表3

（2019年）

指标名称	企业单位数（个）	亏损企业	年初存货	产成品	资产总计	流动资产合计
有机肥料及微生物肥料制造	3	0	2957.0	1815.3	53215.2	36209.1
专用化学产品制造	8	1	6549.4	4608.6	59670.1	42377.1
林产化学产品制造	6	1	3308.4	2296.9	30355.2	20013.1
文化用信息化学品制造	1	0	3062.0	2892.5	20110.2	13989.2
环境污染处理专用药剂材料制造	1	0	179.0	-580.8	9204.7	8374.8
炸药、火工及焰火产品制造	1	1	1519.5	668.8	117110.5	9262.8
炸药及火工产品制造	1	1	1519.5	668.8	117110.5	9262.8
医药制造业	6	2	29200.6	5171.7	179819.9	121011.1
中药饮片加工	1	0	922.8	0	1462.2	1062.4
中成药生产	5	2	28277.8	5171.7	178357.7	119948.7
橡胶和塑料制品业	1	0	1171.0	835.1	15601.5	6107.5
塑料制品业	1	0	1171.0	835.1	15601.5	6107.5
塑料板、管、型材制造	1	0	1171.0	835.1	15601.5	6107.5
非金属矿物制品业	54	10	86065.6	29568.8	1342396.7	677025.3
水泥、石灰和石膏制造	16	2	35456.9	10471.5	836707.5	332863.5
水泥制造	12	2	33948.3	9712.7	716600.6	269742.4
石灰和石膏制造	4	0	1508.6	758.8	120106.9	63121.1
石膏、水泥制品及类似制品制造	25	3	21763.9	8579.1	389617.4	263438.7
水泥制品制造	19	2	18938.3	6858.0	312868.6	224006.3
轻质建筑材料制造	5	1	2193.0	1616.2	54986.1	20962.0
其他水泥类似制品制造	1	0	632.6	104.9	21762.7	18470.4
砖瓦、石材等建筑材料制造	7	1	18948.0	2096.3	79492.4	50940.5
粘土砖瓦及建筑砌块制造	1	0	617.5	277.9	12235.8	5261.2
隔热和隔音材料制造	3	1	17848.1	1528.5	46554.5	28190.9
其他建筑材料制造	3	0	482.4	289.9	20702.1	17488.4
玻璃制造	1	1	1824.6	1537.8	9627.4	9326.8
其他玻璃制造	1	1	1824.6	1537.8	9627.4	9326.8
玻璃制品制造	2	2	4990.1	4539.5	10153.0	7681.1
日用玻璃制品制造	2	2	4990.1	4539.5	10153.0	7681.1
耐火材料制品制造	1	0	716.1	0	8897.7	7967.9

以上工业企业主要经济指标

单位：万元

资产总计							
流动资产合计			长期股权投资	固定资产投资			累计折旧
应收账款	存货	产成品			房屋和构筑物	机器设备	
1212.4	4449.5	2597.8	0	9502.8	4463.5	1937.4	1653.9
19788.8	7913.5	6652.7	505.2	13976.0	1766.6	3823.6	4185.8
10720.2	3035.6	2020.5	0	7364.8	1766.6	3187.5	1940.2
4646.6	4820.3	4574.6	505.2	5975.1	0	0	1862.5
4422.0	57.6	57.6	0	636.1	0	636.1	383.1
4131.8	1346.9	668.8	5830.7	16496.8	9995.0	4226.7	10364.9
4131.8	1346.9	668.8	5830.7	16496.8	9995.0	4226.7	10364.9
23413.3	29843.5	7071.1	21602.9	67300.5	24305.4	19975.0	35407.3
74.7	922.8	0	0	20.6	0	0	6.0
23338.6	28920.7	7071.1	21602.9	67279.9	24305.4	19975.0	35401.3
3840.2	1418.2	1023.7	4010.0	7812.3	4634.5	2054.8	3200.3
3840.2	1418.2	1023.7	4010.0	7812.3	4634.5	2054.8	3200.3
3840.2	1418.2	1023.7	4010.0	7812.3	4634.5	2054.8	3200.3
265469.4	75634.1	26400.5	26084.3	794013.9	268711.9	392791.6	300760.5
130223.3	39423.3	9353.8	23821.0	644684.7	235094.9	342082.3	240287.2
84491.2	38188.0	8644.4	13821.0	585410.8	209425.0	314849.2	216312.3
45732.1	1235.3	709.4	10000.0	59273.9	25669.9	27233.1	23974.9
98327.9	22042.9	6641.0	2210.0	106370.3	14885.4	34985.4	40904.3
78415.6	16439.0	3822.1	2210.0	82312.8	12797.9	33128.8	36794.6
8809.4	4484.4	2302.4	0	18934.5	2087.5	1856.6	2281.0
11102.9	1119.5	516.5	0	5123.0	0	0	1828.7
33055.6	5292.5	2541.4	0	28381.7	11891.6	10034.8	10621.9
3704.3	861.1	267.0	0	5712.4	3499.3	1729.2	1063.6
18001.6	3901.6	1854.7	0	15793.1	7201.5	5831.7	5102.5
11349.7	529.8	419.7	0	6876.2	1190.8	2473.9	4455.8
0	1752.4	1473.0	0	235.4	105.9	15.2	30.6
0	1752.4	1473.0	0	235.4	105.9	15.2	30.6
1096.1	4259.2	4106.7	50.0	6469.4	3382.1	2805.8	4532.8
1096.1	4259.2	4106.7	50.0	6469.4	3382.1	2805.8	4532.8
1081.6	557.7	0	0	1938.0	1176.6	761.4	1308.3

按行业大中小类分规模

3-3 续表4

（2019年）

指标名称	企业单位数（个）	亏损企业	年初存货	产成品	资产总计	流动资产合计
耐火陶瓷制品及其他耐火材料制造	1	0	716.1	0	8897.7	7967.9
石墨及其他非金属矿物制品制造	2	1	2366.0	2344.6	7901.3	4806.8
其他非金属矿物制品制造	2	1	2366.0	2344.6	7901.3	4806.8
黑色金属冶炼和压延加工业	6	1	653520.9	33127.6	6946308.1	3520414.2
炼铁	1	0	3812.8	2191.5	65681.1	63814.1
钢压延加工	5	1	649708.1	30936.1	6880627.0	3456600.1
有色金属冶炼和压延加工业	11	3	26991.9	4512.7	467843.9	106371.6
常用有色金属冶炼	1	0	389.6	30.8	9533.1	6665.9
其他常用有色金属冶炼	1	0	389.6	30.8	9533.1	6665.9
贵金属冶炼	3	1	12616.4	1166.4	134789.6	43228.3
金冶炼	3	1	12616.4	1166.4	134789.6	43228.3
有色金属合金制造	5	2	13985.9	3315.5	311231.0	52218.6
有色金属压延加工	2	0	0	0	12290.2	4258.8
其他有色金属压延加工	2	0	0	0	12290.2	4258.8
金属制品业	9	6	12350.7	6029.5	122375.8	50386.7
结构性金属制品制造	5	3	1448.6	987.3	54527.6	24789.2
金属结构制造	5	3	1448.6	987.3	54527.6	24789.2
金属工具制造	1	1	4815.0	641.8	33953.8	11850.7
农用及园林用金属工具制造	1	1	4815.0	641.8	33953.8	11850.7
集装箱及金属包装容器制造	1	1	4457.6	2992.1	25584.1	6258.1
金属压力容器制造	1	1	4457.6	2992.1	25584.1	6258.1
铸造及其他金属制品制造	2	1	1629.5	1408.3	8310.3	7488.7
黑色金属铸造	2	1	1629.5	1408.3	8310.3	7488.7
通用设备制造业	14	1	35044.8	13956.4	835667.6	760001.8
锅炉及原动设备制造	1	0	0	0	656434.0	648528.4
风能原动设备制造	1	0	0	0	656434.0	648528.4
物料搬运设备制造	6	0	19657.8	5589.8	79559.7	61565.9
轻小型起重设备制造	1	0	2797.5	2064.4	12563.4	9800.8
连续搬运设备制造	4	0	16860.3	3525.4	51073.0	42393.0
其他物料搬运设备制造	1	0	0	0	15923.3	9372.1

以上工业企业主要经济指标

单位：万元

资产总计							
	流动资产合计						
应收账款	存货	产成品	长期股权投资	固定资产投资	房屋和构筑物	机器设备	累计折旧
1081.6	557.7	0	0	1938.0	1176.6	761.4	1308.3
1684.9	2306.1	2284.6	3.3	5934.4	2175.4	2106.7	3075.4
1684.9	2306.1	2284.6	3.3	5934.4	2175.4	2106.7	3075.4
245973.5	693105.5	64561.2	244801.7	3863777.2	218889.5	455781.5	1649774.5
7930.2	3973.0	2064.8	0	5245.2	1556.2	3539.0	3403.4
238043.3	689132.5	62496.4	244801.7	3858532.0	217333.3	452242.5	1646371.1
32063.6	27917.6	5344.5	2752.0	194947.8	24117.0	28067.3	86481.8
0	389.6	30.8	0	5887.6	2299.0	3069.3	3270.4
0	389.6	30.8	0	5887.6	2299.0	3069.3	3270.4
14011.8	11490.8	750.4	0	132644.3	21818.0	23386.0	61669.2
14011.8	11490.8	750.4	0	132644.3	21818.0	23386.0	61669.2
17074.1	16031.2	4563.3	2752.0	42550.1	0	1612.0	13998.6
977.7	6.0	0	0	13865.8	0	0	7543.6
977.7	6.0	0	0	13865.8	0	0	7543.6
17080.8	13915.6	6015.3	1018.3	58596.0	18101.8	6324.8	15484.4
11040.6	2772.4	1431.5	0	16692.8	450.0	442.6	2284.9
11040.6	2772.4	1431.5	0	16692.8	450.0	442.6	2284.9
5178.3	5712.5	705.1	793.4	22633.7	17464.1	4575.9	7933.1
5178.3	5712.5	705.1	793.4	22633.7	17464.1	4575.9	7933.1
-224.9	4457.6	2992.1	94.9	17554.7	0	0	4111.4
-224.9	4457.6	2992.1	94.9	17554.7	0	0	4111.4
1086.8	973.1	886.6	130.0	1714.8	187.7	1306.3	1155.0
1086.8	973.1	886.6	130.0	1714.8	187.7	1306.3	1155.0
513291.1	48940.9	16539.7	3370.2	56182.1	7786.0	17490.4	22523.5
485402.8	11036.5	1975.1	0	8567.9	0	0	1480.7
485402.8	11036.5	1975.1	0	8567.9	0	0	1480.7
14777.9	20786.7	6627.4	0	20365.7	5102.8	15002.6	9528.4
5215.5	3280.2	2375.5	0	3992.4	990.7	3001.7	1630.5
8166.8	17506.5	4251.9	0	7800.9	2769.7	4770.9	5876.7
1395.6	0	0	0	8572.4	1342.4	7230.0	2021.2

按行业大中小类分规模

3-3 续表5

（2019年）

指标名称	企业单位数（个）	亏损企业	年初存货	产成品	资产总计	流动资产合计
泵、阀门、压缩机及类似机械制造	1	1	7217.7	3246.2	26174.5	13405.2
阀门和旋塞制造	1	1	7217.7	3246.2	26174.5	13405.2
轴承、齿轮和传动部件制造	1	0	1828.7	1464.4	9479.1	5863.5
齿轮及齿轮减、变速箱制造	1	0	1828.7	1464.4	9479.1	5863.5
烘炉、风机、包装等设备制造	3	0	1986.1	1321.7	40832.4	12732.5
烘炉、熔炉及电炉制造	1	0	0	0	3342.2	3024.1
气体、液体分离及纯净设备制造	1	0	86.6	0	4113.6	826.1
制冷、空调设备制造	1	0	1899.5	1321.7	33376.6	8882.3
通用零部件制造	2	0	4354.5	2334.3	23187.9	17906.3
机械零部件加工	2	0	4354.5	2334.3	23187.9	17906.3
专用设备制造业	7	2	5757.3	1680.3	66609.3	30195.0
采矿、冶金、建筑专用设备制造	3	0	1799.8	920.9	34985.9	18970.5
矿山机械制造	2	0	1580.1	920.9	9015.6	5253.7
石油钻采专用设备制造	1	0	219.7	0	25970.3	13716.8
化工、木材、非金属加工专用设备制造	1	0	2641.8	327.5	16456.4	5600.8
模具制造	1	0	2641.8	327.5	16456.4	5600.8
电子和电工机械专用设备制造	1	1	401.1	338.2	2814.7	1384.5
电工机械专用设备制造	1	1	401.1	338.2	2814.7	1384.5
环保、邮政、社会公共服务及其他专用设备制造	2	1	914.6	93.7	12352.3	4239.2
环境保护专用设备制造	1	0	215.3	93.7	6468.4	921.2
其他专用设备制造	1	1	699.3	0	5883.9	3318.0
汽车制造业	5	2	11984.7	6125.1	216155.1	67780.7
汽车零部件及配件制造	5	2	11984.7	6125.1	216155.1	67780.7
铁路、船舶、航空航天和其他运输设备制造业	1	1	544.2	416.3	9176.1	6225.8
航空、航天器及设备制造	1	1	544.2	416.3	9176.1	6225.8
其他航空航天器制造	1	1	544.2	416.3	9176.1	6225.8
电气机械和器材制造业	7	1	8393.6	2795.3	55392.2	29373.9
电机制造	4	0	7408.1	2034.2	47617.4	26751.2
发电机及发电机组制造	2	0	3983.9	400.0	21604.2	14140.9
电动机制造	2	0	3424.2	1634.2	26013.2	12610.3

以上工业企业主要经济指标

单位：万元

资产总计							
应收账款	流动资产合计		长期股权投资	固定资产投资			累计折旧
	存货	产成品			房屋和构筑物	机器设备	
3749.2	7808.1	3541.8	560.0	10876.7	0	0	3433.1
3749.2	7808.1	3541.8	560.0	10876.7	0	0	3433.1
1590.5	1828.7	1464.4	0	4474.1	990.1	1587.3	1389.1
1590.5	1828.7	1464.4	0	4474.1	990.1	1587.3	1389.1
-2003.9	4282.5	1465.9	0	3444.9	1333.5	814.3	1476.8
-2565.3	1549.8	1342.7	0	1474.8	536.4	0	1186.7
261.5	3.1	0	0	476.9	11.7	379.9	206.0
299.9	2729.6	123.2	0	1493.2	785.4	434.4	84.1
9774.6	3198.4	1465.1	2810.2	8452.8	359.6	86.2	5215.4
9774.6	3198.4	1465.1	2810.2	8452.8	359.6	86.2	5215.4
12576.0	6917.6	2239.3	6765.0	28118.4	6912.6	3715.7	7658.1
10082.2	1538.3	685.5	3600.0	15747.3	6912.6	3715.7	5263.4
2445.9	1300.3	685.5	0	4487.2	0	0	862.5
7636.3	238.0	0	3600.0	11260.1	6912.6	3715.7	4400.9
0	2799.1	510.6	0	10565.9	0	0	1724.0
0	2799.1	510.6	0	10565.9	0	0	1724.0
518.8	547.9	505.6	1300.0	682.0	0	0	554.4
518.8	547.9	505.6	1300.0	682.0	0	0	554.4
1975.0	2032.3	537.6	1865.0	1123.2	0	0	116.3
2.7	782.7	315.1	0	1123.2	0	0	116.3
1972.3	1249.6	222.5	1865.0	0	0	0	0
38976.2	13332.8	8048.4	742.4	164557.9	62439.0	98344.8	55877.2
38976.2	13332.8	8048.4	742.4	164557.9	62439.0	98344.8	55877.2
5119.9	519.5	384.4	998.8	154.8	0	0	108.2
5119.9	519.5	384.4	998.8	154.8	0	0	108.2
5119.9	519.5	384.4	998.8	154.8	0	0	108.2
10548.3	8043.4	3320.4	0	21200.0	8059.6	4411.4	9958.6
10215.1	6906.6	2535.7	0	16225.2	4364.8	3648.8	8864.9
8591.4	3540.5	718.4	0	8253.1	4364.8	3648.8	4260.9
1623.7	3366.1	1817.3	0	7972.1	0	0	4604.0

按行业大中小类分规模

3-3 续表6

（2019年）

指标名称	企业单位数（个）	亏损企业	年初存货	产成品	资产总计	流动资产合计
输配电及控制设备制造	2	0	279.0	54.6	4862.6	1572.1
变压器、整流器和电感器制造	1	0	131.7	54.1	1571.2	916.9
配电开关控制设备制造	1	0	147.3	0.5	3291.4	655.2
电线、电缆、光缆及电工器材制造	1	1	706.5	706.5	2912.2	1050.6
电线、电缆制造	1	1	706.5	706.5	2912.2	1050.6
计算机、通信和其他电子设备制造业	1	0	1309.0	766.1	6211.7	4087.0
电子元件及电子专用材料制造	1	0	1309.0	766.1	6211.7	4087.0
电阻电容电感元件制造	1	0	1309.0	766.1	6211.7	4087.0
仪器仪表制造业	12	1	19783.5	8980.7	251667.8	126794.8
通用仪器仪表制造	11	1	19140.9	8954.0	244883.1	121807.6
工业自动控制系统装置制造	6	1	14210.8	6583.8	85325.4	57360.9
试验机制造	2	0	575.7	317.0	8585.3	5283.6
供应用仪器仪表制造	2	0	3838.5	2053.2	148027.7	56951.6
其他通用仪器制造	1	0	515.9	0	2944.7	2211.5
衡器制造	1	0	642.6	26.7	6784.7	4987.2
废弃资源综合利用业	2	0	1176.6	955.6	19469.8	5812.1
非金属废料和碎屑加工处理	2	0	1176.6	955.6	19469.8	5812.1
电力、热力、燃气及水生产和供应业	56	8	25531.5	263.2	5521684.1	1107838.2
电力、热力生产和供应业	52	8	24882.3	74.2	5441044.5	1076211.9
电力生产	40	4	10749.9	74.2	3774837.7	744242.0
热电联产	3	2	9918.8	0	498002.0	63787.9
风力发电	17	1	797.5	71.9	2649133.8	518957.8
太阳能发电	20	1	33.6	2.3	627701.9	161496.3
电力供应	1	0	351.5	0	891136.1	64810.2
热力生产和供应	11	4	13780.9	0	775070.7	267159.7
燃气生产和供应业	1	0	0.9	0	904.8	861.0
燃气生产和供应业	1	0	0.9	0	904.8	861.0
天然气生产和供应业	1	0	0.9	0	904.8	861.0
水的生产和供应业	3	0	648.3	189.0	79734.8	30765.3
自来水生产和供应	3	0	648.3	189.0	79734.8	30765.3

以上工业企业主要经济指标

单位：万元

资产总计							
应收账款	流动资产合计		长期股权投资	固定资产投资	房屋和构筑物	机器设备	累计折旧
	存货	产成品					
244.0	442.5	90.4	0	4112.7	3174.8	420.5	846.0
188.9	144.2	61.9	0	1137.2	326.9	399.7	482.9
55.1	298.3	28.5	0	2975.5	2847.9	20.8	363.1
89.2	694.3	694.3	0	862.1	520.0	342.1	247.7
89.2	694.3	694.3	0	862.1	520.0	342.1	247.7
994.6	2016.8	1085.7	0	1582.4	0	1582.4	159.3
994.6	2016.8	1085.7	0	1582.4	0	1582.4	159.3
994.6	2016.8	1085.7	0	1582.4	0	1582.4	159.3
40927.2	23726.7	9965.4	78110.5	46873.3	13458.2	10338.9	30588.9
38374.5	23180.6	9957.7	78110.5	45487.5	12422.6	9988.7	29725.7
21853.9	16083.5	7864.9	0	23844.2	9963.4	8449.4	16679.1
1815.2	447.5	239.6	0	1941.1	51.0	259.0	1348.9
14146.8	6326.4	1853.2	78110.5	18826.4	1662.2	1203.2	11433.5
558.6	323.2	0	0	875.8	746.0	77.1	264.2
2552.7	546.1	7.7	0	1385.8	1035.6	350.2	863.2
3177.3	1101.4	856.0	0	4793.8	0	56.9	3851.6
3177.3	1101.4	856.0	0	4793.8	0	56.9	3851.6
458815.8	37387.5	3112.0	42136.0	5537411.2	440202.7	3688050.0	2090461.8
452852.1	36829.7	3037.8	39486.0	5478068.6	437281.5	3678621.0	2060653.5
406457.5	17538.5	63.9	1550.5	3568651.2	267279.2	2330309.2	1047898.3
15846.4	12079.9	0	0	658919.5	145969.1	489739.0	248842.3
280311.3	5227.3	58.8	900.0	2398639.2	69269.3	1480204.4	721269.4
110299.8	231.3	5.1	650.5	511092.5	52040.8	360365.8	77786.6
3107.2	503.1	0	32747.4	1378909.9	139152.5	1152371.9	800348.1
43287.4	18788.1	2973.9	5188.1	530507.5	30849.8	195939.9	212407.1
178.8	2.8	0	0	51.0	0	33.1	7.2
178.8	2.8	0	0	51.0	0	33.1	7.2
178.8	2.8	0	0	51.0	0	33.1	7.2
5784.9	555.0	74.2	2650.0	59291.6	2921.2	9395.9	29801.1
5784.9	555.0	74.2	2650.0	59291.6	2921.2	9395.9	29801.1

按行业大中小类分规模

3-3 续表7 （2019年）

指标名称	资产总计					负债合计
	本年折旧	固定资产净额	在建工程	无形资产	土地使用权	
总计	**897817.0**	**8452760.2**	**1235065.6**	**688573.2**	**303685.7**	**16879372.9**
采矿业	131885.7	1348417.4	153492.9	120043.1	54788.2	3773803.9
煤炭开采和洗选业	975.7	13339.7	16443.9	23085.5	20583.9	25994.7
烟煤和无烟煤开采洗选	975.7	13339.7	16443.9	23085.5	20583.9	25994.7
黑色金属矿采选业	120398.8	1228526.5	126658.8	84650.4	26807.8	3585216.8
铁矿采选	120398.8	1228526.5	126658.8	84650.4	26807.8	3585216.8
有色金属矿采选业	7753.1	89191.1	2419.3	6673.9	3041.1	106949.0
常用有色金属矿采选	1532.6	10265.3	377.3	2240.0	2240.0	25966.1
铅锌矿采选	1014.6	8889.4	145.3	2240.0	2240.0	12259.8
其他常用有色金属矿采选	518.0	1375.9	232.0	0	0	13706.3
贵金属矿采选	3560.3	28298.9	1632.2	1871.4	801.1	24122.4
金矿采选	3560.3	28298.9	1632.2	1871.4	801.1	24122.4
稀有稀土金属矿采选	2660.2	50626.9	409.8	2562.5	0	56860.5
钨钼矿采选	2660.2	50626.9	409.8	2562.5	0	56860.5
非金属矿采选业	2758.1	17360.1	7970.9	5633.3	4355.4	55643.4
土砂石开采	2758.1	17360.1	7970.9	5633.3	4355.4	55643.4
石灰石、石膏开采	938.3	3465.0	3714.8	473.3	0	17926.4
耐火土石开采	944.2	7918.4	4188.0	779.8	205.8	11221.2
粘土及其他土砂石开采	875.6	5976.7	68.1	4380.2	4149.6	26495.8
制造业	483729.7	3602661.6	641474.9	513540.3	211522.2	9408498.5
农副食品加工业	8402.4	98807.2	16287.6	14281.3	6899.0	215500.6
谷物磨制	355.2	6251.1	0	1388.6	1388.6	5679.1
稻谷加工	346.6	4522.2	0	1388.6	1388.6	5474.0
小麦加工	0	0	0	0	0	-155.7
其他谷物磨制	8.6	1728.9	0	0	0	360.8
植物油加工	0	311.3	8.5	188.3	188.3	1217.4
食用植物油加工	0	311.3	8.5	188.3	188.3	1217.4
屠宰及肉类加工	4864.5	59613.9	2670.8	9684.2	2301.9	144534.0
牲畜屠宰	443.7	11594.7	2015.7	3726.6	774.3	16191.0
禽类屠宰	4420.8	48019.2	655.1	5957.6	1527.6	128343.0

以上工业企业主要经济指标

单位：万元

流动负债合计	应收账款	所有者权益合计	实收资本	国家资本	集体资本	法人资本	个人资本
12963941.2	**2390227.6**	**6152574.1**	**2991905.6**	**1044276.8**	**34441.7**	**1357243.2**	**409096.2**
3495559.2	806931.8	1135782.8	287584.0	7839.5	13233.0	154774.5	105737.0
22760.7	10834.0	46434.6	17600.2	1020.0	0	12480.2	4100.0
22760.7	10834.0	46434.6	17600.2	1020.0	0	12480.2	4100.0
3312745.7	732757.5	941877.9	245338.3	6080.0	13233.0	130185.9	89839.4
3312745.7	732757.5	941877.9	245338.3	6080.0	13233.0	130185.9	89839.4
106715.4	50091.7	109962.4	13457.6	0	0	9906.7	3550.9
25966.1	12607.1	5609.1	2339.0	0	0	0	2339.0
12259.8	4994.8	7320.1	1739.0	0	0	0	1739.0
13706.3	7612.3	-1711.0	600.0	0	0	0	600.0
23888.8	23888.7	37794.3	9451.9	0	0	8240.0	1211.9
23888.8	23888.7	37794.3	9451.9	0	0	8240.0	1211.9
56860.5	13595.9	66559.0	1666.7	0	0	1666.7	0
56860.5	13595.9	66559.0	1666.7	0	0	1666.7	0
53337.4	13248.6	37507.9	11187.9	739.5	0	2201.7	8246.7
53337.4	13248.6	37507.9	11187.9	739.5	0	2201.7	8246.7
17487.8	1161.5	1506.2	1014.0	0	0	624.0	390.0
10934.2	4865.6	14699.1	3977.7	739.5	0	1210.5	2027.7
24915.4	7221.5	21302.6	6196.2	0	0	367.2	5829.0
7725923.5	1165679.0	3192178.1	1539441.9	444540.9	9043.0	831492.0	243803.7
164469.2	30749.2	140007.5	68870.2	9000.0	0	42090.2	17780.0
5232.1	206.2	12918.6	3820.0	0	0	500.0	3320.0
5138.0	168.5	5485.2	2700.0	0	0	500.0	2200.0
-155.7	37.7	3779.0	360.0	0	0	0	360.0
249.8	0	3654.4	760.0	0	0	0	760.0
1217.4	-104.5	1071.5	560.0	0	0	0	560.0
1217.4	-104.5	1071.5	560.0	0	0	0	560.0
130679.8	27828.1	80139.4	33200.0	9000.0	0	20600.0	3600.0
15598.3	1562.5	34862.6	9200.0	0	0	5600.0	3600.0
115081.5	26265.6	45276.8	24000.0	9000.0	0	15000.0	0

按行业大中小类分规模

3-3 续表8

（2019年）

指标名称	资产总计					负债合计
	本年折旧	固定资产净额	在建工程	无形资产	土地使用权	
蔬菜、菌类、水果和坚果加工	2328.0	12386.6	2253.6	1216.5	1216.5	25583.5
蔬菜加工	0	0	0	0	0	4600.6
水果和坚果加工	2328.0	12386.6	2253.6	1216.5	1216.5	20982.9
其他农副食品加工	854.7	20244.3	11354.7	1803.7	1803.7	38486.6
淀粉及淀粉制品制造	854.7	20244.3	11354.7	1803.7	1803.7	38486.6
食品制造业	8782.3	104487.4	17531.0	18178.6	11304.9	177706.2
焙烤食品制造	40.3	2694.5	43.5	0	0	3780.9
饼干及其他焙烤食品制造	40.3	2694.5	43.5	0	0	3780.9
糖果、巧克力及蜜饯制造	485.9	16061.6	1476.0	4239.2	4125.0	32480.4
蜜饯制作	485.9	16061.6	1476.0	4239.2	4125.0	32480.4
方便食品制造	2705.3	20067.6	0	1382.8	0	6153.7
方便面制造	2705.3	20067.6	0	1382.8	0	6153.7
乳制品制造	130.7	2701.0	3.8	0	0	8201.7
液体乳制造	130.7	2701.0	3.8	0	0	8201.7
罐头食品制造	799.7	11499.9	665.2	2077.9	0	11306.4
蔬菜、水果罐头制造	799.7	11499.9	665.2	2077.9	0	11306.4
调味品、发酵制品制造	0	1055.9	0	0	0	636.1
其他调味品、发酵制品制造	0	1055.9	0	0	0	636.1
其他食品制造	4620.4	50406.9	15342.5	10478.7	7179.9	115147.0
保健食品制造	1953.6	25469.4	15342.5	8429.7	5130.9	79162.0
食品及饲料添加剂制造	2666.8	24937.5	0	2049.0	2049.0	35985.0
酒、饮料和精制茶制造业	9011.0	153401.7	46368.7	61647.8	23041.9	462141.6
酒的制造	6809.6	114627.7	31441.4	23372.7	13793.3	282356.4
酒精制造	2963.7	30909.7	988.0	6226.6	5596.6	27289.4
白酒制造	3504.1	28885.2	749.9	11084.0	8196.7	123804.1
啤酒制造	341.8	54832.8	29703.5	6062.1	0	131262.9
饮料制造	2201.4	38774.0	14927.3	38275.1	9248.6	179785.2
瓶（罐）装饮用水制造	928.5	9779.1	837.4	1555.5	0	13957.2
果菜汁及果菜汁饮料制造	159.3	11423.7	10147.3	6963.5	325.8	16843.6
含乳饮料和植物蛋白饮料制造	1113.6	17571.2	3942.6	29756.1	8922.8	148984.4

以上工业企业主要经济指标

单位：万元

流动负债合计	应收账款	所有者权益合计	所有者权益合计				
			实收资本	国家资本	集体资本	法人资本	个人资本
20912.9	833.0	15332.1	8947.3	0	0	1847.3	7100.0
0	0	943.4	725.0	0	0	725.0	0
20912.9	833.0	14388.7	8222.3	0	0	1122.3	7100.0
6427.0	1986.4	30545.9	22342.9	0	0	19142.9	3200.0
6427.0	1986.4	30545.9	22342.9	0	0	19142.9	3200.0
124253.7	18724.4	107075.5	42662.3	186.5	0	21964.3	20511.5
3780.9	865.9	1160.6	1000.0	0	0	0	1000.0
3780.9	865.9	1160.6	1000.0	0	0	0	1000.0
26480.4	6294.8	13152.4	12367.0	0	0	520.0	11847.0
26480.4	6294.8	13152.4	12367.0	0	0	520.0	11847.0
6153.7	0	47121.1	5000.0	0	0	5000.0	0
6153.7	0	47121.1	5000.0	0	0	5000.0	0
4745.1	1196.8	3332.1	1117.1	186.5	0	926.0	4.6
4745.1	1196.8	3332.1	1117.1	186.5	0	926.0	4.6
7306.4	182.3	10413.1	3413.8	0	0	500.0	2913.8
7306.4	182.3	10413.1	3413.8	0	0	500.0	2913.8
636.1	441.9	1595.8	1297.8	0	0	1297.8	0
636.1	441.9	1595.8	1297.8	0	0	1297.8	0
75151.1	9742.7	30300.4	18466.6	0	0	13720.5	4746.1
67906.2	7156.4	29417.0	16966.6	0	0	12220.5	4746.1
7244.9	2586.3	883.4	1500	0	0	1500.0	0
400234.8	98399.9	381360.9	148575.6	645.1	0	115272.5	32658.0
230731.6	45371.0	159545.7	35644.8	645.1	0	12534.8	22464.9
5995.0	3594.4	76476.0	5080.0	645.1	0	110.0	4324.9
110055.2	14579.4	61529.8	15564.8	0	0	12424.8	3140.0
114681.4	27197.2	21539.9	15000.0	0	0	0	15000.0
169503.2	53028.9	221815.2	112930.8	0	0	102737.7	10193.1
13957.2	2229.9	2615.7	4193.1	0	0	1000.0	3193.1
11529.9	1895.2	35330.1	4881.4	0	0	1881.4	3000.0
144016.1	48903.8	183869.4	103856.3	0	0	99856.3	4000.0

按行业大中小类分规模

3-3 续表 9

（2019 年）

指标名称	资产总计					负债合计
	本年折旧	固定资产净额	在建工程	无形资产	土地使用权	
纺织业	84.9	11404.0	0	0	0	10396.4
针织或钩针编织物及其制品制造	84.9	11404.0	0	0	0	10396.4
针织或钩针编织品制造	84.9	11404.0	0	0	0	10396.4
纺织服装、服饰业	162.7	1734.9	994.1	408.9	408.9	10157.9
机织服装制造	32.3	572.4	994.1	287.6	287.6	2376.1
其他机织服装制造	32.3	572.4	994.1	287.6	287.6	2376.1
针织或钩针编织服装制造	130.4	1162.5	0	121.3	121.3	7781.8
其他针织或钩针编织服装制造	130.4	1162.5	0	121.3	121.3	7781.8
木材加工和木、竹、藤、棕、草制品业	3271.1	28293.5	50.8	11716.6	11716.6	90384.1
木材加工	96.9	147.9	0	0	0	4865.3
锯材加工	92.5	100.1	0	0	0	2915.2
其他木材加工	4.4	47.8	0	0	0	1950.1
人造板制造	3174.2	28145.6	50.8	11716.6	11716.6	85518.8
纤维板制造	3174.2	28145.6	50.8	11716.6	11716.6	85518.8
印刷和记录媒介复制业	623.8	1962.8	224.0	1225.9	1225.9	10752.7
印刷	623.8	1962.8	224.0	1225.9	1225.9	10752.7
包装装潢及其他印刷	623.8	1962.8	224.0	1225.9	1225.9	10752.7
文教、工美、体育和娱乐用品制造业	163.5	933.8	0	914.9	269.3	7660.5
工艺美术及礼仪用品制造	163.5	933.8	0	914.9	269.3	7660.5
其他工艺美术及礼仪用品制造	163.5	933.8	0	914.9	269.3	7660.5
石油、煤炭及其他燃料加工业	2220.8	14636.4	2020.8	5072.8	0	75675.5
煤炭加工	2220.8	14636.4	2020.8	5072.8	0	75675.5
炼焦	2220.8	14636.4	2020.8	5072.8	0	75675.5
化学原料和化学制品制造业	9432.4	123473.5	107903.1	15104.7	11048.0	242831.3
基础化学原料制造	6942.4	92178.4	6273.0	2112.2	2065.9	96224.1
无机酸制造	3069.9	34441.8	6264.0	1766.0	1719.7	61130.6
有机化学原料制造	73.0	649.6	0	0	0	3789.5
其他基础化学原料制造	3799.5	57087.0	9.0	346.2	346.2	31304.0
肥料制造	1241.9	15373.2	7708.0	4374.8	4374.8	45760.6
磷肥制造	816.8	7524.4	2922.5	1684.3	1684.3	24826.6

以上工业企业主要经济指标

单位：万元

流动负债合计	应收账款	所有者权益合计	实收资本	国家资本	集体资本	法人资本	个人资本
10396.4	0	7420.7	1283.7	283.7	0	0	1000.0
10396.4	0	7420.7	1283.7	283.7	0	0	1000.0
10396.4	0	7420.7	1283.7	283.7	0	0	1000.0
10157.9	628.5	1775.1	3002.0	0	0	2952.0	50.0
2376.1	224.2	1358.3	1202.0	0	0	1152.0	50.0
2376.1	224.2	1358.3	1202.0	0	0	1152.0	50.0
7781.8	404.3	416.8	1800.0	0	0	1800.0	0
7781.8	404.3	416.8	1800.0	0	0	1800.0	0
88146.7	3903.8	-40097.8	10144.6	0	0	10100.0	44.6
4865.3	789.2	330.6	144.6	0	0	100.0	44.6
2915.2	789.2	286.0	100.0	0	0	100.0	0
1950.1	0	44.6	44.6	0	0	0	44.6
83281.4	3114.6	-40428.4	10000.0	0	0	10000.0	0
83281.4	3114.6	-40428.4	10000.0	0	0	10000.0	0
10752.7	684.7	985.3	1740.0	0	0	1590.0	150.0
10752.7	684.7	985.3	1740.0	0	0	1590.0	150.0
10752.7	684.7	985.3	1740.0	0	0	1590.0	150.0
7360.5	1366.9	5765.6	3150.0	0	0	2000.0	1150.0
7360.5	1366.9	5765.6	3150.0	0	0	2000.0	1150.0
7360.5	1366.9	5765.6	3150.0	0	0	2000.0	1150.0
71549.0	33337.8	114485.8	77800.0	0	0	77800.0	0
71549.0	33337.8	114485.8	77800.0	0	0	77800.0	0
71549.0	33337.8	114485.8	77800.0	0	0	77800.0	0
208538.5	33320.6	243562.6	139561.0	29085.0	0	92639.1	17836.9
87173.1	10499.2	129589.3	66741.0	0	0	65741.0	1000.0
52079.6	8008.1	59339.8	45250.0	0	0	44250.0	1000.0
3789.5	880.4	14642.0	150.0	0	0	150.0	0
31304.0	1610.7	55607.5	21341.0	0	0	21341.0	0
44532.6	5704.2	38039.2	21767.5	0	0	14767.5	7000.0
24826.6	4339.0	5758.0	3300.0	0	0	3300.0	0

按行业大中小类分规模

3-3 续表10 （2019年）

指标名称	资产总计					负债合计
	本年折旧	固定资产净额	在建工程	无形资产	土地使用权	
有机肥料及微生物肥料制造	425.1	7848.8	4785.5	2690.5	2690.5	20934.0
专用化学产品制造	401.6	9790.1	1892.5	4685.1	675.0	34290.5
林产化学产品制造	377.8	5424.6	1892.5	2761.1	660.0	16895.5
文化用信息化学品制造	0	4112.6	0	1347.0	0	10956.8
环境污染处理专用药剂材料制造	23.8	252.9	0	577.0	15.0	6438.2
炸药、火工及焰火产品制造	846.5	6131.8	92029.6	3932.6	3932.3	66556.1
炸药及火工产品制造	846.5	6131.8	92029.6	3932.6	3932.3	66556.1
医药制造业	2084.7	31892.8	1232.3	5585.3	3292.7	106947.9
中药饮片加工	3.2	14.5	30.3	8.4	0	346.6
中成药生产	2081.5	31878.3	1202.0	5576.9	3292.7	106601.3
橡胶和塑料制品业	455.6	4612.0	0	872.0	869.7	4367.1
塑料制品业	455.6	4612.0	0	872.0	869.7	4367.1
塑料板、管、型材制造	455.6	4612.0	0	872.0	869.7	4367.1
非金属矿物制品业	43785.6	487676.0	32187.0	66483.8	56282.9	949464.8
水泥、石灰和石膏制造	35012.1	403395.6	15467.8	40731.3	32091.8	605678.2
水泥制造	33476.8	368096.6	12230.3	34632.7	27626.6	539757.2
石灰和石膏制造	1535.3	35299.0	3237.5	6098.6	4465.2	65921.0
石膏、水泥制品及类似制品制造	6129.5	60909.4	12748.9	16666.0	15420.8	271603.2
水泥制品制造	4944.4	43524.0	3750.1	9400.3	9364.2	206529.8
轻质建筑材料制造	689.4	14091.1	8998.8	7265.7	6056.6	46446.1
其他水泥类似制品制造	495.7	3294.3	0	0	0	18627.3
砖瓦、石材等建筑材料制造	2057.7	17759.7	3957.4	8207.2	8191.1	46245.2
粘土砖瓦及建筑砌块制造	396.4	4648.8	0	2486.7	2478.2	9203.7
隔热和隔音材料制造	1316.0	10690.5	3481.7	5403.0	5395.4	22943.5
其他建筑材料制造	345.3	2420.4	475.7	317.5	317.5	14098.0
玻璃制造	18.6	186.2	0	114.4	114.4	8357.4
其他玻璃制造	18.6	186.2	0	114.4	114.4	8357.4
玻璃制品制造	242.5	1936.5	12.9	464.8	464.8	10586.0
日用玻璃制品制造	242.5	1936.5	12.9	464.8	464.8	10586.0
耐火材料制品制造	71.2	629.7	0	300.1	0	562.6

以上工业企业主要经济指标

单位：万元

流动负债合计	应收账款	所有者权益合计	所有者权益合计				
			实收资本	国家资本	集体资本	法人资本	个人资本
19706.0	1365.2	32281.2	18467.5	0	0	11467.5	7000.0
34254.7	7801.2	25379.7	11797.5	0	0	2739.5	9058.0
16859.7	2651.7	13459.7	9004.0	0	0	2739.5	6264.5
10956.8	2760.3	9153.5	2638.5	0	0	0	2638.5
6438.2	2389.2	2766.5	155.0	0	0	0	155.0
42578.1	9316.0	50554.4	39255.0	29085.0	0	9391.1	778.9
42578.1	9316.0	50554.4	39255.0	29085.0	0	9391.1	778.9
104277.9	23227.9	72871.6	17814.3	0	0	15108.0	2456.3
249.3	176.1	1115.5	600.0	0	0	600.0	0
104028.6	23051.8	71756.1	17214.3	0	0	14508.0	2456.3
4195.4	1418.7	11234.4	8100.0	0	0	0	8100.0
4195.4	1418.7	11234.4	8100.0	0	0	0	8100.0
4195.4	1418.7	11234.4	8100.0	0	0	0	8100.0
878077.6	178790.0	392931.5	261211.8	37800.0	1200.0	168786.6	53425.1
543755.4	101773.1	231029.0	196458.6	31600.0	0	143298.0	21560.6
486834.4	67682.9	176843.3	176360.6	31600.0	0	128100.0	16660.6
56921.0	34090.2	54185.7	20098.0	0	0	15198.0	4900.0
267884.9	53727.9	118014.2	44930.7	6200.0	1200.0	18408.0	19122.6
205363.7	44710.1	106338.8	32386.1	3200.0	1200.0	16408.0	11578.0
45496.8	4235.4	8540.0	10544.6	3000.0	0	0	7544.6
17024.4	4782.4	3135.4	2000.0	0	0	2000.0	0
41188.4	18281.8	33247.2	14851.5	0	0	3200.0	11651.5
9203.7	2746.7	3032.1	3000.0	0	0	2700.0	300.0
17926.1	7221.5	23610.9	8651.5	0	0	500.0	8151.5
14058.6	8313.6	6604.2	3200.0	0	0	0	3200.0
8357.4	0	1270.0	1270.0	0	0	889.0	381.0
8357.4	0	1270.0	1270.0	0	0	889.0	381.0
9896.7	1261.5	-432.9	2021.0	0	0	1816.0	205.0
9896.7	1261.5	-432.9	2021.0	0	0	1816.0	205.0
562.6	397.1	8335.1	400.0	0	0	0	400.0

按行业大中小类分规模

3-3 续表 11

（2019 年）

指标名称	资产总计					负债合计
	本年折旧	固定资产净额	在建工程	无形资产	土地使用权	
耐火陶瓷制品及其他耐火材料制造	71.2	629.7	0	300.1	0	562.6
石墨及其他非金属矿物制品制造	254.0	2858.9	0	0	0	6432.2
其他非金属矿物制品制造	254.0	2858.9	0	0	0	6432.2
黑色金属冶炼和压延加工业	360925.7	2214002.6	335601.6	206763.9	11995.2	5550049.6
炼铁	216.8	1841.8	0	25.3	0	31461.0
钢压延加工	360708.9	2212160.8	335601.6	206738.6	11995.2	5518588.6
有色金属冶炼和压延加工业	9901.1	108465.8	24626.2	11502.0	2947.3	230746.9
常用有色金属冶炼	142.4	2617.2	0	329.8	323.6	1008.3
其他常用有色金属冶炼	142.4	2617.2	0	329.8	323.6	1008.3
贵金属冶炼	6544.9	70975.1	1800.7	5349.6	1038.3	139729.3
金冶炼	6544.9	70975.1	1800.7	5349.6	1038.3	139729.3
有色金属合金制造	2653.8	28551.3	22393.2	4551.5	1585.4	81980.0
有色金属压延加工	560.0	6322.2	432.3	1271.1	0	8029.3
其他有色金属压延加工	560.0	6322.2	432.3	1271.1	0	8029.3
金属制品业	3537.9	29668.1	5288.0	22198.1	15518.2	128206.5
结构性金属制品制造	1743.3	14407.8	1711.7	13241.9	8909.3	45250.6
金属结构制造	1743.3	14407.8	1711.7	13241.9	8909.3	45250.6
金属工具制造	1670.6	14700.6	0	6608.9	6608.9	28442.2
农用及园林用金属工具制造	1670.6	14700.6	0	6608.9	6608.9	28442.2
集装箱及金属包装容器制造	0	0	3440.4	2347.3	0	46480.6
金属压力容器制造	0	0	3440.4	2347.3	0	46480.6
铸造及其他金属制品制造	124.0	559.7	135.9	0	0	8033.1
黑色金属铸造	124.0	559.7	135.9	0	0	8033.1
通用设备制造业	3606.4	30848.4	24027.2	14446.7	9691.0	784193.4
锅炉及原动设备制造	957.9	7087.2	0	706.8	0	630235.5
风能原动设备制造	957.9	7087.2	0	706.8	0	630235.5
物料搬运设备制造	911.3	10837.3	59.1	6671.3	6299.4	81484.3
轻小型起重设备制造	299.7	2361.9	0	0	0	9818.6
连续搬运设备制造	187.1	1924.2	59.1	6671.3	6299.4	66682.9
其他物料搬运设备制造	424.5	6551.2	0	0	0	4982.8

以上工业企业主要经济指标

单位：万元

流动负债合计	应收账款	所有者权益合计	所有者权益合计				
			实收资本	国家资本	集体资本	法人资本	个人资本
562.6	397.1	8335.1	400.0	0	0	0	400.0
6432.2	3348.6	1468.9	1280.0	0	0	1175.6	104.4
6432.2	3348.6	1468.9	1280.0	0	0	1175.6	104.4
4186418.4	583537.8	1396258.4	533498.0	339000.0	0	168498.0	26000.0
19232.5	1652.6	34220.1	12498.0	0	0	12498.0	0
4167185.9	581885.2	1362038.3	521000.0	339000.0	0	156000.0	26000.0
208412.9	21121.1	37531.9	48228.4	20000.0	0	10698.4	17530.0
1008.3	549.7	8524.8	4450.0	0	0	4450.0	0
1008.3	549.7	8524.8	4450.0	0	0	4450.0	0
127295.3	5319.3	-4939.7	22110.0	20000.0	0	0	2110.0
127295.3	5319.3	-4939.7	22110.0	20000.0	0	0	2110.0
72080.0	11598.2	29685.9	17568.4	0	0	2248.4	15320.0
8029.3	3653.9	4260.9	4100.0	0	0	4000.0	100.0
8029.3	3653.9	4260.9	4100.0	0	0	4000.0	100.0
118050.9	18826.5	-5830.9	14230.8	0	0	8360.0	5755.1
38095.0	4460.1	9276.9	7880.0	0	0	7360.0	520.0
38095.0	4460.1	9276.9	7880.0	0	0	7360.0	520.0
25442.2	-286.2	5511.6	5200.8	0	0	0	5085.1
25442.2	-286.2	5511.6	5200.8	0	0	0	5085.1
46480.6	13024.5	-20896.5	1000.0	0	0	1000.0	0
46480.6	13024.5	-20896.5	1000.0	0	0	1000.0	0
8033.1	1628.1	277.1	150.0	0	0	0	150.0
8033.1	1628.1	277.1	150.0	0	0	0	150.0
783233.9	29519.1	51473.6	46980.8	1530.0	0	21365.6	24085.2
630235.5	0	26198.4	1000.0	0	0	0	1000.0
630235.5	0	26198.4	1000.0	0	0	0	1000.0
81408.0	14476.8	-1924.7	26422.8	1530.0	0	2907.6	21985.2
9742.3	3758.3	2744.9	471.0	0	0	471.0	0
66682.9	10229.9	-15610.0	24421.8	0	0	2436.6	21985.2
4982.8	488.6	10940.4	1530.0	1530.0	0	0	0

按行业大中小类分规模

3-3 续表12

（2019年）

指标名称	资产总计					负债合计
	本年折旧	固定资产净额	在建工程	无形资产	土地使用权	
泵、阀门、压缩机及类似机械制造	0	7443.5	1549.9	3215.8	0	11446.2
阀门和旋塞制造	0	7443.5	1549.9	3215.8	0	11446.2
轴承、齿轮和传动部件制造	49.8	3085.0	69.3	461.2	0	7656.6
齿轮及齿轮减、变速箱制造	49.8	3085.0	69.3	461.2	0	7656.6
烘炉、风机、包装等设备制造	1265.8	1968.1	22010.9	2063.8	2063.8	37338.5
烘炉、熔炉及电炉制造	1186.7	288.1	0	0	0	2279.7
气体、液体分离及纯净设备制造	49.7	270.9	2386.1	630.5	630.5	3160.1
制冷、空调设备制造	29.4	1409.1	19624.8	1433.3	1433.3	31898.7
通用零部件制造	421.6	427.3	338.0	1327.8	1327.8	16032.3
机械零部件加工	421.6	427.3	338.0	1327.8	1327.8	16032.3
专用设备制造业	932.7	18418.4	4636.8	5530.3	4526.0	34364.3
采矿、冶金、建筑专用设备制造	868.4	8442.0	739.8	2204.6	2204.6	15868.7
矿山机械制造	182.8	1582.8	739.8	493.6	493.6	4842.7
石油钻采专用设备制造	685.6	6859.2	0	1711.0	1711.0	11026.0
化工、木材、非金属加工专用设备制造	0	8841.9	789.1	1224.6	886.2	10748.6
模具制造	0	8841.9	789.1	1224.6	886.2	10748.6
电子和电工机械专用设备制造	0	127.6	0	2.6	0	2551.6
电工机械专用设备制造	0	127.6	0	2.6	0	2551.6
环保、邮政、社会公共服务及其他专用设备制造	64.3	1006.9	3107.9	2098.5	1435.2	5195.4
环境保护专用设备制造	64.3	1006.9	3105.1	1435.2	1435.2	1086.3
其他专用设备制造	0	0	2.8	663.3	0	4109.1
汽车制造业	11480.7	108645.0	4960.1	17125.8	17103.0	148553.9
汽车零部件及配件制造	11480.7	108645.0	4960.1	17125.8	17103.0	148553.9
铁路、船舶、航空航天和其他运输设备制造业	14.9	46.6	0	1841.8	0	1583.0
航空、航天器及设备制造	14.9	46.6	0	1841.8	0	1583.0
其他航空航天器制造	14.9	46.6	0	1841.8	0	1583.0
电气机械和器材制造业	2503.1	10601.2	9215.2	5761.8	3208.4	29203.3
电机制造	2338.7	6720.1	8216.3	5489.7	2936.3	24016.3
发电机及发电机组制造	2053.5	3352.1	499.2	2905.6	2905.6	10520.6
电动机制造	285.2	3368.0	7717.1	2584.1	30.7	13495.7

以上工业企业主要经济指标

单位：万元

流动负债合计	应收账款	所有者权益合计	所有者权益合计				
			实收资本	国家资本	集体资本	法人资本	个人资本
11446.2	424.7	14728.2	10398.0	0	0	10398.0	0
11446.2	424.7	14728.2	10398.0	0	0	10398.0	0
7632.0	362.0	1822.4	1500.0	0	0	1500.0	0
7632.0	362.0	1822.4	1500.0	0	0	1500.0	0
36533.5	9964.2	3493.8	1600.0	0	0	500.0	1100.0
1674.7	687.8	1062.4	500.0	0	0	500.0	0
3160.1	-87.9	953.5	600.0	0	0	0	600.0
31698.7	9364.3	1477.9	500.0	0	0	0	500.0
15978.7	4291.4	7155.5	6060.0	0	0	6060.0	0
15978.7	4291.4	7155.5	6060.0	0	0	6060.0	0
32221.8	10770.4	32245.0	16167.0	0	0	14867.0	1300.0
15745.5	5563.6	19117.1	2600.0	0	0	1500.0	1100.0
4842.7	426.3	4172.8	1500.0	0	0	1500.0	0
10902.8	5137.3	14944.3	1100.0	0	0	0	1100.0
9520.5	2046.3	5707.8	8158.4	0	0	8158.4	0
9520.5	2046.3	5707.8	8158.4	0	0	8158.4	0
2520.7	584.3	263.1	200.0	0	0	0	200.0
2520.7	584.3	263.1	200.0	0	0	0	200.0
4435.1	2576.2	7157.0	5208.6	0	0	5208.6	0
326.0	306.3	5382.1	5000.0	0	0	5000.0	0
4109.1	2269.9	1774.9	208.6	0	0	208.6	0
147616.7	46121.6	67601.3	45203.3	0	0	44983.3	220.0
147616.7	46121.6	67601.3	45203.3	0	0	44983.3	220.0
1583.0	340.9	7593.1	7843.0	0	7843.0	0	0
1583.0	340.9	7593.1	7843.0	0	7843.0	0	0
1583.0	340.9	7593.1	7843.0	0	7843.0	0	0
29203.3	10663.8	26189.0	12710.6	7010.6	0	3100.0	2600.0
24016.3	10377.5	23601.1	11010.6	7010.6	0	2600.0	1400.0
10520.6	3981.9	11083.6	3600.0	0	0	2600.0	1000.0
13495.7	6395.6	12517.5	7410.6	7010.6	0	0	400.0

按行业大中小类分规模

3-3 续表 13

（2019 年）

指标名称	资产总计					负债合计
	本年折旧	固定资产净额	在建工程	无形资产	土地使用权	
输配电及控制设备制造	120.2	3266.7	23.8	0	0	2874.8
变压器、整流器和电感器制造	19.6	654.3	0	0	0	1128.7
配电开关控制设备制造	100.6	2612.4	23.8	0	0	1746.1
电线、电缆、光缆及电工器材制造	44.2	614.4	975.1	272.1	272.1	2312.2
电线、电缆制造	44.2	614.4	975.1	272.1	272.1	2312.2
计算机、通信和其他电子设备制造业	0	1423.0	54.7	18.4	0	5898.7
电子元件及电子专用材料制造	0	1423.0	54.7	18.4	0	5898.7
电阻电容电感元件制造	0	1423.0	54.7	18.4	0	5898.7
仪器仪表制造业	2194.7	16284.3	5385.6	25880.5	19246.0	120470.4
通用仪器仪表制造	2126.9	15761.7	4677.9	25313.4	18678.9	118284.6
工业自动控制系统装置制造	1500.0	7165.0	2276.6	18419.4	17825.4	24757.5
试验机制造	121.5	592.2	1966.9	742.4	742.4	2635.3
供应用仪器仪表制造	491.5	7392.9	434.4	6151.6	111.1	89860.9
其他通用仪器制造	13.9	611.6	0	0	0	1030.9
衡器制造	67.8	522.6	707.7	567.1	567.1	2185.8
废弃资源综合利用业	151.7	942.2	2880.1	978.4	927.3	11241.9
非金属废料和碎屑加工处理	151.7	942.2	2880.1	978.4	927.3	11241.9
电力、热力、燃气及水生产和供应业	282201.6	3501681.2	440097.8	54989.8	37375.3	3697070.5
电力、热力生产和供应业	281115.8	3472147.0	425364.5	54714.9	37375.3	3636256.3
电力生产	198587.5	2575484.8	133781.5	32060.5	21029.6	2383974.7
热电联产	35395.5	410077.2	11501.3	12635.5	2681.7	405552.4
风力发电	141835.1	1741604.5	112686.1	18627.1	17970.7	1603373.1
太阳能发电	21356.9	423803.1	9594.1	797.9	377.2	375049.2
电力供应	56412.4	578561.8	195432.8	4916.9	1091.8	577571.0
热力生产和供应	26115.9	318100.4	96150.2	17737.5	15253.9	674710.6
燃气生产和供应业	6.7	43.8	0	0	0	529.6
燃气生产和供应业	6.7	43.8	0	0	0	529.6
天然气生产和供应业	6.7	43.8	0	0	0	529.6
水的生产和供应业	1079.1	29490.4	14733.3	274.9	0	60284.6
自来水生产和供应	1079.1	29490.4	14733.3	274.9	0	60284.6

以上工业企业主要经济指标

单位：万元

流动负债合计	应收账款	所有者权益合计	所有者权益合计				
			实收资本	国家资本	集体资本	法人资本	个人资本
2874.8	263.4	1987.9	1200.0	0	0	0	1200.0
1128.7	263.4	442.5	200.0	0	0	0	200.0
1746.1	0	1545.4	1000.0	0	0	0	1000.0
2312.2	22.9	600.0	500.0	0	0	500.0	0
2312.2	22.9	600.0	500.0	0	0	500.0	0
5898.7	3014.0	313.0	100.0	0	0	100.0	0
5898.7	3014.0	313.0	100.0	0	0	100.0	0
5898.7	3014.0	313.0	100.0	0	0	100.0	0
119631.7	11936.7	131197.2	27338.5	0	0	6877.4	11151.0
117445.9	11431.6	126598.3	25838.5	0	0	6877.4	9651.0
24757.5	5100.8	60567.9	14015.2	0	0	5994.9	5363.5
1906.3	773.9	5949.9	1120.0	0	0	620.0	500.0
89751.2	5086.0	58166.7	9653.3	0	0	0	3000.0
1030.9	470.9	1913.8	1050.0	0	0	262.5	787.5
2185.8	505.1	4598.9	1500.0	0	0	0	1500.0
11241.9	5274.7	8227.8	3226.0	0	0	2339.6	0
11241.9	5274.7	8227.8	3226.0	0	0	2339.6	0
1742458.5	417616.8	1824613.2	1164879.7	591896.4	12165.7	370976.7	59555.5
1717211.3	410966.0	1804787.8	1153093.4	591005.1	12165.7	360281.7	59355.5
895298.1	131874.6	1390862.8	920484.5	388132.4	12165.7	338933.5	50967.5
229723.6	38647.4	92449.7	141077.0	65600.0	12165.7	63311.3	0
478162.2	83568.2	1045760.7	651827.5	299973.5	0	201770.1	19798.5
187412.3	9659.0	252652.4	127580.0	22558.9	0	73852.1	31169.0
484636.2	203848.0	313565.1	191490.9	191490.9	0	0	0
337277.0	75243.4	100359.9	41118.0	11381.8	0	21348.2	8388.0
529.6	0	375.2	200.0	0	0	0	200.0
529.6	0	375.2	200.0	0	0	0	200.0
529.6	0	375.2	200.0	0	0	0	200.0
24717.6	6650.8	19450.2	11586.3	891.3	0	10695.0	0
24717.6	6650.8	19450.2	11586.3	891.3	0	10695.0	0

按行业大中小类分规模

3-3 续表 14　　（2019 年）

指标名称	所有者权益合计 实收资本 港澳台资本	外商资本	营业收入	主营业务收入	营业成本	销售费用
总　计	**132920.9**	**13926.8**	**14575960.5**	**12446483.5**	**11958490.1**	**390566.5**
采矿业	6000.0	0	3030906.4	2888905.8	2212582.2	75033.5
煤炭开采和洗选业	0	0	15706.4	15307.2	13281.5	1383.2
烟煤和无烟煤开采洗选	0	0	15706.4	15307.2	13281.5	1383.2
黑色金属矿采选业	6000.0	0	2788404.5	2650083.6	2062031.5	53444.5
铁矿采选	6000.0	0	2788404.5	2650083.6	2062031.5	53444.5
有色金属矿采选业	0	0	142769.8	139757.8	90469.3	1797.5
常用有色金属矿采选	0	0	32567.2	32567.2	23944.3	767.7
铅锌矿采选	0	0	16234.4	16234.4	8367.1	127.2
其他常用有色金属矿采选	0	0	16332.8	16332.8	15577.2	640.5
贵金属矿采选	0	0	21997.6	19675.6	16279.9	1029.8
金矿采选	0	0	21997.6	19675.6	16279.9	1029.8
稀有稀土金属矿采选	0	0	88205.0	87515.0	50245.1	0
钨钼矿采选	0	0	88205.0	87515.0	50245.1	0
非金属矿采选业	0	0	84025.7	83757.2	46799.9	18408.3
土砂石开采	0	0	84025.7	83757.2	46799.9	18408.3
石灰石、石膏开采	0	0	14760.1	14760.1	8531.0	2604.6
耐火土石开采	0	0	28584.1	28584.1	19049.9	630.9
粘土及其他土砂石开采	0	0	40681.5	40413.0	19219.0	15172.8
制造业	7789.7	2772.5	9627669.3	8615595.0	8162617.4	308648.9
农副食品加工业	0	0	432575.3	429527.9	392909.5	5541.4
谷物磨制	0	0	25224.9	25217.0	22696.6	170.2
稻谷加工	0	0	5681.8	5681.8	4448.4	84.4
小麦加工	0	0	17477.9	17470.0	16429.4	69.0
其他谷物磨制	0	0	2065.2	2065.2	1818.8	16.8
植物油加工	0	0	2168.8	2168.8	1691.7	14.9
食用植物油加工	0	0	2168.8	2168.8	1691.7	14.9
屠宰及肉类加工	0	0	352918.5	349879.0	322863.5	4736.6
牲畜屠宰	0	0	93401.5	93113.0	88366.8	631.3
禽类屠宰	0	0	259517.0	256766.0	234496.7	4105.3

以上工业企业主要经济指标

单位：万元

管理费用	研发费用	财务费用			资产减值损失	其他收益	投资收益
			利息费用	利息收入			
539584.8	**164440.6**	**481456.1**	**440744.7**	**13548.0**	**40649.9**	**19481.6**	**43431.6**
181756.7	27102.9	142809.5	130758.5	2847.6	5686.0	1436.4	16891.6
3202.9	35.0	343.5	344.5	3.4	2.1	1306.3	0
3202.9	35.0	343.5	344.5	3.4	2.1	1306.3	0
159534.5	25675.5	137759.9	125802.9	2584.2	5683.9	130.1	15830.9
159534.5	25675.5	137759.9	125802.9	2584.2	5683.9	130.1	15830.9
12844.9	543.2	2985.1	2976.0	253.5	0	0	1060.7
2119.2	0	117.3	115.4	0	0	0	0
1685.2	0	0.2	0.2	0	0	0	0
434.0	0	117.1	115.2	0	0	0	0
1805.9	0	394.1	501.9	138.5	0	0	0
1805.9	0	394.1	501.9	138.5	0	0	0
8919.8	543.2	2473.7	2358.7	115.0	0	0	1060.7
8919.8	543.2	2473.7	2358.7	115.0	0	0	1060.7
6174.4	849.2	1721.0	1635.1	6.5	0	0	0
6174.4	849.2	1721.0	1635.1	6.5	0	0	0
1952.7	0	911.8	892.0	-0.6	0	0	0
1673.7	155.1	244.7	250.8	6.8	0	0	0
2548.0	694.1	564.5	492.3	0.3	0	0	0
301507.7	135392.0	232273.0	211392.5	9964.7	30953.6	7349.7	23412.8
9144.7	222.3	6268.3	5514.3	316.6	912.7	851.0	-199.3
971.9	0	176.7	178.6	0.1	0	0	0.8
685.0	0	162.3	162.1	0	0	0	0
268.6	0	-2.0	0	0	0	0	0.8
18.3	0	16.4	16.5	0.1	0	0	0
108.4	0	128.3	0	0	0	0	0
108.4	0	128.3	0	0	0	0	0
5731.3	222.3	3109.3	3144.9	300.4	912.7	851.0	-200.1
1786.3	0	956.4	788.8	160.3	0	16.0	0
3945.0	222.3	2152.9	2356.1	140.1	912.7	835.0	-200.1

按行业大中小类分规模

3-3 续表 15

（2019 年）

指标名称	所有者权益合计 实收资本 港澳台资本	外商资本	营业收入	主营业务收入	营业成本	销售费用
蔬菜、菌类、水果和坚果加工	0	0	36821.7	36821.7	33693.9	417.3
蔬菜加工	0	0	5955.8	5955.8	5180.2	22.1
水果和坚果加工	0	0	30865.9	30865.9	28513.7	395.2
其他农副食品加工	0	0	15441.4	15441.4	11963.8	202.4
淀粉及淀粉制品制造	0	0	15441.4	15441.4	11963.8	202.4
食品制造业	0	0	148016.7	147241.2	119197.7	12408.6
焙烤食品制造	0	0	2565.9	2565.9	2134.0	56.7
饼干及其他焙烤食品制造	0	0	2565.9	2565.9	2134.0	56.7
糖果、巧克力及蜜饯制造	0	0	19342.5	18739.4	13345.2	2897.1
蜜饯制作	0	0	19342.5	18739.4	13345.2	2897.1
方便食品制造	0	0	41096.1	41096.1	31351.3	4718.1
方便面制造	0	0	41096.1	41096.1	31351.3	4718.1
乳制品制造	0	0	6424.8	6424.8	5481.6	395.4
液体乳制造	0	0	6424.8	6424.8	5481.6	395.4
罐头食品制造	0	0	10595.2	10595.2	7993.4	1016.9
蔬菜、水果罐头制造	0	0	10595.2	10595.2	7993.4	1016.9
调味品、发酵制品制造	0	0	2218.6	2218.6	1797.1	46.1
其他调味品、发酵制品制造	0	0	2218.6	2218.6	1797.1	46.1
其他食品制造	0	0	65773.6	65601.2	57095.1	3278.3
保健食品制造	0	0	37660.1	37658.1	31876.2	2084.3
食品及饲料添加剂制造	0	0	28113.5	27943.1	25218.9	1194.0
酒、饮料和精制茶制造业	0	0	505053.6	480182.1	294044.1	77157.2
酒的制造	0	0	208339.1	206904.1	108877.1	27275.7
酒精制造	0	0	94646.7	94646.7	58664.8	11823.0
白酒制造	0	0	106037.7	104602.7	46155.0	14289.5
啤酒制造	0	0	7654.7	7654.7	4057.3	1163.2
饮料制造	0	0	296714.5	273278.0	185167.0	49881.5
瓶（罐）装饮用水制造	0	0	9210.3	7643.0	6659.6	1659.4
果菜汁及果菜汁饮料制造	0	0	25704.9	25699.3	18471.1	1140.1
含乳饮料和植物蛋白饮料制造	0	0	261799.3	239935.7	160036.3	47082.0

以上工业企业主要经济指标

单位：万元

管理费用	研发费用	财务费用			资产减值损失	其他收益	投资收益
			利息费用	利息收入			
1319.1	0	1298.1	651.9	11.2	0	0	0
528.1	0	174.7	0	0	0	0	0
791.0	0	1123.4	651.9	11.2	0	0	0
1014.0	0	1555.9	1538.9	4.9	0	0	0
1014.0	0	1555.9	1538.9	4.9	0	0	0
10071.5	783.8	5815.5	2368.4	9.5	48.1	201.5	351.1
163.2	0	188.9	188.9	0	0	0	0
163.2	0	188.9	188.9	0	0	0	0
2382.3	0	1040.8	1037.9	0	48.1	1.5	-0.1
2382.3	0	1040.8	1037.9	0	48.1	1.5	-0.1
454.7	0	470.0	0	0	0	0	0
454.7	0	470.0	0	0	0	0	0
317.3	0	113.6	113.5	0.2	0	0	0
317.3	0	113.6	113.5	0.2	0	0	0
1148.3	0	462.9	506.8	0	0	0	351.1
1148.3	0	462.9	506.8	0	0	0	351.1
136.4	0	12.4	12.4	0	0	0	0
136.4	0	12.4	12.4	0	0	0	0
5469.3	783.8	3526.9	508.9	9.3	0	200.0	0.1
2099.9	783.8	3413.9	438.4	5.7	0	200.0	0.1
3369.4	0	113.0	70.5	3.6	0	0	0
28527.6	2036.5	5309.7	4086.0	2249.5	95.0	458.9	1112.6
20175.5	472.0	6046.9	2777.1	98.9	95.7	249.6	959.8
6069.6	0	157.9	64.5	0	47.1	249.6	654.7
12882.0	352.0	5239.0	2712.6	42.0	48.6	0	305.1
1223.9	120.0	650.0	0	56.9	0	0	0
8352.1	1564.5	-737.2	1308.9	2150.6	-0.7	209.3	152.8
723.3	0	78.2	78.0	0	0	0	0
1450.3	195.8	657.9	658.0	0.3	1.0	10.8	0
6178.5	1368.7	-1473.3	572.9	2150.3	-1.7	198.5	152.8

按行业大中小类分规模

3-3 续表16 （2019年）

指标名称	所有者权益合计 实收资本 港澳台资本	外商资本	营业收入	主营业务收入	营业成本	销售费用
纺织业	0	0	2135.5	2135.5	1246.9	25.4
针织或钩针编织物及其制品制造	0	0	2135.5	2135.5	1246.9	25.4
针织或钩针编织品制造	0	0	2135.5	2135.5	1246.9	25.4
纺织服装、服饰业	0	0	9602.2	9602.2	8623.7	104.0
机织服装制造	0	0	5946.4	5946.4	5341.3	52.4
其他机织服装制造	0	0	5946.4	5946.4	5341.3	52.4
针织或钩针编织服装制造	0	0	3655.8	3655.8	3282.4	51.6
其他针织或钩针编织服装制造	0	0	3655.8	3655.8	3282.4	51.6
木材加工和木、竹、藤、棕、草制品业	0	0	12841.9	12742.0	12719.6	395.0
木材加工	0	0	8512.4	8512.4	7571.6	333.7
锯材加工	0	0	4930.5	4930.5	4130.2	243.8
其他木材加工	0	0	3581.9	3581.9	3441.4	89.9
人造板制造	0	0	4329.5	4229.6	5148.0	61.3
纤维板制造	0	0	4329.5	4229.6	5148.0	61.3
印刷和记录媒介复制业	0	0	16753.3	16753.3	14169.4	835.6
印刷	0	0	16753.3	16753.3	14169.4	835.6
包装装潢及其他印刷	0	0	16753.3	16753.3	14169.4	835.6
文教、工美、体育和娱乐用品制造业	0	0	10589.4	10589.4	10240.8	164.8
工艺美术及礼仪用品制造	0	0	10589.4	10589.4	10240.8	164.8
其他工艺美术及礼仪用品制造	0	0	10589.4	10589.4	10240.8	164.8
石油、煤炭及其他燃料加工业	0	0	309797.3	309506.9	274397.2	0
煤炭加工	0	0	309797.3	309506.9	274397.2	0
炼焦	0	0	309797.3	309506.9	274397.2	0
化学原料和化学制品制造业	0	0	220722.3	220515.8	192001.7	5977.4
基础化学原料制造	0	0	120466.4	120259.9	105766.6	2518.8
无机酸制造	0	0	58166.3	58166.3	47921.8	2496.2
有机化学原料制造	0	0	2320.6	2118.5	1654.4	0
其他基础化学原料制造	0	0	59979.5	59975.1	56190.4	22.6
肥料制造	0	0	49461.7	49461.7	42359.0	2485.6
磷肥制造	0	0	36543.9	36543.9	32697.6	1897.8

以上工业企业主要经济指标

单位：万元

管理费用	研发费用	财务费用			资产减值损失	其他收益	投资收益
			利息费用	利息收入			
254.4	0	480.2	480.2	0.1	0	0	0
254.4	0	480.2	480.2	0.1	0	0	0
254.4	0	480.2	480.2	0.1	0	0	0
808.0	79.0	400.5	390.8	0.1	0	0	14.1
279.6	79.0	79.1	79.2	0.1	0	0	0
279.6	79.0	79.1	79.2	0.1	0	0	0
528.4	0	321.4	311.6	0	0	0	14.1
528.4	0	321.4	311.6	0	0	0	14.1
4837.2	0	4.9	4.2	0.3	165.8	3.7	0
171.6	0	4.3	4.2	0	0	0	0
146.6	0	4.2	4.2	0	0	0	0
25.0	0	0.1	0	0	0	0	0
4665.6	0	0.6	0	0.3	165.8	3.7	0
4665.6	0	0.6	0	0.3	165.8	3.7	0
912.9	0	109.1	8.1	0	0	0	0
912.9	0	109.1	8.1	0	0	0	0
912.9	0	109.1	8.1	0	0	0	0
328.4	0	234.8	233.1	0.1	0	0	0
328.4	0	234.8	233.1	0.1	0	0	0
328.4	0	234.8	233.1	0.1	0	0	0
4598.5	0	2287.3	2271.4	15.9	11101.1	180.8	0
4598.5	0	2287.3	2271.4	15.9	11101.1	180.8	0
4598.5	0	2287.3	2271.4	15.9	11101.1	180.8	0
11840.6	2665.1	2585.3	2900.6	502.5	60.4	137.0	1053.5
5926.0	2404.1	497.1	831.7	489.9	60.4	21.0	1049.0
4229.6	2404.1	376.4	831.7	456.0	-31.8	21.0	387.1
406.8	0	153.5	0	0	0	0	0
1289.6	0	-32.8	0	33.9	92.2	0	661.9
2095.2	96.8	972.4	967.0	0.1	0	0	0
1143.7	0	227.2	227.2	0	0	0	0

按行业大中小类分规模

3-3 续表 17

（2019 年）

指标名称	所有者权益合计 实收资本 港澳台资本	外商资本	营业收入	主营业务收入	营业成本	销售费用
有机肥料及微生物肥料制造	0	0	12917.8	12917.8	9661.4	587.8
专用化学产品制造	0	0	42420.2	42420.2	37519.2	812.5
林产化学产品制造	0	0	26183.9	26183.9	23548.6	197.2
文化用信息化学品制造	0	0	12384.9	12384.9	10873.6	251.6
环境污染处理专用药剂材料制造	0	0	3851.4	3851.4	3097.0	363.7
炸药、火工及焰火产品制造	0	0	8374.0	8374.0	6356.9	160.5
炸药及火工产品制造	0	0	8374.0	8374.0	6356.9	160.5
医药制造业	250.0	0	149855.7	149745.0	74232.5	58754.9
中药饮片加工	0	0	1664.0	1664.0	1559.1	36.1
中成药生产	250.0	0	148191.7	148081.0	72673.4	58718.8
橡胶和塑料制品业	0	0	6545.7	6223.1	5054.8	255.7
塑料制品业	0	0	6545.7	6223.1	5054.8	255.7
塑料板、管、型材制造	0	0	6545.7	6223.1	5054.8	255.7
非金属矿物制品业	0	0	701083.6	687466.8	537562.7	24438.0
水泥、石灰和石膏制造	0	0	482696.3	477661.0	368692.2	11752.4
水泥制造	0	0	441748.7	437386.7	337788.4	8889.8
石灰和石膏制造	0	0	40947.6	40274.3	30903.8	2862.6
石膏、水泥制品及类似制品制造	0	0	150919.9	142634.6	114637.5	8920.9
水泥制品制造	0	0	120334.9	112049.6	91519.2	6382.3
轻质建筑材料制造	0	0	24697.9	24697.9	18580.2	2076.7
其他水泥类似制品制造	0	0	5887.1	5887.1	4538.1	461.9
砖瓦、石材等建筑材料制造	0	0	42893.8	42633.9	32295.8	2906.0
粘土砖瓦及建筑砌块制造	0	0	5256.2	5256.2	4850.1	0
隔热和隔音材料制造	0	0	16446.1	16186.2	13039.8	541.2
其他建筑材料制造	0	0	21191.5	21191.5	14405.9	2364.8
玻璃制造	0	0	1386.5	1386.5	1176.4	15.4
其他玻璃制造	0	0	1386.5	1386.5	1176.4	15.4
玻璃制品制造	0	0	7358.9	7322.6	7351.9	658.8
日用玻璃制品制造	0	0	7358.9	7322.6	7351.9	658.8
耐火材料制品制造	0	0	4292.8	4292.8	3010.3	58.1

以上工业企业主要经济指标

单位：万元

管理费用	研发费用	财务费用			资产减值损失	其他收益	投资收益
			利息费用	利息收入			
951.5	96.8	745.2	739.8	0.1	0	0	0
2415.0	164.2	1091.9	1101.9	12.5	0	116.0	0
1363.0	164.2	941.7	940.8	1.6	0	0	0
816.7	0	147.3	158.2	10.9	0	116.0	0
235.3	0	2.9	2.9	0	0	0	0
1404.4	0	23.9	0	0	0	0	4.5
1404.4	0	23.9	0	0	0	0	4.5
10593.5	3400.3	1219.3	1139.8	214.9	-211.3	78.7	3692.7
63.4	0	2.0	0	0	0	0	0
10530.1	3400.3	1217.3	1139.8	214.9	-211.3	78.7	3692.7
546.5	244.4	108.0	106.8	0	0	0	0
546.5	244.4	108.0	106.8	0	0	0	0
546.5	244.4	108.0	106.8	0	0	0	0
44572.8	1970.2	24471.3	23573.2	632.4	-172.0	3472.9	185.8
30860.6	1799.5	17810.0	17721.8	553.0	-265.8	3472.9	0
28197.7	1799.5	15819.5	15736.8	446.4	-267.0	3472.9	0
2662.9	0	1990.5	1985.0	106.6	1.2	0	0
9750.4	170.7	5448.9	4759.5	80.3	93.8	0	0
7290.7	0	4277.2	3823.2	80.2	93.8	0	0
2205.1	170.7	675.9	441.2	0.1	0	0	0
254.6	0	495.8	495.1	0	0	0	0
2698.8	0	886.2	875.8	-1.1	0	0	185.8
254.4	0	110.1	110.2	0.1	0	0	0
1185.5	0	719.1	713.5	-1.4	0	0	185.8
1258.9	0	57.0	52.1	0.2	0	0	0
58.6	0	201.7	0	0	0	0	0
58.6	0	201.7	0	0	0	0	0
757.4	0	-10.3	62.3	-0.1	0	0	0
757.4	0	-10.3	62.3	-0.1	0	0	0
79.8	0	-19.2	0	0	0	0	0

按行业大中小类分规模

3-3 续表 18 （2019 年）

指标名称	所有者权益合计 实收资本 港澳台资本	外商资本	营业收入	主营业务收入	营业成本	销售费用
耐火陶瓷制品及其他耐火材料制造	0	0	4292.8	4292.8	3010.3	58.1
石墨及其他非金属矿物制品制造	0	0	11535.4	11535.4	10398.6	126.4
其他非金属矿物制品制造	0	0	11535.4	11535.4	10398.6	126.4
黑色金属冶炼和压延加工业	0	0	6194790.3	5235396.9	5464711.1	101478.8
炼铁	0	0	529831.7	523244.4	499246.3	8.9
钢压延加工	0	0	5664958.6	4712152.5	4965464.8	101469.9
有色金属冶炼和压延加工业	0	0	177925.8	175247.9	142245.0	1256.5
常用有色金属冶炼	0	0	13755.2	11945.1	11701.1	0
其他常用有色金属冶炼	0	0	13755.2	11945.1	11701.1	0
贵金属冶炼	0	0	56248.3	56223.1	39171.4	2.5
金冶炼	0	0	56248.3	56223.1	39171.4	2.5
有色金属合金制造	0	0	93128.4	92285.8	78147.8	1254.0
有色金属压延加工	0	0	14793.9	14793.9	13224.7	0
其他有色金属压延加工	0	0	14793.9	14793.9	13224.7	0
金属制品业	0	115.7	86327.7	86247.9	78246.2	1295.5
结构性金属制品制造	0	0	22404.5	22404.5	18162.2	183.5
金属结构制造	0	0	22404.5	22404.5	18162.2	183.5
金属工具制造	0	115.7	26054.5	25974.7	22246.9	869.1
农用及园林用金属工具制造	0	115.7	26054.5	25974.7	22246.9	869.1
集装箱及金属包装容器制造	0	0	27303.9	27303.9	27142.5	150.6
金属压力容器制造	0	0	27303.9	27303.9	27142.5	150.6
铸造及其他金属制品制造	0	0	10564.8	10564.8	10694.6	92.3
黑色金属铸造	0	0	10564.8	10564.8	10694.6	92.3
通用设备制造业	0	0	368319.4	367967.6	332901.3	3488.0
锅炉及原动设备制造	0	0	283122.2	283115.2	266643.6	0
风能原动设备制造	0	0	283122.2	283115.2	266643.6	0
物料搬运设备制造	0	0	37858.0	37513.2	28523.5	1770.3
轻小型起重设备制造	0	0	15269.1	15063.7	13475.5	885.3
连续搬运设备制造	0	0	17422.8	17335.9	12313.1	764.7
其他物料搬运设备制造	0	0	5166.1	5113.6	2734.9	120.3

以上工业企业主要经济指标

单位：万元

管理费用	研发费用	财务费用			资产减值损失	其他收益	投资收益
			利息费用	利息收入			
79.8	0	-19.2	0	0	0	0	0
367.2	0	154.0	153.8	0.3	0	0	0
367.2	0	154.0	153.8	0.3	0	0	0
104601.5	116511.0	159653.2	146846.2	5807.6	18984.4	980.2	16212.9
395.8	13538.4	2465.9	1247.8	391.7	0	0	0
104205.7	102972.6	157187.3	145598.4	5415.9	18984.4	980.2	16212.9
18861.0	3134.5	8284.2	7959.2	63.3	-17.3	2.3	43.9
411.3	289.8	-7.3	0.7	8.0	-32.2	0	0
411.3	289.8	-7.3	0.7	8.0	-32.2	0	0
13305.1	647.5	4641.2	4694.7	54.1	12.1	0	0
13305.1	647.5	4641.2	4694.7	54.1	12.1	0	0
4508.7	2197.2	3493.5	3263.8	1.2	0	0	43.9
635.9	0	156.8	0	0	2.8	2.3	0
635.9	0	156.8	0	0	2.8	2.3	0
6017.8	60.8	4496.2	3951.0	2.0	0	0	0
2875.4	0	900.3	752.0	0.1	0	0	0
2875.4	0	900.3	752.0	0.1	0	0	0
1693.9	0	1466.4	1193.4	1.3	0	0	0
1693.9	0	1466.4	1193.4	1.3	0	0	0
1156.9	60.8	2127.4	2004.2	0	0	0	0
1156.9	60.8	2127.4	2004.2	0	0	0	0
291.6	0	2.1	1.4	0.6	0	0	0
291.6	0	2.1	1.4	0.6	0	0	0
14980.6	0	2841.9	2270.0	14.6	-174.7	0.4	0
4754.5	0	509.0	0	0	65.8	0	0
4754.5	0	509.0	0	0	65.8	0	0
4521.2	0	755.6	738.3	7.1	-240.5	0.4	0
791.7	0	62.5	74.5	0.8	0	0	0
2274.1	0	697.2	663.8	0.5	-233.9	0.4	0
1455.4	0	-4.1	0	5.8	-6.6	0	0

按行业大中小类分规模

3-3 续表 19 （2019 年）

指标名称	所有者权益合计 实收资本 港澳台资本	外商资本	营业收入	主营业务收入	营业成本	销售费用
泵、阀门、压缩机及类似机械制造	0	0	6678.5	6678.5	5656.9	211.9
阀门和旋塞制造	0	0	6678.5	6678.5	5656.9	211.9
轴承、齿轮和传动部件制造	0	0	8804.8	8804.8	6189.2	856.8
齿轮及齿轮减、变速箱制造	0	0	8804.8	8804.8	6189.2	856.8
烘炉、风机、包装等设备制造	0	0	19410.9	19410.9	15255.5	205.8
烘炉、熔炉及电炉制造	0	0	14629.3	14629.3	11746.5	77.7
气体、液体分离及纯净设备制造	0	0	2619.1	2619.1	2183.9	86.9
制冷、空调设备制造	0	0	2162.5	2162.5	1325.1	41.2
通用零部件制造	0	0	12445.0	12445.0	10632.6	443.2
机械零部件加工	0	0	12445.0	12445.0	10632.6	443.2
专用设备制造业	0	0	27084.3	27062.4	19745.1	1324.4
采矿、冶金、建筑专用设备制造	0	0	17440.0	17418.1	12425.3	558.0
矿山机械制造	0	0	5113.9	5092.0	4334.3	25.5
石油钻采专用设备制造	0	0	12326.1	12326.1	8091.0	532.5
化工、木材、非金属加工专用设备制造	0	0	3102.6	3102.6	1551.3	455.7
模具制造	0	0	3102.6	3102.6	1551.3	455.7
电子和电工机械专用设备制造	0	0	2183.2	2183.2	1826.9	250.8
电工机械专用设备制造	0	0	2183.2	2183.2	1826.9	250.8
环保、邮政、社会公共服务及其他专用设备制造	0	0	4358.5	4358.5	3941.6	59.9
环境保护专用设备制造	0	0	2338.1	2338.1	1881.6	58.7
其他专用设备制造	0	0	2020.4	2020.4	2060.0	1.2
汽车制造业	0	0	71768.7	68648.4	65436.3	1676.2
汽车零部件及配件制造	0	0	71768.7	68648.4	65436.3	1676.2
铁路、船舶、航空航天和其他运输设备制造业	0	0	932.0	891.8	269.8	809.8
航空、航天器及设备制造	0	0	932.0	891.8	269.8	809.8
其他航空航天器制造	0	0	932.0	891.8	269.8	809.8
电气机械和器材制造业	0	0	42215.4	42015.8	32858.6	972.5
电机制造	0	0	33867.3	33667.7	25164.8	883.0
发电机及发电机组制造	0	0	23559.5	23559.5	18297.3	358.8
电动机制造	0	0	10307.8	10108.2	6867.5	524.2

以上工业企业主要经济指标

单位：万元

管理费用	研发费用	财务费用			资产减值损失	其他收益	投资收益
			利息费用	利息收入			
1028.0	0	688.7	688.7	0	0	0	0
1028.0	0	688.7	688.7	0	0	0	0
1157.4	0	525.2	499.2	0	0	0	0
1157.4	0	525.2	499.2	0	0	0	0
2726.0	0	220.2	212.8	7.4	0	0	0
2421.1	0	23.2	15.8	7.4	0	0	0
122.8	0	34.5	34.5	0	0	0	0
182.1	0	162.5	162.5	0	0	0	0
793.5	0	143.2	131.0	0.1	0	0	0
793.5	0	143.2	131.0	0.1	0	0	0
2974.7	810.2	669.3	257.5	0.5	0	0	5.3
1302.6	617.5	315.6	252.0	0.5	0	0	5.3
565.1	0	55.4	50.2	0	0	0	0
737.5	617.5	260.2	201.8	0.5	0	0	5.3
907.8	0	347.5	0	0	0	0	0
907.8	0	347.5	0	0	0	0	0
390.6	134.9	5.9	5.6	0	0	0	0
390.6	134.9	5.9	5.6	0	0	0	0
373.7	57.8	0.3	-0.1	0	0	0	0
310.9	57.8	0.3	-0.1	0	0	0	0
62.8	0	0	0	0	0	0	0
9880.4	2129.7	3785.4	3821.3	135.3	-132.1	982.3	900.0
9880.4	2129.7	3785.4	3821.3	135.3	-132.1	982.3	900.0
1124.3	125.8	1.9	2.9	-1.0	0	0	0
1124.3	125.8	1.9	2.9	-1.0	0	0	0
1124.3	125.8	1.9	2.9	-1.0	0	0	0
3666.4	235.5	396.7	357.9	-11.3	456.0	0	11.3
3102.3	145.6	269.2	261.1	-24.4	456.0	0	11.3
1431.9	0	62.6	30.1	0	0	0	11.3
1670.4	145.6	206.6	231.0	-24.4	456.0	0	0

按行业大中小类分规模

3-3 续表 20

（2019 年）

指标名称	所有者权益合计 实收资本 港澳台资本	外商资本	营业收入	主营业务收入	营业成本	销售费用
输配电及控制设备制造	0	0	6849.7	6849.7	6131.2	58.4
变压器、整流器和电感器制造	0	0	3616.8	3616.8	3415.8	0
配电开关控制设备制造	0	0	3232.9	3232.9	2715.4	58.4
电线、电缆、光缆及电工器材制造	0	0	1498.4	1498.4	1562.6	31.1
电线、电缆制造	0	0	1498.4	1498.4	1562.6	31.1
计算机、通信和其他电子设备制造业	0	0	2017.4	2017.4	1789.2	47.8
电子元件及电子专用材料制造	0	0	2017.4	2017.4	1789.2	47.8
电阻电容电感元件制造	0	0	2017.4	2017.4	1789.2	47.8
仪器仪表制造业	6653.3	2656.8	92094.6	89246.5	54110.3	9101.4
通用仪器仪表制造	6653.3	2656.8	86787.3	83939.2	51411.7	8878.3
工业自动控制系统装置制造	0	2656.8	54704.0	54561.4	31059.4	6924.1
试验机制造	0	0	8449.2	8449.2	4522.0	1155.7
供应用仪器仪表制造	6653.3	0	19873.3	17167.8	13088.2	789.8
其他通用仪器制造	0	0	3760.8	3760.8	2742.1	8.7
衡器制造	0	0	5307.3	5307.3	2698.6	223.1
废弃资源综合利用业	886.4	0	38621.2	38621.2	33903.9	1140.0
非金属废料和碎屑加工处理	886.4	0	38621.2	38621.2	33903.9	1140.0
电力、热力、燃气及水生产和供应业	119131.2	11154.3	1917384.8	941982.7	1583290.5	6884.1
电力、热力生产和供应业	119131.2	11154.3	1889710.5	923375.6	1565374.4	4359.9
电力生产	119131.2	11154.3	751877.5	746775.1	451314.5	0
热电联产	0	0	263430.2	262159.1	252810.1	0
风力发电	119131.2	11154.3	390506.8	387079.3	161704.8	0
太阳能发电	0	0	97940.5	97536.7	36799.6	0
电力供应	0	0	915321.0	0	923644.8	0
热力生产和供应	0	0	222512.0	176600.5	190415.1	4359.9
燃气生产和供应业	0	0	4131.4	4130.0	3833.0	118.6
燃气生产和供应业	0	0	4131.4	4130.0	3833.0	118.6
天然气生产和供应业	0	0	4131.4	4130.0	3833.0	118.6
水的生产和供应业	0	0	23542.9	14477.1	14083.1	2405.6
自来水生产和供应	0	0	23542.9	14477.1	14083.1	2405.6

以上工业企业主要经济指标

单位：万元

管理费用	研发费用	财务费用	利息费用	利息收入	资产减值损失	其他收益	投资收益
448.6	0	30.9	0	12.9	0	0	0
124.6	0	29.1	0	12.9	0	0	0
324.0	0	1.8	0	0	0	0	0
115.5	89.9	96.6	96.8	0.2	0	0	0
115.5	89.9	96.6	96.8	0.2	0	0	0
201.1	0	186.9	186.3	0	0	0	0
201.1	0	186.9	186.3	0	0	0	0
201.1	0	186.9	186.3	0	0	0	0
11006.9	727.0	2609.1	2614.8	9.6	-162.5	0	28.9
10258.9	449.6	2555.3	2561.0	9.6	-162.5	0	28.6
5407.4	163.9	536.5	533.9	-9.6	-162.5	0	0.6
1261.9	285.7	39.5	56.1	0	0	0	0
3356.9	0	1984.9	1971.0	13.2	0	0	28.0
232.7	0	-5.6	0	6.0	0	0	0
748.0	277.4	53.8	53.8	0	0	0	0.3
1156.4	255.9	54.0	48.5	2.2	0	0	0
1156.4	255.9	54.0	48.5	2.2	0	0	0
56320.4	1945.7	106373.6	98593.7	735.7	4010.3	10695.5	3127.2
53448.4	1945.7	105938.0	98219.0	698.0	4010.3	10421.5	3127.2
22045.6	214.7	85612.3	79682.4	642.0	4004.3	9504.6	1357.6
4467.6	207.0	15665.8	15797.3	143.2	-20.6	86.8	0
15055.1	7.7	50734.9	48669.1	475.5	3889.9	9331.0	1481.2
2522.9	0	19211.6	15216.0	23.3	135.0	86.8	-123.6
16764.1	1731.0	7743.1	7800.5	83.7	0.5	200.7	240.1
14638.7	0	12582.6	10736.1	-27.7	5.5	716.2	1529.5
74.7	0	-0.1	-0.4	0.4	0	0	0
74.7	0	-0.1	-0.4	0.4	0	0	0
74.7	0	-0.1	-0.4	0.4	0	0	0
2797.3	0	435.7	375.1	37.3	0	274.0	0
2797.3	0	435.7	375.1	37.3	0	274.0	0

按行业大中小类分规模

3-3 续表 21 （2019 年）

指标名称	公允价值变动收益	资产处置收益	营业利润	营业外收入	营业外支出
总 计	**32.9**	**337.8**	**926086.7**	**80131.5**	**44880.5**
采矿业	0	-391.5	330665.1	13066.0	20916.1
煤炭开采和洗选业	0	0	-1558.9	6.0	64.8
烟煤和无烟煤开采洗选	0	0	-1558.9	6.0	64.8
黑色金属矿采选业	0	-369.5	304290.0	8040.9	20412.2
铁矿采选	0	-369.5	304290.0	8040.9	20412.2
有色金属矿采选业	0	-22.0	19997.5	3521.6	338.4
常用有色金属矿采选	0	0	4694.2	6.7	96.4
铅锌矿采选	0	0	5164.2	6.7	95.4
其他常用有色金属矿采选	0	0	-470.0	0	1.0
贵金属矿采选	0	0	1957.5	3386.6	125.6
金矿采选	0	0	1957.5	3386.6	125.6
稀有稀土金属矿采选	0	-22.0	13345.8	128.3	116.4
钨钼矿采选	0	-22.0	13345.8	128.3	116.4
非金属矿采选业	0	0	7936.5	1497.5	100.7
土砂石开采	0	0	7936.5	1497.5	100.7
石灰石、石膏开采	0	0	14.6	56.2	64.7
耐火土石开采	0	0	6128.1	32.7	14.4
粘土及其他土砂石开采	0	0	1793.8	1408.6	21.6
制造业	68.7	722.5	406308.9	41158.1	20146.1
农副食品加工业	0	-6.2	17569.9	1427.7	1486.8
谷物磨制	0	0	1135.0	10.7	4.9
稻谷加工	0	0	234.3	10.7	4.3
小麦加工	0	0	713.7	0	0.6
其他谷物磨制	0	0	187.0	0	0
植物油加工	0	0	222.3	2.9	0
食用植物油加工	0	0	222.3	2.9	0
屠宰及肉类加工	0	-6.2	15600.6	375.3	1447.1
牲畜屠宰	0	0	1650.9	86.4	18.1
禽类屠宰	0	-6.2	13949.7	288.9	1429.0

以上工业企业主要经济指标

单位：万元

利润总额	应付职工薪　酬	平均用工人数（人）	期末用工人数（人）	从业人员期末人数（人）	从业人员平均人数（人）	亏损企业亏损总额
961336.0	**821456.0**	**93806.0**	**93160.0**	**94061.0**	**93552.0**	**97440.6**
322815.4	158384.3	23360.0	22820.0	23534.0	23003.0	33183.7
-1617.7	6284.0	1012.0	1008.0	1154.0	1101.0	2107.1
-1617.7	6284.0	1012.0	1008.0	1154.0	1101.0	2107.1
291919.1	138634.6	20364.0	19779.0	20299.0	19902.0	29311.8
291919.1	138634.6	20364.0	19779.0	20299.0	19902.0	29311.8
23180.7	8725.2	1087.0	1136.0	1171.0	1089.0	840.7
4604.5	2095.0	396.0	392.0	426.0	396.0	840.7
5075.5	1211.3	258.0	260.0	294.0	258.0	0
-471.0	883.7	138.0	132.0	132.0	138.0	840.7
5218.5	2491.7	172.0	192.0	193.0	184.0	0
5218.5	2491.7	172.0	192.0	193.0	184.0	0
13357.7	4138.5	519.0	552.0	552.0	509.0	0
13357.7	4138.5	519.0	552.0	552.0	509.0	0
9333.3	4740.5	897.0	897.0	910.0	911.0	924.1
9333.3	4740.5	897.0	897.0	910.0	911.0	924.1
6.0	1056.6	200.0	198.0	198.0	199.0	858.5
6146.4	1649.9	241.0	242.0	242.0	242.0	65.6
3180.9	2034.0	456.0	457.0	470.0	470.0	0
427319.5	492302.8	62613.0	62380.0	62624.0	62665.0	49301.2
17510.0	30635.9	4486.0	4519.0	4644.0	4559.0	227.7
1140.8	527.4	130.0	133.0	163.0	163.0	95.1
240.7	298.2	78.0	78.0	110.0	110.0	95.1
713.1	210.2	30.0	33.0	33.0	33.0	0
187.0	19.0	22.0	22.0	20.0	20.0	0
225.3	45.0	16.0	19.0	19.0	16.0	0
225.3	45.0	16.0	19.0	19.0	16.0	0
14528.8	27271.0	3716.0	3821.0	3804.0	3716.0	0
1719.4	1230.8	315.0	351.0	351.0	315.0	0
12809.4	26040.2	3401.0	3470.0	3453.0	3401.0	0

按行业大中小类分规模

3-3 续表 22

（2019 年）

指标名称	公允价值变动收益	资产处置收益	营业利润	营业外收入	营业外支出
蔬菜、菌类、水果和坚果加工	0	0	-0.8	416.1	20.9
蔬菜加工	0	0	48.3	0	0.3
水果和坚果加工	0	0	-49.1	416.1	20.6
其他农副食品加工	0	0	612.8	622.7	13.9
淀粉及淀粉制品制造	0	0	612.8	622.7	13.9
食品制造业	68.7	0	-762.2	4676.3	1604.5
焙烤食品制造	0	0	12.0	26.6	1.1
饼干及其他焙烤食品制造	0	0	12.0	26.6	1.1
糖果、巧克力及蜜饯制造	68.7	0	-684.1	776.4	326.3
蜜饯制作	68.7	0	-684.1	776.4	326.3
方便食品制造	0	0	3896.4	65.7	339.0
方便面制造	0	0	3896.4	65.7	339.0
乳制品制造	0	0	109.3	540.7	468.2
液体乳制造	0	0	109.3	540.7	468.2
罐头食品制造	0	0	204.0	426.1	119.1
蔬菜、水果罐头制造	0	0	204.0	426.1	119.1
调味品、发酵制品制造	0	0	223.1	9.7	10.2
其他调味品、发酵制品制造	0	0	223.1	9.7	10.2
其他食品制造	0	0	-4522.9	2831.1	340.6
保健食品制造	0	0	-2632.1	2675.8	36.7
食品及饲料添加剂制造	0	0	-1890.8	155.3	303.9
酒、饮料和精制茶制造业	0	-46.9	69925.3	2567.8	489.3
酒的制造	0	0	19331.4	2326.1	420.8
酒精制造	0	0	9887.2	2010.2	60.6
白酒制造	0	0	9274.0	256.8	159.9
啤酒制造	0	0	170.2	59.1	200.3
饮料制造	0	-46.9	50593.9	241.7	68.5
瓶（罐）装饮用水制造	0	0	-16.3	5.4	0
果菜汁及果菜汁饮料制造	0	-5.6	3718.1	179.8	21.6
含乳饮料和植物蛋白饮料制造	0	-41.3	46892.1	56.5	46.9

以上工业企业主要经济指标

单位：万元

利润总额	应付职工薪酬	平均用工人数（人）	期末用工人数（人）	从业人员期末人数（人）	从业人员平均人数（人）	亏损企业亏损总额
393.5	1633.4	424.0	394.0	398.0	423.0	132.6
48.0	276.8	100.0	100.0	100.0	99.0	0
345.5	1356.6	324.0	294.0	298.0	324.0	132.6
1221.6	1159.1	200.0	152.0	260.0	241.0	0
1221.6	1159.1	200.0	152.0	260.0	241.0	0
2309.3	18699.7	3332.0	3403.0	3382.0	3390.0	3712.5
37.8	164.4	63.0	89.0	89.0	63.0	0
37.8	164.4	63.0	89.0	89.0	63.0	0
-234.0	2893.3	688.0	700.0	700.0	688.0	700.0
-234.0	2893.3	688.0	700.0	700.0	688.0	700.0
3623.1	1551.2	402.0	402.0	402.0	402.0	0
3623.1	1551.2	402.0	402.0	402.0	402.0	0
181.6	450.8	93.0	96.0	96.0	93.0	0
181.6	450.8	93.0	96.0	96.0	93.0	0
511.0	1808.9	366.0	340.0	340.0	366.0	13.5
511.0	1808.9	366.0	340.0	340.0	366.0	13.5
222.6	111.0	16.0	28.0	28.0	17.0	0
222.6	111.0	16.0	28.0	28.0	17.0	0
-2032.8	11720.1	1704.0	1748.0	1727.0	1761.0	2999.0
6.6	2719.2	605.0	668.0	647.0	661.0	959.6
-2039.4	9000.9	1099.0	1080.0	1080.0	1100.0	2039.4
72003.8	38699.3	5043.0	5137.0	4953.0	4877.0	6793.0
21236.7	20220.6	3367.0	3401.0	3220.0	3204.0	4548.5
11836.8	9311.1	1462.0	1466.0	1466.0	1462.0	0
9370.9	9808.3	1575.0	1605.0	1424.0	1417.0	4548.5
29.0	1101.2	330.0	330.0	330.0	325.0	0
50767.1	18478.7	1676.0	1736.0	1733.0	1673.0	2244.5
-10.9	674.6	99.0	101.0	102.0	99.0	26.6
3876.3	1210.8	246.0	256.0	257.0	245.0	0
46901.7	16593.3	1331.0	1379.0	1374.0	1329.0	2217.9

按行业大中小类分规模

3-3 续表 23 （2019 年）

指标名称	公允价值变动收益	资产处置收益	营业利润	营业外收入	营业外支出
纺织业	0	0	101.8	6.6	0
针织或钩针编织物及其制品制造	0	0	101.8	6.6	0
针织或钩针编织品制造	0	0	101.8	6.6	0
纺织服装、服饰业	0	0	-437.1	644.8	18.6
机织服装制造	0	0	106.8	644.8	18.6
其他机织服装制造	0	0	106.8	644.8	18.6
针织或钩针编织服装制造	0	0	-543.9	0	0
其他针织或钩针编织服装制造	0	0	-543.9	0	0
木材加工和木、竹、藤、棕、草制品业	0	0	-5397.2	252.3	50.1
木材加工	0	0	394.3	192.5	2.3
锯材加工	0	0	377.2	192.5	2.3
其他木材加工	0	0	17.1	0	0
人造板制造	0	0	-5791.5	59.8	47.8
纤维板制造	0	0	-5791.5	59.8	47.8
印刷和记录媒介复制业	0	0	641.9	171.7	32.8
印刷	0	0	641.9	171.7	32.8
包装装潢及其他印刷	0	0	641.9	171.7	32.8
文教、工美、体育和娱乐用品制造业	0	0	-419.3	15.0	0.5
工艺美术及礼仪用品制造	0	0	-419.3	15.0	0.5
其他工艺美术及礼仪用品制造	0	0	-419.3	15.0	0.5
石油、煤炭及其他燃料加工业	0	0	16583.0	0.9	172.2
煤炭加工	0	0	16583.0	0.9	172.2
炼焦	0	0	16583.0	0.9	172.2
化学原料和化学制品制造业	0	7.8	4889.6	1953.1	661.9
基础化学原料制造	0	7.8	3458.4	837.7	144.2
无机酸制造	0	7.8	729.3	650.7	132.2
有机化学原料制造	0	0	85.0	182.5	0
其他基础化学原料制造	0	0	2644.1	4.5	12.0
肥料制造	0	0	1304.8	718.4	463.9
磷肥制造	0	0	457.7	5.0	14.5

以上工业企业主要经济指标

单位：万元

利润总额	应付职工薪酬	平均用工人数（人）	期末用工人数（人）	从业人员期末人数（人）	从业人员平均人数（人）	亏损企业亏损总额
108.4	110.4	50	49.0	52.0	52.0	0
108.4	110.4	50.0	49.0	52.0	52.0	0
108.4	110.4	50.0	49.0	52.0	52.0	0
189.1	2533.9	904.0	879.0	878.0	907.0	543.9
733.0	1296.8	532.0	509.0	508.0	535.0	0
733.0	1296.8	532.0	509.0	508.0	535.0	0
-543.9	1237.1	372.0	370.0	370.0	372.0	543.9
-543.9	1237.1	372.0	370.0	370.0	372.0	543.9
-5195.0	1722.3	314.0	334.0	321.0	334.0	5779.5
584.5	665.1	85.0	105.0	105.0	105.0	0
567.4	304.6	40.0	60.0	60.0	60.0	0
17.1	360.5	45.0	45.0	45.0	45.0	0
-5779.5	1057.2	229.0	229.0	216.0	229.0	5779.5
-5779.5	1057.2	229.0	229.0	216.0	229.0	5779.5
780.8	1510.0	205.0	122.0	232.0	205.0	0
780.8	1510.0	205.0	122.0	232.0	205.0	0
780.8	1510.0	205.0	122.0	232.0	205.0	0
-404.8	284.9	88.0	87.0	88.0	88.0	438.0
-404.8	284.9	88.0	87.0	88.0	88.0	438.0
-404.8	284.9	88.0	87.0	88.0	88.0	438.0
16411.7	22796.2	828.0	828.0	818.0	828.0	0
16411.7	22796.2	828.0	828.0	818.0	828.0	0
16411.7	22796.2	828.0	828.0	818.0	828.0	0
6180.4	16592.3	2540.0	2517.0	2426.0	2386.0	1065.6
4151.8	11139.4	1516.0	1542.0	1483.0	1417.0	719.3
1247.8	7920.2	1071.0	1142.0	1142.0	1071.0	369.6
267.5	402.3	124.0	88.0	88.0	88.0	0
2636.5	2816.9	321.0	312.0	253.0	258.0	349.7
1559.1	2132.6	418.0	355.0	349.0	348.0	0
448.0	1590.3	197.0	197.0	197.0	197.0	0

按行业大中小类分规模

3-3 续表 24 (2019 年)

指标名称	公允价值变动收益	资产处置收益	营业利润	营业外收入	营业外支出
有机肥料及微生物肥料制造	0	0	847.1	713.4	449.4
专用化学产品制造	0	0	323.3	388.0	25.0
林产化学产品制造	0	0	-147.0	200.1	13.5
文化用信息化学品制造	0	0	363.5	18.1	5.2
环境污染处理专用药剂材料制造	0	0	106.8	169.8	6.3
炸药、火工及焰火产品制造	0	0	-196.9	9.0	28.8
炸药及火工产品制造	0	0	-196.9	9.0	28.8
医药制造业	0	0	4153.1	1192.8	160.4
中药饮片加工	0	0	2.7	0	0
中成药生产	0	0	4150.4	1192.8	160.4
橡胶和塑料制品业	0	0	290.2	51.6	18.5
塑料制品业	0	0	290.2	51.6	18.5
塑料板、管、型材制造	0	0	290.2	51.6	18.5
非金属矿物制品业	0	868.3	65497.8	5401.2	2518.4
水泥、石灰和石膏制造	0	868.3	50755.8	3192.7	1604.4
水泥制造	0	868.3	49171.9	2798.1	1581.8
石灰和石膏制造	0	0	1583.9	394.6	22.6
石膏、水泥制品及类似制品制造	0	0	10623.1	2102.7	583.0
水泥制品制造	0	0	9810.0	1371.7	569.7
轻质建筑材料制造	0	0	701.5	731.0	5.6
其他水泥类似制品制造	0	0	111.6	0	7.7
砖瓦、石材等建筑材料制造	0	0	4056.5	100.2	70.1
粘土砖瓦及建筑砌块制造	0	0	25.8	0.2	0
隔热和隔音材料制造	0	0	1055.1	76.8	4.6
其他建筑材料制造	0	0	2975.6	23.2	65.5
玻璃制造	0	0	-67.0	0	0
其他玻璃制造	0	0	-67.0	0	0
玻璃制品制造	0	0	-1468.2	0.4	249.0
日用玻璃制品制造	0	0	-1468.2	0.4	249.0
耐火材料制品制造	0	0	1131.0	5.2	9.2

以上工业企业主要经济指标

单位：万元

利润总额	应付职工薪酬	平均用工人数（人）	期末用工人数（人）	从业人员期末人数（人）	从业人员平均人数（人）	亏损企业亏损总额
1111.1	542.3	221.0	158.0	152.0	151.0	0
686.2	2202.0	475.0	494.0	449.0	471.0	129.6
39.5	1090.1	282.0	281.0	282.0	284.0	129.6
376.4	599.0	95.0	95.0	95.0	95.0	0
270.3	512.9	98.0	118.0	72.0	92.0	0
-216.7	1118.3	131.0	126.0	145.0	150.0	216.7
-216.7	1118.3	131.0	126.0	145.0	150.0	216.7
5185.4	7923.1	1749.0	1735.0	1534.0	1540.0	1065.1
2.7	68.0	25.0	10.0	23.0	23.0	0
5182.7	7855.1	1724.0	1725.0	1511.0	1517.0	1065.1
323.3	330.2	47.0	48.0	48.0	48.0	0
323.3	330.2	47.0	48.0	48.0	48.0	0
323.3	330.2	47.0	48.0	48.0	48.0	0
68381.1	42205.0	6385.0	6272.0	6755.0	6815.0	3651.6
52344.6	25352.2	3303.0	3274.0	3315.0	3342.0	614.3
50388.7	20570.5	2718.0	2688.0	2721.0	2748.0	614.3
1955.9	4781.7	585.0	586.0	594.0	594.0	0
12143.0	10455.6	1867.0	1812.0	2237.0	2252.0	945.7
10612.2	7878.8	1346.0	1267.0	1718.0	1761.0	791.4
1426.9	2401.2	471.0	490.0	464.0	446.0	154.3
103.9	175.6	50.0	55.0	55.0	45.0	0
4086.6	2152.8	389.0	379.0	386.0	391.0	36.9
26.0	426.3	46.0	45.0	45.0	46.0	0
1127.3	660.7	167.0	162.0	169.0	169.0	36.9
2933.3	1065.8	176.0	172.0	172.0	176.0	0
-67.0	21.4	7.0	7.0	7.0	7.0	67.0
-67.0	21.4	7.0	7.0	7.0	7.0	67.0
-1716.9	3149.2	646.0	627.0	637.0	650.0	1716.9
-1716.9	3149.2	646.0	627.0	637.0	650.0	1716.9
1127.0	274.2	63.0	63.0	63.0	63.0	0

按行业大中小类分规模

3-3 续表 25

（2019 年）

指标名称	公允价值变动收益	资产处置收益	营业利润	营业外收入	营业外支出
耐火陶瓷制品及其他耐火材料制造	0	0	1131.0	5.2	9.2
石墨及其他非金属矿物制品制造	0	0	466.6	0	2.7
其他非金属矿物制品制造	0	0	466.6	0	2.7
黑色金属冶炼和压延加工业	0	-61.6	215154.1	16457.0	10302.1
炼铁	0	0	13583.2	666.0	4.3
钢压延加工	0	-61.6	201570.9	15791.0	10297.8
有色金属冶炼和压延加工业	0	0	2376.6	1673.8	434.4
常用有色金属冶炼	0	0	1279.7	11.9	28.8
其他常用有色金属冶炼	0	0	1279.7	11.9	28.8
贵金属冶炼	0	0	-2699.3	110.9	123.8
金冶炼	0	0	-2699.3	110.9	123.8
有色金属合金制造	0	0	3169.3	1254.1	89.2
有色金属压延加工	0	0	626.9	296.9	192.6
其他有色金属压延加工	0	0	626.9	296.9	192.6
金属制品业	0	0	-4442.8	417.6	229.3
结构性金属制品制造	0	0	10.8	1.4	19.6
金属结构制造	0	0	10.8	1.4	19.6
金属工具制造	0	0	-536.7	344.7	95.0
农用及园林用金属工具制造	0	0	-536.7	344.7	95.0
集装箱及金属包装容器制造	0	0	-3372.7	70.9	113.9
金属压力容器制造	0	0	-3372.7	70.9	113.9
铸造及其他金属制品制造	0	0	-544.2	0.6	0.8
黑色金属铸造	0	0	-544.2	0.6	0.8
通用设备制造业	0	0	12593.9	636.5	1507.0
锅炉及原动设备制造	0	0	10600.9	1.1	1.0
风能原动设备制造	0	0	10600.9	1.1	1.0
物料搬运设备制造	0	0	2137.1	613.2	1353.8
轻小型起重设备制造	0	0	4.7	14.6	16.9
连续搬运设备制造	0	0	1373.2	546.1	1250.7
其他物料搬运设备制造	0	0	759.2	52.5	86.2

以上工业企业主要经济指标

单位：万元

利润总额	应付职工薪酬	平均用工人数（人）	期末用工人数（人）	从业人员期末人数（人）	从业人员平均人数（人）	亏损企业亏损总额
1127.0	274.2	63.0	63.0	63.0	63.0	0
463.8	799.6	110.0	110.0	110.0	110.0	270.8
463.8	799.6	110.0	110.0	110.0	110.0	270.8
221309.1	222584.7	23447.0	23454.0	23681.0	23610.0	2428.9
14244.9	2899.2	856.0	856.0	1032.0	856.0	0
207064.2	219685.5	22591.0	22598.0	22649.0	22754.0	2428.9
3615.5	22362.4	3281.0	3086.0	2956.0	3181.0	4345.9
1262.8	804.5	142.0	142.0	142.0	142.0	0
1262.8	804.5	142.0	142.0	142.0	142.0	0
-2712.5	17529.9	2389.0	2171.0	2172.0	2390.0	3867.8
-2712.5	17529.9	2389.0	2171.0	2172.0	2390.0	3867.8
4334.2	3693.8	620.0	643.0	577.0	584.0	478.1
731.0	334.2	130.0	130.0	65.0	65.0	0
731.0	334.2	130.0	130.0	65.0	65.0	0
-4254.6	8342.0	1625.0	1670.0	1702.0	1686.0	4403.5
-7.5	1980.9	282.0	347.0	389.0	343.0	125.3
-7.5	1980.9	282.0	347.0	389.0	343.0	125.3
-287.0	3469.6	766.0	741.0	741.0	766.0	287.0
-287.0	3469.6	766.0	741.0	741.0	766.0	287.0
-3415.7	2194.5	424.0	434.0	424.0	424.0	3415.7
-3415.7	2194.5	424.0	434.0	424.0	424.0	3415.7
-544.4	697.0	153.0	148.0	148.0	153.0	575.5
-544.4	697.0	153.0	148.0	148.0	153.0	575.5
11723.2	12562.9	2454.0	2432.0	2482.0	2450.0	1458.1
10601.0	1576.0	270.0	245.0	247.0	247.0	0
10601.0	1576.0	270.0	245.0	247.0	247.0	0
1396.5	4669.9	1189.0	1187.0	1187.0	1189.0	0
2.4	1771.2	324.0	336.0	336.0	324.0	0
668.7	2622.3	799.0	787.0	787.0	799.0	0
725.4	276.4	66.0	64.0	64.0	66.0	0

按行业大中小类分规模

3-3　续表 26

（2019 年）

指标名称	公允价值变动收益	资产处置收　益	营业利润	营业外收入	营业外支出
泵、阀门、压缩机及类似机械制造	0	0	-1325.8	2.0	134.3
阀门和旋塞制造	0	0	-1325.8	2.0	134.3
轴承、齿轮和传动部件制造	0	0	43.6	0	5.0
齿轮及齿轮减、变速箱制造	0	0	43.6	0	5.0
烘炉、风机、包装等设备制造	0	0	858.4	10.2	9.9
烘炉、熔炉及电炉制造	0	0	261.7	10.0	9.8
气体、液体分离及纯净设备制造	0	0	181.2	0.2	0
制冷、空调设备制造	0	0	415.5	0	0.1
通用零部件制造	0	0	279.7	10.0	3.0
机械零部件加工	0	0	279.7	10.0	3.0
专用设备制造业	0	0	1195.3	955.4	22.5
采矿、冶金、建筑专用设备制造	0	0	1891.3	98.6	16.6
矿山机械制造	0	0	97.0	5.6	13.0
石油钻采专用设备制造	0	0	1794.3	93.0	3.6
化工、木材、非金属加工专用设备制造	0	0	-173.3	177.3	4.0
模具制造	0	0	-173.3	177.3	4.0
电子和电工机械专用设备制造	0	0	-433.2	29.0	0
电工机械专用设备制造	0	0	-433.2	29.0	0
环保、邮政、社会公共服务及其他专用设备制造	0	0	-89.5	650.5	1.9
环境保护专用设备制造	0	0	14.7	650.5	0
其他专用设备制造	0	0	-104.2	0	1.9
汽车制造业	0	4.4	-10257.2	112.7	20.8
汽车零部件及配件制造	0	4.4	-10257.2	112.7	20.8
铁路、船舶、航空航天和其他运输设备制造业	0	0	-1411.9	398.9	13.6
航空、航天器及设备制造	0	0	-1411.9	398.9	13.6
其他航空航天器制造	0	0	-1411.9	398.9	13.6
电气机械和器材制造业	0	0	3165.8	734.5	199.4
电机制造	0	0	3453.9	728.5	196.1
发电机及发电机组制造	0	0	3155.1	263.9	40.2
电动机制造	0	0	298.8	464.6	155.9

以上工业企业主要经济指标

单位：万元

利润总额	应付职工薪酬	平均用工人数（人）	期末用工人数（人）	从业人员期末人数（人）	从业人员平均人数（人）	亏损企业亏损总额
-1458.1	359.0	130.0	130.0	120.0	120.0	1458.1
-1458.1	359.0	130.0	130.0	120.0	120.0	1458.1
38.6	935.7	201.0	197.0	201.0	201.0	0
38.6	935.7	201.0	197.0	201.0	201.0	0
858.5	2529.5	345.0	350.0	426.0	346.0	0
261.7	1593.1	168.0	168.0	168.0	168.0	0
181.4	171.2	42.0	44.0	44.0	42.0	0
415.4	765.2	135.0	138.0	214.0	136.0	0
286.7	2492.8	319.0	323.0	301.0	347.0	0
286.7	2492.8	319.0	323.0	301.0	347.0	0
2128.1	4620.4	621.0	635.0	635.0	621.0	510.3
1973.1	1360.1	258.0	264.0	264.0	258.0	0
89.4	575.9	152.0	155.0	155.0	152.0	0
1883.7	784.2	106.0	109.0	109.0	106.0	0
0	2375.6	209.0	206.0	206.0	209.0	0
0	2375.6	209.0	206.0	206.0	209.0	0
-404.2	265.8	64.0	64.0	64.0	64.0	404.2
-404.2	265.8	64.0	64.0	64.0	64.0	404.2
559.2	618.9	90.0	101.0	101.0	90.0	106.1
665.3	392.9	60.0	51.0	51.0	60.0	0
-106.1	226.0	30.0	50.0	50.0	30.0	106.1
-10164.4	15340.7	2262.0	2233.0	2064.0	2106.0	11339.8
-10164.4	15340.7	2262.0	2233.0	2064.0	2106.0	11339.8
-1026.5	573.9	40.0	40.0	40.0	60.0	1026.5
-1026.5	573.9	40.0	40.0	40.0	60.0	1026.5
-1026.5	573.9	40.0	40.0	40.0	60.0	1026.5
3700.7	4750.0	788.0	783.0	811.0	792.0	404.6
3986.1	4355.9	686.0	695.0	725.0	692.0	0
3378.9	2921.6	532.0	541.0	541.0	534.0	0
607.2	1434.3	154.0	154.0	184.0	158.0	0

按行业大中小类分规模

3-3 续表 27

（2019 年）

指标名称	公允价值变动收益	资产处置收益	营业利润	营业外收入	营业外支出
输配电及控制设备制造	0	0	119.2	0	0
变压器、整流器和电感器制造	0	0	26.7	0	0
配电开关控制设备制造	0	0	92.5	0	0
电线、电缆、光缆及电工器材制造	0	0	-407.3	6.0	3.3
电线、电缆制造	0	0	-407.3	6.0	3.3
计算机、通信和其他电子设备制造业	0	0	-210.3	236.0	6.7
电子元件及电子专用材料制造	0	0	-210.3	236.0	6.7
电阻电容电感元件制造	0	0	-210.3	236.0	6.7
仪器仪表制造业	0	-43.3	13514.4	702.3	181.6
通用仪器仪表制造	0	-43.3	12243.2	628.5	148.8
工业自动控制系统装置制造	0	0	9996.2	541.2	24.0
试验机制造	0	0	1102.9	56.6	96.4
供应用仪器仪表制造	0	-43.3	392.3	17.0	8.5
其他通用仪器制造	0	0	751.8	13.7	19.9
衡器制造	0	0	1271.2	73.8	32.8
废弃资源综合利用业	0	0	1994.2	471.6	14.7
非金属废料和碎屑加工处理	0	0	1994.2	471.6	14.7
电力、热力、燃气及水生产和供应业	-35.8	6.8	189112.7	25907.4	3818.3
电力、热力生产和供应业	-35.8	6.8	186926.1	25462.6	3785.9
电力生产	-35.8	6.8	193545.0	3395.7	1518.5
热电联产	0	3.3	-11929.5	81.3	77.1
风力发电	-35.8	3.5	166841.9	3025.8	223.3
太阳能发电	0	0	38632.6	288.6	1218.1
电力供应	0	0	-7882.5	10457.5	1650.0
热力生产和供应	0	0	1263.6	11609.4	617.4
燃气生产和供应业	0	0	100.3	0	0
燃气生产和供应业	0	0	100.3	0	0
天然气生产和供应业	0	0	100.3	0	0
水的生产和供应业	0	0	2086.3	444.8	32.4
自来水生产和供应	0	0	2086.3	444.8	32.4

以上工业企业主要经济指标

单位：万元

利润总额	应付职工薪酬	平均用工人数（人）	期末用工人数（人）	从业人员期末人数（人）	从业人员平均人数（人）	亏损企业亏损总额
119.2	279.0	70.0	56.0	56.0	70.0	0
26.7	48.0	20.0	20.0	20.0	20.0	0
92.5	231.0	50.0	36.0	36.0	50.0	0
-404.6	115.1	32.0	32.0	30.0	30.0	404.6
-404.6	115.1	32.0	32.0	30.0	30.0	404.6
18.9	351.5	54.0	54.0	54.0	54.0	0
18.9	351.5	54.0	54.0	54.0	54.0	0
18.9	351.5	54.0	54.0	54.0	54.0	0
14034.9	14523.9	1706.0	1703.0	1708.0	1712.0	106.7
12722.7	13761.2	1626.0	1623.0	1628.0	1632.0	106.7
10513.3	7815.9	870.0	870.0	870.0	871.0	106.7
1063.1	1057.1	225.0	220.0	220.0	225.0	0
400.8	4371.8	497.0	499.0	499.0	497.0	0
745.5	516.4	34.0	34.0	39.0	39.0	0
1312.2	762.7	80.0	80.0	80.0	80.0	0
2451.1	2247.2	364.0	360.0	360.0	364.0	0
2451.1	2247.2	364.0	360.0	360.0	364.0	0
211201.1	170768.9	7833.0	7960.0	7903.0	7884.0	14955.7
208602.2	163918.1	7047.0	7170.0	7146.0	7032.0	14955.7
195421.5	47983.0	2197.0	2160.0	2133.0	2129.0	12733.8
-11925.6	27215.9	1135.0	1119.0	1134.0	1150.0	12343.1
169644.3	17724.5	815.0	834.0	760.0	729.0	260.8
37702.8	3042.6	247.0	207.0	239.0	250.0	129.9
924.9	97548.9	2666.0	2656.0	2656.0	2666.0	0
12255.8	18386.2	2184.0	2354.0	2357.0	2237.0	2221.9
100.3	81.8	13.0	17.0	17.0	13.0	0
100.3	81.8	13.0	17.0	17.0	13.0	0
100.3	81.8	13.0	17.0	17.0	13.0	0
2498.6	6769.0	773.0	773.0	740.0	839.0	0
2498.6	6769.0	773.0	773.0	740.0	839.0	0

3-4 国有控股规模以上

（2019年）

指标名称	企业单位数（个）	亏损企业	年初存货	产成品	资产总计	流动资产合计
总　　计	**62**	**14**	**713170.3**	**59092.8**	**10491187.7**	**3364947.5**
煤炭开采和洗选业	1	0	1871.7	1695.9	47598.0	3512.3
黑色金属矿采选业	3	2	18470.9	12586.4	230904.4	87380.9
非金属矿采选业	1	0	1386.3	227.3	11875.7	4749.3
农副食品加工业	3	0	4589.0	3616.5	78475.0	42820.1
食品制造业	1	0	142.3	0.0	2600.2	1349.3
木材加工和木、竹、藤、棕、草制品业	1	1	5091.2	2194.4	45090.4	5177.4
石油、煤炭及其他燃料加工业	1	0	14804.9	206.8	190161.3	90656.1
化学原料和化学制品制造业	1	1	1519.5	668.8	117110.5	9262.8
非金属矿物制品业	5	1	24242.5	2884.8	287655.8	151692.0
黑色金属冶炼和压延加工业	2	1	586243.3	23229.9	4800881.6	2077669.9
有色金属冶炼和压延加工业	3	1	11582.8	30.8	101596.8	32443.8
通用设备制造业	2	0	3078.0	2808.4	20813.2	14133.9
汽车制造业	2	1	11569.1	5747.7	167480.9	37394.7
铁路、船舶、航空航天和其他运输设备制造业	1	1	544.2	416.3	9176.1	6225.8
电气机械和器材制造业	1	0	2805.3	1634.2	13226.6	10745.9
废弃资源综合利用业	2	0	1176.6	955.6	19469.8	5812.1
电力、热力生产和供应业	29	5	23404.4	0	4267336.6	753155.9
水的生产和供应业	3	0	648.3	189.0	79734.8	30765.3

工业企业主要经济指标

单位：万元

资产总计							
	流动资产合计		长期股权投资	固定资产投资			累计折旧
应收账款	存货	产成品			房屋和构筑物	机器设备	
653580.9	**692919.8**	**76722.1**	**135330.1**	**8486768.4**	**646174.8**	**3201692.0**	**3312766.2**
1238.2	309.1	111.5	0.0	12702.7	3828.7	8874.0	4030.4
21607.8	20157.6	14353.4	0.0	153221.2	58314.0	27483.9	52388.2
0	1088.3	209.8	0	5123.5	0	0	2066.9
5212.0	8531.3	6749.7	18238.8	20333.1	9927.1	2989.3	6162.1
174.3	116.8	0	0	2000.6	1023.5	977.1	899.7
137.4	2629.0	546.7	0	52472.4	13364.5	38698.9	24326.8
71360.7	13064.4	151.2	0	161505.5	51348.1	109899.9	14969.1
4131.8	1346.9	668.8	5830.7	16496.8	9995.0	4226.7	10364.9
56966.7	9789.0	1987.9	10000.0	147763.6	57907.3	82273.6	43815.8
140860.7	573937.7	39199.3	64122.0	3174265.9	0	30.5	1265377.3
14011.8	10881.5	30.8	0	113062.0	22791.2	14129.5	58862.2
2354.5	3146.6	2948.7	0	8974.3	1342.4	7631.9	2320.2
11520.5	11898.5	6632.4	742.4	149333.5	54137.2	93779.5	51234.4
5119.9	519.5	384.4	998.8	154.8	0	0	108.2
1036.9	2620.9	1817.3	0	6786.9	0	0	4354.1
3177.3	1101.4	856.0	0	4793.8	0	56.9	3851.6
308885.5	31226.3	0	32747.4	4398486.2	359274.6	2801244.4	1737833.2
5784.9	555.0	74.2	2650.0	59291.6	2921.2	9395.9	29801.1

国有控股规模以上

3-4 续表1

（2019年）

指标名称	资产总计					负债合计
	本年折旧	固定资产净额	在建工程	无形资产	土地使用权	
总计	**553509.6**	**5077855.4**	**873029.5**	**319802.0**	**89703.5**	**8152060.9**
煤炭开采和洗选业	651.3	8672.3	12643.2	22770.1	20583.9	15273.9
黑色金属矿采选业	3549.2	73287.9	47318.4	9581.7	7836.3	202548.4
非金属矿采选业	398.2	3056.6	3470.7	574.0	0	1491.9
农副食品加工业	1004.5	14171.0	574.4	2042.4	1527.6	56096.3
食品制造业	102.4	1100.9	3.8	0	0	3129.1
木材加工和木、竹、藤、棕、草制品业	3174.2	28145.6	50.8	11716.6	11716.6	85518.8
石油、煤炭及其他燃料加工业	2220.8	14636.4	2020.8	5072.8	0	75675.5
化学原料和化学制品制造业	846.5	6131.8	92029.6	3932.6	3932.3	66556.1
非金属矿物制品业	6647.9	103047.2	3763.5	12524.8	8404.8	174670.4
黑色金属冶炼和压延加工业	309759.2	1908888.6	312893.7	194382.2	0	4246090.6
有色金属冶炼和压延加工业	5634.7	54199.8	260.1	5110.6	793.1	94445.5
通用设备制造业	455.3	6654.1	0	0	0	9167.5
汽车制造业	7793.2	98063.5	4960.1	10053.7	10031.8	102269.6
铁路、船舶、航空航天和其他运输设备制造业	14.9	46.6	0	1841.8	0	1583.0
电气机械和器材制造业	285.2	2432.8	0	339.4	30.7	3239.3
废弃资源综合利用业	151.7	942.2	2880.1	978.4	927.3	11241.9
电力、热力生产和供应业	209741.3	2724887.7	375427.0	38606.0	23919.1	2942778.5
水的生产和供应业	1079.1	29490.4	14733.3	274.9	0	60284.6

工业企业主要经济指标

单位：万元

流动负债合计	应收账款	所有者权益合计	所有者权益合计				
			实收资本	国家资本	集体资本	法人资本	个人资本
5867038.9	**1016774.3**	**2339126.5**	**1489074.9**	**997500.4**	**20008.7**	**427778.8**	**31746.4**
12039.9	5149.0	32324.1	2000.0	1020.0	0	0	980.0
167373.2	44125.9	28356.1	10000.0	6080.0	0	0	3920.0
1491.9	509.3	10383.8	1450.0	739.5	0	710.5	0
52858.1	6932.5	22378.6	19900.0	4000.0	0	15900.0	0
3129.1	589.1	-528.9	117.1	117.1	0	0	0
83281.4	3114.6	-40428.4	10000.0	0	0	10000.0	0
71549.0	33337.8	114485.8	77800.0	0	0	77800.0	0
42578.1	9316.0	50554.4	39255.0	29085.0	0	9391.1	778.9
170313.5	48152.1	112985.4	53700.0	3200.0	0	45600.0	4900.0
3681916.1	423134.5	554790.9	339000.0	339000.0	0	0	0
94295.5	5763.1	7151.3	24450.0	20000.0	0	4450.0	0
9167.5	1651.9	11645.6	1756.6	1530.0	0	226.6	0
101332.4	35624.7	65211.4	39703.3	0	0	39703.3	0
1583.0	340.9	7593.1	7843.0	0	7843.0	0	0
3239.3	1556.7	9987.3	6010.6	6010.6	0	0	0
11241.9	5274.7	8227.8	3226.0	0	0	2339.6	0
1334931.4	385550.7	1324558.0	841277.0	585826.9	12165.7	210962.7	21167.5
24717.6	6650.8	19450.2	11586.3	891.3	0	10695.0	0

国有控股规模以上

3-4 续表2

（2019年）

指标名称	所有者权益合计 实收资本 港澳台资本	外商资本	营业收入	主营业务收入	营业成本	销售费用
总　计	**886.4**	**11154.3**	**5847244.9**	**4374950.9**	**5110981.8**	**90303.9**
煤炭开采和洗选业	0	0	13176.5	12960.0	10819.3	1261.5
黑色金属矿采选业	0	0	204698.9	201062.7	154554.1	1783.5
非金属矿采选业	0	0	14233.4	14233.4	6086.9	297.0
农副食品加工业	0	0	180549.9	177632.7	172542.4	1236.6
食品制造业	0	0	1859.8	1859.8	1807.5	133.0
木材加工和木、竹、藤、棕、草制品业	0	0	4329.5	4229.6	5148.0	61.3
石油、煤炭及其他燃料加工业	0	0	309797.3	309506.9	274397.2	0
化学原料和化学制品制造业	0	0	8374.0	8374.0	6356.9	160.5
非金属矿物制品业	0	0	129209.7	128384.7	88812.2	5291.2
黑色金属冶炼和压延加工业	0	0	3126843.0	2629992.2	2804167.2	70382.8
有色金属冶炼和压延加工业	0	0	52354.1	50518.8	40432.5	2.5
通用设备制造业	0	0	8234.5	8182.0	5220.6	533.8
汽车制造业	0	0	53969.1	52652.1	50021.8	1417.6
铁路、船舶、航空航天和其他运输设备制造业	0	0	932.0	891.8	269.8	809.8
电气机械和器材制造业	0	0	7687.6	7488.0	5142.3	523.5
废弃资源综合利用业	886.4	0	38621.2	38621.2	33903.9	1140.0
电力、热力生产和供应业	0	11154.3	1668831.5	713883.9	1437216.1	2863.7
水的生产和供应业	0	0	23542.9	14477.1	14083.1	2405.6

工业企业主要经济指标

单位：万元

管理费用	研发费用	财务费用			资产减值损失	其他收益	投资收益
			利息费用	利息收入			
164668.9	**52821.5**	**220747.9**	**212450.2**	**4544.5**	**22391.1**	**14329.0**	**18931.3**
1221.6	35.0	345.0	344.5	1.3	2.1	1306.3	0
7990.5	0	5131.8	5207.4	100.9	5673.4	130.1	0
1152.1	0	44.1	43.9	0.5	0	0	0
3135.7	0	662.6	674.1	12.1	684.6	210.2	0
118.7	0	3.8	3.5	0	0	0	0
4665.6	0	0.6	0	0.3	165.8	3.7	0
4598.5	0	2287.3	2271.4	15.9	11101.1	180.8	0
1404.4	0	23.9	0	0	0	0	4.5
8582.8	0	4276.7	4559.4	397.9	-358.3	2215.7	185.8
65972.1	48088.6	123030.3	117010.3	3180.9	904.9	980.2	16212.9
9392.4	937.3	3184.1	3245.6	62.1	-20.1	0	0
1545.7	0	3.5	7.2	6.1	-6.2	0.4	0
5692.8	1287.6	3752.2	3780.0	141.4	-132.1	0	900.0
1124.3	125.8	1.9	2.9	-1.0	0	0	0
1235.2	145.6	-24.4	0	-24.4	456.0	0	0
1156.4	255.9	54.0	48.5	2.2	0	0	0
42882.8	1945.7	77534.8	74876.4	611.0	3919.9	9027.6	1628.1
2797.3	0	435.7	375.1	37.3	0	274.0	0

国有控股规模以上

3-4 续表3

（2019年）

指标名称	资产处置收益	营业利润	营业外收入	营业外支出	利润总额
总计	**-56.7**	**207956.2**	**19908.1**	**7195.0**	**220669.4**
煤炭开采和洗选业	0	518.1	6.0	34.7	489.4
黑色金属矿采选业	0	26855.5	432.4	1016.7	26271.1
非金属矿采选业	0	6170.9	0.7	5.0	6166.6
农副食品加工业	-6.2	2302.3	228.2	53.7	2476.8
食品制造业	0	-210.8	222.8	3.0	8.9
木材加工和木、竹、藤、棕、草制品业	0	-5791.5	59.8	47.8	-5779.5
石油、煤炭及其他燃料加工业	0	16583.0	0.9	172.2	16411.7
化学原料和化学制品制造业	0	-196.9	9.0	28.8	-216.7
非金属矿物制品业	0	22839.4	338.6	231.6	22946.6
黑色金属冶炼和压延加工业	-61.6	12320.7	264.5	2413.0	10172.2
有色金属冶炼和压延加工业	0	-2502.5	53.4	85.0	-2534.1
通用设备制造业	0	800.2	130.0	90.1	840.1
汽车制造业	4.4	-7979.2	41.4	11.4	-7948.3
铁路、船舶、航空航天和其他运输设备制造业	0	-1411.9	398.9	13.6	-1026.5
电气机械和器材制造业	0	102.7	417.8	155.1	365.4
废弃资源综合利用业	0	1994.2	471.6	14.7	2451.1
电力、热力生产和供应业	6.7	133475.7	16387.3	2786.2	147076.0
水的生产和供应业	0	2086.3	444.8	32.4	2498.6

工业企业主要经济指标

单位：万元

应付职工薪酬	平均用工人数（人）	期末用工人数（人）	从业人员期末人数（人）	从业人员平均人数（人）	亏损企业亏损总额
390785.6	**28384**	**28211**	**28584**	**28883**	**40371.7**
2929.0	385	368	527	461	0
15548.3	2246	2191	2104	2187	3925.5
1154.3	98	99	99	99	0
4876.1	1095	1157	1140	1095	0
200.6	51	51	51	51	0
1057.2	229	229	216	229	5779.5
22796.2	828	828	818	828	0
1118.3	131	126	145	150	216.7
9669.8	834	816	1266	1272	366.6
138248.7	12239	12192	12308	12369	2428.9
14021.0	1846	1627	1627	1846	3867.8
653.0	133	133	133	133	0
12523.0	984	959	794	818	8258.3
573.9	40	40	40	60	1026.5
1248.3	126	126	126	128	0
2247.2	364	360	360	364	0
155151.7	5982	6136	6090	5954	14501.9
6769.0	773	773	740	839	0

3-5 大中型规模以上工业

（2019年）

指标名称	企业单位数（个）	亏损企业	年初存货	产成品	资产总计	流动资产合计
总　计	**67**	**21**	**1057500.8**	**228098.2**	**13437595.9**	**6811061.5**
煤炭开采和洗选业	2	1	1984.2	1796.7	72429.3	19560.0
黑色金属矿采选业	21	7	95960.9	55632.1	3275351.2	1736189.7
有色金属矿采选业	1	0	4130.1	2947.5	123419.6	38035.9
农副食品加工业	3	0	12584.2	8824.7	173619.9	97572.2
食品制造业	4	3	25077.6	4856.9	182653.7	86486.9
酒、饮料和精制茶制造业	5	1	127045.4	90026.4	687543.5	452969.5
纺织服装、服饰业	1	1	4320.9	136.8	8198.7	5997.1
石油、煤炭及其他燃料加工业	1	0	14804.9	206.8	190161.3	90656.1
化学原料和化学制品制造业	1	0	14490.3	2794.9	112357.0	51038.9
医药制造业	1	0	13998.3	201.7	123546.9	81380.0
非金属矿物制品业	7	1	25560.5	12758.0	548487.1	258808.3
黑色金属冶炼和压延加工业	5	0	653520.9	33127.6	6817944.7	3498008.0
有色金属冶炼和压延加工业	2	1	11092.8	1166.4	100498.5	29631.8
金属制品业	2	2	9272.6	3633.9	59537.9	18108.8
通用设备制造业	2	0	16170.7	2569.2	51173.0	41992.1
汽车制造业	3	2	11931.6	6110.2	212256.3	64855.8
电气机械和器材制造业	1	0	3459.2	0.0	14285.2	9477.4
仪器仪表制造业	1	0	3065.9	1308.4	138788.0	51223.1
电力、热力生产和供应业	3	2	8599.8	0.0	486423.8	156027.8
水的生产和供应业	1	0	430.0	0.0	58920.3	23042.1

企业主要经济指标

单位：万元

资产总计							
	流动资产合计		长期股权投资	固定资产投资			累计折旧
应收账款	存货	产成品			房屋和构筑物	机器设备	
894755.7	**1115919.3**	**210304.4**	**676840.9**	**7553708.4**	**1534225.8**	**2056706.6**	**3217290.8**
2717.4	605.9	391.4	0	24888.7	15959.8	8928.9	11548.9
345647.6	95935.3	48342.5	238090.0	1615310.1	689262.2	519530.1	706599.5
50.1	5623.0	3960.2	11509.6	78433.4	47906.3	27736.4	27806.5
12063.2	16650.8	12141.0	18340.3	76237.5	41201.4	25860.6	28218.3
19628.1	29653.8	6897.1	0	123448.0	56523.0	51796.7	48078.7
8358.9	138647.9	43295.9	24802.7	222171.1	65791.0	48370.4	111966.9
1104.3	3527.1	126.5	917.7	4051.4	1531.6	2230.1	2889.0
71360.7	13064.4	151.2	0	161505.5	51348.1	109899.9	14969.1
10930.5	11443.8	5680.5	21579.8	53924.5	4870.4	4887.2	21837.6
14239.9	17426.5	3325.4	21602.9	43662.4	22210.3	17234.2	26650.4
71487.6	26827.5	8880.5	13805.0	350493.1	145420.1	197098.7	112330.3
245939.9	687079.0	60082.5	244801.7	3863746.7	218889.5	455751.0	1649772.2
2313.6	10093.6	750.4	0	100464.9	1325.8	12325.8	44514.9
4953.4	10170.1	3697.2	888.3	40188.4	17464.1	4575.9	12044.5
9560.0	17122.3	3397.5	0	9559.8	2672.7	6887.0	6359.4
37108.1	13251.2	7986.1	742.4	162886.0	61807.0	97329.5	54724.0
5751.6	2822.1	0	0	4896.8	1842.0	3054.8	2791.2
12388.8	5336.1	1198.5	77110.5	15712.6	0	0	10268.0
17483.2	10187.4	0	0	560709.0	85279.3	453813.5	301650.9
1668.8	451.5	0	2650.0	41418.5	2921.2	9395.9	22270.5

大中型规模以上工业

3-5 续表 1

（2019 年）

指标名称	资产总计					负债合计
	本年折旧	固定资产净额	在建工程	无形资产	土地使用权	
总计	**549397.9**	**4157112.5**	**438162.2**	**403737.3**	**129173.3**	**10303386.3**
煤炭开采和洗选业	975.7	13339.7	16443.9	23085.5	20583.9	25994.7
黑色金属矿采选业	82567.7	875332.0	100606.3	33120.7	12462.7	2613063.9
有色金属矿采选业	2660.2	50626.9	409.8	2562.5	0	56860.5
农副食品加工业	4420.8	48019.2	655.1	5957.6	1527.6	128343.0
食品制造业	6705.4	75310.5	1755.4	10523.2	8732.9	119964.5
酒、饮料和精制茶制造业	7337.8	110356.1	33321.6	44185.5	15548.3	374047.7
纺织服装、服饰业	130.4	1162.5	0	121.3	121.3	7781.8
石油、煤炭及其他燃料加工业	2220.8	14636.4	2020.8	5072.8	0	75675.5
化学原料和化学制品制造业	2445.1	32086.8	6100.5	1766.0	1719.7	54019.9
医药制造业	1845.4	17011.8	197.3	3178.4	2350.4	74787.6
非金属矿物制品业	23464.0	238162.6	7554.6	23568.2	19824.0	408827.3
黑色金属冶炼和压延加工业	360924.3	2213974.4	230236.5	206763.9	11995.2	5428256.8
有色金属冶炼和压延加工业	4382.0	55950.0	1800.7	1672.3	568.8	114355.6
金属制品业	1670.6	14700.6	3440.4	8956.2	6608.9	74922.8
通用设备制造业	356.3	3200.4	0	5579.8	5572.7	68451.1
汽车制造业	11282.8	108126.3	4960.1	16670.6	16647.8	146268.6
电气机械和器材制造业	1767.7	1465.6	499.2	2136.7	2136.7	5771.6
仪器仪表制造业	278.5	5444.6	388.2	5688.2	0	82516.0
电力、热力生产和供应业	32883.3	259058.1	14128.8	3093.3	2772.4	400968.0
水的生产和供应业	1079.1	19148.0	13643.0	34.6	0	42509.4

企业主要经济指标

单位：万元

流动负债合计	应收账款	所有者权益合计	所有者权益合计				
			实收资本	国家资本	集体资本	法人资本	个人资本
8384052.3	**1399096.4**	**3134209.1**	**1285213.3**	**361309.9**	**20498.7**	**736996.1**	**153639.6**
22760.7	10834.0	46434.6	17600.2	1020.0	0	12480.2	4100.0
2387075.9	530048.6	662287.5	143092.0	2000.0	8333.0	83501.0	43258.0
56860.5	13595.9	66559.0	1666.7	0	0	1666.7	0
115081.5	26265.6	45276.8	24000.0	9000.0	0	15000.0	0
84589.5	11249.4	62689.1	26347.0	0	0	11853.9	14493.1
331203.5	90877.9	313495.7	121482.5	645.1	0	99172.5	21664.9
7781.8	404.3	416.8	1800.0	0	0	1800.0	0
71549.0	33337.8	114485.8	77800.0	0	0	77800.0	0
46868.9	7528.1	58337.1	44250.0	0	0	44250.0	0
74546.6	14022.6	48759.1	8274.0	0	0	8022.0	252.0
366477.3	60188.1	139659.7	104707.3	1200.0	0	88816.0	14691.3
4064625.6	485555.2	1389687.8	524498.0	330000.0	0	168498.0	26000.0
101921.6	4724.9	-13857.1	12110.0	10000.0	0	0	2110.0
71922.8	12738.3	-15384.9	6200.8	0	0	1000.0	5085.1
68374.8	12587.3	-17278.0	22456.2	0	0	471.0	21985.2
145331.4	45771.5	65987.8	44703.3	0	0	44703.3	0
5771.6	3376.2	8513.6	2600.0	0	0	2600.0	0
82406.3	4660.1	56271.9	6653.3	0	0	0	0
260930.1	29537.9	85455.9	84277.0	7444.8	12165.7	64666.5	0
17972.9	1792.7	16410.9	10695.0	0	0	10695.0	0

大中型规模以上工业

3-5 续表2

（2019年）

指标名称	所有者权益合计 实收资本 港澳台资本	外商资本	营业收入	主营业务收入	营业成本	销售费用
总计	**12653.3**	**115.7**	**10145047.2**	**8989179.5**	**8404805.3**	**280668.7**
煤炭开采和洗选业	0	0	15706.4	15307.2	13281.5	1383.2
黑色金属矿采选业	6000.0	0	1840495.2	1721816.7	1329374.9	37142.6
有色金属矿采选业	0	0	88205.0	87515.0	50245.1	0
农副食品加工业	0	0	259517.0	256766.0	234496.7	4105.3
食品制造业	0	0	108381.2	107605.7	87864.7	9724.2
酒、饮料和精制茶制造业	0	0	430425.8	407127.2	243556.5	70825.2
纺织服装、服饰业	0	0	3655.8	3655.8	3282.4	51.6
石油、煤炭及其他燃料加工业	0	0	309797.3	309506.9	274397.2	0
化学原料和化学制品制造业	0	0	53317.9	53317.9	43832.1	1790.1
医药制造业	0	0	110174.0	110063.3	55301.3	43649.2
非金属矿物制品业	0	0	318657.4	316376.9	245351.4	6445.4
黑色金属冶炼和压延加工业	0	0	6130680.0	5172908.4	5401140.5	98661.0
有色金属冶炼和压延加工业	0	0	40518.9	40510.2	28757.8	0
金属制品业	0	115.7	53358.4	53278.6	49389.4	1019.7
通用设备制造业	0	0	23836.2	23543.9	18525.9	1097.9
汽车制造业	0	0	65637.8	62517.5	61596.9	1535.2
电气机械和器材制造业	0	0	18147.7	18147.7	14501.9	267.3
仪器仪表制造业	6653.3	0	17045.3	14339.8	11732.5	585.7
电力、热力生产和供应业	0	0	242175.4	205754.3	230015.4	791.6
水的生产和供应业	0	0	15314.5	9120.5	8161.2	1593.5

企业主要经济指标

单位：万元

管理费用	研发费用	财务费用			资产减值损失	其他收益	投资收益
			利息费用	利息收入			
338523.4	**146175.7**	**310646.0**	**281758.5**	**11889.4**	**35952.1**	**8068.8**	**39531.8**
3202.9	35.0	343.5	344.5	3.4	2.1	1306.3	0
116561.0	19448.9	101885.1	90870.2	2450.6	5682.8	29.4	15161.9
8919.8	543.2	2473.7	2358.7	115.0	0	0	1060.7
3945.0	222.3	2152.9	2356.1	140.1	912.7	835.0	-200.1
6644.5	0	4208.5	1371.8	9.3	48.1	1.5	0
23098.0	1840.7	1934.1	813.0	2246.5	94.0	448.1	959.8
528.4	0	321.4	311.6	0	0	0	14.1
4598.5	0	2287.3	2271.4	15.9	11101.1	180.8	0
3870.2	2404.1	376.4	831.7	456.0	-31.8	21.0	387.1
7757.6	2773.0	672.8	737.9	81.1	0	0	3466.6
19516.5	0	7669.9	7618.3	279.3	-453.3	2215.7	0
104490.3	116511.0	159664.1	146846.2	5818.7	18984.4	980.2	16212.9
10034.1	0	3650.2	3701.4	51.5	-8.4	0	0
2850.8	60.8	3593.8	3197.6	1.3	0	0	0
2594.5	0	454.2	434.1	0.9	-234.3	0	0
8707.9	2129.7	3745.1	3780.0	134.3	-132.1	982.3	900.0
1274.7	0	9.7	6.1	0	0	0	11.3
2584.9	0	1601.6	1587.9	13.0	0	0	28.0
5782.4	207.0	13322.4	12103.5	41.8	-13.2	794.5	1529.5
1561.4	0	279.3	216.5	30.7	0	274.0	0

大中型规模以上工业

3-5 续表3

（2019年）

指标名称	公允价值变动收益	资产处置收益	营业利润	营业外收入	营业外支出
总计	**68.7**	**-290.6**	**555516.2**	**32686.5**	**32152.4**
煤炭开采和洗选业	0	0	-1558.9	6.0	64.8
黑色金属矿采选业	0	-131.7	208099.2	6899.9	15645.7
有色金属矿采选业	0	-22.0	13345.8	128.3	116.4
农副食品加工业	0	-6.2	13949.7	288.9	1429.0
食品制造业	68.7	0	-940.3	1841.4	976.7
酒、饮料和精制茶制造业	0	-41.3	66326.7	2274.5	415.5
纺织服装、服饰业	0	0	-543.9	0	0
石油、煤炭及其他燃料加工业	0	0	16583.0	0.9	172.2
化学原料和化学制品制造业	0	7.8	1094.7	648.5	125.8
医药制造业	0	0	2277.5	582.9	84.2
非金属矿物制品业	0	0	38948.0	1411.0	695.7
黑色金属冶炼和压延加工业	0	-61.6	217583.2	16456.8	10302.1
有色金属冶炼和压延加工业	0	0	-2766.1	91.8	108.8
金属制品业	0	0	-3909.4	415.6	208.9
通用设备制造业	0	0	1199.8	315.7	1259.4
汽车制造业	0	4.4	-11087.8	70.1	13.0
电气机械和器材制造业	0	0	1890.4	8.1	0
仪器仪表制造业	0	-43.3	326.7	8.3	7.5
电力、热力生产和供应业	0	3.3	-7534.9	1210.8	521.2
水的生产和供应业	0	0	2232.8	27.0	5.5

企业主要经济指标

单位：万元

利润总额	应付职工薪酬	平均用工人数（人）	期末用工人数（人）	从业人员期末人数（人）	从业人员平均人数（人）	亏损企业亏损总额
556050.5	**542804.0**	**63192**	**62408**	**62972**	**62848**	**63951.6**
-1617.7	6284.0	1012	1008	1154	1101	2107.1
199353.4	104942.4	14435	13785	14277	13986	22611.8
13357.7	4138.5	519	552	552	509	0
12809.4	26040.2	3401	3470	3453	3401	0
-75.9	14061.7	2462	2447	2447	2463	3699.0
68185.7	34008.5	3945	3972	3790	3789	2110.3
-543.9	1237.1	372	370	370	372	543.9
16411.7	22796.2	828	828	818	828	0
1617.4	6422.4	821	888	888	821	0
2776.2	5762.6	1106	1111	897	900	0
39663.5	17902.8	2464	2421	2870	2907	1626.1
223738.0	220945.7	23302	23295	23406	23335	0
-2783.4	13886.4	2095	1883	1884	2096	3867.8
-3702.7	5664.1	1190	1175	1165	1190	3702.7
256.1	3471.5	909	908	908	909	0
-11029.8	13380.8	1474	1457	1288	1318	11339.8
1898.5	2428.0	430	430	430	430	0
327.5	4092.9	415	417	417	415	0
-6845.6	30424.0	1530	1509	1509	1530	12343.1
2254.4	4914.2	482	482	449	548	0

3-6 分 县 （市、区） 工 业

（2019 年）

县（市、区）名称	企业数（个）		
	合计	规模以上工业	规模以下工业
全　市		370	
双桥区（含高新区）		44	
#高新区		36	
双桥区（不含高新区）		8	
双滦区		32	
营子区		5	
承德县		41	
兴隆县		25	
平泉市		50	
滦平县		32	
隆化县		41	
丰宁县		23	
宽城县		41	
围场县		36	

3-7 分县（市、区）规模以上

（2019 年）

县（市、区）名称	企业单位数（个）	亏损企业	年初存货	产成品	资产总计	流动资产合　计
承德市	370	83	1411203.7	389682.5	23231515.6	10341664.5
双桥区	8	1	5059.5	2975.9	308473.1	175825.0
高新区	36	8	173701.7	106325.3	2567617.3	930153.5
双滦区	32	7	667794.7	57006.6	5976516.6	2570428.5
营子区	5	2	14490.1	5574.5	295664.6	155614.4
承德县	41	10	74904.1	32025.8	991122.3	429441.2
兴隆县	25	11	71066.4	15663.9	1786581.4	923601.7
平泉市	50	12	93461.7	38087.2	1027559.0	392293.6
滦平县	32	6	64709.3	32446.0	1380658.7	545998.9
隆化县	41	7	51044.3	22220.5	619874.3	271756.7
丰宁县	23	2	39451.2	28150.7	2128274.2	1049361.5
宽城县	41	14	104993.8	27517.4	3964683.7	2341853.4
围场县	36	3	50526.9	21688.7	2184490.4	555336.1

单 位 数 及 增 加 值

单位：万元

工业增加值	#规模以上工业增加值
比上年增长%	比上年增长%
	1.4
	-0.6
	-0.9
	2.3
	1.2
	15.0
	5.9
	-5.7
	-4.6
	10.2
	3.9
	10.1
	4.1
	0.7

工业企业主要经济指标

单位：万元

资产总计							
	流动资产合计		长期股权投资	固定资产投资			累计折旧
应收账款	存货	产成品			房屋和构筑物	机器设备	
2370908.9	1508191.3	398329.2	830165.7	14370271.0	2453603.4	5943449.9	5768693.2
24113.9	8211.4	4419.8	0	153509.6	4997.5	142547.1	84047.4
176785.4	170341.6	67099.0	180244.5	2113504.0	282814.1	1445130.4	1049082.5
325222.5	660187.4	69590.8	67037.7	4202432.4	227160.5	621628.9	1693827.4
33394.9	16182.2	5432.4	0	162049.6	53730.9	73664.5	36984.7
121615.4	79455.7	33378.5	33014.7	652654.5	256933.3	357546.2	271635.2
128539.7	90348.0	22562.9	179448.5	817433.9	281308.4	450944.0	351902.7
92054.6	85577.8	26784.7	24956.7	708791.4	238322.0	235684.4	277710.4
132293.2	82593.4	47452.1	33661.3	972453.9	422696.0	416811.5	350875.0
119613.2	58322.8	27189.9	6196.1	377143.6	68557.4	95290.7	141346.0
649372.2	50193.3	24239.4	26410.6	978150.7	117206.5	148306.8	244315.5
346953.8	152027.9	42500.8	251785.1	1282922.2	389266.6	463781.0	637464.8
220950.1	54749.8	27678.9	27410.5	1949225.2	110610.2	1492114.4	629501.6

分县（市、区）规模以上

3-7 续表1

（2019年）

县（市、区）名称	资产总计					负债合计
	本年折旧	固定资产净额	在建工程	无形资产	土地使用权	
承德市	897817.0	8452760.2	1235065.6	688573.2	303685.7	16879372.9
双桥区	10453.4	69462.1	3192.3	4178.7	213.7	214360.8
高新区	88044.8	1063604.7	276494.3	96682.1	42480.2	1645770.5
双滦区	353650.1	2373698.2	338284.2	234057.7	32927.7	5060320.7
营子区	5870.1	98535.6	10595.6	11776.4	9156.4	160907.8
承德县	31469.0	369223.0	55966.9	43807.3	22720.1	688349.6
兴隆县	64761.5	465530.1	145521.9	61498.7	54040.5	1142864.4
平泉市	31875.9	425871.6	44985.5	61843.1	43824.4	722922.7
滦平县	73037.4	617314.0	53204.6	36066.6	26534.9	1067911.9
隆化县	16169.8	237232.9	30629.1	39789.4	23540.1	415473.1
丰宁县	45682.3	794762.8	68232.2	17633.0	4217.7	1576204.0
宽城县	54443.6	624554.2	84435.3	44412.3	19350.0	2955603.9
围场县	122359.1	1312971.0	123523.7	36827.9	24680.0	1228683.5

3-7 续表2

县（市、区）名称	所有者权益合计 实收资本		营业收入		营业成本	销售费用
	港澳台资本	外商资本		主营业务收入		
承德市	132920.9	13926.8	14575960.5	12446483.5	11958490.1	390566.5
双桥区	0	0	126694.2	91106.7	100450.9	3054.1
高新区	6653.3	2656.8	1754439.4	799734.2	1513101.0	106878.8
双滦区	886.4	0	4163010.6	3657630.6	3679422.0	82349.7
营子区	0	0	662699.7	654454.5	590206.4	5762.9
承德县	0	0	495033.7	486787.7	333535.0	29461.1
兴隆县	250.0	0	1632143.9	1169524.4	1350046.7	31465.0
平泉市	0	115.7	495679.7	486822.7	381592.0	20097.7
滦平县	6000.0	0	1394069.4	1344106.6	1072186.7	52462.4
隆化县	0	0	379297.0	372513.2	276987.4	6753.2
丰宁县	0	0	667234.1	662518.1	472618.0	7854.1
宽城县	0	0	2394833.8	2313589.1	1968804.4	27588.2
围场县	119131.2	11154.3	410825.0	407695.7	219539.6	16839.3

工业企业主要经济指标

单位：万元

流动负债合计	应收账款	所有者权益合计	所有者权益合计：实收资本	国家资本	集体资本	法人资本	个人资本
12963941.2	2390227.6	6152574.1	2991905.6	1044276.8	34441.7	1357243.2	409096.2
91188.4	14518.7	94112.1	25962.1	8974.8	0	11487.3	5500.0
1277194.1	408293.0	921846.4	488320.3	266301.5	7843.0	172489.2	32376.5
4426154.7	613477.9	916195.0	608923.9	343816.4	12165.7	219685.8	32369.6
106801.9	15653.6	134756.8	66545.0	1500.0	0	53198.0	11847.0
571904.7	122217.1	302772.7	162592.4	2996.0	0	131277.1	28319.3
809285.5	186876.1	643716.4	264997.9	30105.0	0	203120.1	31522.8
600362.5	82110.7	304635.8	182416.4	47401.8	1200.0	89899.5	43799.4
963433.2	204145.9	312746.7	86031.6	10000.0	2000.0	50651.6	17380.0
374471.2	73437.2	204400.7	94106.7	3283.7	0	49629.9	41193.0
1060381.2	140294.1	552070.0	161544.8	8739.5	0	118683.4	34121.9
2191358.3	482919.3	809514.6	213194.9	21000.0	11233.0	91103.3	89858.6
491405.5	46284.0	955806.9	637269.6	300158.1	0	166018.0	40808.1

单位：万元

管理费用	研发费用	财务费用	利息费用	利息收入	资产减值损失	其他收益	投资收益
539584.8	164440.6	481456.1	440744.7	13548.0	40649.9	19481.6	43431.6
12163.6	0	5513.9	4243.9	13.4	-1.1	716.2	1529.5
64924.6	11092.2	21607.2	22779.5	2682.3	717.3	1803.8	4826.7
90352.3	54770.6	160928.2	153996.8	3445.5	11901.6	1342.3	16875.6
10697.6	13538.4	6602.1	5606.5	650.3	-457.2	2217.2	-0.1
43844.5	413.3	19772.0	19653.0	-362.1	5956.0	645.5	714.3
35996.8	54919.0	33230.3	22415.7	2287.4	2.1	1306.3	4.5
40611.8	2672.6	15049.7	13251.2	559.4	189.2	1118.2	1252.2
46514.8	21127.7	30759.3	25820.8	2761.1	500.9	711.4	5873.9
27454.0	2166.0	10444.6	8749.0	-49.3	1.0	10.8	-362.6
28173.4	1831.3	27559.2	23693.5	1113.2	1630.7	200.2	1308.2
119492.8	708.3	110123.3	103998.7	21.0	18091.6	0	9328.2
19358.6	1201.2	39866.3	36536.1	425.8	2117.8	9409.7	2081.2

分县（市、区）规模以上工业企业主要经济指标

3-7 续表 3　　（2019 年）

县（市、区）名称	公允价值变动收益	资产处置收益	营业利润	营业外收入	营业外支出	利润总额
承德市	32.9	337.8	926086.7	80131.5	44880.5	961336.0
双桥区	0	0	7001.1	1384.9	756.4	7629.2
高新区	0	-90.8	60005.5	16759.9	2939.3	73825.9
双滦区	0	-53.9	75172.9	3020.4	4299.5	73894.1
营子区	68.7	0	35477.8	1483.0	418.6	36542.4
承德县	0	0	40126.3	4348.4	5009.0	39465.7
兴隆县	0	0	119276.3	19168.4	5210.3	133234.4
平泉市	0	876.1	24673.8	6375.5	2184.3	28864.6
滦平县	0	-131.7	156799.4	4226.6	8461.1	152565.0
隆化县	0	-243.4	47868.7	4385.1	3401.6	48851.8
丰宁县	0	-22.0	111571.6	6162.9	974.8	116759.6
宽城县	0	0	128984.9	6064.4	10541.9	124506.8
围场县	-35.8	3.5	119128.4	6752.0	683.7	125196.5

分县（市、区）规模以上工业企业主要经济指标

3-7 续表 4　　（2019 年）

县（市、区）名称	应付职工薪酬	平均用工人数（人）	期末用工人数（人）	从业人员期末人数（人）	从业人员平均人数（人）	亏损企业亏损总额
承德市	821456.0	93806	93160	94061	93552	97440.6
双桥区	11880.4	1212	1159	1174	1182	53.6
高新区	167471.6	11254	11260	11242	11400	6769.4
双滦区	210626.7	18005	17901	17892	18045	23708.1
营子区	15635.1	3020	2953	3138	3039	2838.1
承德县	47353.2	6695	6745	6621	6559	8783.0
兴隆县	76467.8	7479	7446	7560	7579	4559.5
平泉市	42458.0	7922	7801	7941	7821	10263.1
滦平县	70163.6	7862	7977	8006	7846	11590.0
隆化县	21926.1	4355	4429	4504	4377	5374.3
丰宁县	23125.7	3136	2788	3302	3124	2175.9
宽城县	114893.7	20770	20625	20499	20410	20361.9
围场县	19454.1	2096	2076	2182	2170	963.7

四

建筑业

4-1 规上有总承包和专业承包资质的建筑业法人单位财务状况

（2019 年）

单位：个、千元

指标名称	单位个数	年初存货	流动资产合计	应收工程款	存货	固定资产减值准备	固定资产原价
总计	**178**	**2951393**	**22522280**	**9641767**	**3343621**	**1658**	**3347032**
建筑业	178	2951393	22522280	9641767	3343621	1658	3347032
房屋建筑业	103	2310537	14664164	6043458	2574591	1240	1522642
土木工程建筑业	44	431905	6316548	2810471	488564	40	1514960
建筑安装业	18	198628	1344023	670767	267772	200	279198
建筑装饰、装修和其他建筑业	13	10323	197545	117071	12694	178	30232

4-1 续表 1

单位：个、千元

指标名称	房屋和构筑物	机器设备	累计折旧	本年折旧	在建工程	无形资产
总计	**356633**	**1026952**	**1678626**	**183324**	**107561**	**167882**
建筑业	356633	1026952	1678626	183324	107561	167882
房屋建筑业	186310	585071	634919	90825	51079	66351
土木工程建筑业	143382	407015	889213	71077	56418	99836
建筑安装业	21811	21408	141516	16395	0	1690
建筑装饰、装修和其他建筑业	5130	13458	12978	5027	64	5

4-1 续表 2

单位：个、千元

指标名称	土地使用权	资产总计	流动负债合计	应付账款	非流动负债合计	负债合计
总计	**107689**	**27054712**	**15983658**	**6160561**	**708281**	**17510428**
建筑业	107689	27054712	15983658	6160561	708281	17510428
房屋建筑业	25409	16949373	10882206	3565165	251732	11498292
土木工程建筑业	82280	8240780	4280086	2246912	421975	5152716
建筑安装业	0	1645447	721461	314939	34574	756265
建筑装饰、装修和其他建筑业	0	219112	99905	33545	0	103155

规上有总承包和专业承包资

4-1 续表 3

（2019 年）

指标名称	所有者权益合计	实收资本	个人资本	营业收入	主营业务收入	营业成本
总　计	**9544284**	**4752994**	**1474062**	**18974597**	**18906193**	**17221682**
建筑业	9544284	4752994	1474062	18974597	18906193	17221682
房屋建筑业	5451081	2681289	1071069	12095313	12079747	10965070
土木工程建筑业	3088064	1581064	270089	5157332	5132577	4736050
建筑安装业	889182	397364	112844	1551493	1523410	1364531
建筑装饰、装修和其他建筑业	115957	93277	20060	170459	170459	156031

4-1 续表 4

指标名称	利息收入	利息支出	资产减值损失	公允价值变动收益	投资收益	其他收益
总　计	**40246**	**130932**	**11729**	**0**	**19777**	**9**
建筑业	40246	130932	11729	0	19777	9
房屋建筑业	16700	73004	0	0	1	0
土木工程建筑业	22531	57386	10	0	19776	9
建筑安装业	-213	318	11719	0	0	0
建筑装饰、装修和其他建筑业	1228	224	0	0	0	0

质的建筑业法人单位财务状况

单位：个、千元

主营业务成本	税金及附加	主营业务税金及附加	其他业务利润	销售费用	管理费用	研发费用	财务费用
17156770	**143528**	**136301**	**29901**	**37237**	**532209**	**504**	**221255**
17156770	143528	136301	29901	37237	532209	504	221255
10926433	97189	93816	5288	6979	247347	0	140422
4735502	39027	35621	24613	10695	184704	504	78375
1338804	6548	6101	0	15062	90670	0	987
156031	764	763	0	4501	9488	0	1471

单位：个、千元

营业利润	营业外收入	营业外支出	利润总额	所得税费用	应付职工薪酬（本年贷方累计发生额）	应交增值税	建筑业企业在境外完成的营业收入
868956	**28977**	**14920**	**881519**	**256689**	**1989312**	**475232**	**16782**
868956	28977	14920	881519	256689	1989312	475232	16782
639950	3900	8891	634544	179635	1373059	344779	0
168832	24188	4139	187802	58647	450768	90500	5967
61973	781	1889	60865	17771	138953	35995	10815
-1799	108	1	-1692	636	26532	3958	0

4-2 四季度（C40001）建筑业企业主要生产指标完成情况

（2019 年）

指标名称	计量单位	自年初累计	上年同期	同比增长（%）
企业个数	个	161.00	176.00	-8.5
签订的合同额	亿元	227.78	267.07	-14.7
建筑业总产值	亿元	144.83	195.28	-25.8
竣工产值	亿元	73.57	111.46	-34.0
房屋建筑施工面积	万平方米	778.90	804.87	-3.2
#新开工面积	万平方米	347.13	387.83	-10.5
房屋建筑竣工面积	万平方米	208.59	263.97	-21.0
从事建筑业活动的从业人员平均人数	万人	4.35	5.62	-22.6
企业个数	个	11.00	12.00	-8.3
签订的合同额	亿元	25.03	24.90	0.5
建筑业总产值	亿元	15.20	18.21	-16.5
竣工产值	亿元	9.50	9.15	3.8
房屋建筑竣工面积	万平方米		1.44	-100.0
从事建筑业活动的从业人员平均人数	万人	0.16	0.18	-11.1

注：此表中企业个数为不包含工作量的企业个数。

五

固定资产投资

5-1 1949-2014 年历年全社会固定资产投资完成情况

单位：万元

年份	总计	国有及其他经济类型			
		小计	基建	更新改造	其他
1949—1952	1088	1088	1088		
1953—1957	15297	15297	15297		
1958—1962	26191	26191	26191		
1963—1965	6832	6832	6832		
1966—1970	12349	12349	12349		
1971—1975	25956	25956	25956		
1976—1977	8858	8858	8858		
1978	8098	8098	8098		
1979	10257	10149	8502	1647	
1980	9626	9362	6679	2683	
1981	8085	7652	3847	3805	
1982	13185	12517	6596	5921	
1983	12426	11689	7125	4564	
1984	16657	14948	6817	8131	
1985	23997	21152	11795	9357	
1986	28170	25095	14236	10859	
1987	41332	38700	23771	14929	
1988	45381	42931	22702	20229	
1989	64389	45467	18101	20592	6774
1990	58675	45261	20606	16361	5714
1991	86067	59194	28852	24102	4537
1992	160447	110201	49702	52383	3187
1993	237558	170414	71861	74036	9524
1994	279599	177040	72945	72431	18677
1995	324165	184544	70955	93213	11209
1996	418706	243100	103862	118551	754
1997	519777	272552	127129	131124	1006
1998	604075	314894	168885	117099	5452
1999	657499	344373	169965	132476	10028
2000	710761	365165	216055	105360	1711
2001	790097	434432	247577	118735	1290
2002	840938	474045		137394	2500
2003	1119643	698527	339992	205600	4955
2004	1506080	1082967			
2005	1893789	1419468			
2006	2305131	1885004			
2007	3002795	2568744			
2008	3903663	3456051			
2009	5672020	5200639			
2010	7512872	6950731			
2011	8295752	7538584			
2012	10221292	9489945			
2013	12269171	11301124			
2014	14271480	10134444			

注:2004 年以后无国有及其他经济指标分组。2015 年以后不再更新此表，用“全社会固定资产投资完成情况”进行替代。

5-2 全社会固定资产投资完成情况

（2019 年）　　单位：%

指标名称	比上年增长	投资构成	
		2019 年	2018 年
全社会固定资产合计	**5.0**	**100**	**100**
1.固定资产投资	6.1	98.5	97.4
按构成分			
#城乡建设项目投资	7.5	66.4	65.5
#房地产开发投资	3.5	33.6	34.5
按三次产业分：			
第一产业	-16.7	4.3	5.5
第二产业	8.5	28.3	27.7
第三产业	7.0	67.4	66.8
2.农户	-37.8	1.5	2.6

5-3 按登记注册类型各行业投资增速

（2019 年） 单位：%

指 标	投资额增速	#内 资	#港澳台商投资	#外商投资
全市总计	**6.1**	**6.0**	**-14.6**	**560.9**
农、林、牧、渔业	-16.6	-16.6		
农业	-24.9	-24.9		
林业	-61.6	-61.6		
畜牧业	22.9	22.9		
农、林、牧、渔专业及辅助性活动				
采矿业	-7.1	-12.9		
煤炭开采和洗选业	-66.8	-66.8		
黑色金属矿采选业	40.3	30.5		
有色金属矿采选业	-100.0	-100.0		
非金属矿采选业	-78.9	-78.9		
开采专业及辅助性活动	-100	-100		
其他采矿业	-46.2	-46.2		
制造业	12.1	13.8		-63.0
农副食品加工业	-21.1	-20.7		-100.0
食品制造业	-27.3	-20.9		-100.0
酒、饮料和精制茶制造业	-36.7	-36.3		-44.9
纺织业	-75.0	-75.0		
纺织服装、服饰业	-100.0	-100.0		
皮革、毛皮、羽毛及其制品和制鞋业				
木材加工和木、竹、藤、棕、草制品业	206.5	206.5		
家具制造业	83.0	83.0		
造纸和纸制品业				
印刷和记录媒介复制业	-92.6	-92.6		
石油、煤炭及其他燃料加工业	25	25		
化学原料和化学制品制造业	4.4	4.4		
医药制造业	-47.5	-47.5		
橡胶和塑料制品业	185.7	185.7		
非金属矿物制品业	-12.6	-9.2		

按登记注册类型各行业投资增速

5-3 续表1 （2019年） 单位：%

指　标	投资额增速	#内　资	#港澳台商投资	#外商投资
黑色金属冶炼和压延加工业	-3.4	-3.4		
有色金属冶炼和压延加工业	231.7	231.7		
金属制品业	52.9	52.9		
通用设备制造业	-33.8	-33.8		
专用设备制造业	376.2	376.2		
汽车制造业	490.1	490.1		
电气机械和器材制造业	1.3	1.3		
计算机、通信和其他电子设备制造业	2146.5	2146.5		
仪器仪表制造业	244.6	244.6		
其他制造业	-58.2	-58.2		
废弃资源综合利用业	138.0	138.0		
电力、热力、燃气及水生产和供应业	8.5	8.5		
电力、热力生产和供应业	8.1	8.1		
燃气生产和供应业	-55.0	-55.0		
水的生产和供应业	39.9	39.9		
批发和零售业	-42.6	-42.6		
批发业	254.0	254.0		
零售业	-73.0	-73.0		
交通运输、仓储和邮政业	46.7	46.7		
铁路运输业	-100.0	-100.0		
道路运输业	72.7	72.7		
航空运输业	-100.0	-100.0		
装卸搬运和仓储业	20.8	20.8		
住宿和餐饮业	38.2	38.2		
住宿业	38.2	38.2		
信息传输、软件和信息技术服务业	60.1	60.1		
互联网和相关服务	-100.0	-100.0		
软件和信息技术服务业	60.4	60.4		
房地产业	1.9	1.5	-55.9	

按登记注册类型各行业投资增速

5-3 续表 2 （2019 年） 单位：%

指标	投资额增速	#内资	#港澳台商投资	#外商投资
房地产业	1.9	1.5	-55.9	
租赁和商务服务业	17.9	17.9		
商务服务业	17.9	17.9		
科学研究和技术服务业	-48.4	-51.2		
研究和试验发展				
专业技术服务业	-47.7	-47.7		
科技推广和应用服务业	-53.0	-53.0		
水利、环境和公共设施管理业	-26.0	-26.0		
水利管理业	114.3	114.3		
生态保护和环境治理业	-71.2	-71.2		
公共设施管理业	-32.6	-32.6		
土地管理业	-99.9	-99.9		
居民服务、修理和其他服务业	868.9	868.9		
居民服务业	4042.0	4042.0		
其他服务业	112.7	112.7		
教育	-1.9	-1.9		
教育	-1.9	-1.9		
卫生和社会工作	48.5	48.5		
卫生	54.5	54.5		
社会工作	-54.4	-54.4		
文化、体育和娱乐业	167.2	167.2		
广播、电视、电影和录音制作业	-100.0	-100.0		
文化艺术业	159.5	159.5		
体育	428.0	428.0		
娱乐业	82.1	82.1		
公共管理、社会保障和社会组织	-18.6	-18.6		
国家机构	-18.6	-18.6		

5-4 固定资产投资按不同分组完成情况

（2019 年）

单位：%

指标名称	比上年增长	指标名称	比上年增长
固定资产投资完成额	6.1	其他企业	-67.0
其中：国有及国有控股	11.1	港、澳、台商投资企业	-14.6
其中：房地产开发	3.5	港、澳、台商独资经营企业	-14.6
1. 按三次产业		外商投资企业	560.9
第一产业	-16.7	中外合资经营企业	-63.0
第二产业	8.5	外商投资股份有限公司	
第三产业	7.0	个体经营	-92.0
2. 按建设性质		个体户	-92.4
新建	15.7	5. 按隶属关系	
扩建	-28.2	中央	-2.6
改建和技术改造	17.7	省(自治区、直辖市)	-100.0
单纯建造生活设施		地(区、市、州、盟)	-100.0
迁建	-62.5	县级及以下	-100.0
恢复	1945.0	其他	17.3
3. 按构成分		6. 按行业类别	
建筑工程	10.5	农、林、牧、渔业	-16.6
安装工程	17.8	农业	-24.9
设备工器具购置	1.7	林业	-61.6
其他费用	1.0	畜牧业	22.9
4. 按登记注册类型		农、林、牧、渔专业及辅助性活动	
内资企业	6.0	采矿业	-7.1
国有企业	0.5	煤炭开采和洗选业	-66.8
集体企业		黑色金属矿采选业	40.3
股份合作企业	-100.0	有色金属矿采选业	-100.0
有限责任公司	30.7	非金属矿采选业	-78.9
国有独资公司	2.5	开采专业及辅助性活动	-100.0
其他有限责任公司	36.7	其他采矿业	-46.2
股份有限公司	8.0	制造业	12.1
私营企业	-3.3	农副食品加工业	-21.1
私营独资企业	-34.4	食品制造业	-27.3
私营合伙企业	32.1	酒、饮料和精制茶制造业	-36.7
私营有限责任公司	-1.3	纺织业	-75.0
私营股份有限公司	-67.7	纺织服装、服饰业	-100.0

固定资产投资按不同分组完成情况

5-4 续表 1　　（2019 年）　　单位：%

指标名称	比上年增长	指标名称	比上年增长
皮革、毛皮、羽毛及其制品和制鞋业		住宿和餐饮业	38.2
木材加工和木、竹、藤、棕、草制品业	206.5	住宿业	38.2
家具制造业	83.0	信息传输、软件和信息技术服务业	60.1
造纸和纸制品业		互联网和相关服务	-100.0
印刷和记录媒介复制业	-92.6	软件和信息技术服务业	60.4
石油、煤炭及其他燃料加工业	25.0	房地产业	1.9
化学原料和化学制品制造业	4.4	房地产业	1.9
医药制造业	-47.5	租赁和商务服务业	17.9
橡胶和塑料制品业	185.7	商务服务业	17.9
非金属矿物制品业	-12.6	科学研究和技术服务业	-48.4
黑色金属冶炼和压延加工业	-3.4	研究和试验发展	
有色金属冶炼和压延加工业	231.7	专业技术服务业	-47.7
金属制品业	52.9	科技推广和应用服务业	-53.0
通用设备制造业	-33.8	水利、环境和公共设施管理业	-26.0
专用设备制造业	376.2	水利管理业	114.3
汽车制造业	490.1	生态保护和环境治理业	-71.2
电气机械和器材制造业	1.3	公共设施管理业	-32.6
计算机、通信和其他电子设备制造业	2146.5	土地管理业	-99.9
仪器仪表制造业	244.6	居民服务、修理和其他服务业	868.9
其他制造业	-58.2	居民服务业	4042.0
废弃资源综合利用业	138.0	其他服务业	112.7
电力、热力、燃气及水生产和供应业	8.5	教育	-1.9
电力、热力生产和供应业	8.1	教育	-1.9
燃气生产和供应业	-55.0	卫生和社会工作	48.5
水的生产和供应业	39.9	卫生	54.5
批发和零售业	-42.6	社会工作	-54.4
批发业	254.0	文化、体育和娱乐业	167.2
零售业	-73.0	广播、电视、电影和录音制作业	-100
交通运输、仓储和邮政业	46.7	文化艺术业	159.5
铁路运输业	-100.0	体育	428
道路运输业	72.7	娱乐业	82.1
航空运输业	-100.0	公共管理、社会保障和社会组织	-18.6
装卸搬运和仓储业	20.8	国家机构	-18.6

5-5 5000万以上项目及房地产开发项目资金来源情况

（2019年） 单位：%

指标名称	本年实际到位资金增速	国家预算资金	国内贷款	利用外资	自筹资金	其他资金
全市总计	**-6.5**	**37.2**	**-24.7**		**-12.0**	**44.1**
农、林、牧、渔业	1.8	-100.0			-0.8	497.6
农业	-15.6	-100			-25.0	1023.7
林业	-59.8	-100.0			-100.0	321.6
畜牧业	117.6				117.5	
采矿业	-27.5		900		-32.9	430
煤炭开采和洗选业	-81.8				-81.8	
黑色金属矿采选业	5.0				-3.2	430
有色金属矿采选业	-100.0				-100.0	
非金属矿采选业	-92.3		-100.0		-92.3	
开采专业及辅助性活动	-100.0				-100.0	
其他采矿业	-62.4				-62.4	
制造业	-2		79.8		-2.4	-19.8
农副食品加工业	-33.9		-100.0		-36.9	
食品制造业	-57.4		-100		-50.8	
酒、饮料和精制茶制造业	-43.6				-43.6	
纺织服装、服饰业	-100.0				-100.0	
皮革、毛皮、羽毛及其制品和制鞋业						
木材加工和木、竹、藤、棕、草制品业	1116.2				1116.2	
家具制造业	36.3				14	
印刷和记录媒介复制业	-92.2				-92.2	
石油、煤炭及其他燃料加工业	101.9				101.9	
化学原料和化学制品制造业	2.9		-100		-13.6	-100
医药制造业	-47.7		-100.0		-62.4	-35.7
橡胶和塑料制品业	1049.8				1049.8	
非金属矿物制品业	-40.0				-40.7	-32.9
黑色金属冶炼和压延加工业	-51.1				-51.1	

5000万以上项目及房地产开发项目资金来源情况

5-5 续表1 （2019年） 单位：%

指标名称	本年实际到位资金增速	国家预算资金	国内贷款	利用外资	自筹资金	其他资金
有色金属冶炼和压延加工业	159.3				115.8	
金属制品业	53.2				40.8	
通用设备制造业	-70.2				-70.2	
专用设备制造业	376.9				376.9	
汽车制造业	486.6				507.3	-100
电气机械和器材制造业	199.0				148.2	
计算机、通信和其他电子设备制造业	2090.0				2090.0	
仪器仪表制造业	244.9				2986.7	-100
其他制造业	-81.3				-81.3	
废弃资源综合利用业	-100.0				-100.0	
电力、热力、燃气及水生产和供应业	-1.1	2131	-21.9		1.4	200.6
电力、热力生产和供应业	-2.5	1050.8	-23.3		4.9	275.6
燃气生产和供应业	-100.0				-100.0	
水的生产和供应业	183.2					-2.3
批发和零售业	-40.8				-43.3	
批发业	425.0				389.2	
零售业	-75.8				-75.8	
交通运输、仓储和邮政业	55.1	95.2			-59.8	486.7
铁路运输业	-100.0				-100.0	
道路运输业	85.2	94.5			-68.3	481.8
航空运输业	-100.0				-100.0	
装卸搬运和仓储业	9.6				-20.7	554.1
住宿和餐饮业	49.2		-100.0		64.9	-100.0
住宿业	49.2		-100		64.9	-100.0
信息传输、软件和信息技术服务业	32.4				47.8	-60.5
软件和信息技术服务业	32.4				47.8	-60.5
房地产业	-18.1	-100	-24.1		-26.6	-37.7

5000万以上项目及房地产开发项目资金来源情况

5-5 续表2 （2019年） 单位：%

指标名称	本年实际到位资金增速	国家预算资金	国内贷款	利用外资	自筹资金	其他资金
房地产业	-18.1	-100	-24.1		-26.6	-37.7
租赁和商务服务业	17.0				107.6	-86.9
商务服务业	17.0				107.6	-86.9
科学研究和技术服务业	-78.5				-78.5	
专业技术服务业	-70.6				-70.6	
科技推广和应用服务业	-82.0				-82.0	
水利、环境和公共设施管理业	-27.4	-75.2	-93.4		-25.6	12.9
水利管理业	98.0	110	-100		82.1	360.4
生态保护和环境治理业	-59.7	-98.9			-55.7	
公共设施管理业	-34.9	-83.8	-91.4		-29.8	-17.3
居民服务、修理和其他服务业	485.7				170.1	
居民服务业						
其他服务业	215.7				-100.0	
教育	0.9	30.7			-42.5	128.7
教育	0.9	30.7			-42.5	128.7
卫生和社会工作	44.0	45.3			54.7	-100
卫生	51.1	45.3			52.3	
社会工作	-68.6					-100
文化、体育和娱乐业	173.2	215.7	-100		158.8	437.8
文化艺术业	136.8	47.0			178.4	
体育	944.6	6968.6	-100		3193.3	437.8
娱乐业	64.3				64.3	
公共管理、社会保障和社会组织	-38.0	8.6			-47.0	-100
国家机构	-38.0	8.6			-47.0	-100.0
娱乐业	-45.6				-45.1	-100.0
公共管理、社会保障和社会组织	2642.9	3718.6			1612.3	
国家机构	2642.9	3718.6			1612.3	

5-6 新增生产能力

（2019 年）

项目名称	计量单位	建设规模	本年施工 规　模	本年新开工	累计新增 生产能力 (或工程效益)	本年新增
新建公路	公里	25.8				
改建公路	公里	724.4	340.4	236.2	555.1	236.2
#二级公路	公里	236.1	127.1	28.3	82.3	28.3
水力发电	万千瓦	360				
风力发电	万千瓦	84.6	57.6	7.8	43	23
太阳能发电	万千瓦	29.5	20.1	3.6	11.4	11.4

5-7 分县（市、区）全社会固定资产投资增速

（2019年）　　单位：%

县（市、区）名称	全社会固定资产投资额	固定资产投资额	城乡建设项目	房地产	农　户
全　市	**5.0**	**6.1**	**7.5**	**3.5**	**-37.8**
双桥区	0.8	0.8	-3.2	3.0	-
双滦区	10.2	10.2	-20.5	46.2	-
营子区	5.1	6.5	17.3	-30.7	-100.0
承德县	6.2	1.0	-12.5	102.5	80.0
兴隆县	4.3	6.0	75.7	-27.6	-44.4
滦平县	5.1	6.1	3.6	14.9	-60.0
隆化县	5.2	7.2	-0.6	19.7	-100.0
丰宁县	2.1	4.3	-7.9	43.4	-77.0
宽城县	3.5	7.3	1.4	33.7	-86.7
围场县	4.7	7.4	33.5	-46.2	-32.6
高新区	6.4	6.4	22.1	-8.1	-
平泉市	8.0	10.3	28.7	-64.7	-90.8

六
房地产

6-1 房地产开发企业资金情况

（2019 年）　　单位：万元、平方米

指标名称	本　年	同比增长
企业个数	268	-3.2
上年末结余资金	469986	12.8
本年实际到位资金	1915471	-17.9
国内贷款	242044	-24.1
银行贷款	206095	-14.3
非银行金融机构贷款	35949	-54.0
自筹资金	794246	-26.6
定金及预收款	552286	-17.1
个人按揭贷款	278938	46.7
其他到位资金	47957	-37.7
本年各项应付款合计	669328	3.4
#工程款	459561	4.9
待开发土地面积	1241856	-7.7
本年土地购置面积	403827	-56.1
本年土地成交价款	75428	-50.4
#拆迁补偿费	4018	12.4

6-2 房地产开发企业投资情况

（2019 年） 单位：万元

指标名称	本年累计	同比增长	指标名称	本年累计	同比增长
计划总投资	9907634	27.1	国有独资公司	127940	-38.5
自开始建设累计完成投资	6006042	20.0	其他有限责任公司	746760	23.9
本年完成投资	1816067	3.5	股份有限公司	14305	
国有单位投资	127940	-38.5	私营企业	898839	-2.6
国有控股单位投资	178303	411.9	私营有限责任公司	898839	-2.6
建筑工程	1402890	11.0	港、澳、台商投资企业	9664	-55.9
安装工程	169244	-27.4	港、澳、台商独资经营企业	9664	-55.9
设备工器具购置	54082	39.1	外商投资企业	18559	
其他费用	189851	-13.5	外商投资股份有限公司	18559	
#旧建筑物购置费		-100.0	一级	56082	-18.3
土地购置费	152531	-9.7	二级	107989	-40.4
商品住宅	1364654	2.7	三级	247945	-4.7
#90 平方米以下	311747	-12.5	四级	627625	15.0
90-144 平米	880994	4.2	暂定	776426	11.3
144 平方米以上	171913	35.2	其他		-100.0
#别墅、高档公寓	12465	-7.9	国有经济	127940	-38.5
办公楼	33850	215.3	私营经济	898839	-2.6
商业营业用房	245745	-1.1	股份制经济	761065	26.3
其他	171818	3.0	外商投资	18559	
新增固定资产	888483	34.3	港澳台投资	9664	-55.9
中央	3000		国有控股	178303	411.9
地方	1418687	-13.2	集体控股	7686	-35.9
地（区、市、州、盟）		-100.0	私人控股	1279541	-14.7
其他	1418687	-6.4	港澳台商控股	9664	-55.9
内资企业	1787844	3.1	外商控股	18559	
有限责任公司	874700	7.9	其他	322314	72.9

6-3 房地产开发企业施工、销售情况

（2019 年） 单位：万元、平方米

指标名称	本年累计	同比增长	指标名称	本年累计	同比增长
1.房屋施工面积	17718750	17.8	其他	152037	342.4
住宅	12645489	15.2	3.本年房屋竣工价值	790866	34.3
#90 平方米及以下	1954596	-26.5	住宅	552403	23.4
144 平方米以上	1370078	42.5	#90 平方米及以下	59601	-45.9
#别墅、高档公寓	234117	94.1	144 平方米以上	90452	200.8
办公楼	384780	68.9	#别墅、高档公寓	70779	
商业营业用房	2156493	14.2	办公楼	6768	70.4
其他	2531988	30.0	商业营业用房	133763	58.5
#本年新开工面积	6359235	40.7	其他	97932	85.6
住宅	4485253	35.0	4.房屋出租面积	1706	-58.1
#90 平方米及以下	447881	-25.2	商业营业用房	1706	-58.1
144 平方米以上	406843	39.3	5.本年商品房销售面积	2373775	-19.2
#别墅、高档公寓	63452	7.6	住宅	2040786	-18.4
办公楼	182649	111.7	#90 平方米及以下	412300	-12.3
商业营业用房	676526	54.4	144 平方米以上	124862	-27.6
其他	1014807	50.8	#别墅、高档公寓	17155	-16.8
2.本年房屋竣工面积	2925343	2.4	办公楼	5810	-92.3
住宅	1933854	-11.6	商业营业用房	140431	-52.8
#90 平方米及以下	261871	-65.2	其他	186748	192.6
144 平方米以上	143587	29.0	现房销售面积	554220	-21.2
#别墅、高档公寓	126046		住宅	427852	-19.2
办公楼	23462	34.1	#90 平方米及以下	275154	62.9
商业营业用房	515111	60.2	144 平方米以上	7285	-63.1
其他	452916	37.7	#别墅、高档公寓	1534	-24.1
#不可销售面积	229223	178.7	办公楼		-100.0
住宅	22183	-53.7	商业营业用房	46802	-65.5
#90 平方米及以下	1428		其他	79566	119.5
商业营业用房	55003		期房销售面积	1819555	-18.6

房地产开发企业施工、销售情况

6-3 续表1 （2019年） 单位：万元、平方米

指标名称	本年累计	同比增长	指标名称	本年累计	同比增长
住宅	1612934	-18.2	办公楼	3899	-93.1
#90平方米及以下	137146	-54.5	商业营业用房	74042	-61.3
144平方米以上	117577	-23.0	其他	38275	453.7
#别墅、高档公寓	15621	-16.0	7.待售面积	803757	-18.0
办公楼	5810	-92.0	住宅	268627	-36.7
商业营业用房	93629	-42.1	#90平方米及以下	60119	-78.4
其他	107182	288.6	144平方米以上	23952	329.4
6.本年商品房销售额	1401647	-28.1	#别墅、高档公寓	5603	-23.8
住宅	1207877	-22.5	办公楼	62620	-4.7
#90平方米及以下	213207	-32.1	商业营业用房	213279	-3.4
144平方米以上	87977	-58.5	其他	259231	-3.8
#别墅、高档公寓	19570	-26.2	#待售1-3年（含1年）	204073	-67.0
办公楼	3899	-93.3	住宅	128563	-61.1
商业营业用房	115317	-63.2	#90平方米及以下	33588	-87.6
其他	74554	294.4	144平方米以上	21476	940.0
现房销售额	287409	-24.6	#别墅、高档公寓	5145	-23.0
住宅	209855	-14.6	办公楼	2390	363.2
#90平方米及以下	126210	70.4	商业营业用房	33828	-68.4
144平方米以上	4028	-66.1	其他	39292	-78.3
#别墅、高档公寓	1866	-10.3	待售3年以上（含3年）	349513	176.4
办公楼		-100.0	住宅	39373	150.7
商业营业用房	41275	-66.2	#90平方米及以下	10849	34.7
其他	36279	202.6	144平方米以上	1157	34.1
期房销售额	1114238	-28.9	#别墅、高档公寓	458	-32.2
住宅	998022	-24.0	办公楼	42648	-34.6
#90平方米及以下	86997	-63.8	商业营业用房	110943	443.0
144平方米以上	83949	-58.1	其他	156549	522.9
#别墅、高档公寓	17704	-27.6			

6-4 房地产开发企业财务状况

（2019 年） 单位：千元

指标名称	本年累计	同比增长	指标名称	本年累计	同比增长
年初存货	52021472	27.89	#房屋出租收入	21359	-25.02
流动资产合计	100537269	12.44	其他收入	89781	-90.56
#应收账款	3143504	-36.11	营业成本	8334842	-42.98
存货	66912742	26.20	#主营业务成本	7928798	-41.30
固定资产原价	2703504	-3.67	税金及附加	572224	-27.64
#房屋和构筑物	981952	3.27	其他业务利润	29089	-87.65
机器设备	138771	262.54	销售费用	569570	18.61
累计折旧	684262	7.80	管理费用	840802	5.69
#本年折旧	173903	0.91	财务费用	449479	-7.84
在建工程	1346792	16.51	#利息收入	15609	-46.17
无形资产	1031724	-59.36	利息支出	309732	39.01
#土地使用权	835561	-9.81	资产减值损失	8950	-1934.02
资产总计	114728596	9.15	公允价值变动收益(损失以 “-” 号记)		-100.00
流动负债合计	88640879	9.80	投资收益（损失以“-”号记）	25511	-72.04
负债合计	101515520	13.79	其他收益	290	-98.26
所有者权益合计	13213076	-16.88	营业利润	-630929	-964.89
#实收资本	7981025	7.77	营业外收入	85043	-69.36
个人资本	1246262	-58.31	营业外支出	84664	6.29
营业收入	10041992	-39.28	利润总额	-647671	-323.45
#主营业务收入	9462082	-39.43	所得税费用	207260	-47.87
土地转让收入	13127	-94.07	应付职工薪酬（本年贷方累计发生额）	514128	3.53
商品房销售收入	9329014	-35.29	应交增值税	495587	-13.06
自持物业收入	30160	-3.21			

七

国内贸易

7-1 历年社会消费品零售总额（1949-2019 年）

单位：万元

年　份	社会消费品零售总额	比上年增长%
1949	461	-
1950	501	8.7
1951	890	77.6
1952	4067	356.9
1953	6447	58.5
1954	8104	25.7
1955	8270	20.1
1956	9851	19.1
1957	9744	-1.1
1958	12620	29.5
1959	15814	25.3
1960	16260	2.8
1961	15259	-6.2
1962	15654	2.6
1963	13546	-13.5
1964	12571	-7.2
1965	14082	12.0
1966	14865	6.3
1967	16374	10.2
1968	15537	-5.1

历年社会消费品零售总额（1949-2019年）

7-1 续表1

单位：万元

年 份	社会消费品零售总额	比上年增长%
1969	18294	17.7
1970	20250	10.7
1971	20865	3.0
1972	23957	14.8
1973	27380	14.3
1974	28939	5.7
1975	32258	11.5
1976	34644	7.4
1977	37061	7.0
1978	38450	3.7
1979	42483	10.5
1980	46361	9.1
1981	49408	6.6
1982	53557	8.4
1983	60627	13.2
1984	75550	24.6
1985	89801	18.9
1986	99733	11.1
1987	118029	18.3
1988	157538	33.5

历年社会消费品零售总额（1949-2019 年）

7-1　续表 2　　　　单位：万元

年　　份	社会消费品零售总额	比上年增长%
1989	175829	11.6
1990	178475	10.5
1991	201570	29.7
1992	232000	15.3
1993	283748	22.3
1994	341188	20.2
1995	432148	26.7
1996	491561	13.7
1997	552495	12.4
1998	603618	9.3
1999	637128	5.6
2000	682790	7.2
2001	717244	5.0
2002	752257	4.9
2003	786136	4.5
2004	892140	13.5
2005	990095	11.0
2006	1105430	11.6
2007	1259330	13.9
2008	1511016	20.0

历年社会消费品零售总额（1949-2019年）

7-1 续表3

单位：万元

年　份	社会消费品零售总额	比上年增长%
2009	1716691	13.6
2010	1998464	16.4
2011	2315241	15.9
2012	2623718	13.3
2013	2932763	11.8
2014	3249463	10.8
2015	3516077	8.2
2016	3825801	8.8
2017	4188574	9.5
2018	4505113	7.6
2019	4863306	8.0

注：1.根据第四次全国经济普查结果对1992-2019年历史数据进行调整。
2.增速为比上年增长计算结果。

7-2　社会消费品零售总额

单位：万元

指标名称	2019年	2018年	比上年增长%
社会消费品零售总额	4863306.1	4505113.1	8.0
城镇	3641337.6	3400259.2	7.1
#城区	1356629.0	1249198.0	8.6
乡村	1221968.5	1104854.0	10.6

注：根据第四次全国经济普查结果对2018年和2019年数据进行调整。

7-3　限额以上批发零售法人企业经营情况

（2019 年）　　单位：万元

指标名称	法人企业数（个）	从业人员期末人数（人）	商品购进额	#进　口
全　市	**161**	**15257**	**3015026.5**	**10694**
批发业	57	4818	2353368.6	
按批发行业分				
农、林、牧、渔产品批发	6	542	245028.0	
谷物、豆及薯类批发	2	69	197620.9	
种子批发	3	243	12699.7	
畜牧渔业饲料批发	1	230	34707.4	
食品、饮料及烟草制品批发	10	1833	348454.6	
米、面制品及食用油批发	2	76	10981.4	
果品、蔬菜批发	1	120	10505.4	
肉、禽、蛋、奶及水产品批发	1	178	22050.5	
酒、饮料及茶叶批发	5	883	90208.7	
烟草制品批发	1	576	214708.6	
医药及医疗器材批发	11	705	168034.6	
西药批发	8	516	77971.8	
中药批发	3	189	90062.8	
矿产品、建材及化工产品批发	17	1511	1514519.9	
石油及制品批发	7	1222	261599.9	
金属及金属矿批发	8	285	1250149.0	
建材批发	1	4	2771.0	
其他化工产品批发	1			
机械设备、五金产品及电子产品批发	12	210	74678.4	
汽车及零配件批发	3	52	14180.6	
其他机械设备及电子产品批发	9	158	60497.8	
按登记注册类型分				
内资企业	57	4818	2353368.6	
国有企业	1	576	214708.6	
有限责任公司	17	1961	1709383.6	

限额以上批发零售法人企业经营情况

7-3 续表1 （2019年） 单位：万元

指标名称	法人企业数（个）	从业人员期末人数（人）	商品购进额	#进 口
国有独资公司	1	26	134038.7	
其他有限责任公司	16	1935	1575344.9	
股份有限公司	1	284	78153.3	
私营企业	38	1997	351123.1	
私营独资企业	2	26	2265.8	
私营有限责任公司	36	1971	348857.3	
按控股情况分				
国有控股	10	2051	1809912.7	
集体控股	2	218	105646.7	
私人控股	45	2549	437809.2	
按经营形式分				
独立门店	41	2803	684029.7	
连锁总店（总部）	1	823	134253.2	
其他	15	1192	1535085.7	
按单位规模分				
大型	5	2283	493927.0	
中型	25	2009	1734214.8	
小型	17	383	120288.2	
微型	10	143	4938.6	
按地区分	57	4818	2353368.6	
双桥区	10	1614	357767.4	
双滦区	6	289	1237157.5	
营子区	2	55	403.4	
承德县	5	332	250789.2	
兴隆县	4	76	10799.5	
滦平县	1	13	2102.0	
隆化县	1	148	10700.9	
丰宁县	2	318	22109.3	

限额以上批发零售法人企业经营情况

7-3 续表2 （2019年） 单位：万元

指标名称	法人企业数（个）	从业人员期末人数（人）	商品购进额	#进　口
宽城县	10	192	39742.2	
围场县	1	156	1673.1	
高新区	6	744	292721.1	
平泉市	9	881	127403.0	
零售业	104	10439	661657.9	10694
按零售行业分				
综合零售	31	7320	360168.0	1
百货零售	11	2340	89981.8	
超级市场零售	19	4957	268601.4	1
其他综合零售	1	23	1584.8	
食品、饮料及烟草制品专门零售	5	95	7089.4	
粮油零售	1	4	506.6	
酒、饮料及茶叶零售	2	22	3136.4	
其他食品零售	2	69	3446.4	
纺织、服装及日用品专门零售	7	620	25780.1	
服装零售	4	493	22561.5	
钟表、眼镜零售	2	90	2338.5	
其他日用品零售	1	37	880.1	
文化、体育用品及器材专门零售	2	307	15437.4	
图书、报刊零售	1	291	15200.9	
珠宝首饰零售	1	16	236.5	
医药及医疗器材专门零售	7	691	21854.9	
西药零售	7	691	21854.9	
汽车、摩托车、零配件和燃料及其他动力销售	31	978	207371.0	10693
汽车新车零售	17	772	183277.4	10693
汽车零配件零售	1	17	6038.9	
机动车燃油零售	13	189	18054.7	
家用电器及电子产品专门零售	20	428	23957.1	

限额以上批发零售法人企业经营情况

7-3 续表3 （2019年） 单位：万元

指标名称	法人企业数（个）	从业人员期末人数（人）	商品购进额	#进　口
家用视听设备零售	8	165	9584.3	
日用家电零售	3	60	2404.2	
计算机、软件及辅助设备零售	6	128	7057.4	
通信设备零售	2	67	4278.0	
其他电子产品零售	1	8	633.2	
货摊、无店铺及其他零售业	1			
互联网零售	1			
按登记注册类型分				
内资企业	103	10215	661657.9	10694
有限责任公司	15	1797	157108.4	10694
国有独资公司	1	291	15200.9	
其他有限责任公司	14	1506	141907.5	10694
私营企业	88	8418	504549.5	
私营独资企业	5	228	9317.6	
私营有限责任公司	81	7658	479790.3	
私营股份有限公司	2	532	15441.6	
港、澳、台商投资企业	1	224		
港澳台商独资企业	1	224		
按控股情况分				
国有控股	2	324	16502.2	
集体控股	1	31	1108.3	
私人控股	99	9606	640722.9	10694
港澳台商控股	1	224		
其他	1	254	3324.5	
按经营形式分				
独立门店	96	9296	611902.5	10694
连锁总店（总部）	3	853	24098.0	
连锁直营店	1	36	1381.8	

限额以上批发零售法人企业经营情况

7-3 续表 4 （2019 年） 单位：万元

指标名称	法人企业数（个）	从业人员期末人数（人）	商品购进额	#进　口
其他	4	254	24275.6	
按单位规模分				
大型	3	3345	203768.6	
中型	30	5298	299707.8	10694
小型	59	1502	149326.2	
微型	12	294	8855.3	
按零售额业态分				
有店铺零售	101	10256	656562.2	10694
便利店	1	17	2324.1	
超市	20	3716	242577.9	
大型超市	4	1618	39040.1	
百货店	13	2539	103711.5	1
专业店	38	1392	75380.9	
专卖店	24	926	191742.7	10693
家居建材商店	1	48	1785.0	
无店铺零售	3	183	5095.7	
网上商店	1			
其他	2	183	5095.7	
按地区分	104	10439	661657.9	10694
双桥区	26	4295	294244.8	1
双滦区	12	747	128574.8	10693
营子区	1	27	788.2	
承德县	2	112	4082.9	
兴隆县	4	116	5193.4	
滦平县	8	680	29440.1	
隆化县	3	1001	28613.1	
丰宁县	4	862	30086.4	
宽城县	14	464	28091.6	
围场县	11	858	33834.5	
高新区	8	225	35095.1	
平泉市	11	1052	43613.0	

限额以上批发零售

7-3 续表5

（2019年）

指标名称	商品销售额	#通过公共网络实现的销售额	#通过非自营平台实现的商品销售额	批发额
全　　市	**3495955.5**	**1491653.4**	**1716.4**	**1322548.2**
批发业	2747463.0	1489743.5		1290442.9
按批发行业分				
农、林、牧、渔产品批发	114811.0			105006.3
谷物、豆及薯类批发	65526.3			65526.3
种子批发	16602.8			16602.8
畜牧渔业饲料批发	32681.9			22877.2
食品、饮料及烟草制品批发	531787.5	295460.1		476863.6
米、面制品及食用油批发	16792.2			7656.2
果品、蔬菜批发	12196.8			10526.4
肉、禽、蛋、奶及水产品批发	21871.4			16848.2
酒、饮料及茶叶批发	181448.1	96.8		142353.8
烟草制品批发	299479.0	295363.3		299479.0
医药及医疗器材批发	193526.8			188863.8
西药批发	86908			84714.2
中药批发	106618.8			104149.6
矿产品、建材及化工产品批发	1824025.7	1194283.4		439249.8
石油及制品批发	553061.2			337493.9
金属及金属矿批发	1267696.5	1191015.4		98487.9
建材批发	3268.0	3268		3268.0
其他化工产品批发				
机械设备、五金产品及电子产品批发	79695.5			76842.9
汽车及零配件批发	14970.1			12427.6
其他机械设备及电子产品批发	64725.4			64415.3
按登记注册类型分				
内资企业	2747463.0	1489743.5		1290442.9
国有企业	299479.0	295363.3		299479.0
有限责任公司	1905398.9	1166483.9		545455.2

法人企业经营情况

单位：万元

#出　口	零售额	#通过公共网络实现的零售额	#通过非自营平台实现的零售额	期末商品库存额	服务营业额	年末零售营业面积(平方米)
	2170345.3	**1168393.8**	**1716.4**	**236452.0**	**1802.7**	**528327**
	1453958.1	1166483.9		142371.6	698.7	182129
	9804.7			35064.8		25
				22712.8		
				10246.5		
	9804.7			2105.5		25
	54923.9			26100.2		9151
	9136			3414.6		425
	1670.4			568.0		6520
	5023.2			364.2		72
	39094.3			2273.5		2134
				19479.9		
	4663			19579.4		24098
	2193.8			12199.2		10102
	2469.2			7380.2		13996
	1382051.2	1166483.9		42439.1		146055
	215567.3			28589.6		135512
	1166483.9	1166483.9		13848.8		10543
				0.7		
	2515.3			19181.8	698.7	2800
	2515.3			2809.7	698.7	800
				16372.1		2000
	1453958.1	1166483.9		142371.6	698.7	182129
				19479.9		
	1359943.7	1166483.9		81523.6		19157

限额以上批发零售

7-3 续表6

（2019年）

指标名称	商品销售额	#通过公共网络实现的销售额	#通过非自营平台实现的商品销售额	批发额
国有独资公司	13462.7			13462.7
其他有限责任公司	1891936.2	1166483.9		531992.5
股份有限公司	105398.4			56440.4
私营企业	437186.7	27896.3		389068.3
私营独资企业	2909.9			2281
私营有限责任公司	434276.8	27896.3		386787.3
按控股情况分				
国有控股	2061775.5	1461847.2		670465.6
集体控股	123374.2			121910.1
私人控股	562313.3	27896.3		498067.2
按经营形式分				
独立门店	687834.2	24628.3		582359.0
连锁总店（总部）	395747.1			231208.9
其他	1663881.7	1465115.2		476875.0
按单位规模分				
大型	908227.7	295363.3		662449.8
中型	1697649.0	1191112.2		491781.6
小型	134051.4			129255.6
微型	7534.9	3268		6955.9
按地区分	2747463.0	1489743.5		1290442.9
双桥区	667701.1			448031.7
双滦区	1249811.1	1166483.9		83327.2
营子区	486.7			486.7
承德县	152617.7			133765.3
兴隆县	12762.0	3268		11998.6
滦平县	2023.2			2023.2
隆化县	12311.3			12311.3
丰宁县	31020.9			25997.7

法 人 企 业 经 营 情 况

单位：万元

#出 口	零售额	#通过公共网络实现的零售额	#通过非自营平台实现的零售额	期末商品库存额	服务营业额	年末零售营业面积(平方米)
				576.0		
	1359943.7	1166483.9		80947.6		19157
	48958			2034.3		118479
	45056.4			39333.8	698.7	44493
	628.9			19.2		10
	44427.5			39314.6	698.7	44483
	1391309.9	1166483.9		80033.5		125029
	1464.1			9749.4		12527
	61184.1			52588.7	698.7	44573
	105137.9			85339.8	698.7	165747
	164538.2			25911.6		5023
	1184282.0	1166483.9		31120.2		11359
	245777.9			50222.1		123577
	1205867.4	1166483.9		79172.9	698.7	41326
	2071.1			6484.0		12810
	241.7			6492.6		4416
	1453958.1	1166483.9		142371.6	698.7	182129
	219669.4			45388.5	698.7	132661
	1166483.9	1166483.9		18365.6		2843
				1517.7		4216
	16127.7			23919.3		80
	763.4			546.6		5896
				88.0		
				6366.5		
	5023.2			496.6		72

限额以上批发零售

7-3 续表 7

（2019 年）

指标名称	商品销售额	#通过公共网络实现的销售额	#通过非自营平台实现的商品销售额	批发额
宽城县	45807.2	24531.5		45469.9
围场县	11175.5	96.8		10685.9
高新区	384143.1	295363.3		384143.1
平泉市	177603.2			132202.3
零售业	748492.5	1909.9	1716.4	32105.3
按零售行业分				
综合零售	413881.1	196.6	35	45.3
百货零售	137923.7			45.3
超级市场零售	274393.2	196.6	35	
其他综合零售	1564.2			
食品、饮料及烟草制品专门零售	9183.1			2189.8
粮油零售	1264.2			1264.2
酒、饮料及茶叶零售	4487.3			
其他食品零售	3431.6			925.6
纺织、服装及日用品专门零售	30890.5			
服装零售	26426.2			
钟表、眼镜零售	3340.5			
其他日用品零售	1123.8			
文化、体育用品及器材专门零售	17725.1	328.3	296.4	13177.6
图书、报刊零售	17100.4			13177.6
珠宝首饰零售	624.7	328.3	296.4	
医药及医疗器材专门零售	30358.8			9683.3
西药零售	30358.8			9683.3
汽车、摩托车、零配件和燃料及其他动力销售	216546.3	1385	1385	3739.7
汽车新车零售	183197.0	1385	1385	
汽车零配件零售	6957.4			
机动车燃油零售	26391.9			3739.7
家用电器及电子产品专门零售	29907.6			3269.6

法人企业经营情况

单位：万元

#出　口	零售额	#通过公共网络实现的零售额	#通过非自营平台实现的零售额	期末商品库存额	服务营业额	年末零售营业面积(平方米)
				6344.2		10000
	489.6			1311.9		2004
				31047.9		5427
	45400.9			6978.8		18930
	716387.2	1909.9	1716.4	94080.4	1104.0	346198
	413835.8	196.6	35	37682.7	40.7	214602
	137878.4			10071.1		102300
	274393.2	196.6	35	27589.0	40.7	107802
	1564.2			22.6		4500
	6993.3			538.2		5800
				64.1		4400
	4487.3			340.6		400
	2506.0			133.5		1000
	30890.5			7429.2		27253
	26426.2			5566.3		23593
	3340.5			1706.3		2660
	1123.8			156.6		1000
	4547.5	328.3	296.4	2571.9		6086
	3922.8			2473.4		5686
	624.7	328.3	296.4	98.5		400
	20675.5			5104.3		13865
	20675.5			5104.3		13865
	212806.6	1385	1385	31770.7	985.4	65261
	183197.0	1385	1385	30274.3	985.4	48103
	6957.4			164.8		3000
	22652.2			1331.6		14158
	26638.0			8879.5	77.9	13331

限额以上批发零售

7-3 续表8 （2019年）

指标名称	商品销售额	#通过公共网络实现的销售额	#通过非自营平台实现的商品销售额	批发额
家用视听设备零售	10209.4			210.0
日用家电零售	4731.8			1392.3
计算机、软件及辅助设备零售	8721.6			
通信设备零售	5398.8			1667.3
其他电子产品零售	846.0			
货摊、无店铺及其他零售业				
互联网零售				
按登记注册类型分				
内资企业	748492.5	1909.9	1716.4	32105.3
有限责任公司	166189	161.6		22860.9
国有独资公司	17100.4			13177.6
其他有限责任公司	149088.6	161.6		9683.3
私营企业	582303.5	1748.3	1716.4	9244.4
私营独资企业	9686.6			2706.9
私营有限责任公司	555281.6	1748.3	1716.4	6537.5
私营股份有限公司	17335.3			
港、澳、台商投资企业				
港澳台商独资企业				
按控股情况分				
国有控股	18456.9			13177.6
集体控股	1652.1			
私人控股	721559.4	1909.9	1716.4	18927.7
港澳台商控股				
其他	6824.1			
按经营形式分				
独立门店	692809.4	1847.5	1716.4	32105.3
连锁总店（总部）	26983.7	62.4		
连锁直营店	1775.7			

法人企业经营情况

单位：万元

#出口	零售额	#通过公共网络实现的零售额	#通过非自营平台实现的零售额	期末商品库存额	服务营业额	年末零售营业面积(平方米)
	9999.4			3413.3	33.5	7002
	3339.5			1800.4		4398
	8721.6			2490.3		1326
	3731.5			1170.6	44.4	545
	846.0			4.9		60
				103.9		
				103.9		
	716387.2	1909.9	1716.4	94080.4	1104.0	338198
	143328.1	161.6		15543.3	872.9	74948
	3922.8			2473.4		5686
	139405.3	161.6		13069.9	872.9	69262
	573059.1	1748.3	1716.4	78537.1	231.1	263250
	6979.7			955.1		14815
	548744.1	1748.3	1716.4	74246.4	231.1	228598
	17335.3			3335.6		19837
						8000
						8000
	5279.3			3724.5		9304
	1652.1			21.8		67
	702631.7	1909.9	1716.4	89275.2	1104.0	325210
						8000
	6824.1			1058.9		3617
	660704.1	1847.5	1716.4	83752.1	1104.0	301895
	26983.7	62.4		4101.5		32129
	1775.7			69.8		1020

限额以上批发零售

7-3 续表9 （2019年）

指标名称	商品销售额	#通过公共网络实现的销售额	#通过非自营平台实现的商品销售	批发额
其他	26923.7			
按单位规模分				
大型	201395.1	97.4	35	
中型	350319.1	99.2		13222.9
小型	175826.9	1713.3	1681.4	16692.6
微型	20951.4			2189.8
按零售额业态分				
有店铺零售	739604.5	1909.9	1716.4	32105.3
便利店	2465.0	1385	1385	
超市	245331.1	35	35	45.3
大型超市	42256.6	62.4		
百货店	155306.6	99.2		
专业店	91803.4	328.3	296.4	19669.8
专卖店	200299.6			12390.2
家居建材商店	2142.2			
无店铺零售	8888			
网上商店				
其他	8888			
按地区分	748492.5	1909.9	1716.4	32105.3
双桥区	335715.6	196.6	35	24528.2
双滦区	130794.7	328.3	296.4	
营子区	841.1			
承德县	4445.8			
兴隆县	5006			
滦平县	31345.3			1135.6
隆化县	35436	1385	1385	45.3
丰宁县	32444.4			
宽城县	43778.5			3739.7
围场县	41009.6			1264.2
高新区	40034.5			
平泉市	47641			1392.3

法人企业经营情况

单位：万元

#出　口	零售额	#通过公共网络实现的零售额	#通过非自营平台实现的零售额	期末商品库存额	服务营业额	年末零售营业面积(平方米)
	26923.7			6157.0		11154
	201395.1	97.4	35.0	19894.3		78635
	337096.2	99.2		39187.4	872.9	150984
	159134.3	1713.3	1681.4	32412.6	231.1	100472
	18761.6			2586.1		16107
	707499.2	1909.9	1716.4	92488.8	1104.0	342198
	2465.0	1385.0	1385.0	1921.4		1900
	245285.8	35.0	35	25645.9		61242
	42256.6	62.4		4046.6	40.7	59325
	155306.6	99.2		14546.1		118628
	72133.6	328.3	296.4	16199.5	156.9	49970
	187909.4			29772.1	872.9	50233
	2142.2			357.2	33.5	900
	8888.0			1591.6		4000
				103.9		
	8888.0			1487.7		4000
	716387.2	1909.9	1716.4	94080.4	1104.0	346198
	311187.4	196.6	35	32395.1	564.5	84156
	130794.7	328.3	296.4	20798.3	352.8	45277
	841.1			142.6		850
	4445.8			706.2		3776
	5006.0			682.6		5930
	30209.7			2428.7		8379
	35390.7	1385	1385	6674.8		55556
	32444.4			1877.1	33.5	13082
	40038.8			4969.5	40.7	37788
	39745.4			5275.1		40649
	40034.5			7028.2		10369
	46248.7			11102.2	112.5	40386

7-4 限额以上批发和零售业商品销售分类情况

（2019年） 单位：万元

指标名称	销售额	零售额
全　市	**3515735.9**	**1039642.0**
#通过公共网络实现的商品销售	1614330.6	743.7
粮油、食品类	315566.1	207112.6
#粮油类	134005.0	56738.9
肉禽蛋类	61163.7	44272.5
水产品类	22893.0	22893.0
蔬菜类	44280.9	34514.4
干鲜果品类	30994.3	30994.3
饮料类	57704.6	45010.4
烟酒类	549615.6	98439.4
服装、鞋帽、针纺织品类	114255.4	114255.4
#服装类	71415.6	71415.6
鞋帽类	24382.8	24382.8
针、纺织品类	18457.0	18457.0
化妆品类	25832.8	25832.8
金银珠宝类	14072.0	14072.0
日用品类	39545.1	39545.1
#可穿戴智能设备	2437.3	2437.3
五金、电料类	11262.6	1374.9
体育、娱乐用品类	636.9	636.9
#照相机类	0.0	0.0
书报杂志类	23400.8	23400.8
电子出版物及音像制品类	119.2	119.2
家用电器和音像器材类	38999.1	38999.1

限额以上批发和零售业商品销售分类情况

7-4 续表 1 （2019 年） 单位：万元

指标名称	销售额	零售额
#能效等级为 1 级和 2 级的商品	11998.7	11998.7
#智能家用电器和音像器材	5650.1	5650.1
中西药品类	208116.4	23058.8
#西药类	195239.6	18698.4
中草药及中成药类	12876.8	4359.4
文化办公用品类	18597.1	18597.1
#计算机及其配套产品	3362.7	3362.7
家具类	223.6	223.6
通讯器材类	5910.5	4243.2
#智能手机	4351.0	2683.7
煤炭及制品类	0.0	0.0
木材及制品类	0.0	0.0
石油及制品类	517738.0	276592.6
化工材料及制品类	0.0	0.0
#化肥类	0.0	0.0
金属材料类	1413050.6	0.0
建筑及装潢材料类	158.3	158.3
机电产品及设备类	27681.2	0.0
#农机类	0.0	0.0
汽车类	116696.7	107827.7
种子饲料类	16387.2	0
棉麻类	0.0	0.0
其他类	166.1	142.1

7-5 限额以上批发和零售

（2019 年）

指标名称	法人企业数（个）	执行《2006 年企业会计准则》企业数（个）	一、年初存货	二、期末	
				流动资产合计	应收账款
全　市	**161**	**51**	**251324.0**	**1395330.1**	**176491.2**
批发业	57	25	171952.9	1112117.6	132187.1
按批发行业分					
农、林、牧、渔产品批发	6	4	17413.1	63234.6	2514.9
谷物、豆及薯类批发	2	1	4842.2	24848.1	
种子批发	3	2	5395.2	26069.9	57.8
畜牧渔业饲料批发	1	1	7175.7	12316.6	2457.1
食品、饮料及烟草制品批发	10	7	34891.0	193656.1	14317.7
米、面制品及食用油批发	2	1	3992.9	7090.3	1197.0
果品、蔬菜批发	1		2530.0	7930.3	2105.8
肉、禽、蛋、奶及水产品批发	1			20689.8	3827.1
酒、饮料及茶叶批发	5	5	10243.5	112245.2	7187.8
烟草制品批发	1	1	18124.6	45700.5	
医药及医疗器材批发	11	3	18856.3	125542.6	85387.2
西药批发	8	2	13582.6	55651.9	40868.3
中药批发	3	1	5273.7	69890.7	44518.9
矿产品、建材及化工产品批发	17	6	84986.4	660923.5	26095.1
石油及制品批发	7	2	40472.6	339141.5	7027.8
金属及金属矿批发	8	4	44445.2	319380.9	18672.1
建材批发	1		61.6	730.9	395.2
其他化工产品批发	1		7.0	1670.2	
机械设备、五金产品及电子产品批发	12	5	15784.8	68195.0	3595.5
汽车及零配件批发	3		2339.8	6285.0	331.3
其他机械设备及电子产品批发	9	5	13445.0	61910.0	3264.2
其他批发业	1		21.3	565.8	276.7
其他未列明批发业	1		21.3	565.8	276.7
按登记注册类型分					
内资企业	57	25	171952.9	1112117.6	132187.1
国有企业	1	1	18124.6	45700.5	
有限责任公司	17	11	96079.1	781090.1	88388.1
国有独资公司	1		280.0	1399.9	

业法人企业财务状况

单位：万元

资产负债								
存货	固定资产合计	房屋和构筑物	机器设备	累计折旧	本年折旧	固定资产净额	在建工程	无形资产
271235.4	**353071.3**	**103470.8**	**48615.2**	**139162.0**	**25770.1**	**195466.9**	**6529.2**	**106515.4**
182618.2	225166.3	85597.0	38742.4	99104.3	14621.1	123189.8	2316.4	96857.7
42457.9	36459.5	4971.2	1176.3	24132.1	1898.5	12327.3	563.7	9766.5
22712.8	2977.3	2416.1	36.3	419.7	45.3	2557.6		9.8
12796.0	9615.7	2555.1	1140.0	5206.1	1365.8	4409.5	45.1	9445.9
6949.1	23866.5			18506.3	487.4	5360.2	518.6	310.8
42476.6	82038.1	32574.2	5435.2	33076.0	6496.5	46771.5	857.2	8847.6
3447.9	3991.8		17.8	1639.0	164.1	473.9		1257.7
3406.3	7908.9	6874.5	1034.4	1833.5	665.9	6075.3		253.8
7255.8	24932.8			7611.4	970.3	17321.4	857.2	3933.5
8311.5	20699.9	8640.0	2828.3	9272.5	3491.4	11115.8		1256.8
20055.1	24504.7	17059.7	1554.7	12719.6	1204.8	11785.1		2145.8
19397.5	6782.8	3280.9	1762.4	3358.9	1507.5	3293.2	12.9	734.8
11888.6	4940.3	2696.3	504.5	2338.1	1293.7	2471.6		487.2
7508.9	1842.5	584.6	1257.9	1020.8	213.8	821.6	12.9	247.6
60161.5	93298.6	40579.9	28625.9	35660.0	4293.2	56628.7	882.6	77158.0
44749.2	88510.2	39101.9	27524.5	33272.8	4261.4	54126.9	882.6	74153.2
15411.6	4788.4	1478.0	1101.4	2323.4	31.8	2501.8		3004.8
0.7								
				63.8				
18118.8	5517.8	3873.8	990.1	2563.8	305.4	3413.1		255.4
2801.2	367.4	37.8	6.4	985.6	70.6	6.7		
15317.6	5150.4	3836.0	983.7	1578.2	234.8	3406.4		255.4
5.9	1069.5	317.0	752.5	313.5	120.0	756.0		95.4
5.9	1069.5	317.0	752.5	313.5	120.0	756.0		95.4
182618.2	225166.3	85597.0	38742.4	99104.3	14621.1	123189.8	2316.4	96857.7
20055.1	24504.7	17059.7	1554.7	12719.6	1204.8	11785.1		2145.8
100695.0	100239.0	55439.6	33187.4	38621.9	6891.3	58498.6	927.7	72623.7
576.0	2565.3	2416.1	36.3	257.1	7.5	2308.2		

限额以上批发和零售

7-5 续表1 （2019年）

指标名称	法人企业数（个）	执行《2006年企业会计准则》企业数（个）	一、年初存货	二、期末 流动资产合计	应收账款
其他有限责任公司	16	11	95799.1	779690.2	88388.1
股份有限公司	1	1	1535.0	2408.9	
私营企业	38	12	56214.2	282918.1	43799.0
私营独资企业	2	1	272.0	2318.4	2062.2
私营有限责任公司	36	11	55942.2	280599.7	41736.8
按控股情况分					
国有控股	10	8	99239.1	644861.6	9141.3
集体控股	2	2	7453.6	74804.4	53534.5
私人控股	45	15	65260.2	392451.6	69511.3
按经营形式分					
独立门店	41	19	73241.4	384058.4	114110.9
连锁总店（总部）	1	1	37157.3	322393.1	25.8
其他	15	5	61554.2	405666.1	18050.4
按单位规模分					
大型	5	5	64581.7	404322.8	2482.9
中型	25	12	90674.0	595041.9	105108.3
小型	17	4	9464.7	75256.3	21315.8
微型	10	4	7232.5	37496.6	3280.1
按地区分	57	25	171952.9	1112117.6	132187.1
双桥区	10	4	54315.2	431894.3	73841.9
双滦区	6	3	43270.0	289847.2	1415.3
营子区	2	1	1494.4	3582.0	662.3
承德县	5	3	7586.2	88881.9	2854.7
兴隆县	4		740.4	3977.7	888.3
滦平县	1		40.0	2853.1	2708.2
隆化县	1	1		19541.3	
丰宁县	2	1	6708.4	46813.6	7913.3
宽城县	10	5	8886.0	56055.7	19613.7
围场县	1	1	2517.6	6731.2	241.5
高新区	6	2	31427.9	100521.5	16563.3
平泉市	9	4	14966.8	61418.1	5484.6

业法人企业财务状况

单位：万元

资产负债								
存货	固定资产合计	房屋和构筑物	机器设备	累计折旧	本年折旧	固定资产净额	在建工程	无形资产
100119.0	97673.7	53023.5	33151.1	38364.8	6883.8	56190.4	927.7	72623.7
2286.8	20169.8			9653.1	944.3	10021.1		13180.6
59581.3	80252.8	13097.7	4000.3	38109.7	5580.7	42885.0	1388.7	8907.6
19.2	390.0	315.0	4.8	302.4	15.6	82.9		
59562.1	79862.8	12782.7	3995.5	37807.3	5565.1	42802.1	1388.7	8907.6
97437.0	120600.2	60776.6	29379.9	48358.4	6730.9	68879.0	882.6	78421.7
9749.4	1888.3	307.6	1393.9	1107.2	232.6	781.1		0.1
75431.8	102677.8	24512.8	7968.6	49638.7	7657.6	53529.7	1433.8	18435.9
105208.3	111099.2	14230.6	5796.6	53699.9	7861.0	55041.3	1431.7	33238.1
42209.5	65987.1	38786.9	27200.2	22997.2	3204.6	42375.2	882.6	60365.3
35200.4	48080.0	32579.5	5745.6	22407.2	3555.5	25773.3	2.1	3254.3
71500.5	135249.0	55846.6	28754.9	64478.1	6090.5	69660.6	1401.2	76170.4
97704.8	78770.8	27204.7	7899.9	28417.4	7022.6	47905.7	900.2	9459.4
6707.3	7026.6	895.9	1102.5	2891.6	1262.7	4022.5	2.1	1538.7
6705.6	4119.9	1649.8	985.1	3317.2	245.3	1601.0	12.9	9689.2
182618.2	225166.3	85597.0	38742.4	99104.3	14621.1	123189.8	2316.4	96857.7
61645.2	91498.6	41213.4	28711.2	35306.8	5598.4	54812.9	882.6	73975.1
17238.3	5974.8	2540.3	1010.2	1421.5	242.4	4926.6		1043.6
1517.7	472.2	239.4	5.3	267.9	-4.9	204.3		1336.3
24622.9	17652.7	11056.1	2864.6	7620.7	1684.4	10068.9	2.1	803.3
546.2	1472.1	698.5	773.6	455.3	137.0	1080.6		95.4
88.0	64.3	38.6	25.7	58.9	6.2	5.4		119.8
8916.0	3834.4	1347.8	200.0	2117.8	225.8	1716.6	43.0	629.4
13888.7	32293.1			10159.0	3517.9	22134.0	857.2	4940.0
8058.5	5417.0	2503.0	940.0	3873.0	266.0	2141.1		8388.7
1345.1	331.4			19.9	1.8			
30939.0	27742.0	18567.3	3080.4	14777.0	1355.3	12964.8		2682.0
13812.6	38413.7	7392.6	1131.4	23026.5	1590.8	13134.6	531.5	2844.1

限额以上批发和零售

7-5 续表2

（2019年）

指标名称	法人企业数（个）	执行《2006年企业会计准则》企业数（个）	一、年初存货	二、期末	
				流动资产合计	应收账款
零售业	104	26	79371.1	283212.5	44304.1
按零售行业分					
综合零售	31	8	25473.1	120327.2	5138.7
百货零售	11	2	9468.9	65437.5	2740.2
超级市场零售	19	6	15946.3	54788.2	2398.5
其他综合零售	1		57.9	101.5	
食品、饮料及烟草制品专门零售	5	1	1856.3	5352.9	1186.8
粮油零售	1		642.8	224.1	
酒、饮料及茶叶零售	2		953.9	3281.6	621.7
其他食品零售	2	1	259.6	1847.2	565.1
纺织、服装及日用品专门零售	7	1	8083.5	13858.6	306.6
服装零售	4	1	5537.1	10412.7	229.9
钟表、眼镜零售	2		2343.5	3257.4	76.7
其他日用品零售	1		202.9	188.5	
文化、体育用品及器材专门零售	2	2	3553.7	12693.4	7247.0
图书、报刊零售	1	1	2974.3	11304.7	7119.9
珠宝首饰零售	1	1	579.4	1388.7	127.1
医药及医疗器材专门零售	7	2	5592.5	12792.8	4209.4
西药零售	7	2	5592.5	12792.8	4209.4
汽车、摩托车、零配件和燃料及其他动力销售	31	7	25428.1	91334.2	22510.9
汽车新车零售	17	4	23517.7	61839.5	6742.2
汽车零配件零售	1		177.2	1940.9	1217.3
机动车燃油零售	13	3	1733.2	27553.8	14551.4
家用电器及电子产品专门零售	20	5	9383.9	26853.4	3704.7
家用视听设备零售	8	4	4510.3	12998.7	748.8
日用家电零售	3	1	1763.7	2846.0	2.9
计算机、软件及辅助设备零售	6		1576.2	5238.6	2506.1
通信设备零售	2		1528.8	5066.0	199.5
其他电子产品零售	1		4.9	704.1	247.4
货摊、无店铺及其他零售业	1				
互联网零售	1				

业法人企业财务状况

单位：万元

资产负债								
	固定资产合计			累计折旧		固定资产净额	在建工程	无形资产
存货		房屋和构筑物	机器设备		本年折旧			
88617.2	127905.0	17873.8	9872.8	40057.7	11149.0	72277.1	4212.8	9657.7
37364.2	64107.3	7322.4	7058.7	25075.3	6397.0	28288.3	1221.5	2595.4
10609.1	43521.6		2342.4	18513.7	2434.4	16288.6	556.4	2062.6
26734.5	20571.7	7322.4	4702.3	6549.7	3950.7	11997.6	665.1	532.8
20.6	14.0		14.0	11.9	11.9	2.1		
538.2	2123.1	1462.2	566.0	411.6	59.9	1681.4		355.8
64.1	1725.2	1462.2	234.0	318.9	47.8	1406.3		355.8
246.1	88.6		38.6	58.6	10.0			
228.0	309.3		293.4	34.1	2.1	275.1		
8629.3	30898.9		11.0	3652.1	2135.9	26214.1		13.4
6337.6	30851.4			3628.9	2118.9	26194.9		13.4
2135.1	17.8		11.0	12.7	6.5			
156.6	29.7			10.5	10.5	19.2		
2022.6	6700.6			2531.7	236.4	4140.4	2363.1	1258.1
1401.4	6667.4			2526.9	234.6	4140.4	2363.1	1258.1
621.2	33.2			4.8	1.8			
5306.0	2296.2	1596.8	151.3	1208.1	227.9	1080.2		391.3
5306.0	2296.2	1596.8	151.3	1208.1	227.9	1080.2		391.3
24671.9	19328.8	6138.3	1879.8	5945.1	1889.6	9756.3	628.2	4910.7
23068.8	13481.7	5707.9	1550.1	4509.8	1466.5	8725.3	543.0	4237.6
164.7	25.1		25.1	13.2	2.9	11.9		
1438.4	5822.0	430.4	304.6	1422.1	420.2	1019.1	85.2	673.1
10085.0	2450.1	1354.1	206.0	1233.8	202.3	1116.4		133.0
4946.8	1357.3	1034.9	101.4	630.9	111.7	719.7		
1723.4	160.0		40.1	114.4	21.7	16.3		133.0
1747.5	790.6	319.2	64.5	403.6	56.4	342.4		
1662.4	95.1			75.3	2.9	0.5		
4.9	47.1			9.6	9.6	37.5		

限额以上批发和零售

7-5 续表3

(2019年)

指标名称	法人企业数（个）	执行《2006年企业会计准则》企业数（个）	一、年初存货	二、期末	
				流动资产合计	应收账款
按登记注册类型分					
内资企业	103	25	79371.1	283212.5	44304.1
有限责任公司	15	8	14211.7	50822.1	15294.4
国有独资公司	1	1	2974.3	11304.7	7119.9
其他有限责任公司	14	7	11237.4	39517.4	8174.5
私营企业	88	17	65159.4	232390.4	29009.7
私营独资企业	5	1	1028.3	3116.5	1180.7
私营有限责任公司	81	15	61961.0	224039.9	27779.6
私营股份有限公司	2	1	2170.1	5234.0	49.4
港、澳、台商投资企业	1	1			
港、澳、台商独资经营企业	1	1			
按控股情况分					
国有控股	2	2	4244.3	13027.6	7120.3
集体控股	1		8.3	305.5	
私人控股	99	22	73115.6	266876.0	36738.5
港澳台商控股	1	1			
其他	1	1	2002.9	3003.4	445.3
按经营形式分					
独立门店	96	26	71217.5	264210.2	42875.6
连锁总店（总部）	3		1901.1	9051.7	862.1
连锁直营店	1		41.2	358.6	2.8
其他	4		6211.3	9592.0	563.6
按单位规模分					
大型	3	1	12535.9	49505.8	2743.3
中型	30	11	36633.8	126557.7	13442.9
小型	59	10	28357.5	99094.8	27236.9
微型	12	4	1843.9	8054.2	881.0
按零售业态分					
有店铺零售	101	26	77986.6	280861.2	43802.4
便利店	1		2914.5	1802.2	132.0
超市	20	6	16261.7	49077.5	1935.6

业法人企业财务状况

单位：万元

资产负债								
存货	固定资产合计	房屋和构筑物	机器设备	累计折旧	本年折旧	固定资产净额	在建工程	无形资产
88617.2	127905.0	17873.8	9872.8	40057.7	11149.0	72277.1	4212.8	9657.7
15516.8	19388.0	4198.3	2315.8	7340.0	1310.8	10663.8	3069.9	2840.5
1401.4	6667.4			2526.9	234.6	4140.4	2363.1	1258.1
14115.4	12720.6	4198.3	2315.8	4813.1	1076.2	6523.4	706.8	1582.4
73100.4	108517.0	13675.5	7557.0	32717.7	9838.2	61613.3	1142.9	6817.2
953.1	750.8		42.8	457.8	96.2	137.7		335.0
69189.7	106621.5	13675.5	7514.2	31663.1	9167.6	61309.5	1142.9	6482.2
2957.6	1144.7			596.8	574.4	165.1		
2652.5	6778.0			2608.3	255.9	4140.4	2363.1	1391.1
21.8	645.4			109.1	35.8			
84884.0	120009.2	17873.8	9872.8	36945.2	10819.0	68059.4	1849.7	8259.3
1058.9	472.4			395.1	38.3	77.3		7.3
77771.6	124191.8	17873.8	8322.6	38520.0	10594.7	70109.6	3547.7	9589.7
4874.7	1586.4		1510.7	392.2	327.9	1194.1	665.1	68.0
66.8	9.6		9.6	9.2	1.9	0.4		
5904.1	2117.2		29.9	1136.3	224.5	973.0		
20954.4	35406.8	4852.2	4301.5	10559.9	3270.6	24846.9	1205.3	1995.1
37199.9	44166.1	7225.1	3505.7	19375.0	4149.0	14419.5	2655.5	3411.6
28806.8	17677.2	4334.3	1611.7	7009.9	2503.7	5784.8	335.8	3797.6
1656.1	30654.9	1462.2	453.9	3112.9	1225.7	27225.9	16.2	453.4
86986.4	125744.3	17873.8	9872.8	39927.4	11055.8	72271.4	4212.8	9657.7
1532.1	523.0	468.5	54.5	50.4	13.4	472.6		498.0
23593.4	17981.8	7322.4	5066.7	6021.8	2927.5	10535.8	16.2	630.8

限额以上批发和零售

7-5 续表4

（2019年）

指标名称	法人企业数（个）	执行《2006年企业会计准则》企业数（个）	一、年初存货	二、期末 流动资产合计	应收账款
大型超市	4	1	1940.0	10079.0	570.6
百货店	13	3	12920.0	71733.9	2872.6
专业店	38	9	20115.0	64457.6	24373.8
专卖店	24	7	21775.0	75090.3	13643.7
家居建材商店	1		2060.4	8620.7	274.1
无店铺零售	3		1384.5	2351.3	501.7
网上商店	1				
其他	2		1384.5	2351.3	501.7
有店铺零售	101	26	77986.6	280861.2	43802.4
便利店	2		3495.6	8748.0	698.6
超市	20	6	16261.7	49077.5	1935.6
大型超市	4	1	1940.0	10079.0	570.6
百货店	13	3	12920.0	71733.9	2872.6
专业店	38	9	20115.0	64457.6	24373.8
专卖店	25	7	22159.3	75686.1	13646.7
家居建材商店	1		2060.4	8620.7	274.1
无店铺零售	3		1384.5	2351.3	501.7
网上商店	1				
其他	2		1384.5	2351.3	501.7
按地区分	104	26	79371.1	283212.5	44304.1
双桥区	26	11	26454.8	113979.0	16876.1
双滦区	12	4	14057.6	49889.8	6562.9
营子区	1		63.0	206.4	22.7
承德县	2		109.4	1228.1	2.7
兴隆县	4	2	474.5	870.9	32.9
滦平县	8		2547.3	10049.2	1323.1
隆化县	3	1	7713.8	20069.4	1365.2
丰宁县	4	1	3112.5	16186.7	730.3
宽城县	14	4	3315.3	27648.5	12783.5
围场县	11	1	4531.5	11838.6	2493.4
高新区	8		6625.8	11651.1	1174.8
平泉市	11	2	10365.6	19594.8	936.5

业法人企业财务状况

单位：万元

资产负债								
存货	固定资产合计	房屋和构筑物	机器设备	累计折旧	本年折旧	固定资产净额	在建工程	无形资产
4907.5	4178.4		1669.9	1054.5	1015.5	1330.2	665.1	68.0
15211.2	73091.9		615.5	21650.6	4573.0	42887.8	540.2	1910.0
15834.1	14390.5	3127.8	943.5	5298.1	1188.9	7792.6	2532.1	2322.5
23933.5	14732.4	6210.2	1421.3	5478.4	1303.9	8779.8	459.2	4228.4
1974.6	846.3	744.9	101.4	373.6	33.6	472.6		
1630.8	2160.7			130.3	93.2	5.7		
1630.8	2160.7			130.3	93.2	5.7		
86986.4	125744.3	17873.8	9872.8	39927.4	11055.8	72271.4	4212.8	9657.7
4841.4	2033.7	468.5	1565.2	389.4	331.2	1644.3	665.1	566.0
23593.4	17981.8	7322.4	5066.7	6021.8	2927.5	10535.8	16.2	630.8
4907.5	4178.4		1669.9	1054.5	1015.5	1330.2	665.1	68.0
15211.2	73091.9		615.5	21650.6	4573.0	42887.8	540.2	1910.0
15834.1	14390.5	3127.8	943.5	5298.1	1188.9	7792.6	2532.1	2322.5
24261.6	14772.5	6210.2	1461.4	5502.6	1304.3	8795.6	459.2	4228.4
1974.6	846.3	744.9	101.4	373.6	33.6	472.6		
1630.8	2160.7			130.3	93.2	5.7		
1630.8	2160.7			130.3	93.2	5.7		
88617.2	127905.0	17873.8	9872.8	40057.7	11149.0	72277.1	4212.8	9657.7
33011.5	68720.0	6800.0	4857.3	20070.4	4957.6	41182.6	3028.2	2734.5
15435.1	9440.2	4828.1	1649.3	2907.5	892.2	6257.2	459.2	3471.4
126.2								
692.5	88.0		23.2	40.7	31.4	47.3		
154.8	307.7		307.4	34.6	12.0	273.0		
3766.1	933.4		15.6	512.6	116.9	65.1		
6409.9	25694.5	468.5	1555.5	7844.8	1296.7	16640.7	540.2	2226.0
2787.4	3967.7	1175.3	260.0	1223.2	743.9	933.2		154.1
2852.2	2915.6	290.0	159.2	1437.1	696.7	652.5	65.5	231.9
5291.2	7341.3	1462.2	359.9	2137.3	1778.6	1769.8		656.3
6865.0	2661.1	34.5	212.4	1313.1	250.3	1347.8	19.7	
11225.3	5835.5	2815.2	473.0	2536.4	372.7	3107.9	100.0	183.5

限额以上批发和零售

7-5 续表5

（2019年）

指标名称	二、期末资				
	土地使用权	资产总计	流动负债合计	应付账款	负债合计
全　市	**36076.0**	**1857383.7**	**1278007.9**	**160627.4**	**1440306.3**
批发业	30905.4	1395187.5	989434.9	102880.8	1089198.5
按批发行业分					
农、林、牧、渔产品批发	537.3	112977.7	51028.9	5718.9	51350.2
谷物、豆及薯类批发		27496.5	24968.9	1855.1	25006.3
种子批发	226.5	66974.8	23902.6	1885.7	24186.5
畜牧渔业饲料批发	310.8	18506.4	2157.4	1978.1	2157.4
食品、饮料及烟草制品批发	2101.4	261583.5	128818.8	8878.4	128869.5
米、面制品及食用油批发		11704.6	6611.2	1204.6	6661.7
果品、蔬菜批发		14963.4	4528.3		4528.4
肉、禽、蛋、奶及水产品批发		47525.5	15659.4	135.7	15659.4
酒、饮料及茶叶批发		127049.8	93908.4	4235.5	93908.5
烟草制品批发	2101.4	60340.2	8111.5	3302.6	8111.5
医药及医疗器材批发	398.1	131525.7	113596.7	61179.0	116892.1
西药批发	150.6	59105.9	50404.4	36497.9	51057.6
中药批发	247.5	72419.8	63192.3	24681.1	65834.5
矿产品、建材及化工产品批发	27518.3	812671.2	653472.3	12606.1	732306.9
石油及制品批发	25557.1	472212.9	365988.2	2539.0	401269.5
金属及金属矿批发	1961.2	338056.2	286860.8	10067.1	329362.0
建材批发		730.9	623.3		623.3
其他化工产品批发		1671.2			1052.1
机械设备、五金产品及电子产品批发	254.9	75012.1	41634.0	14498.4	58895.6
汽车及零配件批发		8816.1	4391.2	374.3	5056.9
其他机械设备及电子产品批发	254.9	66196.0	37242.8	14124.1	53838.7
其他批发业	95.4	1417.3	884.2		884.2
其他未列明批发业	95.4	1417.3	884.2		884.2
按登记注册类型分					
内资企业	30905.4	1395187.5	989434.9	102880.8	1089198.5
国有企业	2101.4	60340.2	8111.5	3302.6	8111.5
有限责任公司	26608.0	946090.5	777319.0	58878.2	804222.0
国有独资公司		3763.0	1767.8	418.8	1767.8

业法人企业财务状况

单位：万元

产负债			三、损益及分配					
所有者权益合计	实收资本		营业收入	主营业务收入	营业成本	税金及附加	其他业务利润	销售费用
		个人资本						
407726.4	**181944.4**	**42606.0**	**3331118.0**	**3251939.6**	**3026626.0**	**43537.3**	**9260.7**	**163836.9**
296636.7	109930.3	21146.5	2616878.0	2566110.2	2414711.8	41112.3	3219.0	98434.3
61627.5	44672.4	3400.0	127230.0	126954.9	117670.3	281.0	761.0	7478.6
2490.2	1000.0		65533.4	65258.3	63746.4	16.7		1327.0
42788.3	34400.0	3400.0	16602.8	16602.8	10719.2	88.4	170.2	5497.2
16349.0	9272.4		45093.8	45093.8	43204.7	175.9	590.8	654.4
132714.0	17769.6	700.0	481649.8	442077.9	344759.8	39287.4	1736.4	37968.7
5042.9	3700.0	700.0	14642.6	14387.6	13395.1	12.9		877.1
10435.0	2883.1		12196.8	12141.8	10505.4	6.3		261.8
31866.1	5000.0		48007.9	20184.6	43073.5		559.0	432.5
33141.3	4491.0		144050.2	142857.9	91427.1	1863.5	1177.4	30594.7
52228.7	1695.5		262752.3	252506.0	186358.7	37404.7		5802.6
14633.6	14240.8	2424.0	177720.8	177490.6	161983.5	338.3	521.3	7058.9
8048.3	11290.8	1474.0	80913.0	80799.0	72312.0	172.4	521.3	5135.1
6585.3	2950.0	950.0	96807.8	96691.6	89671.5	165.9		1923.8
76196.3	27134.5	11509.5	1751089.6	1740399.0	1720230.3	1067.5	200.3	41978.3
70943.4	4980.0	3355.0	488954.7	478880.7	467562.2	363.2	200.3	29676.9
5145.3	22110.6	8110.6	1259242.9	1258626.3	1249821.9	703.3		12301.4
107.6	43.9	43.9	2892.0	2892.0	2846.2	1.0		
10932.2	5813.0	2813.0	75961.6	75961.6	67178.3	132.6		3949.8
1806.2	1500.0	1000.0	14818.1	14818.1	13707.9	60.9		560.8
9126.0	4313.0	1813.0	61143.5	61143.5	53470.4	71.7		3389.0
533.1	300.0	300.0	3226.2	3226.2	2889.6	5.5		
533.1	300.0	300.0	3226.2	3226.2	2889.6	5.5		
296636.7	109930.3	21146.5	2616878.0	2566110.2	2414711.8	41112.3	3219.0	98434.3
52228.7	1695.5		262752.3	252506.0	186358.7	37404.7		5802.6
141868.5	64563.2	4302.0	1832381.4	1821455.7	1767817.1	1670.2	787.6	55694.3
1995.2	1000.0		13469.7	13218.7	13291.5	0.8		67.7

限额以上批发和零售

7-5 续表6 （2019年）

指标名称	二、期末资				
	土地使用权	资产总计	流动负债合计	应付账款	负债合计
其他有限责任公司	26608.0	942327.5	775551.2	58459.4	802454.2
股份有限公司		27927.0	3368.3	755.7	14374.5
私营企业	2196.0	360829.8	200636.1	39944.3	262490.5
私营独资企业		2405.8	2346.4	1031.1	2648.1
私营有限责任公司	2196.0	358424.0	198289.7	38913.2	259842.4
按控股情况分					
国有控股	28482.9	800230.7	638499.5	9832.3	673970.3
集体控股		75782.7	65188.4	28789.8	65188.4
私人控股	2422.5	519174.1	285747.0	64258.7	350039.8
按经营形式分					
独立门店	3853.3	517355.6	303083.5	83865.0	364620.3
连锁总店（总部）	24950.7	427105.9	351096.3	249.3	375069.7
其他	2101.4	450726.0	335255.1	18766.5	349508.5
按单位规模分					
大型	27362.9	556670.1	386334.4	6296.3	421314.0
中型	1193.2	691733.5	527544.2	76749.9	560514.6
小型	821.6	94617.6	56603.2	15740.9	72060.6
微型	1527.7	52166.3	18953.1	4093.7	35309.3
按地区分	30905.4	1395187.5	989434.9	102880.8	1089198.5
双桥区	25101.3	565792.2	450491.2	55572.3	486127.0
双滦区		296389.6	265642.2	8001.3	294942.2
营子区	1280.2	5133.3	2826.6	2616.9	2826.6
承德县		114456.1	65390.2	1950.0	78628.8
兴隆县	95.4	6404.7	1507.5		5201.8
滦平县	119.8	2978.3	2917.7	2518.2	2917.7
隆化县	226.5	47887.7	16600.0	1891.6	16883.9
丰宁县		77434.7	41783.2	4221.9	41783.3
宽城县	279.9	69971.0	29169.0	7391.8	46427.6
围场县		8752.3	7122.3		7122.3
高新区	2637.6	116969.9	57945.4	16587.4	57945.4
平泉市	1164.7	83017.7	48039.6	2129.4	48391.9

业法人企业财务状况

单位：万元

产负债			三、损益及分配					
所有者权益合计	实收资本		营业收入		营业成本	税金及附加	其他业务利润	销售费用
		个人资本		主营业务收入				
139873.3	63563.2	4302.0	1818911.7	1808237.0	1754525.6	1669.4	787.6	55626.6
13552.5			93272.9	93272.9	86529.4	52.9	384.0	7880.6
88987.0	43671.6	16844.5	428471.4	398875.6	374006.6	1984.5	2047.4	29056.8
-242.3	33.0	33.0	2536.5	2536.5	2518.6	4.9	-183.7	
89229.3	43638.6	16811.5	425934.9	396339.1	371488.0	1979.6	2231.1	29056.8
126260.4	26114.4	650.0	1962735.0	1941775.4	1859506.0	38361.8	479.4	48193.9
10594.3	4194.0	252.0	111559.6	111443.4	103399.2	181.3		2166.1
159782.0	79621.9	20244.5	542583.4	512891.4	451806.6	2569.2	2739.6	48074.3
147551.0	83840.2	13092.6	658721.8	629042.0	582598.7	2353.1	3103.2	46568.3
52036.2			349008.7	338934.7	336125.1	256.5		21404.2
97049.5	26090.1	8053.9	1609147.5	1598133.5	1495988.0	38502.7	115.8	30461.8
135356.1	11967.9		798698.6	778378.3	681171.1	38141.7	974.8	52586.0
131218.9	68408.3	11524.0	1688551.0	1658729.3	1611867.3	2712.9	2385.7	42175.9
19008.1	14312.2	8725.6	122741.0	122115.3	115720.8	209.2	-154.8	3427.2
11053.6	15241.9	896.9	6887.4	6887.3	5952.6	48.5	13.3	245.2
296636.7	109930.3	21146.5	2616878.0	2566110.2	2414711.8	41112.3	3219.0	98434.3
79665.2	12340.2	2222.0	597696.1	587391.9	564689.3	603.4	905.3	35690.6
1447.4	13000.0	2000.0	1245492.2	1244875.7	1232657.7	668.6		15480.0
2306.7	3345.0		437.9	437.8	536.0	16.4		144.3
32278.4	4501.0	3400.0	142920.8	142549.5	113224.4	486.1	115.8	13900.7
583.8	443.9	443.9	11342.0	11342.0	10368.4	14.3		288.2
60.6	60.6	60.6	2013.2	2013.2	1931.7	5.2		42.9
31003.8	21000.0		12311.3	12311.3	7269.7	37.0	137.2	3605.8
35651.4	7340.0		57693.9	28783.7	48381.5	1151.7	1631.1	2779.8
18359.1	14014.6	2078.0	42807.9	42807.9	37274.4	99.1	13.3	847.7
1630.0	1000.0		9896.1	9896.1	8902.4	20.7		498.9
59024.5	11999.5	6262.0	338506.5	328260.2	258372.6	37529.7		6717.7
34625.8	20885.5	4680.0	155760.1	155440.9	131103.7	480.1	416.3	18437.7

限额以上批发和零售

7-5 续表 7

(2019 年)

指标名称	二、期末资				
	土地使用权	资产总计	流动负债合计	应付账款	负债合计
零售业	5170.6	462196.2	288573.0	57746.6	351107.8
按零售行业分					
综合零售	98.8	230572.5	144169.6	26733.2	196992.6
百货零售		136729.1	58563.0	5542.9	107376.5
超级市场零售	98.8	93735.1	85331.5	20940.5	89341.0
其他综合零售		108.3	275.1	249.8	275.1
食品、饮料及烟草制品专门零售	355.8	7390.4	4747.2	625.7	5005.7
粮油零售	355.8	1986.2	439.8		693.2
酒、饮料及茶叶零售		3281.6	2530.9		2536.0
其他食品零售		2122.6	1776.5	625.7	1776.5
纺织、服装及日用品专门零售		43068.7	10118.9	2538.1	12927.0
服装零售		39584.7	7926.1	1984.6	10356.1
钟表、眼镜零售		3276.3	1922.1	506.5	2300.2
其他日用品零售		207.7	270.7	47.0	270.7
文化、体育用品及器材专门零售	1258.1	22244.4	8929.4	5834.1	9814.1
图书、报刊零售	1258.1	20812.2	8929.4	5834.1	9015.2
珠宝首饰零售		1432.2			798.9
医药及医疗器材专门零售		15003.5	10446.8	7888.1	10446.8
西药零售		15003.5	10446.8	7888.1	10446.8
汽车、摩托车、零配件和燃料及其他动力销售	3324.9	113667.4	87809.3	9116.7	91138.3
汽车新车零售	3152.0	78560.2	58343.7	4890.3	61499.7
汽车零配件零售		1952.8	1741.5	919.3	1741.5
机动车燃油零售	172.9	33154.4	27724.1	3307.1	27897.1
家用电器及电子产品专门零售	133.0	30249.3	22351.8	5010.7	24783.3
家用视听设备零售		15687.9	10645.4	1995.2	13076.7
日用家电零售	133.0	3024.5	3890.5	1043.6	3890.5
计算机、软件及辅助设备零售		5689.6	3583.9	307.5	3584.0
通信设备零售		5105.7	4216.5	1664.4	4216.6
其他电子产品零售		741.6	15.5		15.5
货摊、无店铺及其他零售业					
互联网零售					

业法人企业财务状况

单位：万元

产负债			三、损益及分配					
所有者权益合计	实收资本		营业收入	主营业务收入	营业成本	税金及附加	其他业务利润	销售费用
		个人资本						
111089.7	72014.1	21459.5	714240.0	685829.4	611914.2	2425.0	6041.7	65402.6
33581.2	32863.8	9736.0	404431.6	388313.6	339771.9	1396.8	4225.9	52846.6
29352.6	12973.8	4356.0	130538.7	122431.3	104573.7	957.6	3914.2	9149.8
4395.4	19830.0	5380.0	272397.1	264386.5	233873.4	438.0	311.7	43564.0
-166.8	60.0		1495.8	1495.8	1324.8	1.2		132.8
2384.7	1946.8	1700.0	8644.0	8644.0	7862.1	8.2	256.5	204.8
1293.0	1200.0	1200.0	1246.2	1246.2	1085.2	1.2		
745.6	645.8	500.0	3999.2	3999.2	3716.4	3.9		58.1
346.1	101.0		3398.6	3398.6	3060.5	3.1	256.5	146.7
30141.7	4883.8	183.8	24266.9	23137.4	18489.4	325.9	944.9	1128.0
29228.6	4503.8	3.8	20257.3	19127.8	15174.8	317.8	728.0	965.1
976.1	380.0	180.0	2933.1	2933.1	2396.3	7.9	216.9	153.6
-63.0			1076.5	1076.5	918.3	0.2		9.3
12430.3	500.0		15633.7	14910.7	9793.8	168.9	613.8	2366.6
11797.0	500.0		15009.0	14286.0	9686.5	154.6	613.8	2288.7
633.3			624.7	624.7	107.3	14.3		77.9
4556.7	2128.5	90.0	27078.1	26903.0	22203.5	88.0	0.6	1593.8
4556.7	2128.5	90.0	27078.1	26903.0	22203.5	88.0	0.6	1593.8
22529.1	21694.2	3930.0	206214.5	195959.3	189247.8	364.7		5959.0
17060.5	17719.2	3100.0	176126.9	166345.1	163074.2	295.9		5136.9
211.3	200.0	200.0	6157.0	6157.0	6051.8	1.5		27.7
5257.3	3775.0	630.0	23930.6	23457.2	20121.8	67.3		794.4
5466.0	7997.0	5819.7	27971.2	27961.4	24545.7	72.5		1303.8
2611.2	3560.0	3100.0	9572.0	9572.0	8512.2	25.5		485.8
-866.0	681.0	205.0	4636.9	4636.9	4093.9	15.2		359.4
2105.6	1606.0	660.0	8081.7	8071.9	6786.0	23.3		365.7
889.1	1600.0	1304.7	4892.2	4892.2	4445.7	4.2		92.9
726.1	550.0	550.0	788.4	788.4	707.9	4.3		

限额以上批发和零售

7-5 续表8

（2019年）

指标名称	二、期末资				
	土地使用权	资产总计	流动负债合计	应付账款	负债合计
按登记注册类型分					
内资企业	5170.6	462196.2	288573.0	57746.6	351107.8
有限责任公司	2046.6	75903.2	52248.8	20395.8	52499.0
国有独资公司	1258.1	20812.2	8929.4	5834.1	9015.2
其他有限责任公司	788.5	55091.0	43319.4	14561.7	43483.8
私营企业	3124.0	386293.0	236324.2	37350.8	298608.8
私营独资企业		4049.4	3603.5	809.2	3603.5
私营有限责任公司	3124.0	376049.0	226583.7	36537.1	288868.3
私营股份有限公司		6194.6	6137.0	4.5	6137.0
港、澳、台商投资企业					
港、澳、台商独资经营企业					
按控股情况分					
国有控股	1391.1	22697.2	11620.2	6677.9	11706.0
集体控股		553.5			164.4
私人控股	3779.5	435726.0	274333.8	48821.0	336618.4
港澳台商控股					
其他		3219.5	2619.0	2247.7	2619.0
按经营形式分					
独立门店	5170.6	435208.5	268731.4	49102.0	329416.2
连锁总店（总部）		15865.6	12322.2	6475.7	12322.2
连锁直营店		358.9	347.0	114.8	347.0
其他		10763.2	7172.4	2054.1	9022.4
按单位规模分					
大型		106770.2	76481.2	19386.5	92281.2
中型	2575.7	195390.0	115165.1	15814.1	151598.6
小型	2239.1	123471.0	90590.3	19904.1	98362.9
微型	355.8	36565.0	6336.4	2641.9	8865.1
按零售业态分					
有店铺零售	5170.6	457233.5	285995.3	56478.5	348530.1
便利店	498.0	3428.4	1224.0	98.0	1224.0
超市	98.8	79522.8	73798.3	15135.3	79886.7

业法人企业财务状况

单位：万元

产负债			三、损益及分配					
所有者权益合计	实收资本	个人资本	营业收入	主营业务收入	营业成本	税金及附加	其他业务利润	销售费用
111089.7	72014.1	21459.5	714240.0	685829.4	611914.2	2425.0	6041.7	65402.6
23404.2	11044.5	40.0	160478.3	158571.6	140109.7	483.8	614.4	11696.9
11797.0	500.0		15009.0	14286.0	9686.5	154.6	613.8	2288.7
11607.2	10544.5	40.0	145469.3	144285.6	130423.2	329.2	0.6	9408.2
87685.5	60969.6	21419.5	553761.7	527257.8	471804.5	1941.2	5427.3	53705.7
445.9	478.8	3.8	9603.9	9522.4	8661.1	43.1	81.5	226.0
87182.0	58834.8	20259.7	527509.5	501240.1	449038.5	1878.8	5345.8	51179.7
57.6	1656.0	1156.0	16648.3	16495.3	14104.9	19.3		2300.0
10991.2	976.0		16365.5	15642.5	10952.0	164.0	613.8	2426.9
389.1	200.0		1484.7	1484.7	1115.0	4.8		292.2
99108.9	70638.1	21419.5	690297.2	662784.7	595914.2	2197.0	5427.9	62286.7
600.5	200.0	40.0	6092.6	5917.5	3933.0	59.2		396.8
105793.6	66544.1	20959.5	659393.9	631944.1	564872.5	2348.8	6041.1	59137.7
3543.4	3800.0		26951.1	26951.1	22693.6	17.1	0.6	4538.2
11.9	120.0		1620.8	1620.8	1429.2	3.8		4.4
1740.8	1550.0	500.0	26274.2	25313.4	22918.9	55.3		1722.3
14489.0	10800.0	2000.0	210674.1	200925.4	178695.5	571.0	3914.2	31718.5
43791.4	30928.6	8369.8	328282.6	319242.4	280088.3	1212.8	1910.0	25398.0
25108.1	25105.5	9239.7	158667.6	149787.1	140719.8	364.1	217.5	7378.5
27701.2	5180.0	1850.0	16615.7	15874.5	12410.6	277.1		907.6
108704.7	69914.1	20859.5	706662.5	678725.3	605609.5	2407.5	6041.7	65349.8
2204.4	1000.0	1000.0	2385.0	2385.0	2133.8	3.5		95.0
-362.6	14358.8	1390.0	242868.3	235297.5	208702.8	404.0	568.2	37244.3

限额以上批发和零售

7-5 续表9

（2019年）

指标名称	二、期末资				
	土地使用权	资产总计	流动负债合计	应付账款	负债合计
大型超市		20093.9	14360.2	6448.3	14360.3
百货店		170961.8	64188.7	7116.1	113353.2
专业店	1849.5	82442.5	58093.7	17041.8	60634.8
专卖店	2724.3	90004.9	67229.1	9761.3	70589.7
家居建材商店		10779.2	7101.3	877.7	8481.4
无店铺零售		4962.7	2577.7	1268.1	2577.7
网上商店					
其他		4962.7	2577.7	1268.1	2577.7
有店铺零售	5170.6	457233.5	285995.3	56478.5	348530.1
便利店	498.0	17165.7	12964.4	6011.8	12964.4
超市	98.8	79522.8	73798.3	15135.3	79886.7
大型超市		20093.9	14360.2	6448.3	14360.3
百货店		170961.8	64188.7	7116.1	113353.2
专业店	1849.5	82442.5	58093.7	17041.8	60634.8
专卖店	2724.3	90616.6	67672.8	9959.9	71033.4
家居建材商店		10779.2	7101.3	877.7	8481.4
无店铺零售		4962.7	2577.7	1268.1	2577.7
网上商店					
其他		4962.7	2577.7	1268.1	2577.7
按地区分	5170.6	462196.2	288573.0	57746.6	351107.8
双桥区	1575.5	220901.8	136604.4	40250.1	166232.9
双滦区	2385.8	60574.6	49506.2	5889.7	51611.1
营子区		206.4	5.3	0.2	5.3
承德县		1330.7	1615.4	1.2	1615.4
兴隆县		1252.8	796.0	231.7	1061.9
滦平县		15027.8	6147.2	1041.0	8872.1
隆化县	498.0	51157.9	14509.1	1212.9	32388.1
丰宁县	154.1	21969.8	13182.2	880.9	14564.0
宽城县	18.8	30150.3	25430.6	2789.7	27447.0
围场县	355.8	22461.7	13499.3	2550.5	18182.7
高新区		13212.7	8442.1	647.2	10292.1
平泉市	182.6	23949.7	18835.2	2251.5	18835.2

业法人企业财务状况

单位：万元

产负债			三、损益及分配					
所有者权益合计	实收资本	个人资本	营业收入	主营业务收入	营业成本	税金及附加	其他业务利润	销售费用
5733.6	6490.0	4190.0	42578.8	42239.1	36474.9	42.6		7165.7
57608.6	16569.8	4159.8	141714.8	132377.8	111983.1	1270.4	4642.2	9537.8
21807.7	9407.8	4689.7	84571.5	75640.3	69148.1	333.5	614.4	5370.5
19415.2	18987.7	2330.0	190623.2	188864.7	175527.0	340.4	216.9	5688.3
2297.8	3100.0	3100.0	1920.9	1920.9	1639.8	13.1		248.2
2385.0	2100.0	600.0	7577.5	7104.1	6304.7	17.5		52.8
2385.0	2100.0	600.0	7577.5	7104.1	6304.7	17.5		52.8
108704.7	69914.1	20859.5	706662.5	678725.3	605609.5	2407.5	6041.7	65349.8
4201.3	3300.0	1000.0	24084.0	24084.0	20635.4	8.2		4624.7
-362.6	14358.8	1390.0	242868.3	235297.5	208702.8	404.0	568.2	37244.3
5733.6	6490.0	4190.0	42578.8	42239.1	36474.9	42.6		7165.7
57608.6	16569.8	4159.8	141714.8	132377.8	111983.1	1270.4	4642.2	9537.8
21807.7	9407.8	4689.7	84571.5	75640.3	69148.1	333.5	614.4	5370.5
19583.2	19092.7	2435.0	193173.6	191415.1	177751.7	345.2	216.9	5865.9
2297.8	3100.0	3100.0	1920.9	1920.9	1639.8	13.1		248.2
2385.0	2100.0	600.0	7577.5	7104.1	6304.7	17.5		52.8
2385.0	2100.0	600.0	7577.5	7104.1	6304.7	17.5		52.8
111089.7	72014.1	21459.5	714240.0	685829.4	611914.2	2425.0	6041.7	65402.6
54668.9	27570.5	3424.7	322745.8	302998.1	270715.8	1520.4	830.7	36244.0
8963.5	13269.2	1000.0	125105.3	124509.4	116020.2	207.5		3703.9
201.1	190.0	190.0	744.4	744.4	634.5	0.4		
-284.7	450.0	100.0	4377.2	4337.4	3761.3	3.5		713.8
190.9	121.0		4815.5	4815.5	4210.1	5.3	256.5	317.0
6155.7	1213.6	200.0	30300.5	30155.4	25260.5	49.4		3635.4
18769.8	3500.0	3000.0	39843.7	35977.1	31340.0	273.8	3914.2	3635.0
7405.8	8590.0	7090.0	32908.3	32547.7	28084.4	69.6	178.9	3948.1
2704.6	2855.0	230.0	35418.0	34605.8	29088.9	61.5	132.8	4074.2
4279.0	5209.8	3709.8	38036.3	37328.4	33721.1	73.0	81.5	2853.0
2920.6	2470.0	1100.0	37793.0	36832.2	33709.7	66.1	0.6	1602.1
5114.5	6575.0	1415.0	42152.0	40978.0	35367.7	94.5	646.5	4676.1

限额以上批发和零售

7-5 续表10

（2019年）

指标名称	三、损益及分配				
	管理费用	研发费用	财务费用	利息收入	利息费用
全　　市	**72495.7**	**436.4**	**21848.0**	**1426.5**	**8862.6**
批发业	40890.2	430.8	11477.8	1384.6	6263.9
按批发行业分					
农、林、牧、渔产品批发	4312.7		540.6	-85.4	510.9
谷物、豆及薯类批发	102.1		511.8	0.3	508.8
种子批发	3261.0		-31.2	-85.7	2.1
畜牧渔业饲料批发	949.6		60.0		
食品、饮料及烟草制品批发	25617.6	430.8	3912.5	1094.5	3856.2
米、面制品及食用油批发	305.6		244.5	0.1	244.3
果品、蔬菜批发	658.6	51.1	201.3		192.6
肉、禽、蛋、奶及水产品批发	733.1		1120.9		
酒、饮料及茶叶批发	10651.1	352.0	3388.6	45.2	3419.3
烟草制品批发	13269.2	27.7	-1042.8	1049.2	
医药及医疗器材批发	3369.3		1724.8	7.4	805.9
西药批发	2649.7		370.5	4.7	348.1
中药批发	719.6		1354.3	2.7	457.8
矿产品、建材及化工产品批发	4790.1		4579.8	347.1	901.6
石油及制品批发	3486.7		2208.2	2.6	302.3
金属及金属矿批发	1291.0		2371.2	344.5	599.3
建材批发	6.0				
其他化工产品批发	6.4		0.4		
机械设备、五金产品及电子产品批发	2555.1		719.5	21.0	188.7
汽车及零配件批发	170.9		299.6		0.5
其他机械设备及电子产品批发	2384.2		419.9	21.0	188.2
其他批发业	245.4		0.6		0.6
其他未列明批发业	245.4		0.6		0.6
按登记注册类型分					
内资企业	40890.2	430.8	11477.8	1384.6	6263.9
国有企业	13269.2	27.7	-1042.8	1049.2	
有限责任公司	15745.1		3856.7	230.1	1950.3
国有独资公司	102.1		77.1		74.8

业法人企业财务状况

单位：万元

三、损益及分配						四、人工成本及增值税		五、从事批发和零售业活动的从业人员平均人数（人）
投资收益	营业利润	营业外收入	营业外支出	利润总额	所得税费用	应付职工薪酬（本年贷方累计发生额）	应交增值税	
498.6	**5078.8**	**19409.7**	**6383.9**	**18646.6**	**11405.0**	**116633.2**	**26226.9**	**15133**
-320.8	12797.1	14567.9	5282.6	22082.5	9915.3	81196.4	20722.7	4981
-565.0	-2898.9	12080.2	2511.8	6669.5	1015.0	3997.4	259.4	537
3.1	-166.5	72.3	1.5	-95.7	362.8	129.8	258.2	69
-575.2	-3436.9	11983.8	2483.5	6063.4	652.2	1899.3	1.2	248
7.1	704.5	24.1	26.8	701.8		1968.3		220
305.1	32097.5	1900.4	760.1	33237.8	7448.3	62017.2	15332.4	1933
	-191.0	322.1	9.4	121.7	4.1	372.2	25.9	76
	563.4	55.0	16.6	601.8		296.0		84
	3206.9	618.0	433.2	3391.7		48007.9		179
305.1	7558.4	896.9	122.2	8333.1	2238.8	10697.2	4741.4	1042
	20959.8	8.4	178.7	20789.5	5205.4	2643.9	10565.1	552
-545.6	3120.6	439.3	832.7	2727.2	681.7	3855.5	1793.7	708
	693.5	319.0	584.8	427.7	69.4	3045.4	824.2	523
-545.6	2427.1	120.3	247.9	2299.5	612.3	810.1	969.5	185
484.7	-21050.6	122.7	971.4	-21899.2	563.5	9685.9	1090.2	1571
463.0	-14053.8	81.0	606.0	-14578.7	100.9	7846.2	560.2	1285
	-7048.6	41.7	365.4	-7372.3	460.7	1822.0	521.6	280
	36.9			36.9	1.9	17.7	8.4	4
21.7	14.9			14.9				2
	1443.4	25.3	206.5	1262.2	201.8	1496.3	2181.1	215
	61.8	0.2	2.0	60.0	5.4	350.6	22.4	64
	1381.6	25.1	204.5	1202.2	196.4	1145.7	2158.7	151
	85.1		0.1	85.0	5.0	144.1	65.9	17
	85.1		0.1	85.0	5.0	144.1	65.9	17
-320.8	12797.1	14567.9	5282.6	22082.5	9915.3	81196.4	20722.7	4981
	20959.8	8.4	178.7	20789.5	5205.4	2643.9	10565.1	552
-597.1	-12938.9	12599.5	3627.7	-3967.0	3970.3	16293.6	5322.7	1961
	-68.5	71.3		2.8		87.4		26

限额以上批发和零售

7-5 续表 11

（2019 年）

指标名称	三、损益及分配				
	管理费用	研发费用	财务费用	利息收入	利息费用
其他有限责任公司	15643.0		3779.6	230.1	1875.5
股份有限公司			313.3		
私营企业	11875.9	403.1	8350.6	105.3	4313.6
私营独资企业	190.6		0.3	0.2	
私营有限责任公司	11685.3	403.1	8350.3	105.1	4313.6
按控股情况分					
国有控股	17439.6	27.7	1319.3	1308.9	956.9
集体控股	1347.5		1069.2	6.3	205.6
私人控股	22103.1	403.1	9089.3	69.4	5101.4
按经营形式分					
独立门店	15535.1	352.0	10139.6	-26.7	4947.6
连锁总店（总部）	2789.2		1341.3	-0.4	
其他	22565.9	78.8	-3.1	1411.7	1316.3
按单位规模分					
大型	18838.3	27.7	677.2	1055.8	
中型	18658.3	403.1	9412.2	229.6	5260.2
小型	2940.3		900.9	99.2	517.4
微型	453.3		487.5		486.3
按地区分	40890.2	430.8	11477.8	1384.6	6263.9
双桥区	4796.6		2917.0	3.1	120.6
双滦区	2435.0		1079.7	321.4	165.7
营子区	161.5		0.3		
承德县	7319.1		1277.4	38.5	1258.1
兴隆县	506.0		37.5		0.6
滦平县	59.2		22.4	22.2	0.2
隆化县	2618.3		-85.7	-85.7	
丰宁县	2524.9	352.0	3684.4		2563.5
宽城县	1254.5		953.9	22.4	645.9
围场县	359.9		106.9		106.9
高新区	14698.8	27.7	377.4	1052.8	367.1
平泉市	4156.4	51.1	1106.6	9.9	1035.3

业法人企业财务状况

单位：万元

三、损益及分配						四、人工成本及增值税		五、从事批发和零售业活动的从业人员平均人数（人）
投资收益	营业利润	营业外收入	营业外支出	利润总额	所得税费用	应付职工薪酬（本年贷方累计发生额）	应交增值税	
-597.1	-12870.4	12528.2	3627.7	-3969.8	3970.3	16206.2	5322.7	1935
	-1119.3	37.9	184.1	-1265.5		3145.5	76.7	348
276.3	5895.5	1922.1	1292.1	6525.5	739.6	59113.4	4758.2	2120
	-178.2			-178.2	4.9	102.4	30.9	26
276.3	6073.7	1922.1	1292.1	6703.7	734.7	59011.0	4727.3	2094
466.1	-1579.8	551.5	1150.0	-2178.2	5618.8	12713.6	11465.0	2086
-545.6	2850.7	21.8	262.2	2610.3	657.1	1143.9	1135.0	220
-241.3	11526.2	13994.6	3870.4	21650.4	3639.4	67338.9	8122.7	2675
-863.1	4162.3	7927.7	2464.0	9626.0	2210.6	65883.3	4477.8	3026
463.0	-13002.8	31.7	413.2	-13384.2		4261.5	328.4	823
79.3	21637.6	6608.5	2405.4	25840.7	7704.7	11051.6	15916.5	1132
470.1	8228.3	525.0	805.2	7948.2	5205.4	15106.4	12454.4	2421
-812.6	5158.2	7456.5	2605.5	10009.2	4366.8	63644.8	5847.7	2017
	-394.4	6468.2	1831.0	4242.8	335.9	2015.4	2378.6	382
21.7	-195.0	118.2	40.9	-117.7	7.2	429.8	42.0	161
-320.8	12797.1	14567.9	5282.6	22082.5	9915.3	81196.4	20722.7	4981
-82.6	-10863.3	156.5	1382.9	-12089.6	617.8	10652.1	1948.9	1679
	-6829.4	26.3	524.1	-7327.2	197.3	2494.3	2090.9	277
	-222.9	0.9	0.1	-222.1		122.2	7.0	59
60.7	6703.2	6398.7	1620.5	11481.4	2600.1	6284.2	3521.8	333
21.7	147.4		0.1	147.3	12.0	294.3	75.0	78
	-48.2		0.1	-48.3		59.2	1.0	13
-575.2	-1571.8	5743.8	900.3	3271.7	652.2	1471.9		150
247.5	1197.4	1005.1	510.8	1691.7		49276.2		457
	2291.2	256.1	81.7	2465.6	516.1	678.0	542.7	208
	7.3			7.3		368.5	1.2	71
	20853.7	27.4	195.0	20686.1	5318.3	3496.1	10951.7	718
7.1	1132.5	953.1	67.0	2018.6	1.5	5999.4	1582.5	938

限额以上批发和零售

7-5 续表12

（2019年）

指标名称	三、损益及分配				
	管理费用	研发费用	财务费用	利息收入	利息费用
零售业	31605.5	5.6	10370.2	41.9	2598.7
按零售行业分					
综合零售	13529.0		6228.4	-6.4	529.7
百货零售	10990.2		4897.2	0.6	27.1
超级市场零售	2501.8		1325.6	-7.0	502.6
其他综合零售	37.0		5.6		
食品、饮料及烟草制品专门零售	327.4		91.3		80.0
粮油零售	81.3		79.9		79.9
酒、饮料及茶叶零售	121.7		1.1		0.1
其他食品零售	124.4		10.3		
纺织、服装及日用品专门零售	3846.8		655.7	0.4	59.2
服装零售	3313.0		653.0		59.2
钟表、眼镜零售	330.9		0.7	0.4	
其他日用品零售	202.9		2.0		
文化、体育用品及器材专门零售	1354.1	5.6	247.9	13.0	254.6
图书、报刊零售	1256.7		62.6	13.0	69.3
珠宝首饰零售	97.4	5.6	185.3		185.3
医药及医疗器材专门零售	3052.3		26.4	1.9	17.4
西药零售	3052.3		26.4	1.9	17.4
汽车、摩托车、零配件和燃料及其他动力销售	7534.0		2569.0	29.0	1205.0
汽车新车零售	6355.1		1659.9	27.8	1159.4
汽车零配件零售	62.0				
机动车燃油零售	1116.9		909.1	1.2	45.6
家用电器及电子产品专门零售	1961.9		551.5	4.0	452.8
家用视听设备零售	515.4		453.1	3.1	404.0
日用家电零售	326.1		35.0	1.1	35.9
计算机、软件及辅助设备零售	766.0		57.4	-0.2	12.9
通信设备零售	308.1		5.8		
其他电子产品零售	46.3		0.2		
货摊、无店铺及其他零售业					
互联网零售					

业法人企业财务状况

单位：万元

三、损益及分配						四、人工成本及增值税		五、从事批发和零售业活动的从业人员平均人数（人）
投资收益	营业利润	营业外收入	营业外支出	利润总额	所得税费用	应付职工薪酬（本年贷方累计发生额）	应交增值税	
819.4	-7718.3	4841.8	1101.3	-3435.9	1489.7	35436.8	5504.2	10152
445.9	-9204.6	4183.3	716.1	-5216.1	568.8	21479.6	3147.1	7132
390.2	-29.6	908.0	404.3	864.3	480.5	6987.8	995.1	2358
55.7	-9169.4	3253.0	310.6	-6095.9	87.5	14440.0	2136.4	4751
	-5.6	22.3	1.2	15.5	0.8	51.8	15.6	23
	151.0	69.1	48.2	171.9	4.4	321.6	56.6	95
	-1.2	68.6	48.2	19.2	1.2	18.0		4
	98.9			98.9	0.5	145.9	23.6	22
	53.3	0.5		53.8	2.7	157.7	33.0	69
	-178.7	27.5	81.6	-232.8	8.2	1620.3	426.1	614
	-166.4	27.5	81.6	-220.5	3.7	1235.7	363.1	488
	43.7			43.7	4.5	374.3	63.0	97
	-56.0			-56.0		10.3		29
	1501.6		47.3	1454.3	3.3	2812.7	297.4	312
	1364.8		47.3	1317.5	3.3	2702.1	297.4	296
	136.8			136.8		110.6		16
289.4	404.0	106.5	3.7	506.8	86.8	2375.3	502.6	691
289.4	404.0	106.5	3.7	506.8	86.8	2375.3	502.6	691
33.1	5.8	280.0	195.0	111.4	799.8	5210.5	676.6	873
	-417.5	271.3	152.7	-278.3	597.3	4389.7	339.5	674
	14.0			14.0		52.2	12.6	15
33.1	409.3	8.7	42.3	375.7	202.5	768.6	324.5	184
51.0	-397.4	175.4	9.4	-231.4	18.4	1616.8	397.8	435
51.0	-353.4	170.9		-182.5	0.4	493.1	115.1	169
	-192.7	0.2	1.4	-193.9	3.5	192.4	33.4	60
	83.8	2.2		86.0	12.7	616.2	185.7	129
	35.2	2.1	5.4	31.9	1.0	271.9	6.0	69
	29.7		2.6	27.1	0.8	43.2	57.6	8

限额以上批发和零售

7-5 续表 13 （2019 年）

指标名称	三、损益及分配				
	管理费用	研发费用	财务费用	利息收入	利息费用
按登记注册类型分					
内资企业	31605.5	5.6	10370.2	41.9	2598.7
有限责任公司	7627.2		1122.7	10.6	950.6
国有独资公司	1256.7		62.6	13.0	69.3
其他有限责任公司	6370.5		1060.1	-2.4	881.3
私营企业	23978.3	5.6	9247.5	31.3	1648.1
私营独资企业	495.5		166.4		
私营有限责任公司	22545.1	5.6	9067.3	31.2	1648.1
私营股份有限公司	937.7		13.8	0.1	
港、澳、台商投资企业					
港、澳、台商独资经营企业					
按控股情况分					
国有控股	1457.4		62.0	14.1	69.8
集体控股	90.6		1.0	1.2	
私人控股	28412.2	5.6	10282.7	24.7	2512.4
港澳台商控股					
其他	1645.3		24.5	1.9	16.5
按经营形式分					
独立门店	28660.6	5.6	10175.7	18.9	2549.7
连锁总店（总部）	1830.5		35.0	0.1	1.7
连锁直营店	109.3		0.9	-0.1	
其他	1005.1		158.6	23.0	47.3
按单位规模分					
大型	3964.8		2620.1	-5.2	419.4
中型	16859.9		4504.2	7.4	1009.7
小型	7998.5	5.6	2524.5	39.1	1062.1
微型	2782.3		721.4	0.6	107.5
按零售业态分					
有店铺零售	30684.0	5.6	10251.2	41.9	2598.7
便利店	96.8		50.1		50.1
超市	1830.6		1285.2	-6.2	504.6

业法人企业财务状况

单位：万元

三、损益及分配						四、人工成本及增值税		五、从事批发和零售业活动的从业人员平均人数（人）
投资收益	营业利润	营业外收入	营业外支出	利润总额	所得税费用	应付职工薪酬（本年贷方累计发生额）	应交增值税	
819.4	-7718.3	4841.8	1101.3	-3435.9	1489.7	35436.8	5504.2	10152
322.5	-439.5	282.6	128.8	-285.7	630.2	7152.2	1002.9	1734
	1364.8		47.3	1317.5	3.3	2702.1	297.4	296
322.5	-1804.3	282.6	81.5	-1603.2	626.9	4450.1	705.5	1438
496.9	-7278.8	4559.2	972.5	-3150.2	859.5	28284.6	4501.3	8418
	11.6	34.8	76.0	-29.6	75.4	626.6	45.2	220
496.9	-6563.0	4504.3	525.5	-2042.3	778.9	26253.7	4345.5	7655
	-727.4	20.1	371.0	-1078.3	5.2	1404.3	110.6	543
	1108.1	0.1	47.7	1060.5	3.3	2801.2	297.4	329
33.1	14.2	7.2	3.7	17.7	1.7	173.9	40.0	31
784.5	-8876.1	4834.5	1048.4	-4548.1	1471.5	31078.7	4874.4	9538
1.8	35.5		1.5	34.0	13.2	1383.0	292.4	254
819.4	-6042.3	4799.4	1094.1	-1795.1	1469.1	34064.8	5554.6	9140
	-2163.0	17.7	7.0	-2152.3	0.5	433.4	38.4	788
	73.2		0.2	73.0		168.5	28.6	36
	413.8	24.7		438.5	20.1	770.1	-117.4	188
445.9	-6840.4	3249.6	272.6	-3473.2		11012.7	1821.8	3365
1.8	20.5	968.0	667.9	510.0	1126.8	18081.6	2011.2	5134
371.7	-430.9	522.7	104.0	-49.9	358.9	6065.3	1272.3	1520
	-467.5	101.5	56.8	-422.8	4.0	277.2	398.9	133
819.4	-7461.4	4841.8	1094.2	-3171.9	1489.7	35356.1	5340.8	9969
	5.8	0.9		6.7	1.2	47.2	12.0	17
55.7	-6457.0	3192.0	315.7	-3449.6	84.4	13462.1	2357.9	3782

限额以上批发和零售

7-5 续表14

（2019年）

指标名称	三、损益及分配				
	管理费用	研发费用	财务费用	利息收入	利息费用
大型超市	1088.8		92.0	-0.6	
百货店	14022.4		5514.2	0.4	84.3
专业店	6718.6	5.6	1272.0	17.5	556.8
专卖店	6845.0		1660.8	27.7	1029.1
家居建材商店	81.8		376.9	3.1	373.8
无店铺零售	921.5		119.0		
网上商店					
其他	921.5		119.0		
有店铺零售	30684.0	5.6	10251.2	41.9	2598.7
便利店	891.4		83.3		50.1
超市	1830.6		1285.2	-6.2	504.6
大型超市	1088.8		92.0	-0.6	
百货店	14022.4		5514.2	0.4	84.3
专业店	6718.6	5.6	1272.0	17.5	556.8
专卖店	6927.1		1668.6	27.7	1036.9
家居建材商店	81.8		376.9	3.1	373.8
无店铺零售	921.5		119.0		
网上商店					
其他	921.5		119.0		
按地区分	31605.5	5.6	10370.2	41.9	2598.7
双桥区	14365.3		4364.7	16.6	662.9
双滦区	4629.1	5.6	1648.2	0.8	1107.7
营子区	100.8		0.1		
承德县	43.3		35.8		27.6
兴隆县	237.8		26.5		
滦平县	1100.8		181.2	0.1	4.5
隆化县	3315.1		1889.3		50.1
丰宁县	188.5		427.5	3.1	373.8
宽城县	1538.3		839.2		
围场县	1733.5		338.0	0.1	136.7
高新区	1626.6		265.5	23.1	144.4
平泉市	2726.4		354.2	-1.9	91.0

业法人企业财务状况

单位：万元

三、损益及分配						四、人工成本及增值税		五、从事批发和零售业活动的从业人员平均人数（人）
投资收益	营业利润	营业外收入	营业外支出	利润总额	所得税费用	应付职工薪酬（本年贷方累计发生额）	应交增值税	
	-2285.4	89.6	5.0	-2200.8	4.9	2275.2	156.6	1358
390.2	-618.0	929.2	477.0	224.4	483.9	7108.0	1028.7	2540
34.9	1450.3	102.1	143.2	1409.2	105.0	7233.8	1053.5	1350
287.6	830.7	357.7	153.3	1055.7	810.3	5074.6	697.5	874
51.0	-387.8	170.3		-217.5		155.2	34.6	48
	-256.9		7.1	-264.0		80.7	163.4	183
	-256.9		7.1	-264.0		80.7	163.4	183
819.4	-7461.4	4841.8	1094.2	-3171.9	1489.7	35356.1	5340.8	9969
	-2159.3	5.0	5.0	-2159.3	1.2	261.6	12.0	617
55.7	-6457.0	3192.0	315.7	-3449.6	84.4	13462.1	2357.9	3782
	-2285.4	89.6	5.0	-2200.8	4.9	2275.2	156.6	1358
390.2	-618.0	929.2	477.0	224.4	483.9	7108.0	1028.7	2540
34.9	1450.3	102.1	143.2	1409.2	105.0	7233.8	1053.5	1350
287.6	884.1	357.8	154.3	1108.2	813.8	5137.1	722.9	892
51.0	-387.8	170.3		-217.5		155.2	34.6	48
	-256.9		7.1	-264.0		80.7	163.4	183
	-256.9		7.1	-264.0		80.7	163.4	183
819.4	-7718.3	4841.8	1101.3	-3435.9	1489.7	35436.8	5504.2	10152
378.2	-4286.9	2830.9	299.0	-1755.0	654.7	16818.8	3422.7	4072
	-1114.8	327.2	147.1	-934.7	495.6	4007.5	448.7	745
	8.6			8.6	0.4	54.0	0.2	27
	-180.5	62.5	0.5	-118.5		346.1	21.5	81
	34.2	22.3	1.2	55.3	3.7	285.7	52.8	116
	73.7	12.7	9.1	77.3	2.5	2130.2	146.2	691
390.2	-609.6	625.9	40.5	366.0	1.5	2756.3	184.5	1000
51.0	241.9	226.2	15.9	452.2	109.6	2163.5	209.3	857
	-184.1	288.0	33.4	70.5	96.4	1713.7	287.1	480
	-1015.2	159.0	501.7	-1416.2	11.5	2269.6	380.6	863
	381.5	112.7	18.1	496.7	29.0	886.3	-85.3	159
	-1067.1	174.4	34.8	-738.1	84.8	2005.1	435.9	1061

7-6 限额以上住宿和餐饮

（2019年）

指标名称	法人企业数（个）	从业人员期末人数（人）	营业额	客房收入	#通过公共网络实现的客房收入	#通过非自营平台实现的客房收入
全　　市	**61**	**4664**	**66378.0**	**27447.4**	**1927.5**	**228.1**
住宿业	39	3189	46402.4	23133.4	1910.5	228.1
按住宿业行业分						
旅游饭店	35	2946	44273.3	22244.8	1910.5	228.1
一般旅馆	3	173	2065.5	858.8		
其他一般旅馆	3	173	2065.5	858.8		
其他住宿业	1	70	63.6	29.8		
按登记注册类型分						
内资企业	39	3189	46402.4	23133.4	1910.5	228.1
国有企业	6	490	7906.6	3869.1	206.0	
有限责任公司	11	1166	13528.3	7142.5	301.4	228.1
其他有限责任公司	11	1166	13528.3	7142.5	301.4	228.1
股份有限公司	1	145	2077.8	853.8		
私营企业	21	1388	22889.7	11268.0	1403.1	
私营有限责任公司	21	1388	22889.7	11268.0	1403.1	
按控股情况分						
国有控股	7	530	8363.2	4201.2	206.0	
集体控股	1	180	2809.9	1023.5		
私人控股	30	2296	34460.3	17583.1	1704.5	228.1
其他	1	183	769.0	325.6		
按经营形式分						
独立门店	35	2866	42006.2	21043.0	1875.5	228.1
连锁加盟店	1	18	429.9	418.4	35.0	
其他	3	305	3966.3	1672.0		
按单位规模分						
中型	4	804	12102.9	5993.7		
小型	32	2377	33104.5	16355.9	1704.5	228.1
微型	3	8	1195.0	783.8	206.0	
按星级分						
五星	2	380	4683.9	2310.8		
四星	12	1330	17556.5	8522.5	315.3	
三星	8	569	7663.4	3000.1	783.5	
二星	1	119	1730.0	900.0		
其他	16	791	14768.6	8400.0	811.7	228.1
按地区分	39	3189	46402.4	23133.4	1910.5	228.1
双桥区	19	1736	25669.0	13380.4	1682.4	
双滦区	3	317	5132.4	2501.1	228.1	228.1

业法人单位经营情况

单位：万元

餐费收入	#通过公共网络实现的餐费收入	#通过非自营平台实现的餐费收入	商品销售额收入	其他收入	#外卖送餐服务收入	客房数（间）	床位数（个）	餐位数（位）	年末餐饮营业面积（平方米）
35486.0	**406.9**	**49.2**	**350.6**	**3094.0**		**10427**	**18156**	**25175**	**243571.0**
22032.5	67.8	49.2	242.4	994.1		9141	16076	17204	175593.0
20792.2	67.8	49.2	242.4	993.9		8785	15491	16064	167005.0
1206.7						316	517	1140	4509.0
1206.7						316	517	1140	4509.0
33.6				0.2		40	68		4079.0
22032.5	67.8	49.2	242.4	994.1		9141	16076	17204	175593.0
3834.9				202.6		879	1732	2750	29741.0
5880.3	67.8	49.2	10.1	495.4		1914	3291	6248	38958.0
5880.3	67.8	49.2	10.1	495.4		1914	3291	6248	38958.0
1207.4				16.6		229	350	860	15300.0
11109.9			232.3	279.5		6119	10703	7346	91594.0
11109.9			232.3	279.5		6119	10703	7346	91594.0
3959.4				202.6		924	1814	3190	37741.0
1549.0				237.4		199	363	350	1200.0
16151.4	67.8	49.2	241.1	484.7		7847	13567	13384	135202.0
372.7			1.3	69.4		171	332	280	1450.0
19842.7	67.8	49.2	236.4	884.1		8681	15344	15188	150913.0
10.6				0.9		118	178	40	180.0
2179.2			6.0	109.1		342	554	1976	24500.0
5792.6			13.9	302.7		976	1756	2670	13152.0
15828.7	67.8	49.2	228.5	691.4		4609	8137	14434	161735.0
411.2						3556	6183	100	706.0
2293.7			13.9	65.5		322	534	1000	8254.0
8417.6	18.6		221.7	394.7		2095	3709	5900	36537.0
4319.4			6.0	337.9		914	1751	4602	60326.0
830.0						130	144	450	15000.0
6171.8	49.2	49.2	0.8	196.0		5680	9938	5252	55476.0
22032.5	67.8	49.2	242.4	994.1		9141	16076	17204	175593.0
11508.9	18.6		236.4	543.3		6399	11375	7850	62539.0
2613.8	49.2	49.2		17.5		346	635	2742	11508.0

限额以上住宿和餐饮

7-6 续表1

（2019年）

指标名称	法人企业数（个）	从业人员期末人数（人）	营业额	客房收入	#通过公共网络实现的客房收入	#通过非自营平台实现的客房收入
承德县	2	285	3591.6	1051.1		
兴隆县	1	11	199.7	145.2		
滦平县	2	93	1475.5	558.8		
丰宁县	7	347	5239.5	3461.5		
宽城县	2	215	2629.8	859.3		
高新区	2	105	1874.9	876.0		
平泉市	1	80	590.0	300.0		
餐饮业	22	1475	19975.6	4314.0	17.0	
按餐饮业行业分						
正餐服务	22	1475	19975.6	4314.0	17.0	
按登记注册类型分						
内资企业	22	1475	19975.6	4314.0	17.0	
国有企业	1	68	158.3	25.2		
有限责任公司	3	96	1453.3	359.7		
其他有限责任公司	3	96	1453.3	359.7		
股份有限公司	1	98	480.9	70.5		
私营企业	17	1213	17883.1	3858.6	17.0	
私营独资企业	3	75	711.9	17.0	17.0	
私营有限责任公司	13	1034	15409.1	3841.6		
私营股份有限公司	1	104	1762.1			
按控股情况分						
国有控股	1	68	158.3	25.2		
私人控股	20	1407	19105.1	4288.8	17.0	
其他	1		712.2			
按经营形式分						
独立门店	22	1475	19975.6	4314.0	17.0	
中型	1	379	4422.9	1101.3		
小型	18	1092	13815.2	3212.7	17.0	
微型	3	4	1737.5			
按地区分	22	1475	19975.6	4314.0	17.0	
双桥区	6	189	4968.9			
兴隆县	2	52	698.2	195.8		
隆化县	1	39	342.0	17.0	17.0	
宽城县	3	527	5299.1	1231.3		
围场县	2	162	1799.1	1004.4		
高新区	1	13	716.7			
平泉市	7	493	6151.6	1865.5		

业法人单位经营情况

单位：万元

餐费收入	#通过公共网络实现的餐费收入	#通过非自营平台实现的餐费收入	商品销售额收入	其他收入	#外卖送餐服务收入	客房数（间）	床位数（个）	餐位数（位）	年末餐饮营业面积（平方米）
2457.6				82.9		354	628	1760	30158.0
43.2				11.3		102	191	16	7600.0
916.7						201	367	960	2509.0
1690.2				87.8		1220	1969	2280	29079.0
1623.0			6.0	141.5		241	445	676	21200.0
889.1				109.8		163	316	740	9000.0
290.0						115	150	180	2000.0
13453.5	339.1		108.2	2099.9		1286	2080	7971	67978.0
13453.5	339.1		108.2	2099.9		1286	2080	7971	67978.0
13453.5	339.1		108.2	2099.9		1286	2080	7971	67978.0
133.1						37	56	380	3500.0
1077.3			16.3			169	319	305	4820.0
1077.3			16.3			169	319	305	4820.0
385.5				24.9		55	112	180	2600.0
11857.6	339.1		91.9	2075.0		1025	1593	7106	57058.0
694.9	325.0					19	38	291	2130.0
9400.6	14.1		91.9	2075.0		1006	1555	6335	50928.0
1762.1								480	4000.0
133.1						37	56	380	3500.0
12608.2	339.1		108.2	2099.9		1249	2024	7591	64478.0
712.2									
13453.5	339.1		108.2	2099.9		1286	2080	7971	67978.0
1615.7			40.9	1665.0		237	317	1325	2500.0
10100.3	325.0		67.3	434.9		1049	1763	6496	64278.0
1737.5	14.1							150	1200.0
13453.5	339.1		108.2	2099.9		1286	2080	7971	67978.0
4968.9	14.1							1110	6395.0
430.6				71.8		89	158	1165	3650.0
325.0	325.0					19	38	210	1500.0
2337.0			40.9	1689.9		343	531	1670	9100.0
566.7			47.8	180.2		305	487	732	20820.0
716.7								100	500.0
4108.6			19.5	158.0		530	866	2984	26013.0

7-7 限额以上住宿和餐饮

（2019年）

指标名称	法人企业数（个）	执行《2006年企业会计准则》企业数（个）	一、年初存货	二、期末	
				流动资产合计	应收账款
全　　市	**61**	**16**	**4537.7**	**129308.3**	**5770.8**
住宿业	39	10	1993.1	113608.3	5063.4
按住宿业行业分					
旅游饭店	35	9	1879.6	109005.9	4659.8
一般旅馆	3	1	40.2	1326.0	315.4
其他一般旅馆	3	1	40.2	1326.0	315.4
其他住宿业	1		73.3	3276.4	88.2
按登记注册类型分					
内资企业	39	10	1993.1	113608.3	5063.4
国有企业	6	1	269.5	6165.3	1506.6
有限责任公司	11	4	1095.3	46818.1	1899.6
其他有限责任公司	11	4	1095.3	46818.1	1899.6
股份有限公司	1		112.3	8315.8	290.4
私营企业	21	5	516.0	52309.1	1366.8
私营有限责任公司	21	5	516.0	52309.1	1366.8
按控股情况分					
国有控股	7	1	282.3	6535.6	1530.0
集体控股	1		52.5	946.4	157.6
私人控股	30	9	1549.2	100617.8	3183.8
其他	1		109.1	5508.5	192.0
按经营形式分					
独立门店	35	10	1778.6	102135.6	4534.9
连锁加盟店	1			525.4	8.2
其他	3		214.5	10947.3	520.3
按单位规模分					
中型	4	1	55.0	30871.3	529.0
小型	32	9	1918.6	82349.9	4461.5
微型	3		19.5	387.1	72.9
按星级分					
五星	2		73.3	29423.8	-192.6
四星	12	2	350.4	44035.5	2257.7
三星	8	3	339.3	10471.1	1545.3
二星	1		32.0	670.0	45.8
其他	16	5	1198.1	29007.9	1407.2
按地区分	39	10	1993.1	113608.3	5063.4
双桥区	19	2	455.0	74233.0	2191.0
双滦区	3	3	865.1	7989.1	548.9

业法人企业财务状况

单位：万元

资产负债								
存货	固定资产合计	房屋和构筑物	机器设备	累计折旧	本年折旧	固定资产净额	在建工程	无形资产
3706.8	**179495.5**	**64304.7**	**12602.2**	**79065.1**	**11602.2**	**87248.4**	**46423.8**	**20941.8**
2385.0	144114.4	53621.1	10914.1	71482.7	9478.8	60732.2	46169.3	13706.9
2301.7	134891.4	53621.1	10529.4	70606.1	9129.3	57107.6	46169.3	11227.4
42.0	8760.3		300.0	765.9	238.8	3272.6		2477.4
42.0	8760.3		300.0	765.9	238.8	3272.6		2477.4
41.3	462.7		84.7	110.7	110.7	352.0		2.1
2385.0	144114.4	53621.1	10914.1	71482.7	9478.8	60732.2	46169.3	13706.9
301.9	32022.3	12509.9	265.5	11024.3	2964.9	19073.1		951.4
1220.4	60838.4	34375.2	4774.6	35811.5	3518.1	25035.0	46125.5	9529.5
1220.4	60838.4	34375.2	4774.6	35811.5	3518.1	25035.0	46125.5	9529.5
153.5	4539.7	3590.8	37.0	1688.5	214.8	2851.2		
709.2	46714.0	3145.2	5837.0	22958.4	2781.0	13772.9	43.8	3226.0
709.2	46714.0	3145.2	5837.0	22958.4	2781.0	13772.9	43.8	3226.0
316.7	32106.9	12509.9	322.4	11099.5	2978.4	19082.4		951.4
84.0	8681.4			6746.8	401.8	1934.5		1684.9
1769.7	91805.5	35780.2	10347.9	45531.7	5376.9	36299.4	46091.8	11070.3
214.6	11520.6	5331.0	243.8	8104.7	721.7	3415.9	77.5	0.3
2155.3	138832.3	50030.3	10820.2	69216.9	9206.6	57716.1	46169.3	13701.2
	36.0			20.2	10.3	15.8		5.7
229.7	5246.1	3590.8	93.9	2245.6	261.9	3000.3		
415.0	17466.7		5519.0	12791.1	3376.2	4627.6		1684.9
1949.6	126542.7	53621.1	5395.1	58667.5	6084.2	56104.5	46169.3	12022.0
20.4	105.0			24.1	18.4	0.1		
291.2	5981.7		5603.7	3548.0	653.3	2433.7		2.1
679.8	67696.7	30406.9	4632.2	37181.2	5096.1	30297.5	5394.1	1926.1
300.3	29144.9	3033.2		13347.9	1485.6	6962.0		3928.3
	358.8	112.0		251.4	75.0			
1113.7	40932.3	20069.0	678.2	17154.2	2168.8	21039.0	40775.2	7850.4
2385.0	144114.4	53621.1	10914.1	71482.7	9478.8	60732.2	46169.3	13706.9
983.7	81715.4	33440.1	9869.2	46248.1	6103.8	33472.1	5404.5	1931.5
729.5	22640.3	16478.2	566.3	9626.4	1113.5	13022.5	19241.7	5618.2

限额以上住宿和餐饮

7-7 续表1

（2019年）

指标名称	法人企业数（个）	执行《2006年企业会计准则》企业数（个）	一、年初存货	二、期末	
				流动资产合计	应收账款
承德县	2		195.3	9105.0	839.0
兴隆县	1	1	62.1	211.4	-14.3
滦平县	2		37.0	1137.3	314.9
丰宁县	7	3	202.9	12590.8	677.7
宽城县	2		121.4	7135.7	213.4
高新区	2		51.1	1017.3	292.3
平泉市	1	1	3.2	188.7	0.5
餐饮业	22	6	2544.6	15700.0	707.4
按餐饮业行业分					
正餐服务	22	6	2544.6	15700.0	707.4
按登记注册类型分					
内资企业	22	6	2544.6	15700.0	707.4
国有企业	1		38.8	341.6	285.8
有限责任公司	3	1	337.4	5226.0	41.3
其他有限责任公司	3	1	337.4	5226.0	41.3
股份有限公司	1		74.7	2471.1	156.6
私营企业	17	5	2093.7	7661.3	223.7
私营独资企业	3		48.3	186.8	4.7
私营有限责任公司	13	4	1998.0	7125.9	205.4
私营股份有限公司	1	1	47.4	348.6	13.6
按控股情况分					
国有控股	1		38.8	341.6	285.8
私人控股	20	5	2358.5	11463.3	421.6
其他	1	1	147.3	3895.1	
按经营类型分					
独立门店	22	6	2544.6	15700.0	707.4
按单位规模分					
中型	1		249.0	1323.6	43.5
小型	18	5	1822.5	9530.8	641.0
微型	3	1	473.1	4845.6	22.9
按地区分	22	6	2544.6	15700.0	707.4
双桥区	6	2	527.5	4845.7	-665.6
兴隆县	2	2	56.7	371.9	99.2
隆化县	1		23.2	61.1	1.2
宽城县	3		494.1	5030.9	232.5
围场县	2		70.2	248.4	117.1
高新区	1			98.7	
平泉市	7	2	1372.9	5043.3	923.0

业法人企业财务状况

单位：万元

资产负债								
存货	固定资产合计	房屋和构筑物	机器设备	累计折旧	本年折旧	固定资产净额	在建工程	无形资产
225.7	8570.4	3590.8	37.0	3875.2	371.0	2851.2		951.4
	1273.3			529.7	529.7			
21.7	8164.9			230.6	230.6	3212.5		2477.4
247.5	6026.9	112.0	84.7	1738.5	559.5	1685.3	21523.1	2228.9
99.5	8657.2			5347.2	423.9	3309.8		499.5
57.1	6470.6		56.9	3351.7	138.6	3118.7		
20.3	595.4		300.0	535.3	8.2	60.1		
1321.8	35381.1	10683.6	1688.1	7582.4	2123.4	26516.2	254.5	7234.9
1321.8	35381.1	10683.6	1688.1	7582.4	2123.4	26516.2	254.5	7234.9
1321.8	35381.1	10683.6	1688.1	7582.4	2123.4	26516.2	254.5	7234.9
28.1	425.9			311.2	10.8			
224.9	1152.0	924.3	227.7	527.0	62.2	627.2		91.5
224.9	1152.0	924.3	227.7	527.0	62.2	627.2		91.5
72.4	4685.6	3986.4	699.2	999.5	117.0	3686.1		745.2
996.4	29117.6	5772.9	761.2	5744.7	1933.4	22202.9	254.5	6398.2
38.7	490.6	250.0	240.5	101.8	3.6	388.7		
929.2	26381.4	3291.3	511.7	3766.5	1871.7	21814.2	254.5	6398.2
28.5	2245.6	2231.6	9.0	1876.4	58.1			
28.1	425.9			311.2	10.8			
1146.4	34955.2	10683.6	1688.1	7268.9	2112.3	26516.2	254.5	7234.9
147.3				2.3	0.3			
1321.8	35381.1	10683.6	1688.1	7582.4	2123.4	26516.2	254.5	7234.9
269.4	211.8			53.2	30.4	158.6		
586.6	34901.4	10683.6	1420.2	7292.0	2086.4	26324.6	254.5	7156.2
465.8	267.9		267.9	237.2	6.6	33.0		78.7
1321.8	35381.1	10683.6	1688.1	7582.4	2123.4	26516.2	254.5	7234.9
509.2	2784.6	2231.6	276.9	2314.8	78.9	53.4		78.7
83.7	2591.3	2591.3		413.5	22.0	2177.8		1144.0
14.8								
403.6	5993.9	4910.7	871.4	1549.4	198.2	4444.4		836.7
61.3	11742.4		55.5	972.4	955.5	10770.0		
	23.3			4.8	1.5	18.5		
249.2	12245.6	950.0	484.3	2327.5	867.3	9052.1	254.5	5175.5

限额以上住宿和餐饮

7-7 续表2

（2019年）

指标名称	二、期末资				
	土地使用权	资产总计	流动负债合计	应付账款	负债合计
全 市	**8458.8**	**367483.7**	**334631.6**	**19709.2**	**412967.9**
住宿业	6569.6	317936.8	294991.1	16825.8	367765.6
按住宿业行业分					
旅游饭店	6569.6	300059.9	282282.9	16159.6	353254.8
一般旅馆		12205.3	9648.1	417.4	11450.7
其他一般旅馆		12205.3	9648.1	417.4	11450.7
其他住宿业		5671.6	3060.1	248.8	3060.1
按登记注册类型分					
内资企业	6569.6	317936.8	294991.1	16825.8	367765.6
国有企业	951.4	31594.1	40986.9	4509.2	42026.7
有限责任公司	5618.2	142483.4	130199.1	4187.2	148156.1
其他有限责任公司	5618.2	142483.4	130199.1	4187.2	148156.1
股份有限公司		11168.3	5045.8	703.7	10045.7
私营企业		132691.0	118759.3	7425.7	167537.1
私营有限责任公司		132691.0	118759.3	7425.7	167537.1
按控股情况分					
国有控股	951.4	31976.0	41039.3	4530.6	42079.1
集体控股		4713.5	919.4	266.3	919.5
私人控股	5618.2	271808.6	234896.0	11726.1	306630.6
其他		9438.7	18136.4	302.8	18136.4
按经营形式分					
独立门店	6569.6	301254.3	275940.6	15713.3	343495.1
连锁加盟店		569.1	366.4	16.7	586.5
其他		16113.4	18684.1	1095.8	23684.0
按单位规模分					
中型		42433.6	31317.5	7721.2	70673.9
小型	6569.6	271783.9	254767.9	8750.4	288186.0
微型		3719.3	8905.7	354.2	8905.7
按星级分					
五星		36933.5	24602.2	4390.1	62370.2
四星		95875.1	99118.8	5563.5	120227.5
三星	951.4	72260.4	88250.7	3197.4	92813.9
二星		825.0	112.0	15.6	198.0
其他	5618.2	112042.8	82907.4	3659.2	92156.0
按地区分	6569.6	317936.8	294991.1	16825.8	367765.6
双桥区		137905.2	136109.5	10562.9	194752.3
双滦区	5618.2	52261.1	37055.2	2565.2	40846.9

业法人企业财务状况

单位：万元

产 负 债			三、损 益 及 分 配					
所有者权益合计	实收资本	个人资本	营业收入	主营业务收 入	营业成本	税金及附加	其他业务利 润	销售费用
-48158.9	**48332.0**	**2562.5**	**63965.5**	**63664.0**	**27751.1**	**1336.0**	**1169.7**	**25861.9**
-49828.8	37404.1	1533.6	45024.9	44791.4	17736.2	1057.9	952.9	21704.8
-53194.9	32214.1	783.6	41780.7	41547.2	15624.9	1028.2	952.9	20164.5
754.6	1150.0	750.0	1999.3	1999.3	1554.0	27.7		126.8
754.6	1150.0	750.0	1999.3	1999.3	1554.0	27.7		126.8
2611.5	4040.0		1244.9	1244.9	557.3	2.0		1413.5
-49828.8	37404.1	1533.6	45024.9	44791.4	17736.2	1057.9	952.9	21704.8
-10432.6	4765.5		7555.4	7542.9	4098.8	74.2		3680.2
-5672.7	17690.0	25.0	14652.1	14651.1	4604.9	356.2	0.5	10196.6
-5672.7	17690.0	25.0	14652.1	14651.1	4604.9	356.2	0.5	10196.6
1122.6	400.0		1961.8	1961.7	602.0	6.8		632.1
-34846.1	14548.6	1508.6	20855.6	20635.7	8430.5	620.7	952.4	7195.9
-34846.1	14548.6	1508.6	20855.6	20635.7	8430.5	620.7	952.4	7195.9
-10103.1	5565.5		8012.0	7999.5	4276.9	89.1		3818.1
3794.0	5000.0		2650.8	2650.8	734.7	10.7		1322.8
-34822.0	26338.6	1508.6	33636.8	33415.8	12543.6	905.6	952.9	16407.7
-8697.7	500.0	25.0	725.3	725.3	181.0	52.5		156.2
-42240.8	33204.1	1533.6	40841.5	40608.9	15957.2	1035.0	952.9	19990.9
-17.4			405.5	404.7	95.7	0.2		2.0
-7570.6	4200.0		3777.9	3777.8	1683.3	22.7		1711.9
-28240.3	7248.9		11428.5	11428.5	3183.8	37.8		6337.6
-16402.1	29412.2	1533.6	32460.2	32226.7	13850.1	992.0	952.9	15324.1
-5186.4	743.0		1136.2	1136.2	702.3	28.1		43.1
-25436.7	5040.0		5611.9	5611.9	1701.2	14.9		3085.2
-24352.4	9958.9	775.0	16649.2	16429.7	5424.6	146.8		8616.5
-20553.5	7907.2	30.0	7361.5	7361.5	4558.4	75.7	781.3	3306.5
627.0	475.6	475.6	1720.0	1720.0	1710.0	480.0	170.0	
19886.8	14022.4	253.0	13682.3	13668.3	4342.0	340.5	1.6	6696.6
-49828.8	37404.1	1533.6	45024.9	44791.4	17736.2	1057.9	952.9	21704.8
-56847.1	11071.3	308.0	24288.1	24068.6	7221.8	182.9	1.6	12083.6
11414.2	6080.0		4102.4	4102.4	1217.4	257.1	0.5	3162.9

限额以上住宿和餐饮

7-7 续表 3

（2019 年）

指标名称	二、期末资				
	土地使用权	资产总计	流动负债合计	应付账款	负债合计
承德县	951.4	14752.9	6750.5	1606.9	12701.9
兴隆县		2247.1			2043.0
滦平县		11956.5	7491.6	146.6	9294.2
丰宁县		43261.8	26553.1	379.0	27096.1
宽城县		50875.4	78623.6	1119.7	78623.6
高新区		4428.0	251.1	174.7	251.1
平泉市		248.8	2156.5	270.8	2156.5
餐饮业	1889.2	49546.9	39640.5	2883.4	45202.3
按餐饮业行业分					
正餐服务	1889.2	49546.9	39640.5	2883.4	45202.3
按登记注册类型分					
内资企业	1889.2	49546.9	39640.5	2883.4	45202.3
国有企业		456.3	1362.9	144.3	1362.9
有限责任公司		6059.8	1864.3	80.6	3304.9
其他有限责任公司		6059.8	1864.3	80.6	3304.9
股份有限公司	745.2	9694.3	14598.9	144.8	14598.9
私营企业	1144.0	33336.5	21814.4	2513.7	25935.6
私营独资企业		575.8	425.5	0.9	425.5
私营有限责任公司	1144.0	31895.5	21236.2	2399.2	25357.4
私营股份有限公司		865.2	152.7	113.6	152.7
按控股情况分					
国有控股		456.3	1362.9	144.3	1362.9
私人控股	1889.2	45187.2	38277.6	2739.1	42398.8
其他		3903.4			1440.6
按经营类型分					
独立门店	1889.2	49546.9	39640.5	2883.4	45202.3
按单位规模分					
中型		1487.2	1282.1	315.7	1282.1
小型	1889.2	42946.3	37194.5	2544.5	40928.8
微型		5113.4	1163.9	23.2	2991.4
按地区分	1889.2	49546.9	39640.5	2883.4	45202.3
双桥区		9244.6	2788.6	1141.9	5913.9
兴隆县	1144.0	3693.7	1036.5	84.5	1036.5
隆化县		61.1	49.6		49.6
宽城县	745.2	13215.7	17530.2	503.8	17530.2
围场县		1126.7	215.1	37.3	1151.6
高新区		129.7	23.5		23.5
平泉市		22075.4	17997.0	1115.9	19497.0

业法人企业财务状况

单位：万元

产负债			三、损益及分配					
所有者权益合计	实收资本		营业收入	主营业务收入	营业成本	税金及附加	其他业务利润	销售费用
		个人资本						
2051.0	577.2		3389.9	3389.8	2326.0	13.6		946.5
204.1			199.7	199.7	56.0	3.8		70.0
2662.3	1050.0	750.0	1440.1	1440.1	1125.7	26.8		126.8
16165.7	10725.6	475.6	6677.3	6663.4	3093.0	514.5	170.0	3187.3
-27748.2	4000.0		2557.4	2557.4	1279.2	42.1	780.8	1755.1
4176.9	3800.0		1810.8	1810.8	988.8	16.2		372.6
-1907.7	100.0		559.2	559.2	428.3	0.9		
1669.9	10927.9	1028.9	18940.6	18872.6	10014.9	278.1	216.8	4157.1
1669.9	10927.9	1028.9	18940.6	18872.6	10014.9	278.1	216.8	4157.1
1669.9	10927.9	1028.9	18940.6	18872.6	10014.9	278.1	216.8	4157.1
-906.6	118.0		185.8	185.8		5.1	181.7	242.2
292.1	105.0	100.0	1254.4	1254.4	578.0	17.0		473.9
292.1	105.0	100.0	1254.4	1254.4	578.0	17.0		473.9
-4904.6	900.0	900.0	470.4	470.4	182.8	26.9		619.3
7189.0	9804.9	28.9	17030.0	16962.0	9254.1	229.1	35.1	2821.7
150.3	28.9	28.9	707.0	707.0	393.8	3.8		78.9
6326.2	9716.0		14660.6	14592.6	7949.1	153.6	35.1	2469.1
712.5	60.0		1662.4	1662.4	911.2	71.7		273.7
-906.6	118.0		185.8	185.8		5.1	181.7	242.2
2576.5	10809.9	1028.9	18241.5	18173.5	9841.7	272.9	35.1	3725.3
			513.3	513.3	173.2	0.1		189.6
1669.9	10927.9	1028.9	18940.6	18872.6	10014.9	278.1	216.8	4157.1
205.1	400.0		3791.0	3758.1	2141.6	6.7		26.7
2017.5	10517.9	1028.9	13592.1	13557.0	7050.8	248.9	216.8	3760.3
-552.7	10.0		1557.5	1557.5	822.5	22.5		370.1
1669.9	10927.9	1028.9	18940.6	18872.6	10014.9	278.1	216.8	4157.1
656.0	470.0		4646.4	4646.4	2610.0	96.6		783.6
2657.2	2606.0		698.2	698.2	541.5	11.2		5.5
11.5	7.0	7.0	342.0	342.0	169.4	1.9		7.0
-4314.5	1400.0	1000.0	4656.7	4623.8	2543.1	50.0		930.3
-24.9	5.0		1782.6	1782.6	931.6	90.2		193.5
106.2			695.8	695.8	568.4	1.5		61.0
2578.4	6439.9	21.9	6118.9	6083.8	2650.9	26.7	216.8	2176.2

限额以上住宿和餐饮

7-7 续表 4

(2019 年)

指标名称	三、损益及分配				
	管理费用	研发费用	财务费用	利息收入	利息费用
全　市	**25028.7**	**430.3**	**11625.1**	**8.9**	**8804.2**
住宿业	17363.1	430.3	10349.3	4.8	7827.9
按住宿业行业分					
旅游饭店	16903.9	430.3	10264.9	4.7	7827.2
一般旅馆	332.5		76.2	0.1	0.7
其他一般旅馆	332.5		76.2	0.1	0.7
其他住宿业	126.7		8.2		
按登记注册类型分					
内资企业	17363.1	430.3	10349.3	4.8	7827.9
国有企业	3610.9		148.3	3.9	2.1
有限责任公司	5408.6		2762.4	0.8	2454.4
其他有限责任公司	5408.6		2762.4	0.8	2454.4
股份有限公司	743.7		439.8		435.8
私营企业	7599.9	430.3	6998.8	0.1	4935.6
私营有限责任公司	7599.9	430.3	6998.8	0.1	4935.6
按控股情况分					
国有控股	3751.8		148.7	3.7	2.1
集体控股	873.3		5.1		
私人控股	12454.6	430.3	10194.1	1.1	7825.8
其他	283.4		1.4		
按经营形式分					
独立门店	15821.4	430.3	9600.0	5.0	7305.2
连锁加盟店	305.3		20.8		
其他	1236.4		728.5	-0.2	522.7
按单位规模分					
中型	4948.6		4109.7		3957.0
小型	11546.3	430.3	6236.8	4.8	3870.9
微型	868.2		2.8		
按星级分					
五星	2819.5		3965.2		3957.0
四星	7583.9		2831.2	3.5	2565.4
三星	1592.7		1982.9	0.4	229.8
二星	4.5	430.0	470.0		0.2
其他	5362.5	0.3	1100.0	0.9	1075.5
按地区分	17363.1	430.3	10349.3	4.8	7827.9
双桥区	12167.8		6719.9	4.3	6524.6
双滦区	1402.2		722.9	0.2	637.5

业法人企业财务状况

单位：万元

三、损益及分配						四、人工成本及增值税		五、从事批发和零售业活动的从业人员平均人数（人）
投资收益	营业利润	营业外收入	营业外支出	利润总额	所得税费用	应付职工薪酬(本年贷方累计发生额)	应交增值税	
497.2	**-28033.8**	**1456.7**	**300.1**	**-26877.2**	**488.0**	**20998.5**	**1254.9**	**5090**
497.2	-23402.7	1304.2	238.9	-22337.4	441.3	16607.1	1331.8	3272
497.2	-22411.6	1240.7	233.0	-21403.9	434.8	16033.4	1574.3	3066
	-128.3	11.0	3.3	-120.6	6.5	304.9	67.0	157
	-128.3	11.0	3.3	-120.6	6.5	304.9	67.0	157
	-862.8	52.5	2.6	-812.9		268.8	-309.5	49
497.2	-23402.7	1304.2	238.9	-22337.4	441.3	16607.1	1331.8	3272
	-3847.8	510.3	160.6	-3498.1		3013.0	521.8	652
45.6	-10074.0	264.0	61.7	-9871.7		5085.1	-200.6	1117
45.6	-10074.0	264.0	61.7	-9871.7		5085.1	-200.6	1117
	-462.6	6.4		-456.2		658.6	118.2	146
451.6	-9018.3	523.5	16.6	-8511.4	441.3	7850.4	892.4	1357
451.6	-9018.3	523.5	16.6	-8511.4	441.3	7850.4	892.4	1357
	-3863.4	510.3	160.6	-3513.7		3186.4	540.0	682
7.5	-288.4	0.2	48.1	-336.3		578.6		186
451.6	-17896.4	715.9	30.2	-17210.7	441.3	12175.5	772.1	2223
38.1	-1354.5	77.8		-1276.7		666.6	19.7	181
515.6	-21779.3	1277.3	237.0	-20739.0	441.3	15000.7	1194.2	2965
-18.4	-18.5	1.9	1.9	-18.5		145.5	1.5	11
	-1604.9	25.0		-1579.9		1460.9	136.1	296
7.5	-7181.8	263.5	61.2	-6979.5		4606.6	223.5	873
489.7	-15712.2	1039.4	171.0	-14843.8	439.2	11862.5	1115.9	2301
	-508.7	1.3	6.7	-514.1	2.1	138.0	-7.6	98
	-5974.1	81.6	6.4	-5898.9		2184.1	-215.7	362
27.2	-9152.7	345.7	69.9	-8876.9	6.5	6494.5	542.6	1410
	-4116.8	310.4	138.5	-3944.9		1738.4	366.2	519
470.0		432.1		432.1	432.1	2561.4	350.0	119
	-4159.1	134.4	24.1	-4048.8	2.7	3628.7	288.7	862
497.2	-23402.7	1304.2	238.9	-22337.4	441.3	16607.1	1331.8	3272
27.2	-15238.0	373.9	84.7	-14948.8	2.7	9062.1	648.2	1910
	-2659.3	11.6	4.1	-2651.8		1393.9	122.8	313

限额以上住宿和餐饮

7-7 续表 5

(2019 年)

指标名称	三、损益及分配				
	管理费用	研发费用	财务费用	利息收入	利息费用
承德县	887.3		530.8		435.8
兴隆县	15.7		142.0		142.0
滦平县	161.2		75.9	0.1	0.7
丰宁县	1317.4	430.3	490.0		0.2
宽城县	807.7		1667.3		86.9
高新区	432.5		0.2	0.2	0.2
平泉市	171.3		0.3		
餐饮业	7665.6		1275.8	4.1	976.3
按餐饮业行业分					
正餐服务	7665.6		1275.8	4.1	976.3
按登记注册类型分					
内资企业	7665.6		1275.8	4.1	976.3
国有企业	235.7		0.1		
有限责任公司	339.2		209.4	0.1	206.0
其他有限责任公司	339.2		209.4	0.1	206.0
股份有限公司	113.4		702.2	0.1	701.2
私营企业	6977.3		364.1	3.9	69.1
私营独资企业	208.9		0.1		0.1
私营有限责任公司	6409.0		362.4	3.9	69.0
私营股份有限公司	359.4		1.6		
按控股情况分					
国有控股	235.7		0.1		
私人控股	7374.3		1274.9	4.1	976.3
其他	55.6		0.8		
按经营类型分					
独立门店	7665.6		1275.8	4.1	976.3
按单位规模分					
中型	1880.7		-18.0		-22.7
小型	5560.9		1290.1	1.3	999.0
微型	224.0		3.7	2.8	
按地区分	7665.6		1275.8	4.1	976.3
双桥区	912.9		97.0	2.8	91.7
兴隆县	153.3		55.4	0.3	
隆化县	152.0		0.1		0.1
宽城县	2077.4		890.7	0.2	884.5
围场县	1344.0		4.1		
高新区	51.6				
平泉市	2974.4		228.5	0.8	

业法人企业财务状况

单位：万元

三、损益及分配						四、人工成本及增值税		五、从事批发和零售业活动的从业人员平均人数（人）
投资收益	营业利润	营业外收入	营业外支出	利润总额	所得税费用	应付职工薪酬（本年贷方累计发生额）	应交增值税	
	-1314.3	290.8	0.4	-1023.9		709.9	379.2	281
	-87.8			-87.8		23.2	5.2	11
	-86.7		2.5	-89.2	6.5	24.9	35.4	77
470.0	-981.2	591.3	10.8	-400.7	432.1	3647.3	59.0	321
	-2994.3	24.6	3.5	-2973.2		1123.7	32.2	210
	0.5	1.0	132.1	-130.6		342.1	18.2	69
	-41.6	11.0	0.8	-31.4		280.0	31.6	80
	-4631.1	152.5	61.2	-4539.8	46.7	4391.4	-76.9	1818
	-4631.1	152.5	61.2	-4539.8	46.7	4391.4	-76.9	1818
	-4631.1	152.5	61.2	-4539.8	46.7	4391.4	-76.9	1818
	-479.0			-479.0		248.7	3.5	75
	-363.3	36.7	0.5	-327.1	15.4	240.0	29.8	125
	-363.3	36.7	0.5	-327.1	15.4	240.0	29.8	125
	-1174.2	2.3	21.1	-1193.0	0.4	321.8	14.1	98
	-2614.6	113.5	39.6	-2540.7	30.9	3580.9	-124.3	1520
	21.4		0.1	21.3	0.5	79.7	9.7	61
	-2680.8	113.5	39.5	-2606.8	25.1	3170.8	-169.5	1364
	44.8			44.8	5.3	330.4	35.5	95
	-479.0			-479.0		248.7	3.5	75
	-4246.1	122.5	61.1	-4184.7	31.3	4142.7	-88.0	1715
	94.0	30.0	0.1	123.9	15.4		7.6	28
	-4631.1	152.5	61.2	-4539.8	46.7	4391.4	-76.9	1818
	-246.7		12.0	-258.7		102.9	78.6	184
	-4498.2	114.4	42.5	-4426.3	26.8	4249.7	-186.9	1561
	113.8	38.1	6.7	145.2	19.9	38.8	31.4	73
	-4631.1	152.5	61.2	-4539.8	46.7	4391.4	-76.9	1818
	142.7	39.0	6.8	174.9	29.3	788.8	86.8	249
	-68.7			-68.7	2.8	147.5	18.6	52
	11.6			11.6	0.3	12.0	0.3	35
	-1835.0	9.0	33.5	-1859.5	0.4	664.7	104.5	332
	-780.8			-780.8		473.2	-363.7	154
	13.3			13.3	13.7	695.8		13
	-2114.2	104.5	20.9	-2030.6	0.2	1609.4	76.6	983

7-8 分县（市、区）社会消费品零售总额

单位：万元

县（市、区）名称	2019 年	2018 年	比上年增长%
全　市	**4863306.1**	**4505113.1**	**8.0**
双桥区	1400515.0	1337048.2	4.7
双滦区	386327.0	352308.6	9.7
营子区	41892.5	39429.1	6.2
承德县	320015.1	297547.4	7.6
兴隆县	251081.8	229182.1	9.6
滦平县	272787.5	247860.7	10.1
隆化县	327801.0	298390.6	9.9
丰宁县	335295.7	305770.9	9.7
宽城县	442302.9	407452.4	8.6
围场县	451199.6	410343.5	10.0
高新区	187721.7	173090.3	8.5
平泉市	446366.3	406689.3	9.8

注：1.根据第四次全国经济普查结果对 2018 年和 2019 年数据进行调整。
　　2.增速为比上年增长计算结果。

7-9 限额以上企业（单位）消费品零售额

县（市、区）名称	限上单位个数（个）		限额以上企业（单位）消费品零售额（万元）		
	2019 年	2018 年	2019 年	2018 年	比上年增长%
全 市	**220**	**236**	**1082214.1**	**1315558.4**	**-9.2**
双桥区（含高新区）	75	79	621956.6	852771.2	-15.0
#高新区	4	5	1661.4	1829.8	-9.2
双桥区（不含高新区）	71	74	620295.2	850941.4	-15.0
双滦区	21	19	101612.8	102066.9	-0.7
营子区	2	3	0	0	0.0
承德县	9	9	23210.7	22183.1	4.6
兴隆县	12	13	7054.9	8153.1	-14.0
滦平县	19	20	38241.3	36376.3	5.0
隆化县	11	10	38472.5	37293.6	3.6
丰宁县	10	15	39780	39746.5	0.1
宽城县	27	28	41236.1	49737.1	-19.2
围场县	9	10	74843.3	71368.9	4.5
平泉市	25	30	95805.9	95861.7	-0.8

八
其他服务业

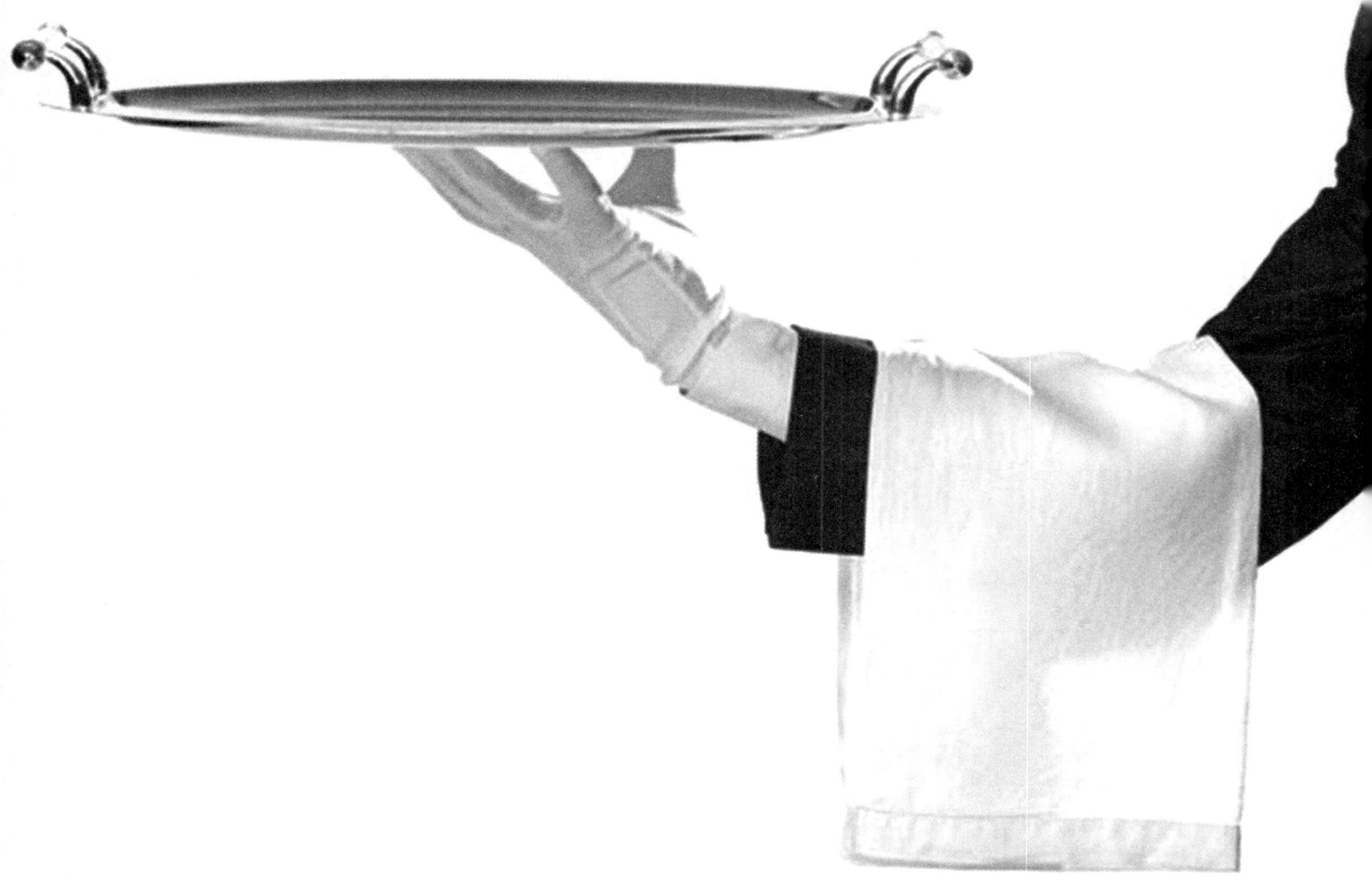

8-1 规模以上其他服务业法人单位财务状况

（2019年） 单位：万元

指标名称	单位数（个）	年初存货			流动资产合计		
		2019年	2018年	比上年增长%	2019年	2018年	比上年增长%
总　计	**161**	**130992.3**	**149678.2**	**-12.5**	**1370059.1**	**1430879.7**	**-4.3**
铁路运输业	1	2880.7	2931.9	-1.8	96149.3	62098.2	54.8
道路运输业	30	1617.6	1727.0	-6.3	121890.4	118121.1	3.2
航空运输业	1				1727.8	1298.6	33.1
多式联运和运输代理业	1		27.9		1700.7	3426.0	-50.4
装卸搬运和仓储业	13	96410.1	117876.3	-18.2	134905.8	145428.7	-7.2
邮政业	1	1120.2	1185.6	-5.5	4458.0	9071.5	-50.9
电信、广播电视和卫星传输服务	9	3041.4	4340.2	-29.9	30373.5	190802.1	-84.1
互联网和相关服务	1				4955.8	7917.4	-37.4
软件和信息技术服务业	1				55.3	118.8	-53.5
物业管理	9	13.2	56.7	-76.7	15124.5	14840.3	1.9
房地产租赁经营	3	72.2	78.6	-8.1	26385.1	25147.5	4.9
租赁业	2	150.5	178.1	-15.5	2423.3	1446.7	67.5
商务服务业	34	497.9	1145.9	-56.6	699462.4	606942.9	15.2
研究和试验发展	1	567.6	282.6	100.9	12132.2	38384.1	-68.4
专业技术服务业	22	9941.3	6031.3	64.8	79221.0	70761.8	12.0
科技推广和应用服务业	1	132.6	3.0	4320.0	2537.4	1875.5	35.3
公共设施管理业	16	4366.5	3568.2	22.4	81213.5	67759.7	19.9
机动车、电子产品和日用产品修理业	1	181.5	289.7	-37.4	668.4	969.8	-31.1
教育	5				797.3	768.9	3.7
新闻和出版业	1	54.3	51.7	5.0	1949.8	2350.7	-17.1
广播、电视、电影和录音制作业	2	9855.0	9855.0	0.0	10828.1	10826.4	0.0
文化艺术业	3	39.9	48.5	-17.7	36195.6	49644.3	-27.1
娱乐业	3	49.8			4903.9	878.7	458.1

注：规模以上服务业法人单位：1. 辖区内年营业收入2000万元及以上服务业法人单位，包括：交通运输、仓储和邮政业，信息传输、软件和信息技术服务业，水利、环境和公共设施管理业，卫生。2. 辖区内年营业收入1000万元及以上服务业法人单位，包括：租赁和商务服务业，科学研究和技术服务业，教育，以及物业管理、房地产中介服务、房地产租赁经营和其他房地产业。3. 辖区内年营业收入500万元及以上服务业法人单位，包括：居民服务、修理和其他服务业，文化、体育和娱乐业，社会工作。

规模以上其他服务业

8-1 续表 1

（2019 年）

指标名称	其中：应收账款			其中：存货		
	2019 年	2018 年	比上年增长%	2019 年	2018 年	比上年增长%
总　　计	**315458.6**	**252782.8**	**24.8**	**135294.1**	**133941.5**	**1.0**
铁路运输业	88524.3	45492.5	94.6	4669.5	2880.7	62.1
道路运输业	68747.1	65747.3	4.6	1610.0	1605.7	0.3
航空运输业	263.5	317.5	-17.0			
多式联运和运输代理业	1435.2	2389.7	-39.9			
装卸搬运和仓储业	4252.1	4119.5	3.2	90918.7	99352.2	-8.5
邮政业	3712.7	2146.7	73.0	522.5	1120.2	-53.4
电信、广播电视和卫星传输服务	18104.5	13828.7	30.9	2528.8	3174.1	-20.3
互联网和相关服务	4955.8	6961.4	-28.8			
软件和信息技术服务业						
物业管理	8191.4	6756.9	21.2	15.2	84.9	-82.1
房地产租赁经营	2183.4	2136.4	2.2	65.0	72.2	-10.0
租赁业	1357.9	1146.0	18.5	396.5	150.5	163.5
商务服务业	63623.6	52199.2	21.9	1464.0	556.5	163.1
研究和试验发展	2283.2	2717.3	-16.0	4722.3	567.6	732.0
专业技术服务业	35263.9	35237.9	0.1	9526.1	9941.7	-4.2
科技推广和应用服务业	338.7	587.9	-42.4	363.3	132.6	174.0
公共设施管理业	10051.3	9302.2	8.1	8249.0	4146.6	98.9
机动车、电子产品和日用产品修理业	124.3	109.0	14.0	127.1	181.5	-30.0
教育	0.5	0.5	0.0	2.0	2.0	0.0
新闻和出版业	187.7	178.4	5.2	148.1	54.3	172.7
广播、电视、电影和录音制作业	948.2	948.2	0.0	9855.2	9855.2	0.0
文化艺术业	440.8	451.8	-2.4	39.9	50.8	-21.5
娱乐业	468.5	7.8	5906.4	70.9	12.2	481.2

法 人 单 位 财 务 状 况

单位：万元

固定资产原价			其中：房屋和构筑物			其中：机器设备		
2019 年	2018 年	比上年增长%	2019 年	2018 年	比上年增长%	2019 年	2018 年	比上年增长%
1603672.8	**1520365.7**	**5.5**	**282101.3**	**279660.2**	**0.9**	**602941.9**	**715373.1**	**-15.7**
36034.6	35421.2	1.7	20554.8	20026.8	2.6	15370.8	15370.8	0.0
174143.4	158713.5	9.7	21333.3	19226.5	11.0	22696.1	14515.2	56.4
372.4	121.5	206.5						
2494.9	2313.5	7.8						
54247.7	52187.1	4.0	38834.0	35891.8	8.2	7518.8	8655.3	-13.1
21593.6	21177.0	2.0	16551.9	16425.5	0.8	2394.2	1372.8	74.4
1061199.0	1047710.9	1.3	56626.8	73678.1	-23.1	504172.3	640662.1	-21.3
330.3	168.9	95.6				70.0	49.8	40.6
6.8	6.8	0.0				6.8	6.8	0.0
4662.9	3619.2	28.8	50.0	56.3	-11.2	357.0	417.9	-14.6
35551.6	35419.2	0.4	34699.3	34581.9	0.3	55.7	1.2	4541.7
2135.0	1887.1	13.1	3.7	3.7	0.0	1958.5	1710.6	14.5
31129.6	19975.5	55.8	6319.3	1731.0	265.1	7174.7	4543.1	57.9
28793.9	28793.9	0.0	15338.6	15338.6	0.0	11828.9	11828.9	0.0
18002.9	17360.7	3.7	6846.7	6847.0	0.0	6206.4	4348.2	42.7
2118.9	2112.5	0.3	608.1	608.1	0.0	228.6	228.6	0.0
72149.4	48180.5	49.8	25344.3	26319.0	-3.7	13475.2	4423.9	204.6
1636.9	1636.4	0.0	28.5	999.2	-97.2	38.3	299.3	-87.2
4472.0	3315.0	34.9	715.4	1279.6	-44.1	744.3	212.7	249.9
6688.2	6725.4	-0.6	4662.8	4662.8	0.0	2025.4	552.3	266.7
4125.8	4162.3	-0.9	3333.1	3333.1	0.0	792.7	829.2	-4.4
26921.8	26095.9	3.2	18460.1	18460.1	0.0	5710.7	5227.9	9.2
14861.2	3261.7	355.6	11790.6	191.1	6069.9	116.5	116.5	0.0

规模以上其他服务业

8-1 续表2

（2019年）

指标名称	累计折旧			其中：本年折旧		
	2019年	2018年	比上年增长%	2019年	2018年	比上年增长%
总　计	**834646.3**	**787728.6**	**6.0**	**109833.3**	**78159.2**	**40.5**
铁路运输业	7226.0	5535.2	30.6	1690.8	1676.6	0.9
道路运输业	102286.8	92333.2	10.8	17145.6	20504.5	-16.4
航空运输业	38.8	17.3	124.3	21.5	12.5	72.0
多式联运和运输代理业	1408.0	1850.3	-23.9	308.6	289.2	6.7
装卸搬运和仓储业	19010.0	17899.6	6.2	2665.0	2352.8	13.3
邮政业	9463.6	8526.1	11.0	937.5	1055.6	-11.2
电信、广播电视和卫星传输服务	622379.8	593339.0	4.9	73943.4	39713.2	86.2
互联网和相关服务	118.3	60.7	94.9	34.4	20.6	67.0
软件和信息技术服务业	6.5	5.9	10.2	0.6	0.9	-33.3
物业管理	1552.9	1372.4	13.2	519.3	411.6	26.2
房地产租赁经营	10901.3	9194.6	18.6	1706.7	1697.1	0.6
租赁业	759.9	560.2	35.7	110.6	177.1	-37.6
商务服务业	9950.8	8328.4	19.5	1719.6	1442.7	19.2
研究和试验发展	1350.7	10047.5	-86.6	0.1	1780.1	-100.0
专业技术服务业	9715.4	8888.5	9.3	1692.7	1844.9	-8.3
科技推广和应用服务业	194.1	154.6	25.6	39.4	32.8	20.1
公共设施管理业	18264.8	14382.9	27.0	4251.2	2799.3	51.9
机动车、电子产品和日用产品修理业	661.7	589.1	12.3	90.1	87.1	3.4
教育	2898.8	2446.0	18.5	452.7	340.3	33.0
新闻和出版业	2597.6	2355.0	10.3	301.3	304.7	-1.1
广播、电视、电影和录音制作业	954.3	852.1	12.0	480.6	400.4	20.0
文化艺术业	8970.9	7993.6	12.2	1028.7	1081.3	-4.9
娱乐业	3935.3	996.4	295.0	692.9	133.9	417.5

法人单位财务状况

单位：万元

无形资产			其中：土地使用权			资产总计		
2019 年	2018 年	比上年增长%	2019 年	2018 年	比上年增长%	2019 年	2018 年	比上年增长%
113439.5	**99381.0**	**14.2**	**103836.1**	**93787.4**	**10.7**	**2613849.8**	**2586927.9**	**1.0**
24921.2	25639.0	-2.8	24785.6	25544.3	-3.0	150157.2	117998.9	27.3
15113.7	14421.3	4.8	13603.1	14114.6	-3.6	234477.5	233028.9	0.6
28.2	9.0	213.3				2243.8	1499.9	49.6
						2794.8	3889.2	-28.1
10391.0	3156.9	229.2	9959.1	3156.9	215.5	190683.0	195447.1	-2.4
1838.4	1495.0	23.0	1822.6	1493.9	22.0	18773.5	23393.8	-19.8
8024.9	5619.8	42.8	6547.5	4423.4	48.0	547561.5	707781.8	-22.6
1.5	1.5	0.0				7238.7	8160.1	-11.3
						55.7	119.8	-53.5
0.2						19099.9	17207.5	11.0
52.1	0.3	17266.7				51791.4	52213.3	-0.8
						3800.6	2778.9	36.8
4600.9	4365.9	5.4	1016.8	719.2	41.4	764380.3	674444.1	13.3
						60210.2	66677.5	-9.7
835.8	619.4	34.9	352.8	360.9	-2.2	91868.6	85508.4	7.4
347.8	347.8	0.0	347.8	347.8	0.0	4462.2	3833.3	16.4
10855.2	9035.2	20.1	10791.0	8961.6	20.4	211576.7	165039.6	28.2
10.6			10.6			2156.4	2508.6	-14.0
1766.1	1814.5	-2.7	1766.1	1814.5	-2.7	4429.2	4486.3	-1.3
314.2	428.5	-26.7	314.2	428.5	-26.7	5983.4	6247.7	-4.2
						13211.9	13248.1	-0.3
31741.9	31645.9	0.3	31737.9	31640.8	0.3	206260.2	196776.2	4.8
2595.8	781.0	232.4	781.0	781.0	0.0	20633.1	4638.9	344.8

规模以上其他服务业

8-1 续表3

（2019年）

指标名称	负债合计			所有者权益合计		
	2019年	2018年	比上年增长%	2019年	2018年	比上年增长%
总　计	**1916452.9**	**1940344.6**	**-1.2**	**697396.9**	**646583.3**	**7.9**
铁路运输业	81146.6	52803.2	53.7	69010.6	65195.7	5.9
道路运输业	175520.0	176585.5	-0.6	58957.5	56443.4	4.5
航空运输业	3194.6	2266.3	41.0	-950.8	-766.4	
多式联运和运输代理业	1752.4	2302.1	-23.9	1042.4	1587.1	-34.3
装卸搬运和仓储业	156705.4	161660.4	-3.1	33977.6	33786.7	0.6
邮政业	20761.7	20798.0	-0.2	-1988.2	2595.8	
电信、广播电视和卫星传输服务	335965.1	541591.3	-38.0	211596.4	166190.5	27.3
互联网和相关服务	5296.3	5148.5	2.9	1942.4	3011.6	-35.5
软件和信息技术服务业	16.7	60.9	-72.6	39.0	58.9	-33.8
物业管理	14960.8	14256.1	4.9	4139.1	2951.4	40.2
房地产租赁经营	67750.7	61613.4	10.0	-15959.3	-9400.1	
租赁业	2735.7	1828.5	49.6	1064.9	950.4	12.1
商务服务业	641219.5	552623.4	16.0	123160.8	121820.7	1.1
研究和试验发展	32315.5	49673.3	-34.9	27894.7	17004.2	64.1
专业技术服务业	46151.7	30147.8	53.1	45716.9	55360.6	-17.4
科技推广和应用服务业	479.3	828.9	-42.2	3982.9	3004.4	32.6
公共设施管理业	147560.7	119900.8	23.1	64016.0	45138.8	41.8
机动车、电子产品和日用产品修理业	1277.7	1691.0	-24.4	878.7	817.6	7.5
教育	4205.0	4276.1	-1.7	224.2	210.2	6.7
新闻和出版业	3510.9	3637.3	-3.5	2472.5	2610.4	-5.3
广播、电视、电影和录音制作业	13372.6	3290.1	306.5	-160.7	9958.0	
文化艺术业	140189.0	129014.3	8.7	66071.2	67761.9	-2.5
娱乐业	20365.0	4347.4	368.4	268.1	291.5	-8.0

法人单位财务状况

单位：万元

其中：实收资本			其中：个人资本			营业收入		
2019 年	2018 年	比上年增长%	2019 年	2018 年	比上年增长%	2019 年	2018 年	比上年增长%
289085.0	**271471.0**	**6.5**	**74198.7**	**76699.1**	**-3.3**	**1041506.4**	**998143.3**	**4.3**
56850.7	56850.7	0.0				99101.3	85402.1	16.0
62767.8	72242.3	-13.1	52990.7	59013.3	-10.2	177928.6	161618.3	10.1
						1903.0	2053.5	-7.3
200.0	200.0	0.0	200.0	200.0	0.0	4549.4	4979.0	-8.6
19530.1	19320.0	1.1		1000.0		47079.0	78157.9	-39.8
						21864.4	21781.8	0.4
5709.8	10209.8	-44.1				283219.0	280431.0	1.0
1500.0	1500.0	0.0				33616.4	18602.6	80.7
10.0	10.0	0.0				1543.3	1891.3	-18.4
1250.0	1250.0	0.0	800.0	1100.0	-27.3	19182.2	16453.4	16.6
2120.0	7700.0	-72.5	1500.0	1500.0	0.0	5175.3	5023.2	3.0
1009.0	914.0	10.4	245.0	154.0	59.1	3036.6	1514.3	100.5
52068.0	43818.0	18.8	5800.0	995.0	482.9	168439.2	157085.1	7.2
1231.6						6167.1	7359.5	-16.2
16863.1	18163.1	-7.2	4801.1	4761.6	0.8	115023.9	106352.0	8.2
550.0	550.0	0.0	550.0	550.0	0.0	1397.0	1095.5	27.5
56623.1	27358.0	107.0	6510.0	6610.0	-1.5	32508.7	33193.0	-2.1
836.0	836.0	0.0				1871.7	1780.7	5.1
331.9	915.2	-63.7	301.9	315.2	-4.2	2683.2	2403.3	11.7
328.5	328.5	0.0				2670.4	3121.9	-14.5
143.0	143.0	0.0				553.6	606.2	-8.7
8657.4	8657.4	0.0				10107.9	6180.2	63.6
505.0	505.0	0.0	500.0	500.0	0.0	1885.2	1057.5	78.3

规模以上其他服务业

8-1 续表4

（2019年）

指标名称	净服务收入			营业成本		
	2019年	2018年	比上年增长%	2019年	2018年	比上年增长%
总　计	**382078.0**	**383150.0**	**-0.3**	**849717.6**	**816398.3**	**4.1**
铁路运输业	76540.0	85395.0	-10.4	92755.9	78520.0	18.1
道路运输业	67251.0	58077.0	15.8	173486.9	158496.3	9.5
航空运输业				3259.2	3133.0	4.0
多式联运和运输代理业	4549.0	4979.0	-8.6	3980.8	3665.0	8.6
装卸搬运和仓储业	904.0	1013.0	-10.8	44447.3	76725.0	-42.1
邮政业				23618.4	21658.4	9.1
电信、广播电视和卫星传输服务	154100.0	161987.0	-4.9	207741.1	210226.1	-1.2
互联网和相关服务				29835.2	17513.0	70.4
软件和信息技术服务业	50.0	53.0	-5.7	1256.3	1501.9	-16.4
物业管理	14750.0	12217.0	20.7	11595.9	9908.2	17.0
房地产租赁经营	3851.0	3814.0	1.0	3049.8	2915.7	4.6
租赁业				2614.4	1268.9	106.0
商务服务业	23061.0	20449.0	12.8	123026.4	108658.8	13.2
研究和试验发展	6167.0	7360.0	-16.2	5210.0	4370.2	19.2
专业技术服务业	13292.0	12353.0	7.6	86902.4	82132.2	5.8
科技推广和应用服务业				323.5	208.8	54.9
公共设施管理业	14337.0	11866.0	20.8	22901.6	23833.3	-3.9
机动车、电子产品和日用产品修理业				1259.8	1235.7	2.0
教育	1854.0	1646.0	12.6	1877.2	1669.4	12.5
新闻和出版业	911.0	1286.0	-29.2	3257.0	3118.0	4.5
广播、电视、电影和录音制作业				162.0	170.8	-5.2
文化艺术业	415.0	610.0	-32.0	6077.3	4691.2	29.6
娱乐业	46.0	45.0	2.2	1079.2	778.4	38.6

法人单位财务状况

单位：万元

税金及附加			销售费用		
2019 年	2018 年	比上年增长%	2019 年	2018 年	比上年增长%
6210.7	**5233.7**	**18.7**	**43633.9**	**48819.3**	**-10.6**
384.9	351.0	9.7			
1113.6	789.6	41.0	954.3	962.9	-0.9
2.8	5.9	-52.5			
14.3	28.6	-50.0			
85.1	80.7	5.5	3941.5	4601.3	-14.3
326.2	309.0	5.6			
1090.4	1054.8	3.4	21967.4	25251.9	-13.0
175.8	115.5	52.2		6.7	
2.2	2.5	-12.0			
97.0	87.8	10.5	55.4	90.3	-38.7
764.4	601.5	27.1	784.0	780.5	0.5
6.0	3.5	71.4			
793.9	622.2	27.6	5476.0	5619.7	-2.6
61.9	53.2	16.4	440.6	1701.5	-74.1
758.7	693.7	9.4	874.9	926.8	-5.6
1.6	0.4	300.0		0.5	
256.4	167.3	53.3	7339.3	7266.8	1.0
30.8	28.9	6.6	5.0		
21.5	21.0	2.4	1.2	0.6	100.0
21.1	26.6	-20.7	275.4	298.5	-7.7
29.3	23.6	24.2	230.7	404.2	-42.9
167.6	164.1	2.1	749.3	835.4	-10.3
5.2	2.3	126.1	538.9	71.7	651.6

规模以上其他服务业

8-1 续表5 （2019年）

指标名称	研发费用			财务费用		
	2019年	2018年	比上年增长%	2019年	2018年	比上年增长%
总计	**3436.0**	**332.0**	**934.9**	**32608.9**	**31697.6**	**2.9**
铁路运输业				-65.5	290.4	
道路运输业				2469.3	3321.1	-25.7
航空运输业				10.3	13.8	-25.4
多式联运和运输代理业				228.4	144.8	57.7
装卸搬运和仓储业				-674.0	955.1	
邮政业				19.2	26.6	-27.8
电信、广播电视和卫星传输服务				3697.9	3258.1	13.5
互联网和相关服务	2349.0			-3.8	-2.3	
软件和信息技术服务业				1.9	2.5	-24.0
物业管理				581.1	606.6	-4.2
房地产租赁经营				2328.9	674.3	245.4
租赁业				11.5	16.2	-29.0
商务服务业	957.0	177.0	440.7	17514.1	17912.1	-2.2
研究和试验发展				-24.5	497.9	
专业技术服务业	22.0			-314.3	-248.2	
科技推广和应用服务业	108.0	155.0	-30.3	2.5	15.6	-84.0
公共设施管理业				4318.4	1110.9	288.7
机动车、电子产品和日用产品修理业				1.2	1.6	-25.0
教育				84.3	55.1	53.0
新闻和出版业				-2.1	-1.0	
广播、电视、电影和录音制作业					37.5	
文化艺术业				2422.4	3008.8	-19.5
娱乐业				1.7	0.1	1600.0

法人单位财务状况

单位：万元

其中：利息收入			其中：利息支出			资产减值损失		
2019 年	2018 年	比上年增长%	2019 年	2018 年	比上年增长%	2019 年	2018 年	比上年增长%
6640.2	**3016.1**	**120.2**	**20750.6**	**18802.5**	**10.4**	**2963.3**	**1662.0**	**78.3**
8.5	260.5	-96.7	-325.3	356.9		-165.0	-214.8	
45.5	199.1	-77.2	2143.9	3178.4	-32.6			
5.4	2.6	107.7				1.9	0.4	375.0
	0.5			144.0				
6129.7	2205.4	177.9	5323.0	5429.7	-2.0	31.1	-73.9	
0.6	1.3	-53.9				1016.9	177.5	472.9
2.1	5.9	-64.4	2512.0	3159.1	-20.5	1950.5	1799.4	8.4
4.7	2.8	67.9				8.0	7.3	9.6
5.7	4.0	42.5	582.3	603.3	-3.5		50.4	
1.4	0.4	250.0	2328.9	245.7	847.9			
0.3			11.4	14.1	-19.2			
5.2	-25.9		4027.0	1520.4	164.9	2.6		
45.8	34.5	32.8	21.2	532.4	-96.0	-27.1	-124.3	
318.5	287.2	10.9	10.2	26.1	-60.9	143.7	41.5	246.3
			2.5	15.5	-83.9			
66.4	42.5	56.2	1688.1	572.1	195.1	0.7	-1.5	
0.3	0.5	-40.0						
0.1	-5.2		2425.2	3004.8	-19.3			
			0.2					

规模以上其他服务业

8-1 续表6 （2019年）

指标名称	公允价值变动收益(损失以“-”号记)			投资收益(损失以“-”号记)		
	2019年	2018年	比上年增长%	2019年	2018年	比上年增长%
总计	**0.0**	**0.0**	**0.0**	**7990.9**	**3422.3**	**133.5**
铁路运输业						
道路运输业				7282.8	1326.7	448.9
航空运输业						
多式联运和运输代理业						
装卸搬运和仓储业						
邮政业						
电信、广播电视和卫星传输服务						
互联网和相关服务				357.5		
软件和信息技术服务业						
物业管理						
房地产租赁经营						
租赁业						
商务服务业				153.6	2.2	6881.8
研究和试验发展				47.9	37.4	28.1
专业技术服务业				101.2	199.0	-49.2
科技推广和应用服务业						
公共设施管理业				47.9	1857.0	-97.4
机动车、电子产品和日用产品修理业						
教育						
新闻和出版业						
广播、电视、电影和录音制作业						
文化艺术业						
娱乐业						

法人单位财务状况

单位：万元

资产处置收益(损失以“-”号记)			其他收益			营业利润		
2019年	2018年	比上年增长%	2019年	2018年	比上年增长%	2019年	2018年	比上年增长%
-783.0	**-1132.1**	**0.0**	**11503.5**	**14429.2**	**-20.3**	**7358.5**	**6104.4**	**20.5**
						5153.7	5411.4	-4.8
176.8	6.0	2846.7	0.1			-7369.2	-15044.6	
			1046.7	898.3	16.5	-397.1	-258.9	
						-13.1	839.9	
-177.7	-90.8		5475.9	8663.5	-36.8	-2841.1	-2562.4	
152.0			31.5	1.7	1752.9	-6913.2	-3167.3	
-930.3	-1067.4		23.2	2.0	1060.0	23104.3	17525.0	31.8
	-1.7					311.3	609.9	-49.0
						118.5	176.5	-32.9
			2.8			1805.1	573.7	214.6
						-3232.8	-1577.5	
						22.6	23.2	-2.6
			74.9	105.5	-29.0	3086.9	10943.3	-71.8
	23.8		4728.6	4758.2	-0.6	785.6	1915.1	-59.0
			54.1			7689.2	3952.3	94.6
						924.8	675.5	36.9
-3.8	-2.0		65.5			-7875.2	-4828.5	
						60.1	60.6	-0.8
						-31.7	-75.9	
						-2989.6	-2212.0	
						-107.4	-452.0	
						-3648.9	-6428.4	
			0.2			-284.3	5.5	

规模以上其他服务业

8-1 续表 7

(2019 年)

指标名称	营业外收入			营业外支出		
	2019 年	2018 年	比上年增长%	2019 年	2018 年	比上年增长%
总　计	**26791.8**	**21727.4**	**23.3**	**6247.5**	**4042.7**	**54.5**
铁路运输业				5.9	42.8	-86.2
道路运输业	9296.7	9701.0	-4.2	825.5	518.1	59.3
航空运输业	2.0	0.1	1900.0		0.1	
多式联运和运输代理业	50.6	17.9	182.7	16.8	2.0	740.0
装卸搬运和仓储业	3094.6	2904.7	6.5	89.2	23.2	284.5
邮政业	3.9	25.0	-84.4	177.7	151.8	17.1
电信、广播电视和卫星传输服务	1387.3	892.2	55.5	1136.9	647.1	75.7
互联网和相关服务	0.6	214.2	-99.7		0.5	
软件和信息技术服务业	6.0			2.0	2.5	-20.0
物业管理	97.4	119.0	-18.2	42.3	83.9	-49.6
房地产租赁经营	7.5	397.3	-98.1	252.3	7.1	3453.5
租赁业				0.9		
商务服务业	3531.8	708.9	398.2	2000.8	863.5	131.7
研究和试验发展	11.8	15.9	-25.8	194.9	231.9	-16.0
专业技术服务业	131.0	136.2	-3.8	872.4	899.8	-3.1
科技推广和应用服务业	68.8	582.3	-88.2	15.1	197.2	-92.3
公共设施管理业	2621.4	736.3	256.0	348.7	78.2	345.9
机动车、电子产品和日用产品修理业	4.0	0.5	700.0	0.7	6.0	-88.3
教育	0.9	1.0	-10.0		3.9	
新闻和出版业	2950.1	2173.7	35.7	6.6	7.2	-8.3
广播、电视、电影和录音制作业	4.9	26.3	-81.4	28.6		
文化艺术业	3516.9	3074.9	14.4	230.2	275.9	-16.6
娱乐业	3.6					

法人单位财务状况

单位：万元

利润总额			所得税费用			应付职工薪酬（本年贷方累计发生额）		
2019年	2018年	比上年增长%	2019年	2018年	比上年增长%	2019年	2018年	比上年增长%
27902.8	**23789.1**	**17.3**	**9321.3**	**14337.3**	**-35.0**	**248690.8**	**229184.5**	**8.5**
5147.8	5368.6	-4.1	1333.0	1469.3	-9.3	9977.2	10368.9	-3.8
1102.0	-5861.7		1101.7	1054.4	4.5	28021.3	30165.2	-7.1
-395.1	-258.9					2204.5	2255.4	-2.3
20.7	855.8	-97.6	16.8	64.3	-73.9	610.0	755.1	-19.2
164.3	319.1	-48.5	112.7	12.9	773.6	6819.5	6794.7	0.4
-7087.0	-3294.1					10986.9	10123.6	8.5
23354.7	17770.1	31.4	542.1	5979.5	-90.9	48657.1	45816.8	6.2
311.9	823.6	-62.1	74.5	60.0	24.2	23067.5	15108.8	52.7
122.5	174.0	-29.6	7.3	6.4	14.1	138.3	179.7	-23.0
1860.2	608.8	205.6	533.8	296.7	79.9	8183.9	8115.1	0.9
-3477.6	-1187.3		106.4	44.2	140.7	1001.0	1032.5	-3.1
21.7	23.2	-6.5	1.8	4.8	-62.5	405.8	353.6	14.8
4617.9	10788.7	-57.2	3198.9	2367.4	35.1	48592.4	36559.7	32.9
602.5	1699.1	-64.5	9.8	237.8	-95.9	4576.3	3706.2	23.5
6947.8	3188.7	117.9	1462.8	1706.6	-14.3	34476.6	35251.5	-2.2
978.5	1060.6	-7.7				179.2	150.7	18.9
-5602.5	-4170.4		813.0	1008.1	-19.4	11858.5	11992.2	-1.1
63.4	55.1	15.1	2.4			501.6	474.0	5.8
-30.8	-78.8		4.3	24.5	-82.5	1136.1	925.6	22.7
-46.1	-45.5					2718.4	2516.2	8.0
-131.1	-425.7					625.0	590.8	5.8
-362.2	-3629.4					3681.9	5653.2	-34.9
-280.7	5.5			0.4		271.8	295.0	-7.9

规模以上其他服务业法人单位财务状况

8-1 续表 8 （2019 年）

指标名称	其中：社会保险和住房公积金（单位负担部分）			应交增值税			平均用工人数		
	2019 年	2018 年	比上年增长%	2019 年	2018 年	比上年增长%	2019 年	2018 年	比上年增长%
总　计	**48938.5**	**47134.7**	**3.8**	**21481.1**	**19411.9**	**10.7**	**34471.0**	**33021.0**	**4.4**
铁路运输业	2589.3	2819.9	-8.2	1545.7	1308.1	18.2	1171.0	1204.0	-2.7
道路运输业	5706.0	5807.3	-1.7	3633.6	2724.3	33.4	4486.0	4538.0	-1.2
航空运输业	383.4	311.0	23.3		38.9		122.0	118.0	3.4
多式联运和运输代理业				100.5	217.7	-53.8	79.0	76.0	4.0
装卸搬运和仓储业	1214.5	1129.8	7.5	189.7	423.1	-55.2	754.0	939.0	-19.7
邮政业	2437.2	2518.4	-3.2	341.7	276.2	23.7	1106.0	1272.0	-13.1
电信、广播电视和卫星传输服务	14086.7	13612.4	3.5	620.3	607.4	2.1	4124.0	4323.0	-4.6
互联网和相关服务	2244.3	1327.9	69.0	1412.7	915.5	54.3	2028.0	1244.0	63.0
软件和信息技术服务业	36.0	51.7	-30.4	14.2	15.8	-10.1	20.0	26.0	-23.1
物业管理	1190.8	1136.1	4.8	855.3	657.7	30.0	2566.0	2382.0	7.7
房地产租赁经营	253.0	244.2	3.6	200.1	219.1	-8.7	160.0	164.0	-2.4
租赁业	22.9	19.0	20.5	31.3	10.9	187.2	62.0	61.0	1.6
商务服务业	7459.4	6294.0	18.5	5264.7	4818.8	9.3	9579.0	8213.0	16.6
研究和试验发展	1215.3	742.7	63.6	159.5	248.5	-35.8	565.0	710.0	-20.4
专业技术服务业	6923.1	7607.9	-9.0	5411.1	5523.6	-2.0	3794.0	3821.0	-0.7
科技推广和应用服务业	6.1	7.0	-12.9	3.9	3.3	18.2	50.0	50.0	
公共设施管理业	1737.8	2140.9	-18.8	1043.8	847.9	23.1	2604.0	2665.0	-2.3
机动车、电子产品和日用产品修理业	122.1	127.3	-4.1	99.6	114.1	-12.7	108.0	103.0	4.9
教育	68.4	71.5	-4.3	79.3	62.1	27.7	234.0	248.0	-5.7
新闻和出版业	672.5	699.0	-3.8	129.8	171.4	-24.3	314.0	319.0	-1.6
广播、电视、电影和录音制作业				20.8	18.7	11.2	31.0	40.0	-22.5
文化艺术业	563.9	460.1	22.6	298.5	164.5	81.5	410.0	430.0	-4.7
娱乐业	5.8	6.6	-12.1	25.0	24.3	2.9	104.0	75.0	38.7

九

外经、旅游

9-1 历年利用外资情况（1992-2019 年）

年　　份	年末实有三资企业（个）	实际利用外资（万美元）	#直接利用外资（万美元）
1992	67	831	831
1993	123	1727	1036
1994	154	2429	1202
1995	147	3322	1715
1996	171	5004	3062
1997	141	7069	4046
1998	140	7427	5032
1999	144	4558	3834
2000	142	5178	3090
2001	138	4491	3315
2002	127	5475	5000
2003	128	7509	7200
2004	141	10085	9805
2005	118	11047	11001
2006	105	1144	457
2007	111	1933	1110
2008	120	5986	5574
2009	113	7127	6697
2010	115	10080	6994
2011	123	5695	5235
2012	104	13043	12020
2013	94	4137	3475
2014	91	14940	14375
2015	94	15959	11561
2016	96	20006	11070
2017	94	3770	2723
2018	105	20238	17240
2019		5456	2618

9-2 分县（市、区）利用外资情况

（2019 年）　　单位：万美元

县（市、区）名　称	实际利用外资			外商直接投资			对　外　借　款		
	2019 年	2018 年	比上年增长%	2019 年	2018 年	比上年增长%	2019 年	2018 年	比上年增长%
全市合计	**5456**	**20238**	**-73.0**	**2618**	**17240**	**-84.8**	**2838**	**2998**	**-5.3**
双桥区(含高新区)	799	955	-16.3		541		799	414	93.0
#高新区		303			303				
双 滦 区	603	1826	-67.0		226		603	1600	-62.3
营 子 区	12						12		
承 德 县	230	5684	-96.0	108	5684	-98.0	122		
兴 隆 县		173			173				
滦 平 县	99	4291	-97.7	99	4291	-97.7			
隆 化 县		7			7				
丰 宁 县	611	231	64.5				611	231	164.5
宽 城 县	709	753	-5.8	18			691	753	-8.2
围 场 县	2393	6198	-61.4	2393	6198	-61.4			
平 泉 市		120			120				

9-3 历年进出口总额（1997-2019年）

单位：万美元

年份	进出口总额		出口总额		进口总额	
	绝对值	增长%	绝对值	增长%	绝对值	增长%
1997	13777	83.4	12376	112.5	1401	-17
1998	8947.8	-19.2	7215	-22.7	1732.8	-0.1
1999	6107.2	-31.7	4438.5	-38.5	1668.7	-3.7
2000	7627.8	24.9	5550.5	25.1	2077.3	24.5
2001	7376.7	-3.3	4564.1	-17.8	2812.7	35.4
2002	12154.9	64.8	5084.3	11.4	7070.6	151.4
2003	13575	11.7	5983	17.7	7592	7.4
2004	24702	82	11632	94.4	13070	72.2
2005	22758	-7.9	10629	-8.6	12130	-7.2
2006	16904	-25.7	14619	37.6	2286	-81.2
2007	24960	47.7	20663	41.3	4297	88
2008	43052.1	72.5	35154.3	70.1	7897.7	83.7
2009	23140	-46.2	10146	-71.1	12994	64.8
2010	31893	37.6	23449	131.1	8444	-35.2
2011	18826.5	-41	16216.2	-30.8	2610.3	-69.1
2012	15241.5	-19	14056.7	-13.3	1184.7	-54.6
2013	25581.4	67.7	23010.1	63.5	2571.2	117
2014	64539	152.3	52165	126.7	12375	381.2
2015	39940.5	-38.2	38280.1	-26.6	1660.4	-86.7
2016	47563.2	19.1	43732.3	14.2	3830.8	130.7
2017	44388.9	-6.7	42536.8	-2.7	1852.2	-51.7
2018	32105.0	-27.7	30925.9	-27.3	1179.1	-36.3
2019	32755.1	1.9	27229.9	-12.1	5525.3	367.6

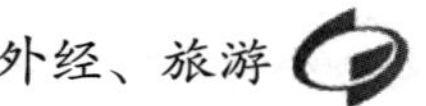

9-4　分县（市、区）出口总额

（2019 年）　　　　单位：万美元

县（市、区）名称	2019 年	2018 年	比上年增长%
全　市	**27230**	**30926**	**-12.1**
双 桥 区(含高新区）	3598	3281	9.7
其中：高新区	1607	1975	-18.6
双 桥 区(不含高新区）	1991	1305	52.5
双 滦 区	10562	13152	-19.7
营 子 区	27	27	-2.2
承 德 县	745	628	18.6
兴 隆 县	1692	4555	-62.9
滦 平 县	3337	3767	-11.4
隆 化 县	582	467	24.7
丰 宁 县	49	47	5.4
宽 城 县	1620	1349	20.0
围 场 县	254	79	222.8
平 泉 市	4765	3575	33.3

9-5 历年接待游客人数及收入（1978-2019年）

年 份	接待国内外游人（万人）		旅游总收入（万元）	
	合 计	#境外游客（人）	合 计	#接待境外游客收入
1978	0.006	61	1	1
1979	47.3	3457	517	40
1980	67.5	4781	734	46
1981	72.5	5422	808	74
1982	84.5	5319	924	61
1983	94.7	7155	1046	81
1984	111.7	7494	1899	86
1985	119.8	8824	2761	104
1986	117.4	14292	3182	169
1987	116.6	16277	4132	283
1988	119.6	1529	5388	367
1989	106.8	8454	4848	299
1990	106.1	11384	5406	416
1991	117.3	25508	7394	802
1992	124.8	32302	8160	931
1993	144	40201	10329	1082
1994	147.7	64139	21004	2511
1995	201.2	80973	22862	3000
1996	220	100103	74000	5000
1997	263	110210	86000	6000
1998	290	90142	96000	6000
1999	322	111273	117000	7830
2000	364.8	127863	132000	9527
2001	404.5	145062	146000	11439
2002	486.7	158000	201000	12763
2003	418.4	79846	173400	6497
2004	552	168643	233000	13905
2005	622	186013	302350	16126.3

历年接待游客人数及收入（1978-2019 年）

9-5 续表 1

年 份	接待国内外游人（万人）		旅游总收入（万元）	
	合 计	#境外游客(人)	合 计	#接待境外游客收入
2006	702.4	215516	387974	37946.6
2007	823.1	247883	471639.4	40378
2008	754.7	200979	505762.8	40088
2009	1081	205658	721731.9	37231.6
2010	1308	257913	914524.9	48773.2
2011	1698.8	311976	1260043.96	73095.6
2012	2010	339387	1620558.35	79262
2013	2463.3	332896	2046131	68530.3
2014	2931.6	307037	2650000	61034.4
2015	3349.6	311870	3363000	10229.27
2016	4636.6	324644	5065800	17398.7（万美元）
2017	5796.6	350137	6834800	18544.6（万美元）
2018	7009.4	368413	8653100	19025.6（万美元）
2019	8271.1	385151	10556700	20915.04(万美元）

9-6 接待境内外游客及收入

（2019 年）

指标名称	2019 年	2018 年	比上年增长%
接待境内外旅游人数(万人次)	8271.1	7009.4	18.0
接待境外旅游人数(人次)	385151	368413	4.5
#外国人	331387	314307	5.4
港澳台胞	53764	54106	-0.6
接待境内旅游人数(万人次)	8232.6	6972.6	18.1
全年旅游总收入(亿元)	1055.7	865.3	22.0
接待境内游客收入	1041.2	852.7	22.1
接待境外游客收入(万美元)	20915.0	19025.6	9.9

十

财政、金融、保险

10-1 历年财政收支情况（1949-2019 年）

单位：万元

年 份	全部财政收入	#地方一般预算收入	地方一般预算支出
1949	339		310
1952	1020		1285
1957	2132		1919
1962	2627		2905
1965	3257		3029
1970	4864		3894
1975	7450		7636
1978	8062		10635
1980	14595		15830
1983	11795		14823
1984	13432		18953
1985	17226		22150
1986	18952		26876
1987	22277		27274
1988	26824		32822
1989	30969		35376
1990	32172		38647
1991	34478		41564
1992	38394		46312
1993	57392		67056
1994	46468	26713	62689
1995	52396	32666	75279
1996	65741	42855	92585

历年财政收支情况（1949-2019 年）

10-1 续表 1

单位：万元

年　份	全部财政收入	#地方一般预算收入	地方一般预算支出
1997	79169	54364	104940
1998	91363	63894	114471
1999	95193	67383	136432
2000	101810	70874	162468
2001	119676	84028	232672
2002	164481	74279	278157
2003	191996	84107	293053
2004	292908	120274	378111
2005	453298	172945	485209
2006	586112	244495	621812
2007	816406	326717	760474
2008	1036616	377967	1068293
2009	1000886	451766	1177777
2010	1139890	548354	1559205
2011	1533516	711003	1923582
2012	1755066	825131	2357968
2013	1924079	1025005	2617543
2014	1965841	1075609	2655455
2015	1635396	972646	2925360
2016	1469587	821331	3037531
2017	1771133	892213	3376382
2018	2159951	1045531	3771658
2019	2300385	1124678	4218239

注：2002 年以前的地方一般预算收入为全部地方财政收入；地方一般预算支出为全部财政支出。

10-2 财政收入情况

（2019 年）　　单位：万元

指标名称	2019 年	2018 年
全部财政收入	2300385	2159951
#公共财政预算收入	1124678	1045531
一、税收收入	814463	820885
增值税	321090	331812
营业税		2049
企业所得税	84118	75218
个人所得税	30831	38744
资源税	34018	20344
城市维护建设税	57066	61150
房产税	27284	27346
印花税	15660	15787
城镇土地使用税	41352	34595
土地增值税	55134	65040
车船税	16308	15509
耕地占用税	34148	19658
契税	89484	107941
环境保护税	7886	
其他税收收入	84	
二、非税收收入	310215	224646

10-3 公共财政预算支出情况

（2019 年）　　单位：万元

指标名称	2019 年	2018 年
公共财政预算支出	4218239	3771658
一般公共服务	407926	352981
国防	4874	4872
公共安全	181749	177490
教育	787054	715657
科学技术	18670	25418
文化体育与传媒	86806	49238
社会保障和就业	481189	431489
医疗卫生与计划生育	423212	395154
节能环保	262533	181160
城乡社区	148307	121438
农林水事务	741388	771725
交通运输	279046	215968
资源勘探信息等支出	46866	34303
商业服务业等支出	10154	30814
金融支出	870	4435
援助其他地区支出	55	90
国土海洋气象等支出	37883	29209
住房保障支出	130386	139690
粮油物资储备支出	5863	5396
灾害防治及应急管理支出	30568	
其他支出	26358	5921
债务付息支出	105943	78717
债务发生费支出	539	493

10-4　分县（市、区）财政收入情况

（2019年）　　单位：万元

县（市、区）名称	全部财政收入		其中：公共财政预算收入	
	2019年	2018年	2019年	2018年
全　　市	**2300385**	**2159951**	**1124678**	**1045531**
市 本 级	152627	146683	98093	77555
县　　级	**1279454**	**1170466**	**630899**	**581753**
承 德 县	148803	139238	74472	70136
兴 隆 县	123183	110726	72070	67588
平 泉 市	119403	132483	63407	68128
滦 平 县	218800	197313	109979	94803
隆 化 县	113513	94083	51064	45057
丰 宁 县	164739	136208	90153	74417
宽 城 县	270626	243773	109181	103456
围 场 县	120387	116642	60573	58168
区　　级	**868304**	**842802**	**395686**	**386223**
双 桥 区	298083	326263	143597	158169
高 新 区	209368	194931	87281	80718
双 滦 区	258165	284733	127142	131121
营 子 区	102688	36875	37666	16215

注：自2005年全部财政收入市本级中部分企业数已含在县、区中，故市本级与县、区级合计相加大于全市数。

10-5　分县（市、区）财政支出情况

（2019年）　　单位：万元

县（市、区）名称	2019年	2018年
全　　市	**4218239**	**3771658**
市 本 级	727880	670603
县　　级	**3046306**	**2698562**
承 德 县	299795	307008
兴 隆 县	324399	282634
平 泉 市	335568	345678
滦 平 县	340829	326308
隆 化 县	443069	373342
丰 宁 县	570344	415334
宽 城 县	241218	212280
围 场 县	491084	435978
区　　级	**444053**	**402493**
双 桥 区	178861	136263
高 新 区	97575	103542
双 滦 区	96951	105582
营 子 区	70666	57106

10-6 全部金融机构人民币信贷收支情况

（2019 年）　　　　　　单位：亿元

指标名称	2019 年	2018 年
各项存款	2907.5	2671.9
境内存款	2907.3	2671.7
住户存款	2084.6	1816.0
活期存款	508.1	470.2
定期及其他存款	1576.5	1345.9
非金融企业存款	377.7	383.4
活期存款	301.0	295.0
定期及其他存款	76.8	88.3
广义政府存款	425.8	465.6
财政性存款	5.5	4.4
机关团体存款	420.3	461.2
非银行业金融机构存款	19.1	6.7
境外存款	0.2	0.2
金融债券	10.0	9.9
卖出回购资产	32.4	25.0
联行往来（净）	253.2	162.8
应付及暂收款	85.3	77.8
各项准备	87.3	71.8
所有者权益	173.5	160.0
#实收资本	72.4	68.3
其他	-472.9	-445.8
资金来源合计	3076.2	2733.3
各项贷款	2470.2	2203.8
境内贷款	2470.2	2203.8
住户贷款	1007.0	844.5
短期贷款	348.8	261.1
消费贷款	150.6	62.0
经营贷款	198.3	199.1
中长期贷款	658.2	583.4

全部金融机构人民币信贷收支情况

10-6 续表 1 （2019 年） 单位：亿元

指标名称	2019 年	2018 年
消费贷款	505.2	449.8
经营贷款	153.0	133.7
非金融企业及机关团体贷款	1463.2	1359.3
短期贷款	520.1	536.6
中长期贷款	907.7	782.2
票据融资	35.4	40.5
境外贷款	0.0	0.0
债券投资	315.1	230.2
股权及其他投资	232.3	248.1
买入返售资产	3.0	2.0
联行往来（净）		
#境内存放二级准备金	26.5	37.5
应收及预付款	23.6	17.9
固定资产	32.1	31.3
资金运用合计	3076.2	2733.3

10-7 保险业务情况

（2019 年） 单位：万元

指标名称	2019 年	2018 年
人身险		
保费收入	543771.8	503628.9
赔付金额	111172.7	133240.4
财产险（不含交强险）		
保费收入	174288.4	156206.5
赔付金额	82305.4	69233.6
交强险		
保费收入	43278.5	42055.9
赔付金额	23674.4	23838.4

注：因无交强险保险金额统计数据，无法提取财产险（不含交强险）保险金额数据，所以对财产险保险金额数据项进行删减。

十一 交通、邮电

11-1 公 路 运 输

（2019 年）

指标名称	单 位	2019 年	指标名称	单 位	2019 年
公路通车里程	公里	23492.0	#大型	辆	3609
#普通干线公路	公里	2787.0	中型	辆	1108
农村公路	公里	19946.0	小型	辆	46004
高速公路	公里	759.0	货车	辆	68058
公路运输量			#重型车	辆	22714
货运量	万吨	4623.4	中型车	辆	3508
货运周转量	万吨公里	1204642.62	轻型车	辆	41829
客运量	万人	768.1	其他汽车	辆	9463
客运周转量	万人公里	78281.9	摩托车	辆	118693
机动车保有量	辆	672902	挂车	辆	9272
汽车	辆	541821	民用汽车拥有量	辆	668008
客车	辆	467416	其中：私人汽车拥有量	辆	625687

11-2　通讯网及邮电业务总量

（2019 年）

指标名称	单位	2019 年	2018 年	比上年增长%
邮电通讯网				
年末邮政局（所）数	处	225	225	-
邮路总长度（单程）	公里	4292	3650	17.6
邮电业务				
邮政业务（全行业）总收入	亿元	5.52	5.3	4.2
电信业务总收入	万元	219940	219039	0.004
函件	万件	137.06	72.74	88.4
汇票	万张	2.71	0.71	281.7
固定电话用户数	万户	25.28	20.8	21.7
移动电话年末用户数	万户	373.18	381.0	-2.1
互联网宽带接入用户数	万户	106.13	88.1	20.5
快递业务量	万件	1284.09	1805.54	-28.88
快递业务收入	亿元	3.12	3.05	2.3

十二

城镇就业

12-1　历年单位从业人员及工资情况（1949-2019 年）

指 标 名 称	年末单位从业人员（人）		职工工资总额（万元）	职工平均工资（元）
	合　计	#职工人数		
1949	-	21188	-	-
1952	-	30369	1230.5	487
1957	-	64193	3799.4	599
1962	-	82435	5649.4	594
1965	-	87284	5522.2	642
1970	-	129805	7423.4	592
1975	-	185718	10448.6	579
1978	-	262807	14844	569
1980	-	268342	19209.1	724
1985	-	300405	29558.2	991
1990	-	341548	63606.4	1887
1991	-	355444	70116.6	1995
1992	-	358586	82679.3	2320
1993	359912	353128	101567.9	2868
1994	352538	346238	126875.6	3677
1995	346221	339750	145399.2	4276
1996	344212	339419	157038	4603
1997	343176	338989	171507.7	5066
1998	336067	333035	173719.4	5172
1999	330450	328188	186262.4	5618
2000	319033	317023	205208.6	6382
2001	309459	306525	223544.5	7179
2002	295532	293544	251145.3	8403
2003	276177	274151	273322.5	9736
2004	228599	226713	3012420	12919
2005	235400	233587	3316316	13898
2006	237731	236108	3636817	14981
2007	241760	237815	462124	18961
2008	248297	234840	604990	24209
2009	254197	240537	675611.4	26732
2010	257248	242603	747026.2	29960
2011	254448	243655	869136.3	34134
2012	263951	234312	991389.3	37787
2013	302761	273671	1222407.6	41992
2014	299201	264644	1262858.7	44281
2015	299368	259848	1373704.9	49071
2016	296246	254239	1442875.1	53449
2017	266006	219271	1408333.8	60270
2018	266924	225860	1586455.1	65558
2019	270923	231718	1811861.6	66807

注：2004 年至 2011 年职工工资情况为在岗职工，从 2012 年起至 2017 年职工工资情况为在岗职工（含劳务派遣）工资情况，2018 年起改为从业人员平均工资。

12-2 全部城镇非私营单位

（2019 年）

指标名称	单位数（个）	从业人员期末人数	其中：女性	
				在岗职工
总　　计	**3574**	**270923**	**109049**	**231718**
1.企业	1176	124900	36217	101930
2.事业	1286	88812	52216	81835
3.机关	950	53241	17922	44065
4.民间非营利组织	151	3751	2620	3674
5.其他	11	219	74	214
（一）农、林、牧、渔业	74	2979	781	2722
1.农业	8	259	127	191
2.林业	40	1875	496	1826
3.畜牧业	7	131	40	107
4.渔业	1	105	25	105
5.农、林、牧、渔专业及辅助性活动	18	609	93	493
（二）采矿业	22	5266	721	5001
1.煤炭开采和洗选业	1	527	42	349
2.黑色金属矿采选业	13	4359	561	4274
3.有色金属矿采选业	3	284	88	282
4.非金属矿采选业	5	96	30	96
（三）制造业	101	33196	9490	32768
1.农副食品加工业	10	3608	1999	3608
2.食品制造业	8	1537	1068	1483
3.酒、饮料和精制茶制造业	4	3341	1392	3341
4.纺织业	1	52	42	50
5.木材加工和木、竹、藤、棕、草制品业	3	290	82	290
6.印刷和记录媒介复制业	8	186	67	148
7.石油、煤炭及其他燃料加工业	1	818	202	818
8.化学原料和化学制品制造业	7	1461	333	1441
9.医药制造业	5	1365	652	1364
10.橡胶和塑料制品业	1	19	4	19

从业人员及工资总额情况

单位：人、元、万元

按人员类型分			从业人员平均人数	按人员类型分			
劳务派遣人员	在岗劳务合计	其他从业人员		在岗职工	劳务派遣人员	在岗劳务合计	其他从业人员
22279	**253997**	**16926**	**271207**	**232682**	**21518**	**254200**	**17007**
11856	113786	11114	125983	103605	11217	114822	11161
4107	85942	2870	88385	81279	4150	85429	2956
6269	50334	2907	52900	43941	6104	50045	2855
42	3716	35	3719	3642	42	3684	35
5	219		220	215	5	220	
35	2757	222	2959	2743	35	2778	181
	191	68	222	195		195	27
1	1827	48	1905	1856	1	1857	48
24	131		132	108	24	132	
	105		95	95		95	
10	503	106	605	489	10	499	106
193	5194	72	5271	5090	110	5200	71
159	508	19	461	367	76	443	18
34	4308	51	4424	4339	34	4373	51
	282	2	291	289		289	2
	96		95	95		95	
199	32967	229	33406	32988	175	33163	243
	3608		3524	3524		3524	
54	1537		1557	1502	55	1557	
	3341		3345	3345		3345	
	50	2	52	50		50	2
	290		303	303		303	
	148	38	205	164		164	41
	818		828	828		828	
20	1461		1404	1384	20	1404	
	1364	1	1371	1370		1370	1
	19		17	17		17	

全部城镇非私营单位

12-2　续表 1

（2019 年）

指标名称	单位数（个）	从业人员期末人数	其中：女性	
				在岗职工
11.非金属矿物制品业	14	1812	257	1760
12.黑色金属冶炼和压延加工业	2	12308	1783	12167
13.有色金属冶炼和压延加工业	6	1412	266	1412
14.金属制品业	4	797	315	796
15.通用设备制造业	7	1073	393	1070
16.专用设备制造业	3	365	58	295
17.汽车制造业	2	794	185	776
18.铁路、船舶、航空航天和其他运输设备制造业	1	40	12	39
19.电气机械和器材制造业	7	709	102	697
20.仪器仪表制造业	5	849	252	834
21.废弃资源综合利用业	2	360	26	360
（四）电力、热力、燃气及水生产和供应业	72	8382	2246	7616
1.电力、热力生产和供应业	48	6407	1550	5860
2.燃气生产和供应业	3	222	26	222
3.水的生产和供应业	21	1753	670	1534
（五）建筑业	90	21029	2710	10514
1.房屋建筑业	28	8394	1166	6314
2.土木工程建筑业	42	5826	1162	2933
3.建筑安装业	8	768	198	755
4.建筑装饰、装修和其他建筑业	12	6041	184	512
（六）批发和零售业	162	6617	3046	6284
1.批发业	67	3592	1350	3318
2.零售业	95	3025	1696	2966
（七）交通运输、仓储和邮政业	69	8814	2738	8147
1.铁路运输业	1	1171	104	988
2.道路运输业	51	5908	1820	5698
3.装卸搬运和仓储业	16	625	159	578
4.邮政业	1	1110	655	883

从业人员及工资总额情况

单位：人、元、万元

按人员类型分			从业人员平均人数	按人员类型分			
劳务派遣人员	在岗劳务合计	其他从业人员		在岗职工	劳务派遣人员	在岗劳务合计	其他从业人员
52	1812		1792	1731	50	1781	11
29	12196	112	12369	12240	26	12266	103
	1412		1631	1631		1631	
	796	1	822	821		821	1
	1070	3	1072	1069		1069	3
36	331	34	345	296	16	312	33
8	784	10	818	795	8	803	15
	39	1	60	57		57	3
	697	12	683	671		671	12
	834	15	844	826		826	18
	360		364	364		364	
485	8101	281	8322	7666	380	8046	276
411	6271	136	6254	5812	305	6117	137
	222		222	222		222	
74	1608	145	1846	1632	75	1707	139
7407	17921	3108	22560	12103	7192	19295	3265
1744	8058	336	10139	7977	1715	9692	447
134	3067	2759	5811	2873	143	3016	2795
	755	13	765	752		752	13
5529	6041		5845	501	5334	5835	10
239	6523	94	6576	6241	239	6480	96
239	3557	35	3595	3320	239	3559	36
	2966	59	2981	2921		2921	60
464	8611	203	8966	8318	445	8763	203
	988	183	1171	988		988	183
190	5888	20	5981	5771	190	5961	20
47	625		708	662	46	708	
227	1110		1106	897	209	1106	

全部城镇非私营单位

12-2 续表2 （2019年）

指标名称	单位数（个）	从业人员期末人数	其中：女性	在岗职工
（八）住宿和餐饮业	34	2139	1429	2061
1.住宿业	23	1798	1192	1722
2.餐饮业	11	341	237	339
（九）信息传输、软件和信息技术服务业	23	6456	2685	6221
1.电信、广播电视和卫星传输服务	13	3980	1495	3791
2.互联网和相关服务	1	2401	1161	2363
3.软件和信息技术服务业	9	75	29	67
（十）金融业	132	15459	4775	9463
1.货币金融服务	109	8104	3636	7292
2.资本市场服务	6	34	15	34
3.保险业	16	7317	1124	2133
4.其他金融业	1	4		4
（十一）房地产业	167	4538	2045	2723
1.房地产开发经营	94	1941	681	1851
2.物业管理	21	2374	1267	650
3.房地产中介服务	2	3		3
4.房地产租赁经营	47	160	76	159
（十二）租赁和商务服务业	170	6007	1637	4340
1.租赁业	3	24	2	5
2.商务服务业	167	5983	1635	4335
（十三）科学研究和技术服务业	137	6728	1812	6344
1.研究和试验发展	4	1363	347	1363
2.专业技术服务业	109	5150	1387	4766
3.科技推广和应用服务业	24	215	78	215
（十四）水利、环境和公共设施管理业	76	3920	1466	3732
1.水利管理业	31	687	210	669
2.生态保护和环境治理业	5	242	76	242
3.公共设施管理业	38	2868	1123	2698

从业人员及工资总额情况

单位：人、元、万元

按人员类型分			从业人员平均人数	按人员类型分			
劳务派遣人员	在岗劳务合计	其他从业人员		在岗职工	劳务派遣人员	在岗劳务合计	其他从业人员
9	2070	69	2132	2058	9	2067	65
8	1730	68	1784	1712	8	1720	64
1	340	1	348	346	1	347	1
163	6384	72	6202	5962	166	6128	74
162	3953	27	4032	3840	165	4005	27
	2363	38	2028	1988		1988	40
1	68	7	142	134	1	135	7
972	10435	5024	15383	9398	959	10357	5026
791	8083	21	8051	7255	776	8031	20
	34		34	34		34	
181	2314	5003	7294	2105	183	2288	5006
	4		4	4		4	
72	2795	1743	4403	2708	66	2774	1629
71	1922	19	1926	1848	56	1904	22
	650	1724	2261	645	9	654	1607
	3		3	3		3	
1	160		153	152	1	153	
1603	5943	64	5872	4413	1393	5806	66
	5	19	24	5		5	19
1603	5938	45	5848	4408	1393	5801	47
319	6663	65	6751	6321	323	6644	107
	1363		1357	1357		1357	
319	5085	65	5179	4749	323	5072	107
	215		215	215		215	
131	3863	57	3920	3705	165	3870	50
6	675	12	688	666	7	673	15
	242		249	249		249	
125	2823	45	2922	2729	158	2887	35

全部城镇非私营单位

12-2 续表3

（2019年）

指标名称	单位数（个）	从业人员期末人数	其中：女性	在岗职工
4.土地管理业	2	123	57	123
（十五）居民服务、修理和其他服务业	21	321	104	311
1.居民服务业	11	137	53	127
2.机动车、电子产品和日用产品修理业	9	180	49	180
3.其他服务业	1	4	2	4
（十六）教育	586	50406	32442	48279
1.学前教育	88	2658	2446	2408
2.初等教育	259	21855	15049	20733
3.中等教育	159	20789	12149	20318
4.高等教育	13	4099	2226	3863
5.特殊教育	6	158	103	158
6.技能培训、教育辅助及其他教育	61	847	469	799
（十七）卫生和社会工作	387	25777	17326	22769
1.卫生	327	24957	16761	22101
2.社会工作	60	820	565	668
（十八）文化、体育和娱乐业	84	3809	1622	3184
1.新闻和出版业	1	314	143	314
2.广播、电视、电影和录音制作业	18	575	248	476
3.文化艺术业	51	2748	1171	2253
4.体育	8	104	49	90
5.娱乐业	6	68	11	51
（十九）公共管理、社会保障和社会组织	1167	59080	19974	49239
1.中国共产党机关	91	2684	890	2583
2.国家机构	996	55197	18472	45569
3.人民政协、民主党派	19	323	93	322
4.社会保障	16	395	251	370
5.群众团体、社会团体和其他成员组织	45	481	268	395

从业人员及工资总额情况

单位：人、元、万元

按人员类型分			从业人员平均人数	按人员类型分			
劳务派遣人员	大岗劳务合计	其他从业人员		在岗职工	劳务派遣人员	在岗劳务合计	其他从业人员
	123		61	61		61	
	311	10	320	310		310	10
	127	10	138	128		128	10
	180		178	178		178	
	4		4	4		4	
1194	49473	933	50092	47996	1170	49166	926
214	2622	36	2642	2397	209	2606	36
689	21422	433	21886	20780	674	21454	432
201	20519	270	20491	20032	197	20229	262
89	3952	147	4056	3818	89	3907	149
	158		158	158		158	
1	800	47	859	811	1	812	47
1653	24422	1355	25552	22556	1650	24206	1346
1536	23637	1320	24736	21874	1551	23425	1311
117	785	35	816	682	99	781	35
361	3545	264	3756	2963	434	3397	359
	314		313	313		313	
94	570	5	565	477	83	560	5
250	2503	245	2706	2032	334	2366	340
	90	14	104	90		90	14
17	68		68	51	17	68	
6780	56019	3061	58764	49143	6607	55750	3014
69	2652	32	2611	2512	67	2579	32
6616	52185	3012	54955	45545	6445	51990	2965
1	323		322	321	1	322	
25	395		393	368	25	393	
69	464	17	483	397	69	466	17

全部城镇非私营单位

12-2 续表4

（2019年）

指标名称	从业人员工资总额	按人员	
		在岗职工	劳务派遣人员
总　　计	**1811861.6**	**1662074.4**	**101180.1**
1.企业	798145.4	703183.1	63750.7
2.事业	665452.7	638089.0	17555.3
3.机关	328616.1	301515.5	19732.3
4.民间非营利组织	17692.8	17355.4	118.6
5.其他	1954.6	1931.4	23.2
（一）农、林、牧、渔业	17168.3	16466.3	145.6
1.农业	787.9	662.3	
2.林业	11786.1	11671.9	1.4
3.畜牧业	711.2	596.0	115.2
4.渔业	421.3	421.3	
5.农、林、牧、渔专业及辅助性活动	3461.8	3114.8	29.0
（二）采矿业	30778.2	29424.6	896.1
1.煤炭开采和洗选业	2579.9	1754.7	749.6
2.黑色金属矿采选业	27119.6	26596.5	146.5
3.有色金属矿采选业	721.0	715.7	
4.非金属矿采选业	357.7	357.7	
（三）制造业	195047.5	192822.3	764.2
1.农副食品加工业	16745.1	16745.1	
2.食品制造业	6105.8	5951.6	154.2
3.酒、饮料和精制茶制造业	17374.3	17374.3	
4.纺织业	102.0	97.5	
5.木材加工和木、竹、藤、棕、草制品业	947.7	947.7	
6.印刷和记录媒介复制业	667.2	587.4	
7.石油、煤炭及其他燃料加工业	7400.2	7400.2	
8.化学原料和化学制品制造业	9850.2	9821.8	28.4
9.医药制造业	6385.1	6378.1	
10.橡胶和塑料制品业	42.0	42.0	

 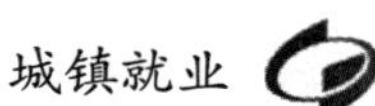

从业人员及工资总额情况

单位：人、元、万元

类型分		从业人员、平均工资	按人员类型分			
在岗劳务合计	其他从业人员		在岗职工	劳务派遣人员	在岗劳务合计	其他从业人员
1763254.5	**48607.1**	**66807**	**71431**	**47021**	**69365**	**28581**
766933.8	31211.6	63353	67872	56834	66793	27965
655644.3	9808.4	75290	78506	42302	76747	33181
321247.8	7368.3	62120	68618	32327	64192	25808
17474.0	218.8	47574	47653	28238	47432	62514
1954.6		88845	89833	46400	88845	
16611.9	556.4	58021	60030	41600	59798	30740
662.3	125.6	35491	33964		33964	46519
11673.3	112.8	61869	62887	14000	62861	23500
711.2		53879	55185	48000	53879	
421.3		44347	44347		44347	
3143.8	318.0	57220	63697	29000	63002	30000
30320.7	457.5	58392	57809	81464	58309	64437
2504.3	75.6	55963	47812	98632	56530	42000
26743.0	376.6	61301	61296	43088	61155	73843
715.7	5.3	24777	24765		24765	26500
357.7		37653	37653		37653	
193586.5	1461.0	58387	58452	43669	58374	60123
16745.1		47517	47517		47517	
6105.8		39215	39625	28036	39215	
17374.3		51941	51941		51941	
97.5	4.5	19615	19500		19500	22500
947.7		31277	31277		31277	
587.4	79.8	32546	35817		35817	19463
7400.2		89374	89374		89374	
9850.2		70158	70967	14200	70158	
6378.1	7.0	46573	46555		46555	70000
42.0		24706	24706		24706	

全部城镇非私营单位

12-2 续表5

（2019年）

指标名称	从业人员工资总额	按人员	
		在岗职工	劳务派遣人员
11.非金属矿物制品业	12112.4	11701.1	364.9
12.黑色金属冶炼和压延加工业	82371.7	81685.2	92.5
13.有色金属冶炼和压延加工业	5857.7	5857.7	
14.金属制品业	3730.0	3726.4	
15.通用设备制造业	3770.3	3749.0	
16.专用设备制造业	2449.1	2198.9	73.2
17.汽车制造业	6703.5	6498.8	51.0
18.铁路、船舶、航空航天和其他运输设备制造业	419.0	405.0	
19.电气机械和器材制造业	4387.7	4286.9	
20.仪器仪表制造业	5379.3	5120.4	
21.废弃资源综合利用业	2247.2	2247.2	
（四）电力、热力、燃气及水生产和供应业	90716.6	88438.1	1261.0
1.电力、热力生产和供应业	80488.3	79082.7	912.0
2.燃气生产和供应业	1043.4	1043.4	
3.水的生产和供应业	9184.9	8312.0	349.0
（五）建筑业	132980.9	73870.1	43661.2
1.房屋建筑业	68174.9	52471.8	14280.6
2.土木工程建筑业	26752.2	12595.4	331.7
3.建筑安装业	6860.4	6758.4	
4.建筑装饰、装修和其他建筑业	31193.4	2044.5	29048.9
（六）批发和零售业	39372.5	37435.2	1595.3
1.批发业	25740.5	24027.0	1595.3
2.零售业	13632.0	13408.2	
（七）交通运输、仓储和邮政业	58200.3	55815.9	1766.5
1.铁路运输业	9977.2	9428.2	
2.道路运输业	36357.8	35803.3	485.6
3.装卸搬运和仓储业	3873.2	3625.7	247.5
4.邮政业	7992.1	6958.7	1033.4

从业人员及工资总额情况

单位：人、元、万元

类型分		从业人员、平均工资	按人员类型分			
在岗劳务合计	其他从业人员		在岗职工	劳务派遣人员	在岗劳务合计	其他从业人员
12066.0	46.4	67592	67597	72980	67748	42182
81777.7	594.0	66595	66736	35577	66670	57670
5857.7		35915	35915		35915	
3726.4	3.6	45377	45389		45389	36000
3749.0	21.3	35171	35070		35070	71000
2272.1	177.0	70988	74287	45750	72824	53636
6549.8	153.7	81950	81746	63750	81567	102467
405.0	14.0	69833	71053		71053	46667
4286.9	100.8	64242	63888		63888	84000
5120.4	258.9	63736	61990		61990	143833
2247.2		61736	61736		61736	
89699.1	1017.5	109008	115364	33184	111483	36866
79994.7	493.6	128699	136068	29902	130774	36029
1043.4		47000	47000		47000	
8661.0	523.9	49756	50931	46533	50738	37691
117531.3	15449.6	58945	61035	60708	60913	47319
66752.4	1422.5	67240	65779	83269	68874	31823
12927.1	13825.1	46037	43841	23196	42862	49464
6758.4	102.0	89678	89872		89872	78462
31093.4	100.0	53368	40808	54460	53288	100000
39030.5	342.0	59873	59983	66749	60232	35625
25622.3	118.2	71601	72370	66749	71993	32833
13408.2	223.8	45730	45903		45903	37300
57582.4	617.9	64912	67103	39697	65711	30438
9428.2	549.0	85202	95427		95427	30000
36288.9	68.9	60789	62040	25558	60877	34450
3873.2		54706	54769	53804	54706	
7992.1		72261	77577	49445	72261	

全部城镇非私营单位

12-2 续表 6

（2019 年）

指标名称	从业人员工资总额	按人员	
		在岗职工	劳务派遣人员
（八）住宿和餐饮业	10564.0	10343.3	26.6
1.住宿业	9253.2	9038.5	23.0
2.餐饮业	1310.8	1304.8	3.6
（九）信息传输、软件和信息技术服务业	49247.7	48219.6	678.7
1.电信、广播电视和卫星传输服务	31208.6	30380.6	676.4
2.互联网和相关服务	17336.1	17156.0	
3.软件和信息技术服务业	703.0	683.0	2.3
（十）金融业	112458.3	100455.4	5932.9
1.货币金融服务	85496.5	81264.5	4146.9
2.资本市场服务	161.0	161.0	
3.保险业	26776.8	19005.9	1786.0
4.其他金融业	24.0	24.0	
（十一）房地产业	24429.0	19951.6	477.0
1.房地产开发经营	17144.1	16522.8	448.9
2.物业管理	6095.0	2244.5	22.5
3.房地产中介服务	8.0	8.0	
4.房地产租赁经营	752.8	747.2	5.6
（十二）租赁和商务服务业	28240.1	21418.8	6549.5
1.租赁业	100.4	20.8	
2.商务服务业	28139.7	21398.0	6549.5
（十三）科学研究和技术服务业	41186.7	39110.1	1162.0
1.研究和试验发展	7102.3	7102.3	
2.专业技术服务业	32598.3	30521.7	1162.0
3.科技推广和应用服务业	1486.1	1486.1	
（十四）水利、环境和公共设施管理业	20176.0	19869.3	181.7
1.水利管理业	4428.8	4374.8	17.7
2.生态保护和环境治理业	1912.5	1912.5	
3.公共设施管理业	13569.2	13316.5	164.0

从业人员及工资总额情况

单位：人、元、万元

类型分		从业人员、平均工资	按人员类型分			
在岗劳务合计	其他从业人员		在岗职工	劳务派遣人员	在岗劳务合计	其他从业人员
10369.9	194.1	49550	50259	29556	50169	29862
9061.5	191.7	51868	52795	28750	52683	29953
1308.4	2.4	37667	37711	36000	37706	24000
48898.3	349.4	79406	80878	40886	79795	47216
31057.0	151.6	77402	79116	40994	77546	56148
17156.0	180.1	85484	86298		86298	45025
685.3	17.7	49507	50970	23000	50763	25286
106388.3	6070.0	73106	106890	61865	102721	12077
85411.4	85.1	106194	112012	53439	106352	42550
161.0		47353	47353		47353	
20791.9	5984.9	36711	90289	97596	90874	11955
24.0		60000	60000		60000	
20428.6	4000.4	55483	73677	72273	73643	24557
16971.7	172.4	89014	89409	80161	89137	78364
2267.0	3828.0	26957	34798	25000	34664	23821
8.0		26667	26667		26667	
752.8		49203	49158	56000	49203	
27968.3	271.8	48093	48536	47017	48171	41182
20.8	79.6	41833	41600		41600	41895
27947.5	192.2	48119	48544	47017	48177	40894
40272.1	914.6	61008	61873	35975	60614	85477
7102.3		52338	52338		52338	
31683.7	914.6	62943	64270	35975	62468	85477
1486.1		69121	69121		69121	
20051.0	125.0	51469	53628	11012	51811	25000
4392.5	36.3	64372	65688	25286	65267	24200
1912.5		76807	76807		76807	
13480.5	88.7	46438	48796	10380	46694	25343

全部城镇非私营单位

12-2 续表7 （2019年）

指标名称	从业人员工资总额	按人员	
		在岗职工	劳务派遣人员
4.土地管理业	265.5	265.5	
（十五）居民服务、修理和其他服务业	1331.1	1298.3	
1.居民服务业	655.2	622.4	
2.机动车、电子产品和日用产品修理业	661.5	661.5	
3.其他服务业	14.4	14.4	
（十六）教育	372302.0	365634.4	4119.8
1.学前教育	13722.1	13090.8	560.0
2.初等教育	148362.1	144880.4	2456.6
3.中等教育	156752.4	155306.3	735.9
4.高等教育	47653.7	46687.2	365.6
5.特殊教育	1194.7	1194.7	
6.技能培训、教育辅助及其他教育	4617.0	4475.0	1.7
（十七）卫生和社会工作	195566.1	181362.3	9220.8
1.卫生	192330.4	178465.4	8975.5
2.社会工作	3235.7	2896.9	245.3
（十八）文化、体育和娱乐业	22849.8	19985.0	1452.6
1.新闻和出版业	2718.4	2718.4	
2.广播、电视、电影和录音制作业	3033.7	2769.3	251.7
3.文化艺术业	16133.9	13775.5	1112.9
4.体育	554.6	400.6	
5.娱乐业	409.2	321.2	88.0
（十九）公共管理、社会保障和社会组织	369246.5	340153.8	21288.6
1.中国共产党机关	18730.0	18435.3	212.7
2.国家机构	342206.7	313799.1	20737.0
3.人民政协、民主党派	2681.0	2678.9	2.1
4.社会保障	2712.1	2546.6	165.5
5.群众团体、社会团体和其他成员组织	2916.7	2693.9	171.3

从业人员及工资总额情况

单位：人、元、万元

类型分		从业人员、平均工资	按人员类型分			
在岗劳务合计	其他从业人员		在岗职工	劳务派遣人员	在岗劳务合计	其他从业人员
265.5		43525	43525		43525	
1298.3	32.8	41597	41881		41881	32800
622.4	32.8	47478	48625		48625	32800
661.5		37163	37163		37163	
14.4		36000	36000		36000	
369754.2	2547.8	74324	76180	35212	75205	27514
13650.8	71.3	51938	54613	26794	52382	19806
147337.0	1025.1	67789	69721	36448	68676	23729
156042.2	710.2	76498	77529	37355	77138	27107
47052.8	600.9	117489	122282	41079	120432	40329
1194.7		75614	75614		75614	
4476.7	140.3	53749	55179	17000	55132	29851
190583.1	4983.0	76537	80405	55884	78734	37021
187440.9	4889.5	77753	81588	57869	80017	37296
3142.2	93.5	39653	42477	24778	40233	26714
21437.6	1412.2	60835	67449	33470	63107	39337
2718.4		86850	86850		86850	
3021.0	12.7	53694	58057	30325	53946	25400
14888.4	1245.5	59623	67793	33320	62926	36632
400.6	154.0	53327	44511		44511	110000
409.2		60176	62980	51765	60176	
361442.4	7804.1	62835	69217	32221	64833	25893
18648.0	82.0	71735	73389	31746	72307	25625
334536.1	7670.6	62270	68899	32175	64346	25870
2681.0		83261	83455	21000	83261	
2712.1		69010	69201	66200	69010	
2865.2	51.5	60387	67856	24826	61485	30294

12-3 全部城镇非私营企业

（2019年）

指标名称	单位数（个）	从业人员期末人数	其中：女性	在岗职工
总　　计	**1176**	**124900**	**36217**	**101930**
其中：国有控股	379	60448	15701	53223
集体控股	125	10747	1029	4922
（一）农、林、牧、渔业	39	1807	531	1695
1.农业	7	253	125	185
2.林业	23	1265	331	1245
3.畜牧业	5	125	38	101
4.渔业	1	105	25	105
5.农、林、牧、渔专业及辅助性活动	3	59	12	59
（二）采矿业	22	5266	721	5001
1.煤炭开采和洗选业	1	527	42	349
2.黑色金属矿采选业	13	4359	561	4274
3.有色金属矿采选业	3	284	88	282
4.非金属矿采选业	5	96	30	96
（三）制造业	101	33196	9490	32768
1.农副食品加工业	10	3608	1999	3608
2.食品制造业	8	1537	1068	1483
3.酒、饮料和精制茶制造业	4	3341	1392	3341
4.纺织业	1	52	42	50
5.木材加工和木、竹、藤、棕、草制品业	3	290	82	290
6.印刷和记录媒介复制业	8	186	67	148
7.石油、煤炭及其他燃料加工业	1	818	202	818
8.化学原料和化学制品制造业	7	1461	333	1441
9.医药制造业	5	1365	652	1364
10.橡胶和塑料制品业	1	19	4	19
11.非金属矿物制品业	14	1812	257	1760
12.黑色金属冶炼和压延加工业	2	12308	1783	12167
13.有色金属冶炼和压延加工业	6	1412	266	1412
14.金属制品业	4	797	315	796
15.通用设备制造业	7	1073	393	1070
16.专用设备制造业	3	365	58	295
17.汽车制造业	2	794	185	776
18.铁路、船舶、航空航天和其他运输设备制造业	1	40	12	39

单位从业人员和工资总额情况

单位：人、元、万元

按人员类型分			从业人员平均人数	按人员类型分			
劳务派遣人员	在岗劳务合计	其他从业人员		在岗职工	劳务派遣人员	在岗劳务合计	其他从业人员
11856	**113786**	**11114**	**125983**	**103605**	**11217**	**114822**	**11161**
3336	56559	3889	60681	53832	2931	56763	3918
5689	10611	136	10576	4904	5493	10397	179
24	1719	88	1780	1709	24	1733	47
	185	68	216	189		189	27
	1245	20	1284	1264		1264	20
24	125		126	102	24	126	
	105		95	95		95	
	59		59	59		59	
193	5194	72	5271	5090	110	5200	71
159	508	19	461	367	76	443	18
34	4308	51	4424	4339	34	4373	51
	282	2	291	289		289	2
	96		95	95		95	
199	32967	229	33406	32988	175	33163	243
	3608		3524	3524		3524	
54	1537		1557	1502	55	1557	
	3341		3345	3345		3345	
	50	2	52	50		50	2
	290		303	303		303	
	148	38	205	164		164	41
	818		828	828		828	
20	1461		1404	1384	20	1404	
	1364	1	1371	1370		1370	1
	19		17	17		17	
52	1812		1792	1731	50	1781	11
29	12196	112	12369	12240	26	12266	103
	1412		1631	1631		1631	
	796	1	822	821		821	1
	1070	3	1072	1069		1069	3
36	331	34	345	296	16	312	33
8	784	10	818	795	8	803	15
	39	1	60	57		57	3

全部城镇非私营企业

12-3 续表 1

（2019 年）

指标名称	单位数（个）	从业人员期末人数	其中：女性	在岗职工
19.电气机械和器材制造业	7	709	102	697
20.仪器仪表制造业	5	849	252	834
21.废弃资源综合利用业	2	360	26	360
（四）电力、热力、燃气及水生产和供应业	69	8165	2149	7411
1.电力、热力生产和供应业	47	6387	1545	5852
2.燃气生产和供应业	3	222	26	222
3.水的生产和供应业	19	1556	578	1337
（五）建筑业	90	21029	2710	10514
1.房屋建筑业	28	8394	1166	6314
2.土木工程建筑业	42	5826	1162	2933
3.建筑安装业	8	768	198	755
4.建筑装饰、装修和其他建筑业	12	6041	184	512
（六）批发和零售业	162	6617	3046	6284
1.批发业	67	3592	1350	3318
2.零售业	95	3025	1696	2966
（七）交通运输、仓储和邮政业	35	5388	1652	4941
1.铁路运输业	1	1171	104	988
2.道路运输业	18	2557	752	2534
3.装卸搬运和仓储业	15	550	141	536
4.邮政业	1	1110	655	883
（八）住宿和餐饮业	34	2139	1429	2061
1.住宿业	23	1798	1192	1722
2.餐饮业	11	341	237	339
（九）信息传输、软件和信息技术服务业	17	6106	2582	5952
1.电信、广播电视和卫星传输服务	8	3644	1397	3536
2.互联网和相关服务	1	2401	1161	2363
3.软件和信息技术服务业	8	61	24	53
（十）金融业	131	15299	4722	9308
1.货币金融服务	108	7944	3583	7137
2.资本市场服务	6	34	15	34
3.保险业	16	7317	1124	2133
4.其他金融业	1	4		4
（十一）房地产业	165	4485	2026	2670

单位从业人员和工资总额情况

单位：人、元、万元

按人员类型分			从业人员平均人数	按人员类型分			
劳务派遣人员	在岗劳务合计	其他从业人员		在岗职工	劳务派遣人员	在岗劳务合计	其他从业人员
	697	12	683	671		671	12
	834	15	844	826		826	18
	360		364	364		364	
485	7896	269	8106	7462	380	7842	264
411	6263	124	6234	5804	305	6109	125
	222		222	222		222	
74	1411	145	1650	1436	75	1511	139
7407	17921	3108	22560	12103	7192	19295	3265
1744	8058	336	10139	7977	1715	9692	447
134	3067	2759	5811	2873	143	3016	2795
	755	13	765	752		752	13
5529	6041		5845	501	5334	5835	10
239	6523	94	6576	6241	239	6480	96
239	3557	35	3595	3320	239	3559	36
	2966	59	2981	2921		2921	60
263	5204	184	5494	5064	246	5310	184
	988	183	1171	988		988	183
22	2556	1	2580	2557	22	2579	1
14	550		637	622	15	637	
227	1110		1106	897	209	1106	
9	2070	69	2132	2058	9	2067	65
8	1730	68	1784	1712	8	1720	64
1	340	1	348	346	1	347	1
83	6035	71	5852	5693	86	5779	73
82	3618	26	3696	3585	85	3670	26
	2363	38	2028	1988		1988	40
1	54	7	128	120	1	121	7
967	10275	5024	15222	9242	954	10196	5026
786	7923	21	7890	7099	771	7870	20
	34		34	34		34	
181	2314	5003	7294	2105	183	2288	5006
	4		4	4		4	
72	2742	1743	4350	2655	66	2721	1629

全部城镇非私营企业

12-3 续表 2 （2019 年）

指标名称	单位数（个）	从业人员期末人数	其中：女性	在岗职工
1.房地产开发经营	94	1941	681	1851
2.物业管理	21	2374	1267	650
3.房地产中介服务	2	3		3
4.房地产租赁经营	47	160	76	159
（十二）租赁和商务服务业	127	5582	1425	3944
1.租赁业	3	24	2	5
2.商务服务业	124	5558	1423	3939
（十三）科学研究和技术服务业	54	4940	1219	4715
1.研究和试验发展	1	1230	295	1230
2.专业技术服务业	43	3638	904	3413
3.科技推广和应用服务业	10	72	20	72
（十四）水利、环境和公共设施管理业	32	2395	1063	2222
1.水利管理业	4	70	12	67
2.公共设施管理业	26	2202	994	2032
3.土地管理业	2	123	57	123
（十五）居民服务、修理和其他服务业	12	236	88	236
1.居民服务业	2	52	37	52
2.机动车、电子产品和日用产品修理业	9	180	49	180
3.其他服务业	1	4	2	4
（十六）教育	35	530	415	518
1.学前教育	18	348	323	340
2.中等教育	1	30	8	30
3.技能培训、教育辅助及其他教育	16	152	84	148
（十七）卫生和社会工作	30	742	505	717
1.卫生	20	663	450	646
2.社会工作	10	79	55	71
（十八）文化、体育和娱乐业	21	978	444	973
1.新闻和出版业	1	314	143	314
2.广播、电视、电影和录音制作业	7	143	49	138
3.文化艺术业	8	465	226	465
4.体育	4	52	24	52
5.娱乐业	1	4	2	4

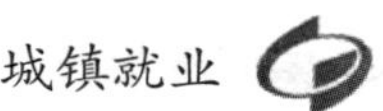

单位从业人员和工资总额情况

单位：人、元、万元

按人员类型分			从业人员平均人数	按人员类型分			
劳务派遣人员	在岗劳务合计	其他从业人员		在岗职工	劳务派遣人员	在岗劳务合计	其他从业人员
71	1922	19	1926	1848	56	1904	22
	650	1724	2261	645	9	654	1607
	3		3	3		3	
1	160		153	152	1	153	
1593	5537	45	5443	4015	1383	5398	45
	5	19	24	5		5	19
1593	5532	26	5419	4010	1383	5393	26
186	4901	39	4934	4670	184	4854	80
	1230		1221	1221		1221	
186	3599	39	3641	3377	184	3561	80
	72		72	72		72	
125	2347	48	2385	2189	158	2347	38
	67	3	70	67		67	3
125	2157	45	2254	2061	158	2219	35
	123		61	61		61	
	236		234	234		234	
	52		52	52		52	
	180		178	178		178	
	4		4	4		4	
	518	12	522	510		510	12
	340	8	344	336		336	8
	30		29	29		29	
	148	4	149	145		145	4
6	723	19	740	711	6	717	23
6	652	11	661	640	6	646	15
	71	8	79	71		71	8
5	978		976	971	5	976	
	314		313	313		313	
5	143		143	138	5	143	
	465		464	464		464	
	52		52	52		52	
	4		4	4		4	

全部城镇非私营企业

12-3 续表3

（2019年）

指标名称	从业人员工资总额	按人员	
		在岗职工	劳务派遣人员
总　　计	**798145.4**	**703183.1**	**63750.7**
其中：国有控股	420148.8	397369.6	15288.9
集体控股	52161.5	21955.6	29330.8
（一）农、林、牧、渔业	10916.9	10627.4	115.2
1.农业	743.7	618.1	
2.林业	8685.6	8636.9	
3.畜牧业	691.7	576.5	115.2
4.渔业	421.3	421.3	
5.农、林、牧、渔专业及辅助性活动	374.6	374.6	
（二）采矿业	30778.2	29424.6	896.1
1.煤炭开采和洗选业	2579.9	1754.7	749.6
2.黑色金属矿采选业	27119.6	26596.5	146.5
3.有色金属矿采选业	721.0	715.7	
4.非金属矿采选业	357.7	357.7	
（三）制造业	195047.5	192822.3	764.2
1.农副食品加工业	16745.1	16745.1	
2.食品制造业	6105.8	5951.6	154.2
3.酒、饮料和精制茶制造业	17374.3	17374.3	
4.纺织业	102.0	97.5	
5.木材加工和木、竹、藤、棕、草制品业	947.7	947.7	
6.印刷和记录媒介复制业	667.2	587.4	
7.石油、煤炭及其他燃料加工业	7400.2	7400.2	
8.化学原料和化学制品制造业	9850.2	9821.8	28.4
9.医药制造业	6385.1	6378.1	
10.橡胶和塑料制品业	42.0	42.0	
11.非金属矿物制品业	12112.4	11701.1	364.9
12.黑色金属冶炼和压延加工业	82371.7	81685.2	92.5
13.有色金属冶炼和压延加工业	5857.7	5857.7	
14.金属制品业	3730.0	3726.4	
15.通用设备制造业	3770.3	3749.0	
16.专用设备制造业	2449.1	2198.9	73.2
17.汽车制造业	6703.5	6498.8	51.0
18.铁路、船舶、航空航天和其他运输设备制造业	419.0	405.0	

单位从业人员和工资总额情况

单位：人、元、万元

类型分		从业人员、平均工资	按人员类型分			
在岗劳务合计	其他从业人员		在岗职工	劳务派遣人员	在岗劳务合计	其他从业人员
766933.8	**31211.6**	**63353**	**67872**	**56834**	**66793**	**27965**
412658.5	7490.3	69239	73817	52163	72699	19118
51286.4	875.1	49321	44771	53397	49328	48888
10742.6	174.3	61331	62185	48000	61988	37085
618.1	125.6	34431	32704		32704	46519
8636.9	48.7	67645	68330		68330	24350
691.7		54897	56520	48000	54897	
421.3		44347	44347		44347	
374.6		63492	63492		63492	
30320.7	457.5	58392	57809	81464	58309	64437
2504.3	75.6	55963	47812	98632	56530	42000
26743.0	376.6	61301	61296	43088	61155	73843
715.7	5.3	24777	24765		24765	26500
357.7		37653	37653		37653	
193586.5	1461.0	58387	58452	43669	58374	60123
16745.1		47517	47517		47517	
6105.8		39215	39625	28036	39215	
17374.3		51941	51941		51941	
97.5	4.5	19615	19500		19500	22500
947.7		31277	31277		31277	
587.4	79.8	32546	35817		35817	19463
7400.2		89374	89374		89374	
9850.2		70158	70967	14200	70158	
6378.1	7.0	46573	46555		46555	70000
42.0		24706	24706		24706	
12066.0	46.4	67592	67597	72980	67748	42182
81777.7	594.0	66595	66736	35577	66670	57670
5857.7		35915	35915		35915	
3726.4	3.6	45377	45389		45389	36000
3749.0	21.3	35171	35070		35070	71000
2272.1	177.0	70988	74287	45750	72824	53636
6549.8	153.7	81950	81746	63750	81567	102467
405.0	14.0	69833	71053		71053	46667

全部城镇非私营企业

12-3 续表4

（2019年）

指标名称	从业人员工资总额	按人员	
		在岗职工	劳务派遣人员
19.电气机械和器材制造业	4387.7	4286.9	
20.仪器仪表制造业	5379.3	5120.4	
21.废弃资源综合利用业	2247.2	2247.2	
（四）电力、热力、燃气及水生产和供应业	89814.7	87572.4	1261.0
1.电力、热力生产和供应业	80410.0	79040.6	912.0
2.燃气生产和供应业	1043.4	1043.4	
3.水的生产和供应业	8361.3	7488.4	349.0
（五）建筑业	132980.9	73870.1	43661.2
1.房屋建筑业	68174.9	52471.8	14280.6
2.土木工程建筑业	26752.2	12595.4	331.7
3.建筑安装业	6860.4	6758.4	
4.建筑装饰、装修和其他建筑业	31193.4	2044.5	29048.9
（六）批发和零售业	39372.5	37435.2	1595.3
1.批发业	25740.5	24027.0	1595.3
2.零售业	13632.0	13408.2	
（七）交通运输、仓储和邮政业	32516.5	30668.8	1296.1
1.铁路运输业	9977.2	9428.2	
2.道路运输业	11047.3	10941.9	102.8
3.装卸搬运和仓储业	3499.9	3340.0	159.9
4.邮政业	7992.1	6958.7	1033.4
（八）住宿和餐饮业	10564.0	10343.3	26.6
1.住宿业	9253.2	9038.5	23.0
2.餐饮业	1310.8	1304.8	3.6
（九）信息传输、软件和信息技术服务业	47422.1	46614.8	463.4
1.电信、广播电视和卫星传输服务	29482.9	28875.7	461.1
2.互联网和相关服务	17336.1	17156.0	
3.软件和信息技术服务业	603.1	583.1	2.3
（十）金融业	110775.3	98795.6	5909.7
1.货币金融服务	83813.5	79604.7	4123.7
2.资本市场服务	161.0	161.0	
3.保险业	26776.8	19005.9	1786.0
4.其他金融业	24.0	24.0	
（十一）房地产业	24052.0	19574.6	477.0

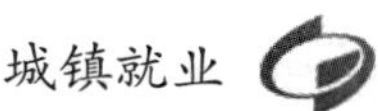

单位从业人员和工资总额情况

单位：人、元、万元

类型分		从业人员、平均工资	按人员类型分			
在岗劳务合计	其他从业人员		在岗职工	劳务派遣人员	在岗劳务合计	其他从业人员
4286.9	100.8	64242	63888		63888	84000
5120.4	258.9	63736	61990		61990	143833
2247.2		61736	61736		61736	
88833.4	981.3	110800	117358	33184	113279	37170
79952.6	457.4	128986	136183	29902	130877	36592
1043.4		47000	47000		47000	
7837.4	523.9	50675	52148	46533	51869	37691
117531.3	15449.6	58945	61035	60708	60913	47319
66752.4	1422.5	67240	65779	83269	68874	31823
12927.1	13825.1	46037	43841	23196	42862	49464
6758.4	102.0	89678	89872		89872	78462
31093.4	100.0	53368	40808	54460	53288	100000
39030.5	342.0	59873	59983	66749	60232	35625
25622.3	118.2	71601	72370	66749	71993	32833
13408.2	223.8	45730	45903		45903	37300
31964.9	551.6	59185	60562	52687	60198	29978
9428.2	549.0	85202	95427		95427	30000
11044.7	2.6	42819	42792	46727	42826	26000
3499.9		54943	53698	106600	54943	
7992.1		72261	77577	49445	72261	
10369.9	194.1	49550	50259	29556	50169	29862
9061.5	191.7	51868	52795	28750	52683	29953
1308.4	2.4	37667	37711	36000	37706	24000
47078.2	343.9	81036	81881	53884	81464	47110
29336.8	146.1	79770	80546	54247	79937	56192
17156.0	180.1	85484	86298		86298	45025
585.4	17.7	47117	48592	23000	48380	25286
104705.3	6070.0	72773	106899	61947	102693	12077
83728.4	85.1	106228	112135	53485	106389	42550
161.0		47353	47353		47353	
20791.9	5984.9	36711	90289	97596	90874	11955
24.0		60000	60000		60000	
20051.6	4000.4	55292	73727	72273	73692	24557

全部城镇非私营企业

12-3 续表5

（2019年）

指标名称	从业人员工资总额	按人员	
		在岗职工	劳务派遣人员
1.房地产开发经营	17144.1	16522.8	448.9
2.物业管理	6095.0	2244.5	22.5
3.房地产中介服务	8.0	8.0	
4.房地产租赁经营	752.8	747.2	5.6
（十二）租赁和商务服务业	25755.4	19038.1	6521.6
1.租赁业	100.4	20.8	
2.商务服务业	25655.0	19017.3	6521.6
（十三）科学研究和技术服务业	26313.3	24957.5	568.2
1.研究和试验发展	5906.6	5906.6	
2.专业技术服务业	20069.4	18713.6	568.2
3.科技推广和应用服务业	337.3	337.3	
（十四）水利、环境和公共设施管理业	9352.0	9092.3	164.0
1.水利管理业	355.1	348.1	
2.公共设施管理业	8731.4	8478.7	164.0
3.土地管理业	265.5	265.5	
（十五）居民服务、修理和其他服务业	863.4	863.4	
1.居民服务业	187.5	187.5	
2.机动车、电子产品和日用产品修理业	661.5	661.5	
3.其他服务业	14.4	14.4	
（十六）教育	1667.3	1634.2	
1.学前教育	1052.1	1031.0	
2.中等教育	109.8	109.8	
3.技能培训、教育辅助及其他教育	505.4	493.4	
（十七）卫生和社会工作	3833.8	3741.7	18.3
1.卫生	3576.9	3500.8	18.3
2.社会工作	256.9	240.9	
（十八）文化、体育和娱乐业	6119.6	6106.8	12.8
1.新闻和出版业	2718.4	2718.4	
2.广播、电视、电影和录音制作业	735.2	722.4	12.8
3.文化艺术业	2444.2	2444.2	
4.体育	213.6	213.6	
5.娱乐业	8.2	8.2	

单位从业人员和工资总额情况

单位：人、元、万元

类型分		从业人员、平均工资	按人员类型分			
在岗劳务合计	其他从业人员		在岗职工	劳务派遣人员	在岗劳务合计	其他从业人员
16971.7	172.4	89014	89409	80161	89137	78364
2267.0	3828.0	26957	34798	25000	34664	23821
8.0		26667	26667		26667	
752.8		49203	49158	56000	49203	
25559.7	195.7	47318	47417	47155	47350	43489
20.8	79.6	41833	41600		41600	41895
25538.9	116.1	47343	47425	47155	47356	44654
25525.7	787.6	53331	53442	30880	52587	98450
5906.6		48375	48375		48375	
19281.8	787.6	55121	55415	30880	54147	98450
337.3		46847	46847		46847	
9256.3	95.7	39212	41536	10380	39439	25184
348.1	7.0	50729	51955		51955	23333
8642.7	88.7	38737	41139	10380	38949	25343
265.5		43525	43525		43525	
863.4		36897	36897		36897	
187.5		36058	36058		36058	
661.5		37163	37163		37163	
14.4		36000	36000		36000	
1634.2	33.1	31941	32043		32043	27583
1031.0	21.1	30584	30685		30685	26375
109.8		37862	37862		37862	
493.4	12.0	33919	34028		34028	30000
3760.0	73.8	51808	52626	30500	52441	32087
3519.1	57.8	54113	54700	30500	54475	38533
240.9	16.0	32519	33930		33930	20000
6119.6		62701	62892	25600	62701	
2718.4		86850	86850		86850	
735.2		51413	52348	25600	51413	
2444.2		52677	52677		52677	
213.6		41077	41077		41077	
8.2		20500	20500		20500	

12-4 全部国有城镇非私营单位

（2019年）

指标名称	单位数（个）	从业人员期末人数	其中：女性	在岗职工
总　计	**2369**	**148566**	**71914**	**131867**
1.中央	57	4005	1497	3520
2.地方	1932	124784	60310	110723
3.其他	380	19777	10107	17624
1.企业	172	8716	3065	7937
其中：地方	163	6860	2418	6159
2.事业	1222	86197	50717	79480
其中：地方	1194	85684	50477	79041
3.机关	946	53173	17899	44029
其中：地方	927	51697	17342	42881
4.民间非营利组织	28	320	180	266
5.其他	1	160	53	155
（一）农、林、牧、渔业	54	2535	617	2376
1.农业	3	113	30	113
2.林业	33	1813	494	1770
3.农、林、牧、渔专业及辅助性活动	18	609	93	493
（二）采矿业	1	115	80	115
#有色金属矿采选业	1	115	80	115
（三）制造业	3	541	75	541
1.食品制造业	1	51	24	51
2.印刷和记录媒介复制业	1	5	4	5
3.非金属矿物制品业	1	485	47	485
（四）电力、热力、燃气及水生产和供应业	17	1128	414	926
1.电力、热力生产和供应业	7	257	62	154
2.水的生产和供应业	10	871	352	772
（五）建筑业	8	865	146	865
1.土木工程建筑业	6	570	101	570

从业人员及工资总额情况

单位：人、元、万元

按人员类型分			从业人员平均人数	按人员类型分			
劳务派遣人员	在岗劳务合计	其他从业人员		在岗职工	劳务派遣人员	在岗劳务合计	其他从业人员
10657	**142524**	**6042**	**147828**	**131233**	**10523**	**141756**	**6072**
390	3910	95	4006	3524	387	3911	95
8541	119264	5520	124046	110231	8367	118598	5448
1726	19350	427	19776	17478	1769	19247	529
472	8409	307	8737	7980	454	8434	303
417	6576	284	6875	6197	398	6595	280
3901	83381	2816	85778	78926	3950	82876	2902
3864	82905	2779	85270	78490	3915	82405	2865
6237	50266	2907	52831	43904	6072	49976	2855
5944	48825	2872	51356	42755	5781	48536	2820
42	308	12	321	267	42	309	12
5	160		161	156	5	161	
11	2387	148	2555	2396	11	2407	148
	113		114	114		114	
1	1771	42	1836	1793	1	1794	42
10	503	106	605	489	10	499	106
	115		120	120		120	
	115		120	120		120	
	541		525	525		525	
	51		51	51		51	
	5		5	5		5	
	485		469	469		469	
5	931	197	1124	922	5	927	197
5	159	98	253	150	5	155	98
	772	99	871	772		772	99
	865		873	873		873	
	570		578	578		578	

全部国有城镇非私营单位

12-4 续表 1 （2019 年）

指标名称	单位数（个）	从业人员期末人数	其中：女性	
				在岗职工
2.建筑装饰、装修和其他建筑业	2	295	45	295
（六）批发和零售业	13	697	199	635
1.批发业	7	642	181	580
2.零售业	6	55	18	55
（七）交通运输、仓储和邮政业	36	4538	1742	4091
1.道路运输业	33	3351	1068	3164
2.装卸搬运和仓储业	2	77	19	44
3.邮政业	1	1110	655	883
（八）住宿和餐饮业	12	626	403	557
1.住宿业	9	551	354	482
2.餐饮业	3	75	49	75
（九）信息传输、软件和信息技术服务业	9	518	136	414
1.电信、广播电视和卫星传输服务	8	504	131	400
2.软件和信息技术服务业	1	14	5	14
（十）金融业	3	1137	415	1126
#货币金融服务	3	1137	415	1126
（十一）房地产业	48	156	35	150
1.房地产开发经营	1	15	4	10
2.物业管理	2	68	7	68
3.房地产租赁经营	43	20	5	19
（十二）租赁和商务服务业	33	364	199	323
#商务服务业	33	364	199	323
（十三）科学研究和技术服务业	95	2159	673	1855
1.研究和试验发展	3	133	52	133
2.专业技术服务业	77	1861	558	1557
3.科技推广和应用服务业	15	165	63	165
（十四）水利、环境和公共设施管理业	48	1450	368	1443

从业人员及工资总额情况

单位：人、元、万元

按人员类型分			从业人员平均人数	按人员类型分			
劳务派遣人员	在岗劳务合计	其他从业人员		在岗职工	劳务派遣人员	在岗劳务合计	其他从业人员
	295		295	295		295	
56	691	6	704	642	56	698	6
56	636	6	649	587	56	643	6
	55		55	55		55	
428	4519	19	4580	4153	408	4561	19
168	3332	19	3401	3214	168	3382	19
33	77		73	42	31	73	
227	1110		1106	897	209	1106	
8	565	61	642	578	8	586	56
8	490	61	561	497	8	505	56
	75		81	81		81	
80	494	24	518	414	80	494	24
80	480	24	504	400	80	480	24
	14		14	14		14	
11	1137		1134	1122	12	1134	
11	1137		1134	1122	12	1134	
6	156		157	150	6	156	1
5	15		16	10	5	15	1
	68		68	68		68	
1	20		20	19	1	20	
23	346	18	368	325	23	348	20
23	346	18	368	325	23	348	20
272	2127	32	2186	1876	277	2153	33
	133		136	136		136	
272	1829	32	1885	1575	277	1852	33
	165		165	165		165	
2	1445	5	1463	1452	3	1455	8

全部国有城镇非私营单位

12-4 续表 2 （2019年）

指标名称	单位数（个）	从业人员期末人数	其中：女性	在岗职工
1.水利管理业	28	499	156	492
2.生态保护和环境治理业	5	242	76	242
3.公共设施管理业	15	709	136	709
（十五）居民服务、修理和其他服务业	11	96	16	86
1.居民服务业	9	85	16	75
2.机动车、电子产品和日用产品修理业	2	11		11
（十六）教育	469	46334	29421	44269
1.学前教育	30	1337	1224	1133
2.初等教育	251	21009	14338	19899
3.中等教育	149	19586	11495	19115
4.高等教育	12	3770	2035	3534
5.特殊教育	6	158	103	158
6.技能培训、教育辅助及其他教育	21	474	226	430
（十七）卫生和社会工作	291	23298	15727	20367
1.卫生	259	22803	15408	20015
2.社会工作	32	495	319	352
（十八）文化、体育和娱乐业	65	3258	1345	2648
1.新闻和出版业	1	314	143	314
2.广播、电视、电影和录音制作业	17	571	245	472
3.文化艺术业	40	2283	938	1791
4.体育	3	31	12	29
5.娱乐业	4	59	7	42
（十九）公共管理、社会保障和社会组织	1153	58751	19903	49080
1.中国共产党机关	91	2684	890	2583
2.国家机构	984	54873	18405	45415
3.人民政协、民主党派	19	323	93	322
4.社会保障	16	395	251	370
5.群众团体、社会团体和其他成员组织	43	476	264	390

从业人员及工资总额情况

单位：人、元、万元

按人员类型分			从业人员平均人数	按人员类型分			
劳务派遣人员	在岗劳务合计	其他从业人员		在岗职工	劳务派遣人员	在岗劳务合计	其他从业人员
2	494	5	503	492	3	495	8
	242		249	249		249	
	709		711	711		711	
	86	10	97	87		87	10
	75	10	86	76		76	10
	11		11	11		11	
1169	45438	896	46068	44034	1145	45179	889
189	1322	15	1329	1130	184	1314	15
689	20588	421	21040	19946	674	20620	420
201	19316	270	19324	18865	197	19062	262
89	3623	147	3727	3489	89	3578	149
	158		158	158		158	
1	431	43	490	446	1	447	43
1612	21979	1319	23069	20154	1609	21763	1306
1495	21510	1293	22577	19787	1510	21297	1280
117	469	26	492	367	99	466	26
361	3009	249	3206	2428	434	2862	344
	314		313	313		313	
94	566	5	561	473	83	556	5
250	2041	242	2242	1571	334	1905	337
	29	2	31	29		29	2
17	59		59	42	17	59	
6613	55693	3058	58439	48982	6446	55428	3011
69	2652	32	2611	2512	67	2579	32
6449	51864	3009	54636	45390	6284	51674	2962
1	323		322	321	1	322	
25	395		393	368	25	393	
69	459	17	477	391	69	460	17

全部国有城镇非私营单位

12-4 续表 3

(2019 年)

指标名称	从业人员工资总额（千元）	按人员	
		在岗职工工资总额	劳务派遣人员工资总额
总　　计	**1042344.9**	**985230.2**	**39054.9**
1.中央	36738.9	34779.5	1621.0
2.地方	867424.6	821279.8	29808.3
3.其他	138181.4	129170.9	7625.6
1.企业	62997.0	59815.7	2194.0
其中：地方	41476.5	39015.9	1600.7
2.事业	647367.0	620622.5	17081.2
其中：地方	644098.3	617568.5	16983.1
3.机关	328325.7	301319.5	19637.9
其中：地方	318059.0	292053.6	18731.5
4.民间非营利组织	1972.2	1812.7	118.6
5.其他	1683.0	1659.8	23.2
（一）农、林、牧、渔业	15241.8	14795.1	30.4
1.农业	370.7	370.7	
2.林业	11409.3	11309.6	1.4
3.农、林、牧、渔专业及辅助性活动	3461.8	3114.8	29.0
（二）采矿业	123.1	123.1	
#有色金属矿采选业	123.1	123.1	
（三）制造业	4235.9	4235.9	
1.食品制造业	142.7	142.7	
2.印刷和记录媒介复制业	22.2	22.2	
3.非金属矿物制品业	4071.0	4071.0	
（四）电力、热力、燃气及水生产和供应业	5144.7	4503.7	14.2
1.电力、热力生产和供应业	1055.2	830.3	14.2
2.水的生产和供应业	4089.5	3673.4	
（五）建筑业	3577.5	3577.5	
1.土木工程建筑业	2832.4	2832.4	

从业人员及工资总额情况

单位：人、元、万元

类型分		从业人员、平均工资（元）	按人员类型分			
在岗劳务合计	其他从业人员工资总额		在岗职工工资总额	劳务派遣人员工资总额	在岗劳务合计	其他从业人员工资总额
1024285.1	**18059.8**	**70511**	**75075**	**37114**	**72257**	**29743**
36400.5	338.4	91710	98693	41886	93072	35621
851088.1	16336.5	69928	74505	35626	71762	29986
136796.5	1384.9	69873	73905	43107	71074	26180
62009.7	987.3	72104	74957	48326	73523	32584
40616.6	859.9	60329	62959	40219	61587	30711
637703.7	9663.3	75470	78633	43244	76947	33299
634551.6	9546.7	75536	78681	43380	77004	33322
320957.4	7368.3	62146	68631	32342	64222	25808
310785.1	7273.9	61932	68309	32402	64032	25794
1931.3	40.9	61439	67891	28238	62502	34083
1683.0		104534	106397	46400	104534	
14825.5	416.3	59655	61749	27636	61593	28128
370.7		32518	32518		32518	
11311.0	98.3	62142	63076	14000	63049	23405
3143.8	318.0	57220	63697	29000	63002	30000
123.1		10258	10258		10258	
123.1		10258	10258		10258	
4235.9		80684	80684		80684	
142.7		27980	27980		27980	
22.2		44400	44400		44400	
4071.0		86802	86802		86802	
4517.9	626.8	45771	48847	28400	48737	31817
844.5	210.7	41708	55353	28400	54484	21500
3673.4	416.1	46952	47583		47583	42030
3577.5		40979	40979		40979	
2832.4		49003	49003		49003	

全部国有城镇非私营单位

12-4 续表4 （2019年）

指标名称	从业人员工资总额（千元）	按人员	
		在岗职工工资总额	劳务派遣人员工资总额
2.建筑装饰、装修和其他建筑业	745.1	745.1	
（六）批发和零售业	9202.3	8606.7	584.8
1.批发业	9080.3	8484.7	584.8
2.零售业	122.0	122.0	
（七）交通运输、仓储和邮政业	33682.2	32112.1	1503.8
1.道路运输业	25310.5	24861.4	382.8
2.装卸搬运和仓储业	379.6	292.0	87.6
3.邮政业	7992.1	6958.7	1033.4
（八）住宿和餐饮业	3959.4	3797.8	23.0
1.住宿业	3647.2	3485.6	23.0
2.餐饮业	312.2	312.2	
（九）信息传输、软件和信息技术服务业	3542.4	3194.2	215.3
1.电信、广播电视和卫星传输服务	3442.5	3094.3	215.3
2.软件和信息技术服务业	99.9	99.9	
（十）金融业	12483.2	12433.5	49.7
#货币金融服务	12483.2	12433.5	49.7
（十一）房地产业	843.1	812.5	26.6
1.房地产开发经营	65.9	40.9	21.0
2.物业管理	284.0	284.0	
3.房地产租赁经营	116.2	110.6	5.6
（十二）租赁和商务服务业	2159.8	2020.7	66.0
#商务服务业	2159.8	2020.7	66.0
（十三）科学研究和技术服务业	16655.6	15480.6	1013.6
1.研究和试验发展	1195.7	1195.7	
2.专业技术服务业	14169.0	12994.0	1013.6
3.科技推广和应用服务业	1290.9	1290.9	
（十四）水利、环境和公共设施管理业	10229.4	10201.1	7.0

从业人员及工资总额情况

单位：人、元、万元

类型分		从业人员、平均工资（元）	按人员类型分			
在岗劳务合计	其他从业人员工资总额		在岗职工工资总额	劳务派遣人员工资总额	在岗劳务合计	其他从业人员工资总额
745.1		25258	25258		25258	
9191.5	10.8	130714	134061	104429	131683	18000
9069.5	10.8	139912	144543	104429	141050	18000
122.0		22182	22182		22182	
33615.9	66.3	73542	77323	36858	73703	34895
25244.2	66.3	74421	77353	22786	74643	34895
379.6		52000	69524	28258	52000	
7992.1		72261	77577	49445	72261	
3820.8	138.6	61673	65706	28750	65201	24750
3508.6	138.6	65012	70133	28750	69477	24750
312.2		38543	38543		38543	
3409.5	132.9	68386	77155	26913	69018	55375
3309.6	132.9	68304	77358	26913	68950	55375
99.9		71357	71357		71357	
12483.2		110081	110816	41417	110081	
12483.2		110081	110816	41417	110081	
839.1	4.0	53701	54167	44333	53788	40000
61.9	4.0	41188	40900	42000	41267	40000
284.0		41765	41765		41765	
116.2		58100	58211	56000	58100	
2086.7	73.1	58690	62175	28696	59963	36550
2086.7	73.1	58690	62175	28696	59963	36550
16494.2	161.4	76192	82519	36592	76610	48909
1195.7		87919	87919		87919	
14007.6	161.4	75167	82502	36592	75635	48909
1290.9		78236	78236		78236	
10208.1	21.3	69921	70256	23333	70159	26625

全部国有城镇非私营单位

12-4 续表5

（2019年）

指标名称	从业人员工资总额（千元）	按人员	
		在岗职工工资总额	劳务派遣人员工资总额
1.水利管理业	3228.0	3199.7	7.0
2.生态保护和环境治理业	1912.5	1912.5	
3.公共设施管理业	5088.9	5088.9	
（十五）居民服务、修理和其他服务业	521.3	488.5	
1.居民服务业	467.7	434.9	
2.机动车、电子产品和日用产品修理业	53.6	53.6	
（十六）教育	349636.1	343118.4	4053.6
1.学前教育	8855.5	8335.8	493.8
2.初等教育	144242.4	140787.0	2456.6
3.中等教育	148227.4	146781.3	735.9
4.高等教育	43732.5	42766.0	365.6
5.特殊教育	1194.7	1194.7	
6.技能培训、教育辅助及其他教育	3383.6	3253.6	1.7
（十七）卫生和社会工作	182957.4	169021.5	9067.8
1.卫生	180763.3	167146.3	8822.5
2.社会工作	2194.1	1875.2	245.3
（十八）文化、体育和娱乐业	20152.7	17448.9	1452.6
1.新闻和出版业	2718.4	2718.4	
2.广播、电视、电影和录音制作业	3017.2	2752.8	251.7
3.文化艺术业	13844.2	11502.8	1112.9
4.体育	186.8	176.8	
5.娱乐业	386.1	298.1	88.0
（十九）公共管理、社会保障和社会组织	367997.0	339258.4	20946.5
1.中国共产党机关	18730.0	18435.3	212.7
2.国家机构	340998.4	312944.9	20394.9
3.人民政协、民主党派	2681.0	2678.9	2.1
4.社会保障	2712.1	2546.6	165.5
5.群众团体、社会团体和其他成员组织	2875.5	2652.7	171.3

从业人员及工资总额情况

单位：人、元、万元

类型分		从业人员、平均工资（元）	按人员类型分			
在岗劳务合计	其他从业人员工资总额		在岗职工工资总额	劳务派遣人员工资总额	在岗劳务合计	其他从业人员工资总额
3206.7	21.3	64175	65035	23333	64782	26625
1912.5		76807	76807		76807	
5088.9		71574	71574		71574	
488.5	32.8	53742	56149		56149	32800
434.9	32.8	54384	57224		57224	32800
53.6		48727	48727		48727	
347172.0	2464.1	75896	77921	35403	76844	27718
8829.6	25.9	66633	73768	26837	67196	17267
143243.6	998.8	68556	70584	36448	69468	23781
147517.2	710.2	76706	77806	37355	77388	27107
43131.6	600.9	117340	122574	41079	120547	40329
1194.7		75614	75614		75614	
3255.3	128.3	69053	72951	17000	72826	29837
178089.3	4868.1	79309	83865	56357	81831	37275
175968.8	4794.5	80065	84473	58427	82626	37457
2120.5	73.6	44596	51095	24778	45504	28308
18901.5	1251.2	62859	71865	33470	66043	36372
2718.4		86850	86850		86850	
3004.5	12.7	53783	58199	30325	54038	25400
12615.7	1228.5	61749	73220	33320	66224	36454
176.8	10.0	60258	60966		60966	50000
386.1		65441	70976	51765	65441	
360204.9	7792.1	62971	69262	32495	64986	25879
18648.0	82.0	71735	73389	31746	72307	25625
333339.8	7658.6	62413	68946	32455	64508	25856
2681.0		83261	83455	21000	83261	
2712.1		69010	69201	66200	69010	
2824.0	51.5	60283	67844	24826	61391	30294

12-5 全部集体城镇非私营单位

（2019年）

指标名称	单位数（个）	从业人员期末人数	其中：女性	在岗职工
总　计	**138**	**3678**	**1177**	**3559**
1.企业	98	2412	369	2380
2.事业	37	1135	750	1048
3.民间非营利组织	3	131	58	131
（一）农、林、牧、渔业	2	46	2	40
#林业	2	46	2	40
（二）采矿业	1	148	4	148
#有色金属矿采选业	1	148	4	148
（三）制造业	11	267	78	267
1.食品制造业	2	24	13	24
2.木材加工和木、竹、藤、棕、草制品业	1	14	4	14
3.印刷和记录媒介复制业	4	58	31	58
4.橡胶和塑料制品业	1	19	4	19
5.非金属矿物制品业	1	98	10	98
6.金属制品业	1	16	1	16
7.电气机械和器材制造业	1	38	15	38
（四）建筑业	1	34	8	34
#土木工程建筑业	1	34	8	34
（五）批发和零售业	45	330	81	311
1.批发业	13	126	42	116
2.零售业	32	204	39	195
（六）交通运输、仓储和邮政业	4	208	29	208
#装卸搬运和仓储业	4	208	29	208
（七）住宿和餐饮业	4	58	45	54

从业人员及工资总额情况

单位：人、元、万元

按人员类型分			从业人员平均人数	按人员类型分			
劳务派遣人员	在岗劳务合计	其他从业人员		在岗职工	劳务派遣人员	在岗劳务合计	其他从业人员
68	**3627**	**51**	**3746**	**3627**	**68**	**3695**	**51**
7	2387	25	2484	2452	7	2459	25
61	1109	26	1132	1045	61	1106	26
	131		130	130		130	
	40	6	46	40		40	6
	40	6	46	40		40	6
	148		150	150		150	
	148		150	150		150	
	267		263	263		263	
	24		22	22		22	
	14		14	14		14	
	58		58	58		58	
	19		17	17		17	
	98		98	98		98	
	16		16	16		16	
	38		38	38		38	
	34		34	34		34	
	34		34	34		34	
5	316	14	327	308	5	313	14
5	121	5	124	114	5	119	5
	195	9	203	194		194	9
	208		289	289		289	
	208		289	289		289	
1	55	3	58	54	1	55	3

全部集体城镇非私营单位

12-5　续表 1

（2019 年）

指标名称	单位数（个）	从业人员期末人数	其中：女性	在岗职工
1.住宿业	2	13	10	11
2.餐饮业	2	45	35	43
（八）房地产业	3	11	3	11
#房地产租赁经营	2	4	1	4
（九）租赁和商务服务业	24	1249	78	1238
#商务服务业	24	1249	78	1238
（十）科学研究和技术服务业	1	66	25	66
#专业技术服务业	1	66	25	66
（十一）水利、环境和公共设施管理业	1	10	9	10
#公共设施管理业	1	10	9	10
（十二）居民服务、修理和其他服务业	4	36	13	36
1.居民服务业	1	15	5	15
2.机动车、电子产品和日用产品修理业	3	21	8	21
（十三）教育	5	299	266	265
1.学前教育	2	120	110	86
2.初等教育	2	168	154	168
3.中等教育	1	11	2	11
（十四）卫生和社会工作	26	869	518	824
1.卫生	25	817	473	773
2.社会工作	1	52	45	51
（十五）公共管理、社会保障和社会组织	6	47	18	47
1.国家机构	5	45	16	45
2.群众团体、社会团体和其他成员组织	1	2	2	2

从业人员及工资总额情况

单位：人、元、万元

按人员类型分			从业人员平均人数		按人员类型分		
劳务派遣人员	在岗劳务合计	其他从业人员		在岗职工	劳务派遣人员	在岗劳务合计	其他从业人员
	11	2	13	11		11	2
1	44	1	45	43	1	44	1
	11		11	11		11	
	4		4	4		4	
2	1240	9	1245	1234	2	1236	9
2	1240	9	1245	1234	2	1236	9
	66		66	66		66	
	66		66	66		66	
	10		10	10		10	
	10		10	10		10	
	36		36	36		36	
	15		15	15		15	
	21		21	21		21	
25	290	9	297	263	25	288	9
25	111	9	120	86	25	111	9
	168		166	166		166	
	11		11	11		11	
35	859	10	868	823	35	858	10
35	808	9	816	772	35	807	9
	51	1	52	51		51	1
	47		46	46		46	
	45		44	44		44	
	2		2	2		2	

全部集体城镇非私营单位

12-5 续表 2

（2019 年）

指标名称	从业人员工资总额	按人员	
		在岗职工	劳务派遣人员
总　　计	**14993.6**	**14639.1**	**220.4**
1.企业	8164.6	8071.9	17.4
2.事业	6417.6	6155.8	203.0
3.民间非营利组织	411.4	411.4	
（一）农、林、牧、渔业	259.2	244.7	
#林业	259.2	244.7	
（二）采矿业	486.8	486.8	
#有色金属矿采选业	486.8	486.8	
（三）制造业	973.0	973.0	
1.食品制造业	55.8	55.8	
2.木材加工和木、竹、藤、棕、草制品业	53.1	53.1	
3.印刷和记录媒介复制业	201.9	201.9	
4.橡胶和塑料制品业	42.0	42.0	
5.非金属矿物制品业	437.0	437.0	
6.金属制品业	85.2	85.2	
7.电气机械和器材制造业	98.0	98.0	
（四）建筑业	251.0	251.0	
#土木工程建筑业	251.0	251.0	
（五）批发和零售业	1013.4	968.1	10.6
1.批发业	391.8	370.3	10.6
2.零售业	621.6	597.8	
（六）交通运输、仓储和邮政业	816.0	816.0	
#装卸搬运和仓储业	816.0	816.0	
（七）住宿和餐饮业	202.1	193.0	3.6

从业人员及工资总额情况

单位：人、元、万元

类型分		从业人员、平均工资	按人员类型分			
在岗劳务合计	其他从业人员		在岗职工	劳务派遣人员	在岗劳务合计	其他从业人员
14859.5	**134.1**	**40026**	**40361**	**32412**	**40215**	**26294**
8089.3	75.3	32869	32920	24857	32897	30120
6358.8	58.8	56693	58907	33279	57494	22615
411.4		31646	31646		31646	
244.7	14.5	56348	61175		61175	24167
244.7	14.5	56348	61175		61175	24167
486.8		32453	32453		32453	
486.8		32453	32453		32453	
973.0		36996	36996		36996	
55.8		25364	25364		25364	
53.1		37929	37929		37929	
201.9		34810	34810		34810	
42.0		24706	24706		24706	
437.0		44592	44592		44592	
85.2		53250	53250		53250	
98.0		25789	25789		25789	
251.0		73824	73824		73824	
251.0		73824	73824		73824	
978.7	34.7	30991	31432	21200	31268	24786
380.9	10.9	31597	32482	21200	32008	21800
597.8	23.8	30621	30814		30814	26444
816.0		28235	28235		28235	
816.0		28235	28235		28235	
196.6	5.5	34845	35741	36000	35745	18333

全部集体城镇非私营单位

12-5 续表 3

（2019 年）

指标名称	从业人员工资总额	按人员	
		在岗职工	劳务派遣人员
1.住宿业	50.3	47.2	
2.餐饮业	151.8	145.8	3.6
（八）房地产业	64.7	64.7	
#房地产租赁经营	12.6	12.6	
（九）租赁和商务服务业	4049.1	4005.7	5.3
#商务服务业	4049.1	4005.7	5.3
（十）科学研究和技术服务业	210.0	210.0	
#专业技术服务业	210.0	210.0	
（十一）水利、环境和公共设施管理业	38.3	38.3	
#公共设施管理业	38.3	38.3	
（十二）居民服务、修理和其他服务业	83.2	83.2	
1.居民服务业	37.5	37.5	
2.机动车、电子产品和日用产品修理业	45.7	45.7	
（十三）教育	1742.8	1659.6	66.2
1.学前教育	577.2	494.0	66.2
2.初等教育	1092.8	1092.8	
3.中等教育	72.8	72.8	
（十四）卫生和社会工作	4599.1	4440.1	134.7
1.卫生	4447.8	4292.7	134.7
2.社会工作	151.3	147.4	
（十五）公共管理、社会保障和社会组织	204.9	204.9	
1.国家机构	193.4	193.4	
2.群众团体、社会团体和其他成员组织	11.5	11.5	

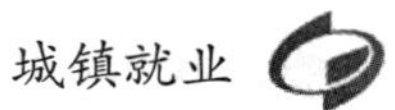

从业人员及工资总额情况

单位：人、元、万元

类型分		从业人员、平均工资	按人员类型分			
在岗劳务合计	其他从业人员		在岗职工	劳务派遣人员	在岗劳务合计	其他从业人员
47.2	3.1	38692	42909		42909	15500
149.4	2.4	33733	33907	36000	33955	24000
64.7		58818	58818		58818	
12.6		31500	31500		31500	
4011.0	38.1	32523	32461	26500	32451	42333
4011.0	38.1	32523	32461	26500	32451	42333
210.0		31818	31818		31818	
210.0		31818	31818		31818	
38.3		38300	38300		38300	
38.3		38300	38300		38300	
83.2		23111	23111		23111	
37.5		25000	25000		25000	
45.7		21762	21762		21762	
1725.8	17.0	58680	63103	26480	59924	18889
560.2	17.0	48100	57442	26480	50468	18889
1092.8		65831	65831		65831	
72.8		66182	66182		66182	
4574.8	24.3	52985	53950	38486	53319	24300
4427.4	20.4	54507	55605	38486	54862	22667
147.4	3.9	29096	28902		28902	39000
204.9		44543	44543		44543	
193.4		43955	43955		43955	
11.5		57500	57500		57500	

12-6 全部其他单位

（2019年）

指标名称	单位数（个）	从业人员期末人数	其中：女性	在岗职工
总　　计	**1067**	**118679**	**35958**	**96292**
（一）内资	1047	114289	34684	92995
1.股份合作	57	2026	910	1620
2.联营	3	35	17	32
#集体联营	2	13	7	13
3.有限责任公司	664	92678	25004	74605
#国有独资	84	7054	1817	6618
4.股份有限公司	67	13651	4902	11101
5.其他	256	5899	3851	5637
（二）港、澳、台商投资	10	1724	622	1717
（三）外商投资	10	2666	652	1580
1.企业	906	113772	32783	91613
2.事业	27	1480	749	1307
3.行政	4	68	23	36
4.民间非营利组织	120	3300	2382	3277
5.其他	10	59	21	59
（一）农、林、牧、渔业	18	398	162	306
1.农业	5	146	97	78
2.林业	5	16		16
3.畜牧业	7	131	40	107
4.渔业	1	105	25	105
（二）采矿业	20	5003	637	4738
1.煤炭开采和洗选业	1	527	42	349
2.黑色金属矿采选业	13	4359	561	4274
3.有色金属矿采选业	1	21	4	19
4.非金属矿采选业	5	96	30	96
（三）制造业	87	32388	9337	31960
1.农副食品加工业	10	3608	1999	3608

从业人员及工资总额情况

单位：人、元、万元

按人员类型分			从业人员平均人数	按人员类型分			
劳务派遣人员	在岗劳务合计	其他从业人员		在岗职工	劳务派遣人员	在岗劳务合计	其他从业人员
11554	**107846**	**10833**	**119633**	**97822**	**10927**	**108749**	**10884**
11467	104462	9827	115163	94458	10831	105289	9874
403	2023	3	1978	1564	413	1977	1
	32	3	35	32		32	3
	13		13	13		13	
10351	84956	7722	93389	75905	9714	85619	7770
59	6677	377	7052	6636	57	6693	359
529	11630	2021	13901	11353	526	11879	2022
184	5821	78	5860	5604	178	5782	78
5	1722	2	1747	1736	9	1745	2
82	1662	1004	2723	1628	87	1715	1008
11377	102990	10782	114762	93173	10756	103929	10833
145	1452	28	1475	1308	139	1447	28
32	68		69	37	32	69	
	3277	23	3268	3245		3245	23
	59		59	59		59	
24	330	68	358	307	24	331	27
	78	68	108	81		81	27
	16		23	23		23	
24	131		132	108	24	132	
	105		95	95		95	
193	4931	72	5001	4820	110	4930	71
159	508	19	461	367	76	443	18
34	4308	51	4424	4339	34	4373	51
	19	2	21	19		19	2
	96		95	95		95	
199	32159	229	32618	32200	175	32375	243
	3608		3524	3524		3524	

全部其他单位

12-6 续表1 （2019年）

指标名称	单位数（个）	从业人员期末人数	其中：女性	在岗职工
2.食品制造业	5	1462	1031	1408
3.酒、饮料和精制茶制造业	4	3341	1392	3341
4.纺织业	1	52	42	50
5.木材加工和木、竹、藤、棕、草制品业	2	276	78	276
6.印刷和记录媒介复制业	3	123	32	85
7.石油、煤炭及其他燃料加工业	1	818	202	818
8.化学原料和化学制品制造业	7	1461	333	1441
9.医药制造业	5	1365	652	1364
10.非金属矿物制品业	12	1229	200	1177
11.黑色金属冶炼和压延加工业	2	12308	1783	12167
12.有色金属冶炼和压延加工业	6	1412	266	1412
13.金属制品业	3	781	314	780
14.通用设备制造业	7	1073	393	1070
15.专用设备制造业	3	365	58	295
16.汽车制造业	2	794	185	776
17.铁路、船舶、航空航天和其他运输设备制造业	1	40	12	39
18.电气机械和器材制造业	6	671	87	659
19.仪器仪表制造业	5	849	252	834
20.废弃资源综合利用业	2	360	26	360
（四）电力、热力、燃气及水生产和供应业	55	7254	1832	6690
1.电力、热力生产和供应业	41	6150	1488	5706
2.燃气生产和供应业	3	222	26	222
3.水的生产和供应业	11	882	318	762
（五）建筑业	81	20130	2556	9615
1.房屋建筑业	28	8394	1166	6314
2.土木工程建筑业	35	5222	1053	2329
3.建筑安装业	8	768	198	755
4.建筑装饰、装修和其他建筑业	10	5746	139	217

从业人员及工资总额情况

单位：人、元、万元

按人员类型分			从业人员平均人数	按人员类型分			
劳务派遣人员	在岗劳务合计	其他从业人员		在岗职工	劳务派遣人员	在岗劳务合计	其他从业人员
54	1462		1484	1429	55	1484	
	3341		3345	3345		3345	
	50	2	52	50		50	2
	276		289	289		289	
	85	38	142	101		101	41
	818		828	828		828	
20	1461		1404	1384	20	1404	
	1364	1	1371	1370		1370	1
52	1229		1225	1164	50	1214	11
29	12196	112	12369	12240	26	12266	103
	1412		1631	1631		1631	
	780	1	806	805		805	1
	1070	3	1072	1069		1069	3
36	331	34	345	296	16	312	33
8	784	10	818	795	8	803	15
	39	1	60	57		57	3
	659	12	645	633		633	12
	834	15	844	826		826	18
	360		364	364		364	
480	7170	84	7198	6744	375	7119	79
406	6112	38	6001	5662	300	5962	39
	222		222	222		222	
74	836	46	975	860	75	935	40
7407	17022	3108	21653	11196	7192	18388	3265
1744	8058	336	10139	7977	1715	9692	447
134	2463	2759	5199	2261	143	2404	2795
	755	13	765	752		752	13
5529	5746		5550	206	5334	5540	10

全部其他单位

12-6 续表 2 （2019 年）

指标名称	单位数（个）	从业人员期末人数	其中：女性	在岗职工
（六）批发和零售业	104	5590	2766	5338
1.批发业	47	2824	1127	2622
2.零售业	57	2766	1639	2716
（七）交通运输、仓储和邮政业	29	4068	967	3848
1.铁路运输业	1	1171	104	988
2.道路运输业	18	2557	752	2534
3.装卸搬运和仓储业	10	340	111	326
（八）住宿和餐饮业	18	1455	981	1450
1.住宿业	12	1234	828	1229
2.餐饮业	6	221	153	221
（九）信息传输、软件和信息技术服务业	14	5938	2549	5807
1.电信、广播电视和卫星传输服务	5	3476	1364	3391
2.互联网和相关服务	1	2401	1161	2363
3.软件和信息技术服务业	8	61	24	53
（十）金融业	129	14322	4360	8337
1.货币金融服务	106	6967	3221	6166
2.资本市场服务	6	34	15	34
3.保险业	16	7317	1124	2133
4.其他金融业	1	4		4
（十一）房地产业	116	4371	2007	2562
1.房地产开发经营	93	1926	677	1841
2.物业管理	19	2306	1260	582
3.房地产中介服务	2	3		3
4.房地产租赁经营	2	136	70	136
（十二）租赁和商务服务业	113	4394	1360	2779
1.租赁业	3	24	2	5
2.商务服务业	110	4370	1358	2774
（十三）科学研究和技术服务业	41	4503	1114	4423

从业人员及工资总额情况

单位：人、元、万元

按人员类型分			从业人员平均人数	按人员类型分			
劳务派遣人员	在岗劳务合计	其他从业人员		在岗职工	劳务派遣人员	在岗劳务合计	其他从业人员
178	5516	74	5545	5291	178	5469	76
178	2800	24	2822	2619	178	2797	25
	2716	50	2723	2672		2672	51
36	3884	184	4097	3876	37	3913	184
	988	183	1171	988		988	183
22	2556	1	2580	2557	22	2579	1
14	340		346	331	15	346	
	1450	5	1432	1426		1426	6
	1229	5	1210	1204		1204	6
	221		222	222		222	
83	5890	48	5684	5548	86	5634	50
82	3473	3	3528	3440	85	3525	3
	2363	38	2028	1988		1988	40
1	54	7	128	120	1	121	7
961	9298	5024	14249	8276	947	9223	5026
780	6946	21	6917	6133	764	6897	20
	34		34	34		34	
181	2314	5003	7294	2105	183	2288	5006
	4		4	4		4	
66	2628	1743	4235	2547	60	2607	1628
66	1907	19	1910	1838	51	1889	21
	582	1724	2193	577	9	586	1607
	3		3	3		3	
	136		129	129		129	
1578	4357	37	4259	2854	1368	4222	37
	5	19	24	5		5	19
1578	4352	18	4235	2849	1368	4217	18
47	4470	33	4499	4379	46	4425	74

全部其他单位

12-6 续表3

（2019年）

指标名称	单位数（个）	从业人员期末人数	其中：女性	在岗职工
1.研究和试验发展	1	1230	295	1230
2.专业技术服务业	31	3223	804	3143
3.科技推广和应用服务业	9	50	15	50
（十四）水利、环境和公共设施管理业	27	2460	1089	2279
1.水利管理业	3	188	54	177
2.公共设施管理业	22	2149	978	1979
3.土地管理业	2	123	57	123
（十五）居民服务、修理和其他服务业	6	189	75	189
1.居民服务业	1	37	32	37
2.机动车、电子产品和日用产品修理业	4	148	41	148
3.其他服务业	1	4	2	4
（十六）教育	112	3773	2755	3745
1.学前教育	56	1201	1112	1189
2.初等教育	6	678	557	666
3.中等教育	9	1192	652	1192
4.高等教育	1	329	191	329
5.技能培训、教育辅助及其他教育	40	373	243	369
（十七）卫生和社会工作	70	1610	1081	1578
1.卫生	43	1337	880	1313
2.社会工作	27	273	201	265
（十八）文化、体育和娱乐业	19	551	277	536
1.广播、电视、电影和录音制作业	1	4	3	4
2.文化艺术业	11	465	233	462
3.体育	5	73	37	61
4.娱乐业	2	9	4	9
（十九）公共管理、社会保障和社会组织	8	282	53	112
1.国家机构	7	279	51	109
2.群众团体、社会团体和其他成员组织	1	3	2	3

从业人员及工资总额情况

单位：人、元、万元

按人员类型分			从业人员平均人数	按人员类型分			
劳务派遣人员	在岗劳务合计	其他从业人员		在岗职工	劳务派遣人员	在岗劳务合计	其他从业人员
	1230		1221	1221		1221	
47	3190	33	3228	3108	46	3154	74
	50		50	50		50	
129	2408	52	2447	2243	162	2405	42
4	181	7	185	174	4	178	7
125	2104	45	2201	2008	158	2166	35
	123		61	61		61	
	189		187	187		187	
	37		37	37		37	
	148		146	146		146	
	4		4	4		4	
	3745	28	3727	3699		3699	28
	1189	12	1193	1181		1181	12
	666	12	680	668		668	12
	1192		1156	1156		1156	
	329		329	329		329	
	369	4	369	365		365	4
6	1584	26	1615	1579	6	1585	30
6	1319	18	1343	1315	6	1321	22
	265	8	272	264		264	8
	536	15	550	535		535	15
	4		4	4		4	
	462	3	464	461		461	3
	61	12	73	61		61	12
	9		9	9		9	
167	279	3	279	115	161	276	3
167	276	3	275	111	161	272	3
	3		4	4		4	

全部其他单位

12-6 续表4 （2019年）

指标名称	从业人员工资总额	按人员	
		在岗职工	劳务派遣人员
总　计	**754523.1**	**662205.1**	**61904.8**
（一）内资	727547.9	638052.2	61216.6
1.股份合作	17622.8	15689.2	1932.1
2.联营	144.3	118.5	
#集体联营	40.0	40.0	
3.有限责任公司	573600.0	491685.7	55374.4
#国有独资	77574.5	75863.4	309.7
4.股份有限公司	104907.8	100010.5	3522.7
5.其他	31273.0	30548.3	387.4
（二）港、澳、台商投资	14407.1	14351.1	48.9
（三）外商投资	12568.1	9801.8	639.3
1.企业	726983.8	635295.5	61539.3
2.事业	11668.1	11310.7	271.1
3.行政	290.4	196.0	94.4
4.民间非营利组织	15309.2	15131.3	
5.其他	271.6	271.6	
（一）农、林、牧、渔业	1667.3	1426.5	115.2
1.农业	417.2	291.6	
2.林业	117.6	117.6	
3.畜牧业	711.2	596.0	115.2
4.渔业	421.3	421.3	
（二）采矿业	30168.3	28814.7	896.1
1.煤炭开采和洗选业	2579.9	1754.7	749.6
2.黑色金属矿采选业	27119.6	26596.5	146.5
3.有色金属矿采选业	111.1	105.8	
4.非金属矿采选业	357.7	357.7	
（三）制造业	189838.6	187613.4	764.2
1.农副食品加工业	16745.1	16745.1	

从业人员及工资总额情况

单位：人、元、万元

类型分		从业人员、平均工资	按人员类型分			
在岗劳务合计	其他从业人员		在岗职工	劳务派遣人员	在岗劳务合计	其他从业人员
724109.9	**30413.2**	**63070**	**67695**	**56653**	**66585**	**27943**
699268.8	28279.1	63175	67549	56520	66414	28640
17621.3	1.5	89094	100315	46782	89132	15000
118.5	25.8	41229	37031		37031	86000
40.0		30769	30769		30769	
547060.1	26539.9	61421	64776	57005	63895	34157
76173.1	1401.4	110004	114321	54333	113810	39036
103533.2	1374.6	75468	88092	66971	87156	6798
30935.7	337.3	53367	54512	21764	53503	43244
14400.0	7.1	82468	82668	54333	82521	35500
10441.1	2127.0	46155	60208	73483	60881	21101
696834.8	30149.0	63347	68185	57214	67049	27831
11581.8	86.3	79106	86473	19504	80040	30821
290.4		42087	52973	29500	42087	
15131.3	177.9	46846	46630		46630	77348
271.6		46034	46034		46034	
1541.7	125.6	46573	46466	48000	46577	46519
291.6	125.6	38630	36000		36000	46519
117.6		51130	51130		51130	
711.2		53879	55185	48000	53879	
421.3		44347	44347		44347	
29710.8	457.5	60325	59782	81464	60265	64437
2504.3	75.6	55963	47812	98632	56530	42000
26743.0	376.6	61301	61296	43088	61155	73843
105.8	5.3	52905	55684		55684	26500
357.7		37653	37653		37653	
188377.6	1461.0	58201	58265	43669	58186	60123
16745.1		47517	47517		47517	

全部其他单位

12-6 续表 5

(2019 年)

指标名称	从业人员工资总额	按人员	
		在岗职工	劳务派遣人员
2.食品制造业	5907.3	5753.1	154.2
3.酒、饮料和精制茶制造业	17374.3	17374.3	
4.纺织业	102.0	97.5	
5.木材加工和木、竹、藤、棕、草制品业	894.6	894.6	
6.印刷和记录媒介复制业	443.1	363.3	
7.石油、煤炭及其他燃料加工业	7400.2	7400.2	
8.化学原料和化学制品制造业	9850.2	9821.8	28.4
9.医药制造业	6385.1	6378.1	
10.非金属矿物制品业	7604.4	7193.1	364.9
11.黑色金属冶炼和压延加工业	82371.7	81685.2	92.5
12.有色金属冶炼和压延加工业	5857.7	5857.7	
13.金属制品业	3644.8	3641.2	
14.通用设备制造业	3770.3	3749.0	
15.专用设备制造业	2449.1	2198.9	73.2
16.汽车制造业	6703.5	6498.8	51.0
17.铁路、船舶、航空航天和其他运输设备制造业	419.0	405.0	
18.电气机械和器材制造业	4289.7	4188.9	
19.仪器仪表制造业	5379.3	5120.4	
20.废弃资源综合利用业	2247.2	2247.2	
(四)电力、热力、燃气及水生产和供应业	85571.9	83934.4	1246.8
1.电力、热力生产和供应业	79433.1	78252.4	897.8
2.燃气生产和供应业	1043.4	1043.4	
3.水的生产和供应业	5095.4	4638.6	349.0
(五)建筑业	129152.4	70041.6	43661.2
1.房屋建筑业	68174.9	52471.8	14280.6
2.土木工程建筑业	23668.8	9512.0	331.7
3.建筑安装业	6860.4	6758.4	
4.建筑装饰、装修和其他建筑业	30448.3	1299.4	29048.9

 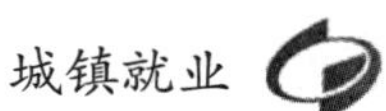

从业人员及工资总额情况

单位：人、元、万元

类型分		从业人员、平均工资	按人员类型分			
在岗劳务合计	其他从业人员		在岗职工	劳务派遣人员	在岗劳务合计	其他从业人员
5907.3		39807	40260	28036	39807	
17374.3		51941	51941		51941	
97.5	4.5	19615	19500		19500	22500
894.6		30955	30955		30955	
363.3	79.8	31204	35970		35970	19463
7400.2		89374	89374		89374	
9850.2		70158	70967	14200	70158	
6378.1	7.0	46573	46555		46555	70000
7558.0	46.4	62077	61796	72980	62257	42182
81777.7	594.0	66595	66736	35577	66670	57670
5857.7		35915	35915		35915	
3641.2	3.6	45221	45232		45232	36000
3749.0	21.3	35171	35070		35070	71000
2272.1	177.0	70988	74287	45750	72824	53636
6549.8	153.7	81950	81746	63750	81567	102467
405.0	14.0	69833	71053		71053	46667
4188.9	100.8	66507	66175		66175	84000
5120.4	258.9	63736	61990		61990	143833
2247.2		61736	61736		61736	
85181.2	390.7	118883	124458	33248	119653	49456
79150.2	282.9	132366	138206	29927	132758	72538
1043.4		47000	47000		47000	
4987.6	107.8	52261	53937	46533	53343	26950
113702.8	15449.6	59646	62559	60708	61835	47319
66752.4	1422.5	67240	65779	83269	68874	31823
9843.7	13825.1	45526	42070	23196	40947	49464
6758.4	102.0	89678	89872		89872	78462
30348.3	100.0	54862	63078	54460	54780	100000

全部其他单位

12-6 续表 6

（2019 年）

指标名称	从业人员工资总额	按人员	
		在岗职工	劳务派遣人员
（六）批发和零售业	29156.8	27860.4	999.9
1.批发业	16268.4	15172.0	999.9
2.零售业	12888.4	12688.4	
（七）交通运输、仓储和邮政业	23702.1	22887.8	262.7
1.铁路运输业	9977.2	9428.2	
2.道路运输业	11047.3	10941.9	102.8
3.装卸搬运和仓储业	2677.6	2517.7	159.9
（八）住宿和餐饮业	6402.5	6352.5	
1.住宿业	5555.7	5505.7	
2.餐饮业	846.8	846.8	
（九）信息传输、软件和信息技术服务业	45705.3	45025.4	463.4
1.电信、广播电视和卫星传输服务	27766.1	27286.3	461.1
2.互联网和相关服务	17336.1	17156.0	
3.软件和信息技术服务业	603.1	583.1	2.3
（十）金融业	99975.1	88021.9	5883.2
1.货币金融服务	73013.3	68831.0	4097.2
2.资本市场服务	161.0	161.0	
3.保险业	26776.8	19005.9	1786.0
4.其他金融业	24.0	24.0	
（十一）房地产业	23521.2	19074.4	450.4
1.房地产开发经营	17078.2	16481.9	427.9
2.物业管理	5811.0	1960.5	22.5
3.房地产中介服务	8.0	8.0	
4.房地产租赁经营	624.0	624.0	
（十二）租赁和商务服务业	22031.2	15392.4	6478.2
1.租赁业	100.4	20.8	
2.商务服务业	21930.8	15371.6	6478.2
（十三）科学研究和技术服务业	24321.1	23419.5	148.4

从业人员及工资总额情况

单位：人、元、万元

类型分		从业人员、平均工资	按人员类型分			
在岗劳务合计	其他从业人员		在岗职工	劳务派遣人员	在岗劳务合计	其他从业人员
28860.3	296.5	52582	52656	56174	52771	39013
16171.9	96.5	57648	57931	56174	57819	38600
12688.4	200.0	47332	47487		47487	39216
23150.5	551.6	57852	59050	71000	59163	29978
9428.2	549.0	85202	95427		95427	30000
11044.7	2.6	42819	42792	46727	42826	26000
2677.6		77387	76063	106600	77387	
6352.5	50.0	44710	44548		44548	83333
5505.7	50.0	45915	45728		45728	83333
846.8		38144	38144		38144	
45488.8	216.5	80410	81156	53884	80740	43300
27747.4	18.7	78702	79321	54247	78716	62333
17156.0	180.1	85484	86298		86298	45025
585.4	17.7	47117	48592	23000	48380	25286
93905.1	6070.0	70163	106358	62125	101816	12077
72928.2	85.1	105556	112231	53628	105739	42550
161.0		47353	47353		47353	
20791.9	5984.9	36711	90289	97596	90874	11955
24.0		60000	60000		60000	
19524.8	3996.4	55540	74890	75067	74894	24548
16909.8	168.4	89415	89673	83902	89517	80190
1983.0	3828.0	26498	33977	25000	33840	23821
8.0		26667	26667		26667	
624.0		48372	48372		48372	
21870.6	160.6	51729	53933	47355	51802	43405
20.8	79.6	41833	41600		41600	41895
21849.8	81.0	51785	53954	47355	51814	45000
23567.9	753.2	54059	53481	32261	53261	101784

全部其他单位

12-6 续表 7

（2019 年）

指标名称	从业人员工资总额	按人员	
		在岗职工	劳务派遣人员
1.研究和试验发展	5906.6	5906.6	
2.专业技术服务业	18219.3	17317.7	148.4
3.科技推广和应用服务业	195.2	195.2	
（十四）水利、环境和公共设施管理业	9908.3	9629.9	174.7
1.水利管理业	1200.8	1175.1	10.7
2.公共设施管理业	8442.0	8189.3	164.0
3.土地管理业	265.5	265.5	
（十五）居民服务、修理和其他服务业	726.6	726.6	
1.居民服务业	150.0	150.0	
2.机动车、电子产品和日用产品修理业	562.2	562.2	
3.其他服务业	14.4	14.4	
（十六）教育	20923.1	20856.4	
1.学前教育	4289.4	4261.0	
2.初等教育	3026.9	3000.6	
3.中等教育	8452.2	8452.2	
4.高等教育	3921.2	3921.2	
5.技能培训、教育辅助及其他教育	1233.4	1221.4	
（十七）卫生和社会工作	8009.6	7900.7	18.3
1.卫生	7119.3	7026.4	18.3
2.社会工作	890.3	874.3	
（十八）文化、体育和娱乐业	2697.1	2536.1	
1.广播、电视、电影和录音制作业	16.5	16.5	
2.文化艺术业	2289.7	2272.7	
3.体育	367.8	223.8	
4.娱乐业	23.1	23.1	
（十九）公共管理、社会保障和社会组织	1044.6	690.5	342.1
1.国家机构	1014.9	660.8	342.1
2.群众团体、社会团体和其他成员组织	29.7	29.7	

从业人员及工资总额情况

单位：人、元、万元

类型分		从业人员、平均工资	按人员类型分			
在岗劳务合计	其他从业人员		在岗职工	劳务派遣人员	在岗劳务合计	其他从业人员
5906.6		48375	48375		48375	
17466.1	753.2	56441	55720	32261	55378	101784
195.2		39040	39040		39040	
9804.6	103.7	40492	42933	10784	40768	24690
1185.8	15.0	64908	67534	26750	66618	21429
8353.3	88.7	38355	40783	10380	38566	25343
265.5		43525	43525		43525	
726.6		38856	38856		38856	
150.0		40541	40541		40541	
562.2		38507	38507		38507	
14.4		36000	36000		36000	
20856.4	66.7	56139	56384		56384	23821
4261.0	28.4	35955	36080		36080	23667
3000.6	26.3	44513	44919		44919	21917
8452.2		73116	73116		73116	
3921.2		119185	119185		119185	
1221.4	12.0	33425	33463		33463	30000
7919.0	90.6	49595	50036	30500	49962	30200
7044.7	74.6	53010	53433	30500	53329	33909
874.3	16.0	32732	33117		33117	20000
2536.1	161.0	49038	47404		47404	107333
16.5		41250	41250		41250	
2272.7	17.0	49347	49299		49299	56667
223.8	144.0	50384	36689		36689	120000
23.1		25667	25667		25667	
1032.6	12.0	37441	60043	21248	37413	40000
1002.9	12.0	36905	59532	21248	36871	40000
29.7		74250	74250		74250	

12-7 分县（市、区）全部城镇非私营单位

（2019年）

县（市、区）名称	单位数（个）	从业人员期末人数	其中：女性	在岗职工
全 市	**3574**	**270923**	**109049**	**231718**
双桥区	665	67372	26925	55512
双滦区	219	33106	9468	26498
营子区	110	4987	1961	4826
承德县	271	17153	7775	16160
兴隆县	236	14009	6216	13071
滦平县	330	16623	8075	15298
隆化县	277	16139	8193	14466
丰宁县	279	21637	7123	12865
宽城县	249	14788	6509	12832
围场县	394	21662	9372	20912
高新区	118	22583	8866	21334
平泉市	426	20864	8566	17944

从业人员及工资总额情况

单位：人、元、万元

按人员类型分			从业人员平均人数	按人员类型分			
劳务派遣人员	在岗劳务合计	其他从业人员		在岗职工	劳务派遣人员	在岗劳务合计	其他从业人员
22279	**253997**	**16926**	**271207**	**232682**	**21518**	**254200**	**17007**
5216	60728	6644	68838	56813	5213	62026	6812
1783	28281	4825	33276	26672	1763	28435	4841
153	4979	8	5101	4941	154	5095	6
588	16748	405	17135	16191	544	16735	400
765	13836	173	13676	12881	613	13494	182
689	15987	636	16376	15128	611	15739	637
541	15007	1132	16157	14531	527	15058	1099
7654	20519	1118	21212	12673	7405	20078	1134
1229	14061	727	14849	12910	1219	14129	720
664	21576	86	21548	20796	665	21461	87
914	22248	335	22331	21092	927	22019	312
2083	20027	837	20708	18054	1877	19931	777

分县（市、区）全部城镇非私营单位

12-7 续表 1

（2019 年）

县（市、区）名称	从业人员工资总额	按人员	
		在岗职工	劳务派遣人员
全　市	**1811861.6**	**1662074.4**	**101180.1**
双桥区	509631.2	464947.1	32661.5
双滦区	210340.9	184397.9	6026.2
营子区	29282.6	27527.4	1712.1
承德县	93952.4	91028.9	1756.7
兴隆县	81999.3	79046.2	2414.7
滦平县	111366.3	107265.9	1806.4
隆化县	92692.5	87440	1671.8
丰宁县	118859.3	80403.9	34984.1
宽城县	95577.7	90149.9	3950.1
围场县	122926.1	120844.4	1892.8
高新区	209137.7	202122.7	5193.5
平泉市	136095.6	126900.1	7110.2

从业人员及工资总额情况

单位：人、元、万元

类型分		从业人员、平均工资	按人员类型分			
在岗劳务合计	其他从业人员		在岗职工	劳务派遣人员	在岗劳务合计	其他从业人员
1763254.5	**48607.1**	**66807**	**71431**	**47021**	**69365**	**28581**
497608.6	12022.6	74033	81838	62654	80226	17649
190424.1	19916.8	63211	69135	34182	66968	41142
29239.5	43.1	57406	55712	111175	57389	71833
92785.6	1166.8	54831	56222	32292	55444	29170
81460.9	538.4	59959	61367	39392	60368	29582
109072.3	2294	68006	70906	29565	69301	36013
89111.8	3580.7	57370	60175	31723	59179	32581
115388	3471.3	56034	63445	47244	57470	30611
94100	1477.7	64366	69830	32404	66601	20524
122737.2	188.9	57048	58109	28463	57191	21713
207316.2	1821.5	93654	95829	56025	94153	58381
134010.3	2085.3	65721	70289	37881	67237	26838

十三 价格

13-1 居民消费价格指数

（2019 年）

指 标 名 称	居民消费价格指数 （以上年为 100）
居民消费价格总指数	**103.3**
非食品烟酒价格指数	102.3
服务价格指数	101.1
工业品价格指数	103.5
鲜活食品价格指数	113.5
消费品价格指数	104.5
非食品价格指数	102.2
扣除食品和能源价格指数	102.5
扣除鲜菜鲜果价格指数	103.4
一、食品烟酒	105.6
二、衣着	101.0
三、居住	99.6
四、生活用品及服务	100.2
五、交通和通信	98.7
六、教育文化和娱乐	104.3
七、医疗保健	110.2
八、其他用品和服务	105.0

注：2016 年指标重新分类。

13-2 商品零售价格指数

（2019 年）

指 标 名 称	商品零售价格指数（以上年为 100）
商品零售价格总指数	**103.1**
一、食品	106.5
二、饮料、烟酒	100.3
三、服装、鞋帽	101.0
四、纺织品	96.8
五、家用电器及音像器材	96.9
六、文化办公用品	99.7
七、日用品	101.0
八、体育娱乐用品	100.1
九、交通、通信用品	97.8
十、家具	103.1
十一、化妆品	100.5
十二、金银珠宝	109.6
十三、中西药品及医疗保健用品	123.4
十四、书报杂志及电子出版物	110.0
十五、燃料	95.7
十六、建筑材料及五金电料	100.4

13-3 历年工业生产者价格分类指数（2015-2019 年）

指 标 名 称	2015 年	2016 年	2017 年	2018 年	2019 年
全部工业品	**80.0**	**100.5**	**126.6**	**108.6**	**106.0**
轻工业	96.6	101.2	97.6	105.2	103.6
以农产品为原料	96.4	100.8	96.6	105.2	104.2
以非农产品为原料	102.0	108.6	116.3	102.8	92.3
重工业	78.1	100.4	129.8	108.8	106.3
采掘	70.0	90.9	118.6	104.0	120.9
原料	83.7	100.7	118.9	105.2	99.8
加工	83.7	108.1	141.4	112.6	96.4
生产资料	78.2	100.3	129.3	108.8	106.2
采掘	70.0	90.9	118.6	104.0	120.9
原料	84.3	99.8	115.0	105.3	100.2
加工	83.4	108.2	142.4	112.7	96.3
生活资料	97.5	103.0	99.2	105.2	103.6
食品	97.3	102.6	98.2	105.1	104.3
衣着	100.0	99.4	99.9	96.4	107.2
一般日用品	99.9	111.3	120.1	102.1	88.0
黑色金属矿采选业	68.7	91.7	119.0	101.9	121.4
黑色金属冶炼及压延加工业	77.8	110.1	150.5	113.8	96.6

十四

科学技术

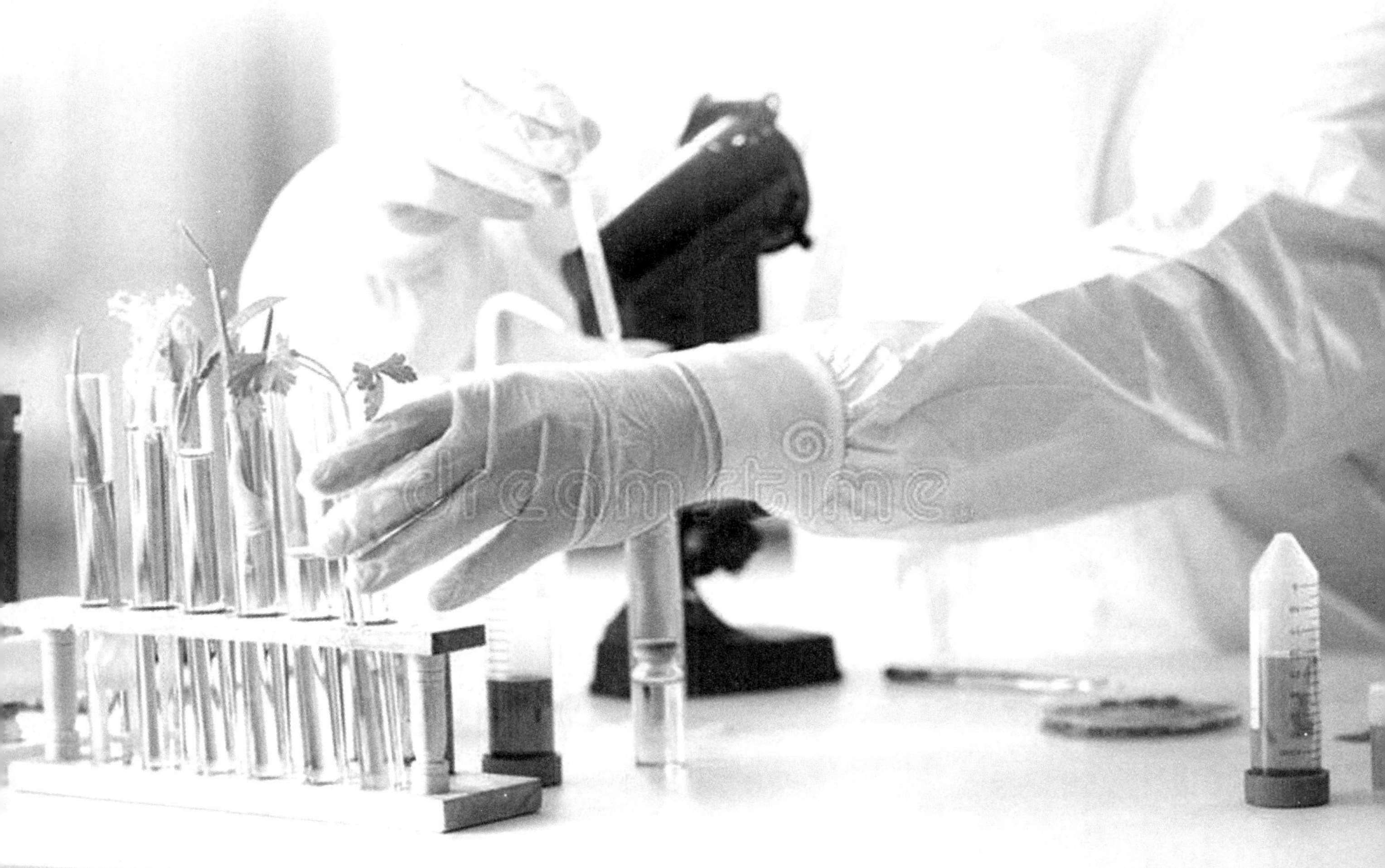

14-1 历年规模以上工业高新技术产业增加值情况（2005-2019 年）

单位：亿元、%

年　　度	增加值（按当年价格计算）	增　长（按可比价格计算）
2005	4.0	19.4
2006	5.1	21.6
2007	6.0	22.9
2008	6.6	19.1
2009	12.6	18.1
2010	10.1	25.3
2011	11.8	20.0
2012	21.8	16.3
2013	26.0	13.9
2014	30.9	10.3
2015	35.8	4.3
2016	48.1	14.4
2017	59.6	17.9
2018		16.3
2019		2.2

14-2 规模以上工业企业

（2019 年）

指 标 名 称	企业数（个）	#有 R&D 活动	#有研发机 构	#享受研究开发费用加计扣除的企业
总 计	**370**	**43**	**38**	**16**
按照企业规模分组				
大型	9	4	3	3
中型	58	9	7	6
小型	256	29	27	7
微型	47	1	1	
按隶属分组				
中央	10	2		1
地方	40	4	2	1
其他	320	37	36	14
按登记注册类型分组				
内资企业	357	43	36	16
国有企业	5			
集体企业	1			
有限责任公司	128	17	10	8
国有独资公司	9			
其他有限责任公司	119	17	10	8
股份有限公司	5	1	2	2
私营企业	218	25	24	6
私营独资企业				
私营合伙企业				
私营有限责任公司	216	24	22	5
私营股份有限公司	2	1	2	1
港、澳、台商投资企业	7			
合资经营企业(港或澳、台资)	4			
港、澳、台商独资经营企业	2			
港、澳、台商投资股份有限公司	1			
外商投资企业	6		2	
中外合资经营企业	5		1	
中外合作经营企业	1		1	

科技活动基本情况

单位：人、万元

从业人员期末人数	从业人员平均人数	工业总产值	主营业务收入	利润总额	资产总计
94061	**93552**	**12830954.4**	**12446483.5**	**961336.0**	**23231515.6**
31495	31353	5654139.3	5938761.3	283244.8	8536205.8
31477	31495	2924878.8	3050418.2	272805.7	4901390.1
27870	27391	3068051.1	3154621.4	323461.6	7320740.8
3219	3313	1183885.2	302682.6	81823.9	2473178.9
5453	5654	1196300.9	282952.7	17870.6	1827292.3
11005	11144	1294533.0	1269481.0	143859.4	2869239.3
77603	76754	10340120.5	10894049.8	799606.0	18534984.0
91857	91314	12539647.4	12154630.0	882367.6	22433323.4
1011	991	24790.2	25818.6	-281.7	140539.5
98	98	3047.0	3064.2	185.6	4793.4
45147	44997	7061110.1	6108209.1	430956.3	13731409.3
3833	3821	1198751.7	251530.0	32069.5	1491992.9
41314	41176	5862358.4	5856679.1	398886.8	12239416.4
3390	3623	492498.8	592089.9	60323.9	624604.8
42211	41605	4958201.3	5425448.2	391183.5	7931976.4
41819	41213	4905581.8	5375181.2	390622.9	7882628.2
392	392	52619.5	50267.0	560.6	49348.2
1014	984	218297.0	212644.7	62843.3	645734.9
291	299	62355.0	43044.5	9766.0	170916.3
624	586	119153.9	132204.0	41484.2	288354.3
99	99	36788.1	37396.2	11593.1	186464.3
1190	1254	73010.0	79208.8	16125.1	152457.3
449	488	49584.8	53234.1	16412.1	118503.5
741	766	23425.2	25974.7	-287.0	33953.8

规模以上工业企业

14-2 续表1

（2019年）

指 标 名 称	企业数（个）	#有R&D活动	#有研发机构	#享受研究开发费用加计扣除的企业
按国民经济行业分组				
采矿业	94	5	3	1
煤炭开采和洗选业	2			
黑色金属矿采选业	68	2		1
有色金属矿采选业	7	1		
非金属矿采选业	17	2	3	
制造业	220	37	35	14
农副食品加工业	20	1	2	
食品制造业	15	1	1	
酒、饮料和精制茶制造业	17	3	4	1
纺织业	1			
纺织服装、服饰业	3			
木材加工和木、竹、藤、棕、草制品业	3			
印刷和记录媒介复制业	2			
文教、工美、体育和娱乐用品制造业	4			
石油、煤炭及其他燃料加工业	1			
化学原料和化学制品制造业	18	2	4	3
医药制造业	6	2	2	1
橡胶和塑料制品业	1	1	1	
非金属矿物制品业	54	5	2	
黑色金属冶炼和压延加工业	6	3	2	3
有色金属冶炼和压延加工业	11	4	2	1
金属制品业	9		1	
通用设备制造业	14	3	1	1
专用设备制造业	7	2	3	1
汽车制造业	5	1	1	1
铁路、船舶、航空航天和其他运输设备制造业	1	1	1	
电气机械和器材制造业	7	1	2	
计算机、通信和其他电子设备制造业	1		1	
仪器仪表制造业	12	7	5	2

科技活动基本情况

单位：人、万元

从业人员期末人数	从业人员平均人数	工业总产值	主营业务收入	利润总额	资产总计
23534	23003	2529222.2	2888905.8	322815.4	4909587.0
1154	1101	10129.8	15307.2	-1617.7	72429.3
20299	19902	2308259.6	2650083.6	291919.1	4527094.8
1171	1089	134941.1	139757.8	23180.7	216911.5
910	911	75891.7	83757.2	9333.3	93151.4
62624	62665	8458263.2	8615595.0	427319.5	12800244.5
4644	4559	417406.2	429527.9	17510.0	355508.4
3382	3390	147880.9	147241.2	2309.3	284781.9
4953	4877	491339.3	480182.1	72003.8	843502.6
52	52	2135.5	2135.5	108.4	17817.1
878	907	9623.1	9602.2	189.1	11933.2
321	334	8106.4	12742.0	-5195.0	50286.4
232	205	15558.7	16753.3	780.8	11738.0
88	88	11881.2	10589.4	-404.8	13426.2
818	828	309011.0	309506.9	16411.7	190161.3
2426	2386	233280.0	220515.8	6180.4	486393.9
1534	1540	138934.8	149745.0	5185.4	179819.9
48	48	5050.4	6223.1	323.3	15601.5
6755	6815	662594.5	687466.8	68381.1	1342396.7
23681	23610	5104884.9	5235396.9	221309.1	6946308.1
2956	3181	176763.5	175247.9	3615.5	467843.9
1702	1686	89408.0	86247.9	-4254.6	122375.8
2482	2450	362556.4	367967.6	11723.2	835667.6
635	621	36468.4	27062.4	2128.1	66609.3
2064	2106	67959.9	68648.4	-10164.4	216155.1
40	60	923.0	891.8	-1026.5	9176.1
811	792	38031.9	42015.8	3700.7	55392.2
54	54	2576.9	2017.4	18.9	6211.7
1708	1712	87445.0	89246.5	14034.9	251667.8

规模以上工业企业

14-2 续表 2 （2019年）

指 标 名 称	企业数（个）	#有R&D活动	#有研发机构	#享受研究开发费用加计扣除的企业
废弃资源综合利用业	2			
电力、热力、燃气及水生产和供应业	56	1		1
电力、热力生产和供应业	52	1		1
燃气生产和供应业	1			
水的生产和供应业	3			
按经济成分分组				
公有经济	64	8	3	4
非公有经济	306	35	35	12
按企业控股情况分组				
国有控股	62	8	3	4
集体控股	2			
私人控股	282	32	32	12
港澳台商控股	6			
外商控股	3	1	2	
其他	15	2	1	
按地区分组				
双桥区	8	1	1	
双滦区	32	2	1	2
营子区	5	2		1
承德县	41	3	4	1
兴隆县	25	1	1	1
滦平县	32	5	5	2
隆化县	41	3	3	
丰宁县	23	2	1	
宽城县	41	3	2	
围场县	36	4	3	
高新区	36	15	11	7
平泉市	50	2	6	2

科技活动基本情况

单位：人、万元

从业人员期末人数	从业人员平均人数	工业总产值	主营业务收入	利润总额	资产总计
360	364	38443.3	38621.2	2451.1	19469.8
7903	7884	1843469.0	941982.7	211201.1	5521684.1
7146	7032	1823657.3	923375.6	208602.2	5441044.5
17	13	4131.4	4130.0	100.3	904.8
740	839	15680.3	14477.1	2498.6	79734.8
29247	29514	5341610.9	4423190.4	222113.9	10639133.9
64814	64038	7489343.5	8023293.1	739222.1	12592381.7
28584	28883	5310829.5	4374950.9	220669.4	10491187.7
663	631	30781.4	48239.5	1444.5	147946.2
57596	56891	6620707.0	7121402.1	613648.8	11118359.9
946	916	213810.2	207980.0	61668.3	636695.7
871	883	37682.2	40949.1	6483.1	75241.4
5401	5348	617144.1	652961.9	57421.9	762084.7
1174	1182	80983.2	91106.7	7629.2	308473.1
17892	18045	3636506.1	3657630.6	73894.1	5976516.6
3138	3039	625239.4	654454.5	36542.4	295664.6
6621	6559	502853.6	486787.7	39465.7	991122.3
7560	7579	997907.2	1169524.4	133234.4	1786581.4
8006	7846	1354939.5	1344106.6	152565.0	1380658.7
4504	4377	348579.4	372513.2	48851.8	619874.3
3302	3124	668878.6	662518.1	116759.6	2128274.2
20499	20410	2073908.7	2313589.1	124506.8	3964683.7
2182	2170	422833.2	407695.7	125196.5	2184490.4
11242	11400	1586672.9	799734.2	73825.9	2567617.3
7941	7821	531652.6	486822.7	28864.6	1027559.0

14-3 规模以上工业

（2019年）

指 标 名 称	R&D人员合计（人）	项目研究开发人员	管理和服务人员	女性
总 计	**2211**	**2125**	**86**	**425**
按照企业规模分组				
大型	1494	1461	33	259
中型	259	248	11	62
小型	455	413	42	104
微型	3	3		
按隶属分组				
中央	30	27	3	5
地方	85	80	5	11
其他	2096	2018	78	409
按登记注册类型分组				
内资企业	2211	2125	86	425
有限责任公司	1645	1597	48	339
其他有限责任公司	1645	1597	48	339
股份有限公司	19	16	3	5
私营企业	547	512	35	81
私营有限责任公司	517	483	34	65
私营股份有限公司	30	29	1	16
按国民经济行业分组				
采矿业	177	161	16	22
黑色金属矿采选业	76	73	3	4
有色金属矿采选业	77	65	12	15
非金属矿采选业	24	23	1	3
制造业	2028	1959	69	403
农副食品加工业	13	11	2	8
食品制造业	9	8	1	7
酒、饮料和精制茶制造业	28	25	3	7
化学原料和化学制品制造业	58	56	2	23
医药制造业	41	37	4	23
橡胶和塑料制品业	11	10	1	3

企业 R&D 人员情况

单位：人、万元

研究人员	全时人员	非全时人员	R&D人员折合全时当量合计（人年）	研究人员	基础研究人员	应用研究人员	试验发展人员
933	**1608**	**603**	**1222**	**483**	**17**	**29**	**1177**
742	1127	367	793	367			793
66	170	89	148	35	10	14	124
124	309	146	281	81	6	15	259
1	2	1	1	0			1
7	26	4	21	4		8	14
20	63	22	43	10			43
906	1519	577	1159	469	17	21	1121
933	1608	603	1222	483	17	29	1177
781	1383	262	790	372	17	17	757
781	1383	262	790	372	17	17	757
5	14	5	11	3		5	6
147	211	336	421	109		7	414
136	191	326	398	100		7	390
11	20	10	23	9			23
37	152	25	52	9	6	9	36
23	65	11	24	6		9	15
12	69	8	6	1	6		
2	18	6	21	2			21
893	1452	576	1170	474	10	20	1140
5	12	1	1	0			1
5	8	1	8	5			8
6	18	10	15	3		5	10
11	33	25	52	9			52
13	21	20	25	8	10		15
1	10	1	11	1			11

规模以上工业

14-3 续1

（2019年）

指 标 名 称	R&D人员合计（人）	项目研究开发人员	管理和服务人员	女性
黑色金属冶炼和压延加工业	1481	1450	31	251
有色金属冶炼和压延加工业	91	86	5	39
通用设备制造业	42	39	3	7
专用设备制造业	19	17	2	3
汽车制造业	20	20		7
铁路、船舶、航空航天和其他运输设备制造业	12	12		1
电气机械和器材制造业	6	5	1	1
仪器仪表制造业	121	111	10	15
电力、热力、燃气及水生产和供应业	6	5	1	
电力、热力生产和供应业	6	5	1	
按经济成分分组				
公有经济	1337	1314	23	260
非公有经济	874	811	63	165
按企业控股情况分组				
国有控股	1337	1314	23	260
私人控股	838	777	61	153
外商控股	14	14		
其他	22	20	2	12
按地区分组				
双桥区	20	19	1	2
双滦区	1201	1184	17	241
营子区	95	91	4	2
承德县	30	27	3	6
兴隆县	231	219	12	9
滦平县	126	119	7	28
隆化县	13	11	2	3
丰宁县	86	73	13	22
宽城县	48	42	6	13
围场县	36	35	1	5
高新区	267	249	18	71

企业 R&D 人员情况

单位：人、万元

研究人员	全时人员	非全时人员	R&D人员折合全时当量合计（人年）	研究人员	基础研究人员	应用研究人员	试验发展人员
737	1115	366	791	367			791
24	70	21	68	17		8	61
16	30	12	22	7		3	19
6	12	7	16	5			16
6	12	8	20	6			20
3	10	2	8	2			8
2	2	4	1	0			1
44	61	60	97	36			97
3	4	2	1	1			1
3	4	2	1	1			1
698	1165	172	643	329		8	635
235	443	431	579	154	17	21	541
698	1165	172	643	329		8	635
224	416	422	566	151	17	21	528
3	13	1	12	3			12
8	14	8	2	1			2
11	18	2	20	11			20
672	1080	121	554	310			554
18	35	60	39	7			39
10	22	8	14	3		3	11
56	27	204	216	52			216
42	101	25	54	17		9	45
6	12	1	8	4			8
17	77	9	15	6	6		8
10	34	14	38	7		8	30
4	25	11	27	3		4	23
76	144	123	187	54	10	5	172

14-4 规模以上工业

（2019年）

指标名称	R&D经费内部支出合计	基础研究支出	应用研究支出	试验发展支出	经常费用支出	#人员劳务费	资产性支出
总计	**123176.9**	**240.7**	**578.8**	**122357.4**	**122298.9**	**16169.5**	**878.0**
按照企业规模分组							
大型	107484.4			107484.4	107282.5	13224.8	201.9
中型	8933.6	198.8	359.8	8375.0	8582.2	1287.8	351.4
小型	6565.3	41.9	219.0	6304.4	6275.6	1649.3	289.7
微型	193.6			193.6	158.6	7.6	35.0
按隶属分组							
中央	483.7		78.5	405.2	386.2	161.8	97.5
地方	2268.4			2268.4	2267.5	748.9	0.9
其他	120424.8	240.7	500.3	119683.8	119645.2	15258.8	779.6
按登记注册类型分组							
内资企业	123176.9	240.7	578.8	122357.4	122298.9	16169.5	878.0
有限责任公司	100138.9	240.7	409.8	99488.4	99492.9	12699.4	646.0
其他有限责任公司	100138.9	240.7	409.8	99488.4	99492.9	12699.4	646.0
股份有限公司	216.7		28.5	188.2	216.7		
私营企业	22821.3		140.5	22680.8	22589.3	3470.1	232.0
私营有限责任公司	21892.5		140.5	21752.0	21660.5	3353.6	232.0
私营股份有限公司	928.8			928.8	928.8	116.5	
按国民经济行业分组							
采矿业	5779.8	41.9	331.3	5406.6	5507.6	447.7	272.2
黑色金属矿采选业	4268.7		331.3	3937.4	4268.7		
有色金属矿采选业	934.8	41.9		892.9	664.3	378.4	270.5
非金属矿采选业	576.3			576.3	574.6	69.3	1.7
制造业	117169.0	198.8	247.5	116722.7	116660.7	15712.3	508.3
农副食品加工业	223.0			223.0	223.0	194.8	
食品制造业	781.0			781.0	781.0	86.5	
酒、饮料和精制茶制造业	388.5		28.5	360.0	388.4	21.2	0.1
化学原料和化学制品制造业	1720.4			1720.4	1535.1	675.6	185.3
医药制造业	583.1	198.8		384.3	564.3	177.2	18.8
橡胶和塑料制品业	296.3			296.3	296.3	13.5	
非金属矿物制品业	1999.1		22.5	1976.6	1999.1	466.1	

企业R&D经费情况

单位：万元

#土建工程支出	仪器设备	政府资金	企业资金	R&D经费外部支出	对境内研究机构支出	对境内高等学校支出	对境内企业支出
180.8	**697.2**	**496.9**	**122680.0**	**1398.3**	**341.3**	**640.0**	**414.4**
23.2	178.7	251.2	107233.2	1064.4	339.2	619.4	105.8
150.3	201.1	100.0	8833.6	292.6			292.6
7.3	282.4	145.7	6419.6	41.3	2.1	20.6	16.0
	35.0		193.6				
	97.5		483.7	61.0			61.0
0.9			2268.4				
179.9	599.7	496.9	119927.9	1337.3	341.3	640.0	353.4
180.8	697.2	496.9	122680.0	1398.3	341.3	640.0	414.4
174.4	471.6	351.2	99787.7	1143.4	339.2	637.4	166.8
174.4	471.6	351.2	99787.7	1143.4	339.2	637.4	166.8
			216.7	231.6			231.6
6.4	225.6	145.7	22675.6	23.3	2.1	2.6	16.0
6.4	225.6	95.7	21796.8	23.3	2.1	2.6	16.0
		50.0	878.8				
1.7	270.5	10.0	5769.8	18.0		18.0	
			4268.7				
	270.5		934.8	18.0		18.0	
1.7		10.0	566.3				
179.1	329.2	486.9	116682.1	1319.3	341.3	622.0	353.4
			223.0				
			781.0				
0.1		4.6	383.9	231.6			231.6
150.3	35.0		1720.4				
	18.8	70.0	513.1				
			296.3				
		51.1	1948.0	5.0	2.1	2.6	0.3

14-4 续表 1

（2019 年）

指 标 名 称	R&D 经费内部支出合计	基础研究支出	应用研究支出	试验发展支出	经常费用支出	#人员劳务费	资产性支出
黑色金属冶炼和压延加工业	107261.4			107261.4	107059.5	13030.0	201.9
有色金属冶炼和压延加工业	1927.7		78.5	1849.2	1927.7	377.2	
通用设备制造业	200.9		118.0	82.9	200.9	137.1	
专用设备制造业	107.3			107.3	103.4	71.4	3.9
汽车制造业	265.3			265.3	180.5	7.8	84.8
铁路、船舶、航空航天和其他运输设备制造业	106.0			106.0	105.1	67.5	0.9
电气机械和器材制造业	72.2			72.2	72.2	21.9	
仪器仪表制造业	1236.8			1236.8	1224.2	364.5	12.6
电力、热力、燃气及水生产和供应业	228.1			228.1	130.6	9.5	97.5
电力、热力生产和供应业	228.1			228.1	130.6	9.5	97.5
按经济成分分组							
公有经济	92237.3		78.5	92158.8	92030.9	11142.6	206.4
非公有经济	30939.6	240.7	500.3	30198.6	30268.0	5026.9	671.6
按企业控股情况分组							
国有控股	92237.3		78.5	92158.8	92030.9	11142.6	206.4
私人控股	30523.6	240.7	500.3	29782.6	29852.0	4769.3	671.6
外商控股	178.0			178.0	178.0	48.5	
其他	238.0			238.0	238.0	209.1	
按地区分组							
双桥区	316.3			316.3	316.3	86.6	
双滦区	89648.2			89648.2	89527.5	10425.9	120.7
营子区	13552.3			13552.3	13552.3	795.5	
承德县	486.5		118.0	368.5	486.5	110.0	
兴隆县	6160.5			6160.5	5981.8	2256.5	178.7
滦平县	5457.6		331.3	5126.3	5457.6	334.1	
隆化县	249.5			249.5	249.5	39.3	
丰宁县	1715.8	41.9		1673.9	1445.3	464.9	270.5
宽城县	601.6		78.5	523.1	601.6	208.8	
围场县	603.4		22.5	580.9	601.6	76.4	1.8
高新区	2664.8	198.8	28.5	2437.5	2543.8	695.9	121.0
平泉市	1720.4			1720.4	1535.1	675.6	185.3

企业 R&D 经费情况

单位：万元

#土建工程支出	仪器设备	政府资金	企业资金	R&D 经费外部支出	对境内研究机构支出	对境内高等学校支出	对境内企业支出
23.2	178.7	251.2	107010.2	1064.4	339.2	619.4	105.8
		50.0	1877.7				
			200.9				
3.9			107.3	15.7			15.7
	84.8	30.0	235.3				
0.9			106.0				
			72.2				
0.7	11.9	30.0	1206.8	2.6			
	97.5		228.1	61.0			61.0
	97.5		228.1	61.0			61.0
24.1	182.3	281.2	91956.1	1125.4	339.2	619.4	166.8
156.7	514.9	215.7	30723.9	272.9	2.1	20.6	247.6
24.1	182.3	281.2	91956.1	1125.4	339.2	619.4	166.8
156.7	514.9	215.7	30307.9	272.9	2.1	20.6	247.6
			178.0				
			238.0				
			316.3				
23.2	97.5	251.2	89397.0	1125.4	339.2	619.4	166.8
			13552.3				
			486.5				
	178.7		6160.5				
		50.0	5407.6	15.7			15.7
		28.6	220.9				
	270.5		1715.8	18.0		18.0	
			601.6				
1.8		37.1	566.3	5.0	2.1	2.6	0.3
5.5	115.5	130.0	2534.8	234.2			231.6
150.3	35.0		1720.4				

14-5 规模以上工业企业R&D项目情况

（2019年）

指标名称	项目数（项）	参加项目人员（人）	项目人员折合全时当量（人年）	研发项目经费内部支出（万元）	#政府资金
合　计	**201**	**2125**	**1175**	**130245.1**	**36.1**
按企业规模分组					
大型	59	1461	772	113523.7	26.1
中型	40	248	142	10386.4	
小型	101	413	259	6302.5	10.0
微型	1	3	1	32.5	
按国有及国有控股分组	44	1314	631	97384.3	26.1
国有控股	44	1314	631	97384.3	26.1
内资企业	201	2125	1175	130245.1	36.1
有限责任公司	86	1597	769	106091.3	26.1
其他有限责任公司	86	1597	769	106091.3	26.1
股份有限公司	3	16	9	159.5	
私营企业	112	512	396	23994.3	10.0
私营有限责任公司	103	483	374	22954.5	10.0
私营股份有限公司	9	29	23	1039.8	
采矿业	23	161	49	5976.9	10.0
黑色金属矿采选业	12	73	23	5347.6	
有色金属矿采选业	1	65	5	41.9	
非金属矿采选业	10	23	20	587.4	10.0
制造业	177	1959	1125	124076.6	26.1
农副食品加工业	1	11	1	223.0	
食品制造业	1	8	8	781.0	
酒、饮料和精制茶制造业	5	25	14	331.9	
化学原料和化学制品制造业	8	56	50	1981.5	

规模以上工业企业 R&D 项目情况

14-5 续表 1 （2019 年）

指标名称	项目数（项）	参加项目人员（人）	项目人员折合全时当量（人年）	研发项目经费内部支出（万元）	#政府资金
医药制造业	7	37	24	660.8	
橡胶和塑料制品业	5	10	10	296.2	
非金属矿物制品业	10	72	32	1991.3	
黑色金属冶炼和压延加工业	58	1450	771	113300.7	26.1
有色金属冶炼和压延加工业	33	86	64	2503.3	
通用设备制造业	7	39	20	178.7	
专用设备制造业	4	17	15	188.0	
汽车制造业	4	20	20	231.5	
铁路、船舶、航空航天和其他运输设备制造业	3	12	8	42.3	
电气机械和器材制造业	1	5	1	58.1	
仪器仪表制造业	30	111	89	1308.3	
电力、热力、燃气及水生产和供应业	1	5	1	191.6	
电力、热力生产和供应业	1	5	1	191.6	
双桥区	1	19	19	316.3	
双滦区	22	1184	546	94895.1	26.1
营子区	19	91	37	13690.3	
承德县	7	27	13	426.9	
兴隆县	23	219	205	6763.4	
滦平县	23	119	51	6667.4	
隆化县	3	11	7	239.7	
丰宁县	2	73	13	822.9	
宽城县	6	42	35	601.5	
围场县	12	35	27	626.2	10.0
高新区	75	249	173	3213.9	
平泉市	8	56	50	1981.5	

14-6 规模以上工业企业办研发机构情况

（2019年）

指标名称	机构数（个）	机构人员（人）	#博士毕业	硕士毕业	机构经费支出（万元）	仪器和设备原价（万元）
总　　计	**46**	**1107.0**	**14.0**	**94.0**	**61070.2**	**40743.5**
按照企业规模分组						
大型	8	374.0	6.0	50.0	40125.3	12723.9
中型	8	299.0	3.0	28.0	8410.8	14636.7
小型	29	431.0	5.0	16.0	12500.8	13250.7
微型	1	3.0			33.3	132.2
按隶属分组						
地方	2	15.0		1.0	348.8	23.2
其他	44	1092.0	14.0	93.0	60721.4	40720.3
按登记注册类型分组						
内资企业	44	1080.0	14.0	93.0	60788.3	40709.3
有限责任公司	16	422.0	10.0	71.0	45273.4	19722.4
其他有限责任公司	16	422.0	10.0	71.0	45273.4	19722.4
股份有限公司	2	43.0		2.0	1864.3	2446.9
私营企业	26	615.0	4.0	20.0	13650.6	18540.0
私营有限责任公司	24	567.0	4.0	18.0	12030.6	18349.0
私营股份有限公司	2	48.0		2.0	1620.0	191.0
外商投资企业	2	27.0		1.0	281.9	34.2
中外合资经营企业	1	5.0		1.0	175.1	27.2
中外合作经营企业	1	22.0			106.8	7.0
按国民经济行业分组						
采矿业	3	29.0			589.7	214.4
非金属矿采选业	3	29.0			589.7	214.4
制造业	43	1078.0	14.0	94.0	60480.5	40529.1
农副食品加工业	2	19.0			233.0	32.6
食品制造业	1	8.0			10.0	25.0
酒、饮料和精制茶制造业	4	93.0		2.0	2035.1	2434.4
化学原料和化学制品制造业	5	51.0	5.0	7.0	2936.4	7363.7
医药制造业	2	106.0	1.0	15.0	3004.1	2017.7
橡胶和塑料制品业	1	10.0			331.5	93.9
非金属矿物制品业	2	82.0		1.0	5432.4	9284.3

规模以上工业企业办研发机构情况

14-6 续表 1

(2019 年)

指标名称	机构数(个)	机构人员(人)	#博士毕业	硕士毕业	机构经费支出(万元)	仪器和设备原价(万元)
黑色金属冶炼和压延加工业	7	363.0	6.0	50.0	39902.3	12716.3
有色金属冶炼和压延加工业	2	75.0	1.0	4.0	2124.5	1339.4
金属制品业	1	22.0			106.8	7.0
通用设备制造业	1	12.0			72.6	35.4
专用设备制造业	3	41.0		1.0	733.3	180.7
汽车制造业	2	72.0		9.0	1287.6	3295.0
铁路、船舶、航空航天和其他运输设备制造业	1	4.0		1.0	125.8	15.6
电气机械和器材制造业	2	10.0	1.0	1.0	152.5	356.2
计算机、通信和其他电子设备制造业	1	17.0		2.0	305.0	57.0
仪器仪表制造业	6	93.0		1.0	1687.6	1274.9
按经济成分分组						
公有经济	9	229.0	6.0	53.0	38735.6	10640.8
非公有经济	37	878.0	8.0	41.0	22334.6	30102.7
按企业控股情况分组						
国有控股	9	229.0	6.0	53.0	38735.6	10640.8
私人控股	34	849.0	8.0	40.0	21699.9	30062.4
外商控股	2	18.0		1.0	411.7	32.7
其他	1	11.0			223.0	7.6
按地区分组						
双桥区	1	19.0			336.8	5.6
双滦区	6	153.0	6.0	43.0	37322.2	7330.2
承德县	4	33.0			924.2	751.3
兴隆县	1	210.0		7.0	2580.1	5386.1
滦平县	5	67.0		2.0	1570.3	54.3
隆化县	3	88.0		1.0	5628.2	9349.8
丰宁县	1	10.0			352.0	190.0
宽城县	2	42.0	2.0	3.0	985.9	1342.6
围场县	3	43.0			809.3	217.3
高新区	13	350.0	1.0	29.0	7700.0	8933.6
平泉市	7	92.0	5.0	9.0	2861.2	7182.7

14-7 规模以上工业企业新产品开发、生产及销售情况

（2019 年） 单位：万元

指标名称	新产品开发项目数（项）	新产品开发经费支出	新产品销售收入	#出口
总　计	**240**	**165501.7**	**1069435.4**	**10797.3**
按照企业规模分组				
大型	39	131767.0	791807.2	7776.3
中型	54	20836.5	135444.0	352.0
小型	147	12898.2	139938.9	2669.0
微型			2245.3	
按隶属分组				
地方	10	499.4	2433.4	529.4
其他	230	165002.3	1067002.0	10267.9
按登记注册类型分组				
内资企业	238	165235.0	1069435.4	10797.3
有限责任公司	107	119316.7	739329.3	9417.8
其他有限责任公司	107	119316.7	739329.3	9417.8
股份有限公司	8	881.8	16762.5	
私营企业	123	45036.5	313343.6	1379.5
私营有限责任公司	116	43938.5	271675.7	1379.5
私营股份有限公司	7	1098.0	41667.9	
外商投资企业	2	266.7		
中外合资经营企业	1	152.9		
中外合作经营企业	1	113.8		
按国民经济行业分组				
采矿业	22	15656.0	23212.5	
黑色金属矿采选业	13	15109.4	18262.5	
非金属矿采选业	9	546.6	4950.0	
制造业	218	149845.7	1046222.9	10797.3
农副食品加工业	1	223.0	4633.4	529.4
食品制造业	2	167.6	30.0	
酒、饮料和精制茶制造业	19	1407.9	19007.8	
纺织服装、服饰业			1200.0	1200.0
化学原料和化学制品制造业	9	1770.2	30130.0	
医药制造业	19	1877.1	82247.9	15.4
橡胶和塑料制品业	5	331.5	4444.9	

规模以上工业企业新产品开发、生产及销售情况

14-7 续表1 （2019年） 单位：万元

指标名称	新产品开发项目数（项）	新产品开发经费支出	新产品销售收入	#出口
非金属矿物制品业	11	2745.3	34620.9	
黑色金属冶炼和压延加工业	38	131544.0	789373.8	7246.9
有色金属冶炼和压延加工业	32	4188.0	53062.9	
金属制品业	2	921.5		
通用设备制造业	5	156.2	373.5	
专用设备制造业	9	637.4	8567.3	1469.0
汽车制造业	10	927.7	1662.5	336.6
铁路、船舶、航空航天和其他运输设备制造业	5	129.1		
电气机械和器材制造业	3	211.2	1273.7	
计算机、通信和其他电子设备制造业	5	121.7		
仪器仪表制造业	43	2486.3	15594.3	
按经济成分分组				
公有经济	47	99716.8	593863.2	7404.0
非公有经济	193	65784.9	475572.2	3393.3
按企业控股情况分组				
国有控股	47	99716.8	593863.2	7404.0
私人控股	182	65163.5	471562.2	2863.9
外商控股	9	389.5	1576.6	
其他	2	231.9	2433.4	529.4
按地区分组				
双桥区	1	336.8	1.2	
双滦区	24	95454.0	592161.8	7067.4
营子区			62621.0	
承德县	9	1255.3	7292.1	1200.0
兴隆县	18	36155.7	134591.0	179.5
滦平县	22	15934.3	67343.8	529.4
隆化县	7	2347.6	28289.5	
丰宁县	1	542.0		
宽城县	6	1326.8	11395.0	
围场县	20	1088.7	22078.9	
高新区	118	9554.8	111285.8	1821.0
平泉市	14	1505.7	32375.3	

14-8 规模以上工业企业政府相关政策落实情况

（2019年） 单位：万元

指标名称	来自政府部门的研发资金	研究开发费用加计扣除减免税	高新技术企业减免税
总 计	**1164.2**	**5007.5**	**27143.6**
按照企业规模分组			
大型	668.0	3390.3	19301.0
中型	190.0	1252.4	7497.5
小型	306.2	364.8	345.1
按隶属分组			
中央		15.3	
地方		3.0	
其他	1164.2	4989.2	27143.6
按登记注册类型分组			
内资企业	1141.8	5007.5	27143.6
有限责任公司	698.0	3976.6	7662.5
其他有限责任公司	698.0	3976.6	7662.5
股份有限公司	270.0	296.6	
私营企业	173.8	734.3	19481.1
私营有限责任公司	123.8	591.7	19451.8
私营股份有限公司	50.0	142.6	29.3
外商投资企业	22.4		
中外合资经营企业	22.4		
按国民经济行业分组			
采矿业	10.0	358.0	7075.0
黑色金属矿采选业		358.0	7075.0
非金属矿采选业	10.0		
制造业	1154.2	4634.2	20068.6
农副食品加工业	21.5		
酒、饮料和精制茶制造业	120.0	256.6	116.7
化学原料和化学制品制造业	156.3	266.1	219.3

规模以上工业企业政府相关政策落实情况

14-8 续表 1　　(2019 年)　　单位：万元

指标名称	来自政府部门的研发资金	研究开发费用加计扣除减免税	高新技术企业减免税
医药制造业	70.0	311.9	
黑色金属冶炼和压延加工业	668.0	3390.3	19301.0
有色金属冶炼和压延加工业	50.0	142.6	29.3
通用设备制造业		3.0	
专用设备制造业		69.5	165.0
汽车制造业		129.9	208.7
计算机、通信和其他电子设备制造业	16.0		
仪器仪表制造业	52.4	64.3	28.6
电力、热力、燃气及水生产和供应业		15.3	
电力、热力生产和供应业		15.3	
按经济成分分组			
公有经济	628.0	3056.5	208.7
非公有经济	536.2	1951.0	26934.9
按企业控股情况分组			
国有控股	628.0	3056.5	208.7
私人控股	513.8	1951.0	26934.9
外商控股	22.4		
按地区分组			
双滦区	628.0	2923.6	
营子区	40.0	16.0	446.2
承德县	150.0	40.0	
兴隆县		466.0	18854.8
滦平县	50.0	500.6	7104.3
隆化县	1.5		116.7
围场县	10.0		
高新区	242.4	835.2	402.3
平泉市	42.3	226.1	219.3

14-9 规模以上工业企业自主知识产权保护情况

（2019 年）

指标名称	有效发明专利数（件）	已被实施	专利所有权转让及许可数（项）	发表科技论文（篇）	拥有注册商标（件）	形成国家或行业标准（项）
总　计	**456**	**205**	**1**	**90**	**102**	**15**
按照企业规模分组						
大型	174	95	1	61	19	8
中型	70	36		14	24	1
小型	212	74		15	59	6
按隶属分组						
地方	17	17				
其他	439	188	1	90	102	15
按登记注册类型分组						
内资企业	451	200	1	90	102	15
有限责任公司	239	139	1	82	26	5
其他有限责任公司	239	139	1	82	26	5
股份有限公司	45	12		3		
私营企业	167	49		5	76	10
私营有限责任公司	158	49		5	53	9
私营股份有限公司	9				23	1
外商投资企业	5	5				
中外合资经营企业	5	5				
按国民经济行业分组						
采矿业	30			14	3	
有色金属矿采选业	20			14		
非金属矿采选业	10				3	
制造业	426	205	1	76	99	15
农副食品加工业	6	6			3	1
食品制造业					4	
酒、饮料和精制茶制造业	50	17		3	22	
化学原料和化学制品制造业	35	6			2	
医药制造业	27	25		11	26	
非金属矿物制品业	18	2			10	1

规模以上工业企业自主知识产权保护情况

14-9　续表 1　（2019 年）

指标名称	有效发明专利数（件）	已被实施	专利所有权转让及许可数（项）	发表科技论文（篇）	拥有注册商标（件）	形成国家或行业标准（项）
黑色金属冶炼和压延加工业	174	95	1	61	19	8
有色金属冶炼和压延加工业	27	6			2	1
金属制品业	1	1				
通用设备制造业	2	2				
专用设备制造业	17	16			1	
汽车制造业	2	2				1
铁路、船舶、航空航天和其他运输设备制造业	16	16				
电气机械和器材制造业	3	3			1	
计算机、通信和其他电子设备制造业	11				1	
仪器仪表制造业	37	8		1	8	3
按经济成分分组						
公有经济	178	99	1	56	18	5
非公有经济	278	106		34	84	10
按企业控股情况分组						
国有控股	178	99	1	56	18	5
私人控股	273	101		34	84	10
外商控股	5	5				
按地区分组						
双滦区	158	79	1	56	18	3
营子区	2	2				
承德县	2	2			1	
兴隆县	14	14		5	1	5
滦平县	9				7	1
隆化县	13	13			9	1
丰宁县	20			14	21	
宽城县	27	14			24	
围场县	26				5	
高新区	139	75		15	11	5
平泉市	46	6			5	

14-10 规模以上工业企业技术获取和技术改造情况

（2019年） 单位：万元

指标名称	引进境外技术的消化吸收经费支出	购买境内技术经费支出	技术改造经费支出
总　　计		**38.3**	**84259.3**
按照企业规模分组			
大型			57655.8
中型			12719.3
小型		38.3	132.2
微型			13752.0
按隶属分组			
中央			13752.0
其他		38.3	70507.3
按登记注册类型分组			
内资企业		38.3	84259.3
有限责任公司			26464.5
国有独资公司			13679.0
其他有限责任公司			12785.5
私营企业		38.3	57794.8
私营有限责任公司		38.3	57779.8
私营股份有限公司			15.0
按国民经济行业分组			
采矿业			2.0
非金属矿采选业			2.0
制造业		38.3	70505.3
食品制造业			2.0
酒、饮料和精制茶制造业			15.0

规模以上工业企业技术获取和技术改造情况

14-10 续表 1 （2019 年） 单位：万元

指标名称	引进境外技术的消化吸收经费支出	购买境内技术经费支出	技术改造经费支出
纺织服装、服饰业			120.0
化学原料和化学制品制造业			729.3
非金属矿物制品业		38.3	
黑色金属冶炼和压延加工业			57655.8
汽车制造业			11975.0
仪器仪表制造业			8.2
电力、热力、燃气及水生产和供应业			13752.0
电力、热力生产和供应业			13752.0
按经济成分分组			
公有经济			25727.0
非公有经济		38.3	58532.3
按企业控股情况分组			
国有控股			25727.0
私人控股		38.3	58532.3
按地区分组			
承德县			193.0
兴隆县			57655.8
滦平县			2.0
隆化县		38.3	
丰宁县			15.0
宽城县			2.0
高新区			25662.2

14-11 分县（市、区）规模以上工业高新技术产业增加值及增速

县（市、区）名称	比上年增长（%）
全　市	**2.2**
双桥区	-16.1
双滦区	22.3
承德县	16.2
兴隆县	0.5
平泉市	-0.3
滦平县	-32.8
隆化县	59.4
丰宁县	8.3
宽城县	14.6
围场县	1.3
高新区	-10.6

注：为适应实际需要，从2015年度开始，此指标调整为快报口径。

十五

教育、卫生、广播、体育

15-1 幼儿园基本情况

（2019 年） 单位：所、人

指 标 名 称	幼儿园数	在园幼儿数	教职工数	
			总计	#专任教师
全市合计	**999**	**80057**	**7561**	**4901**
城 区	134	17069	2523	1625
教育部门办	22	5685	757	554
其他部门办				
地方企业				
集体办				
民办	112	11384	1756	1071
镇 区	306	38824	3834	2310
教育部门办	140	18893	1425	1115
其他部门办	1	106	9	4
集体办	1	30	2	1
民办	164	19795	2398	1190
乡 村	559	24164	1204	966
教育部门办	528	22240	1016	864
其他部门办				
集体办	4	164	10	
民办	27	1757	178	102

15-2　教育部门办中、小学基本情况

（2019 年）　　单位：所、人

指标名称	总计	小学	初中	高中
学校数	567	448	99	20
毕业生数	97915	45837	34641	17437
招生数	104164	42940	43697	17527
在校学生数	448207	262757	132095	53355
教职工数	35480	19441	10916	5123
#专任教师数	31912	18330	9611	3971

15-3　大中专院校基本情况

（2019 年）　　单位：人、平方米

指标名称	毕业生	招生	在校生	教职工	#专任教师	校舍面积
高等学校	**13574**	**20475**	**54874**	**3947**	**2966**	**1223210.1**
承德医学院	2138	2620	9849	967	737	267759.4
承德石油高等专科学校	3989	4318	12029	784	611	248167.3
承德民族师范学院	3263	3873	13103	979	692	277995.0
河北旅游职业学院	2178	3714	9192	723	551	197842.0
承德护理职业学院	2006	4503	9024	331	262	99204.5
承德应用技术职业学院	0	1447	1677	163	113	132242.0
中等专业学校	**11118**	**12529**	**36894**	**3070**	**2290**	**541183.6**
普通中专	4427	3761	11180	1050	701	
成人中专	0	0	0	146	106	541183.6
职业高中	6691	8768	25714	1874	1483	

15-4　卫生机构、床位和人员情况

（2019 年）

指 标 名 称	机构数（个）	床位数（张）	人员数（人）	卫生技术人员	执业（助理）医师
总　　计	**4356**	**25475**	**33444**	**25806**	**11287**
一、医院	86	17614	18834	15621	5557
综合医院	50	12173	13504	11171	3946
中医医院	13	3996	3935	3404	1238
中西医结合医院	1	40	32	30	11
专科医院	22	1405	1363	1016	362
口腔医院	4	59	302	236	120
眼科医院	3	170	190	112	35
肿瘤医院	1	272	277	224	62
心血管病医院	1	60	73	60	26
妇产(科)医院	2	30	56	44	14
精神病医院	3	405	139	98	27
骨科医院	2	101	60	43	17
康复医院	1	32	32	26	10
美容医院	2	26	65	37	11
其他专科医院	3	250	169	136	40
二、基层医疗卫生机构	4231	7230	12104	8143	4940
社区卫生服务中心(站)	136	727	937	812	409
社区卫生服务中心	25	497	335	275	131
社区卫生服务站	111	230	602	537	278
卫生院	203	6182	3881	3404	1930
村卫生室	2671	0	3875	731	711
门诊部	94	321	619	531	304
综合门诊部	57	321	358	312	165
中医门诊部	7	0	39	26	17
中西医结合门诊部	1	0	4	4	2
专科门诊部	29	0	218	189	120
诊所.卫生所.医务室	1127	0	2792	2665	1586
诊所	983	0	2389	2283	1364
卫生所、医务室	144	0	403	382	222
三、专业公共卫生机构	38	631	2481	2034	783
疾病预防控制中心	12	0	583	454	208
妇幼保健院(所、站)	12	631	1454	1235	549
采供血机构	2	0	182	125	26
卫生监督所(中心)	12	0	262	220	0
四、其他卫生机构	1	0	25	8	7

注：本表中床位数为编制床位数；人员数为在岗职工数。

15-5 广播、电视基本情况

（2019 年）

指标名称	单位	2019 年
广播电台	座	9
广播节目套数	套	11
#市级	套	3
县级	套	8
广播电台平均每日播出时间	时	197
#自办节目	时	140
中、短波发射台和转播台	座	4
#市级	座	2
县级	座	2
中、短波发射功率	千瓦	中波 46
调频发射台	座	21
广播覆盖率	%	96.03
电视台	座	11
电视台节目套数	套	20
#市级	套	2
县级	套	18
电视台平均每周播出时间	时	1384
电视发射台和转播台	座	10
#一千瓦以上	座	8
电视发射功率	千瓦	17.65
#一千瓦以上	千瓦	1
卫星地球站	座	7
有线电视台	座	11
电视覆盖率	%	98.21
有线电视用户数	户	419037
有线电视入户率	%	30

15-6 体育事业基本情况

单位：人、个、枚

指 标 名 称	2019 年	2018 年
一、等级运动员		
二级运动员	67	53
二、体校级业余体校		
体校及业余体校个数	4	6
其中：重点体校及业余体校个数	1	1
三、获省及以上级比赛情况		
获奖牌总数	257	119
金牌	97	35
银牌	84	42
铜牌	76	42
四、群众体育		
社会体育指导员（二级）	424	460
群众体育活动（年活动次数/总人数）	162/1150000	132/420000
国民体质监测站点（个数/年度受测试人数）		1/3360
体育社团组织数	85	85
体育俱乐部	25	32
五、体育场馆数	171	136

十六
居民生活

16-1 历年农村居民家庭收支情况（1980-2019 年）

单位：元

年 份	人均纯收入	劳动者报酬	家庭经营收入	人均生活消费支出	#生活消费品支出	#食品消费品支出
1980	156	83	52	133	131	85
1981	182	82	72	146	143	79
1982	233	103	102	179	174	105
1983	279	25	22	212	208	115
1984	272	22	213	236	230	135
1985	311	26	262	265	257	140
1986	276	29	220	274	263	148
1987	321	34	264	280	265	149
1988	411	33	345	377	357	202
1989	414	36	350	380	352	213
1990	516	42	449	426	394	251
1991	573	44	503	353	309	121
1992	650	45	576	572	508	307
1993	790	48	714	514	449	242
1994	911	268	633	804	651	478
1995	1382	393	970	1183	939	695
1996	1776	594	1151	1398	1077	769
1997	1983	752	1207	1389	1018	713
1998	2101	802	1271	1398	1007	731
1999	1642	723	897	1350	1122	705
2000	1272	631	629	1264	1064	561
2001	1512	718	766	1303	1113	563
2002	1561	822	276	1310	1105	576
2003	1696	863	805	1524	1322	663
2004	2110	1054	943	1759	1287	785
2005	2582	1392	996	2180	1543	930
2006	2918	1659	1061	2391	1655	795
2007	3285	1797	1228	2688	1956	1103
2008	3656	1997	1268	3284	2452	1190
2009	3926	2346	1181	3403	2519	1312
2010	4382	2587	1346	3672	2767	1697
2011	4935	3226	1324	4984	3739	1778
2012	5546	3753	1439	5524	4101	2001
2013	6381	3136	1839	6325	4224	1318
2014	7163	4555	2406	7696	5454	1789
2015	7923	4936	2950	8902	6535	2137
2016	8736	5015	3674	9429	6865	2246
2017	9682	5780	4026	12276	8264	2437
2018	10804	5457	5127	12065	8260	2221
2019	12101	6926	5457	14393	9329	2820

注：从 2013 年开始启用新口径为农村居民人均可支配收入数据。

16-2 农村居民家庭分组调查资料

（2019 年） 单位：元

指标名称	合计	20%农村低收入户	20%农村中低收入户	20%农村中等收入户	20%农村中高收入户	20%农村高收入户
总收入	**15102**	**7388**	**12707**	**19504**	**30863**	**64362**
可支配收入	12101	5779	11263	17637	27891	55689
工资性收入	6926	3728	7258	11310	18850	30122
工资	6113	3253	6660	10852	17850	28380
实物福利	17	9	19	12	21	21
其他	796	467	579	446	980	1721
经营性收入	5457	2029	2599	2929	3607	14084
第一产业经营收入	3901	1168	1307	1227	2306	6410
第二产业经营收入	370	126	330	470	0	959
第三产业经营收入	1186	735	962	1232	1301	6715
财产性收入	209	154	482	1514	1987	4399
利息收入	44	18	46	47	46	302
红利收入	58	3	4	3	18	171
转让承包土地经营权租金净收入	75	56	80	55	8	10
出租房屋财产性净收入	15	4	7	53	137	396
其他财产净收入	7	8	5	3	7	159
转移性收入	2509	1476	2368	3751	6419	15757
养老金或离退休金	683	284	469	2521	5501	13673
社会救济和补助	135	146	118	75	41	7
政策性生活补贴	93	52	93	47	124	43
家庭外出从业人员寄回带回收入	1004	636	1117	634	307	666
赡养收入	260	180	256	183	161	135
报销医疗费	201	107	135	160	252	1188
从政府和组织得到的实物产品和服务折价	6	10	4	3	4	9
现金政策性惠农补贴	73	51	74	42	17	1
其他转移性收入	54	11	101	87	12	34
非收入所得	816	803	777	665	811	789
出售资产所得	61	37	65	32	21	21
非经常性转移所得	749	759	708	633	788	727
借贷性所得	687	581	669	398	856	1666

农村居民家庭分组调查资料

16-2 续表1 （2019年） 单位：元

指标名称	合计	20%农村低收入户	20%农村中低收入户	20%农村中等收入户	20%农村中高收入户	20%农村高收入户
总　支　出	**14393**	**10549**	**13220**	**18846**	**28119**	**50163**
消费支出	9329	7784	10007	14329	20280	31790
食品烟酒	2820	2333	2938	3906	5505	6992
食品	1934	1659	2035	2624	3513	3997
烟酒	416	331	379	415	570	588
饮料	83	63	80	106	139	185
饮食服务	387	280	444	760	1283	2221
衣着	611	441	669	1083	1653	2660
衣类	474	338	529	842	1348	2216
鞋类	137	103	139	241	304	444
居住	1887	1548	2155	3912	4979	7955
生活用品及服务	541	385	526	743	1233	1939
交通通信	1159	749	1122	1983	2164	3803
交通	827	498	784	1524	1547	2973
通信	333	251	337	459	617	829
教育文化娱乐	847	831	1041	1257	2000	3353
教育	630	662	807	888	1248	2075
文化娱乐	217	169	234	369	751	1279
医疗保健	1294	1385	1392	1173	2329	4220
医疗器具及药品	581	425	673	455	922	1200
医疗服务	713	960	719	718	1407	3020
其他用品和服务	170	112	164	271	418	868
生产经营费用支出	2550	1242	968	1124	1378	5488
第一产业经营费用支出	1919	681	476	450	1096	3724
第二产业经营费用支出	147	49	176	141	1	0
第三产业经营费用支出	484	513	316	533	281	1764
财产性支出	15	4	18	12	120	240
生活贷款利息支出	14	4	18	11	62	228
转移性支出	402	346	381	726	1623	3241
部分商业保险支出	73	51	71	102	160	245
购置资产及非经常性转移支出	1664	886	1426	2067	3369	7181
借贷性支出	359	235	349	487	1190	1977
附：住房建筑面积（平方米）	30	25	30	32	33	42

16-3 农村居民家庭每百

（2019年）

县（市、区）名称	家用汽车(辆)	摩托车（辆）	助力车（台）	洗衣机（台）	电冰箱（台）	微波炉（台）	彩色电视机（台）	空调（台）	热水器（台）
全　市	**22.8**	**63.9**	**39.8**	**95.5**	**99.5**	**17.1**	**107.7**	**10.8**	**46.0**
双桥区	21.2	87.6	31.0	94.1	100.1	37.2	128.7	5.5	37.2
双滦区	22.8	28.9	37.9	100.0	100.0	36.8	112.7	35.5	72.4
营子区	23.2	49.1	27.4	86.5	80.5	40.7	86.5	11.8	61.3
承德县	16.3	61.2	52.8	91.8	99.5	13.0	111.2	25.0	67.8
兴隆县	25.8	44.2	29.6	97.6	101.5	26.7	111.4	21.2	55.8
平泉市	17.5	65.8	49.8	98.6	97.5	9.0	106.7	1.9	22.2
滦平县	25.1	56.1	42.2	95.1	110.7	16.9	113.1	26.4	48.9
隆化县	14.0	58.6	17.4	90.0	97.8	13.2	101.3	0.0	56.5
丰宁县	25.1	68.8	49.5	97.2	93.5	6.6	102.5	1.4	26.6
宽城县	33.2	114.5	16.3	100.0	94.6	18.5	120.0	8.5	37.0
围场县	29.9	65.6	44.3	96.3	104.0	26.0	102.5	0.0	40.7

16-4 分县（市、区）农村

（2019年）

县（市、区）名称	可支配收　入	一、工资性收入				二、经营净收入	
			工资	实物福利	其他		第一产业经营净收入
全　市	**12101**	**6926**	**6113**	**17**	**796**	**2846**	**2000**
双桥区	14247	11403	9206	3	2194	255	182
双滦区	14442	7053	6765	1	287	5471	1135
营子区	11652	6392	6275	3	114	1071	514
承德县	12385	6874	4455	0	2419	2095	1593
兴隆县	13849	12024	11315	18	691	954	478
平泉市	14097	4808	4721	2	85	3122	2167
滦平县	11411	7215	7129	61	25	2457	1470
隆化县	10239	6408	6064	3	340	2088	1555
丰宁县	9586	6537	4631	1	1906	647	235
宽城县	14215	10718	9950	2	766	2305	1556
围场县	10118	3369	3311	33	25	5475	4486

户耐用品拥有量

洗碗机（台）	排油烟机（台）	固定电话（部）	移动电话（部）	#接入互联网	计算机（台）	#接入互联网	照相机（台）	中高档乐器（架）	健身器材（台）	空气净化器(含新风系统)(台)	吸尘器（台）
0.9	**32.8**	**5.6**	**242.6**	**185.3**	**26.8**	**21.7**	**1.0**	**0.4**	**0.9**	**0.1**	**1.1**
0.0	55.5	7.1	224.0	77.1	16.7	12.5	0.0	2.2	0.0	0.0	0.0
0.0	79.0	0.0	268.0	244.5	56.1	54.3	0.0	0.0	0.0	0.0	0.0
0.0	71.9	7.8	222.1	190.6	29.8	14.0	21.2	0.0	2.3	0.0	3.1
0.0	32.5	2.1	206.2	141.6	7.4	1.9	0.0	0.0	0.0	0.0	0.0
2.6	48.1	9.6	227.1	210.8	38.7	31.1	1.2	0.0	0.0	0.0	1.2
1.5	13.8	5.6	286.2	259.2	20.3	20.3	0.0	0.0	1.2	0.0	2.6
0.0	33.9	0.0	235.7	123.8	37.7	25.1	0.0	1.3	1.7	1.3	0.9
0.0	29.8	12.6	233.8	166.9	23.9	23.9	1.3	0.0	1.3	0.0	1.1
1.4	22.1	9.9	244.0	151.0	21.3	6.6	0.0	0.0	1.4	0.0	1.5
0.0	16.3	6.4	244.6	184.4	19.2	19.2	3.2	1.5	3.4	0.0	0.0
1.3	42.4	1.0	265.0	228.5	43.3	43.3	1.3	1.2	0.0	0.0	1.3

居民人均可支配收入

单位：元

农业	林业	牧业	渔业	第二产业经营净收入	采矿业	制造业	电力、热力、燃气及水生产和供应业	建筑业
1642	**115**	**241**	**2**	**193**	**0**	**39**	**-1**	**155**
16	6	160	0	-1	0	-1	0	0
697	10	204	223	0	0	0	0	0
260	-50	304	0	194	0	134	0	60
1130	189	293	-19	295	0	295	0	0
506	-6	-22	0	-1	0	-1	0	0
1982	92	93	0	0	0	0	0	0
758	35	676	0	0	0	0	0	0
909	8	659	-21	-6	0	0	-5	0
113	14	112	-4	-1	0	-1	0	1
1364	72	120	0	563	0	0	0	563
4099	312	74	0	513	0	0	0	513

分县（市、区）农村

16-4 续表 1

（2019 年）

县（市、区）名称	第三产业经营净收入	批发和零售业	交通运输、仓储和邮政业	住宿和餐饮业	房地产业	租赁和商务服务业	居民服务、修理和其他服务业
全 市	**653**	**285**	**217**	**100**	**-2**	**25**	**20**
双桥区	73	29	0	45	0	0	0
双滦区	4337	332	975	2394	0	611	58
营子区	363	2	0	0	0	0	367
承德县	207	142	91	0	0	0	0
兴隆县	477	153	222	0	0	67	0
平泉市	954	821	162	0	-11	0	0
滦平县	988	460	413	88	-5	-23	37
隆化县	538	443	25	0	0	0	-11
丰宁县	412	352	72	0	-1	0	0
宽城县	185	10	0	0	0	0	174
围场县	477	53	349	67	0	0	5

16-4 续表 2

县（市、区）名称	四、转移净收入	转移性收入	养老金或离退休金	社会救济和补助	政策性生活补贴	报销医疗费
全 市	**2134**	**2509**	**683**	**135**	**93**	**201**
双桥区	2514	2900	1475	32	522	13
双滦区	1856	2519	2053	48	56	16
营子区	3953	4512	3816	282	76	12
承德县	3328	3914	531	224	35	29
兴隆县	717	1130	493	33	5	80
平泉市	6072	6624	1453	177	28	158
滦平县	1035	1418	677	62	76	147
隆化县	1557	1998	373	205	218	680
丰宁县	2124	2277	258	90	165	53
宽城县	942	1287	254	233	40	263
围场县	1253	1421	633	98	82	226

居民人均可支配收入

单位：元

其他	农林牧渔服务业	三、财产净收入	利息净收入	红利收入	转让承包土地经营权租金净收入	出租房屋财产性收入	其他财产净收入
12	**-3**	**195**	**31**	**58**	**75**	**15**	**7**
-1	0	75	21	0	44	10	0
0	-32	61	5	0	57	0	0
-5	-1	236	1	0	27	198	9
-2	-25	88	31	14	34	0	10
35	0	155	67	0	0	0	17
-4	-14	96	5	5	54	33	-1
-1	19	703	67	557	55	11	4
75	4	187	18	0	149	7	12
-1	-9	279	41	7	205	26	-2
1	0	251	140	0	5	70	36
-1	4	21	-21	1	40	0	0

单位：元

家庭外出从业人员寄回带回收入	赡养收入	其他经常转移收入	从政府和组织得到的实物产品和服务折价	现金政策性惠农补贴	转移性支出	附：住房建筑面积（平方米）
1004	**260**	**54**	**6**	**73**	**375**	**30**
498	332	0	15	13	386	29
0	154	94	0	98	663	29
99	198	1	1	26	559	30
2156	800	10	0	130	586	33
414	105	0	1	0	413	36
4420	278	46	1	64	553	30
0	365	35	7	50	383	26
206	156	92	5	64	442	27
1150	252	168	1	140	153	27
151	141	63	0	142	345	25
281	46	11	21	23	168	31

16-5 主要年份城市居民家庭收支情况（1965-2019 年）

单位：元

年　份	人均可支配收入	人均家庭支　出	#人均消费性支出	#人均食品类支出
1965	208.56	204.84	202.20	114.60
1966	221.76	218.04	204.84	116.92
1967	224.04	222.84	212.64	117.65
1980	360.60	443.76	416.88	111.88
1981	426.84	458.52	433.32	227.68
1982	466.20	448.56	427.92	235.45
1983	467.76	479.76	450.96	248.36
1984	526.20	534.96	487.92	443.19
1985	632.64	654.24	602.40	322.57
1986	781.44	767.64	690.72	372.77
1987	854.76	859.68	778.20	443.47
1988	1099.32	1335.60	1234.56	578.49
1989	1300.44	1355.04	1241.28	672.19
1990	1396.20	1521.72	1359.24	683.24
1991	1493.52	1451.28	1296.96	693.08
1992	1896.84	1920.72	1659.48	870.02
1993	2261.04	2388.36	2100.00	936.27
1994	3179.88	2888.16	2611.80	1320.56
1995	3721.80	3785.76	3103.92	1590.52
1996	4458.72	4198.56	3757.80	1760.25
1997	4258.08	4547.64	3755.28	1723.63
1998	4730.28	4738.32	3878.16	1700.96
1999	4538.76	4260.60	3498.12	1578.96
2000	5150.00	5371.44	4603.00	1869.00
2001	5703.13	5985.31	4982.02	2001.93
2002	6661.80	6104.23	5070.59	1981.59
2003	7142.76	7321.32	5538.96	2200.68
2004	7538.17	6673.30	5649.92	2268.87
2005	7844.61	7852.58	5945.57	2241.51
2006	8476.91	7376.85	6128.81	2327.92
2007	10394.83	9254.06	7731.78	2967.53
2008	12061.83	10771.15	8953.38	3307.33
2009	13282.24	11308.52	8979.87	3391.21
2010	14667.55	11923.14	9490.05	3647.32
2011	16637.56	13754.06	10902.6	4402.35
2012	18706.01	14699.18	11604.5	4816.4
2013	19137.55	16005.8	11712.87	3476.99
2014	20982.84	19252.33	14113.74	4134.28
2015	22885.22	19779.13	15635.97	4821.32
2016	24856.48	22025.95	17326.75	4975.19
2017	27041.99	25000.12	19425.98	5504.62
2018	29556.91	27883.57	20983.66	5310.67
2019	32364.77	31727.56	23098.38	5600.89

注：从 2013 年开始新口径为城镇居民人均可支配收入数据。

16-6 城镇居民家庭人均分组调查资料

（2019 年） 单位：元

指标名称	合计	20%城镇低收入户	20%城镇中低收入户	20%城镇中等收入户	20%城镇中高收入户	20%城镇高收入户
总收入	**35492**	**14078**	**23899**	**32428**	**44982**	**73654**
可支配收入	32365	13192	21321	30182	41467	66079
工资性收入	20127	9618	14312	19747	25991	36407
工资	19323	9492	14028	19034	24854	34239
实物福利	15	1	20	16	19	22
其他	789	125	263	697	1118	2146
经营性收入	3749	931	2435	1249	2460	13674
第一产业经营收入	562	160	1186	5	1438	15
第二产业经营收入	334	0	6	0	0	1972
第三产业经营收入	2853	771	1242	1244	1021	11686
财产性收入	3005	2117	2059	2820	3364	5292
利息收入	124	18	37	34	54	562
红利收入	8	0	0	0	42	0
储蓄性保险净收益	11	23	0	0	0	34
转让承包土地经营权租金净收入	11	27	14	0	9	0
出租房屋财产性净收入	202	64	137	112	88	707
出租机械、专利、版权等资产的净收入	0	0	0	0	0	0
其他财产净收入	57	3	0	6	0	326
房屋虚拟租金	2593	1983	1870	2667	3170	3663
转移性收入	8612	1413	5094	8612	13166	18281
养老金或离退休金	7580	958	4508	8112	11919	15489
社会救济和补助	26	28	27	59	1	14
政策性生活补贴	49	2	14	62	125	60
家庭外出从业人员寄回带回收入	328	170	346	57	501	651
赡养收入	105	121	45	183	106	66
报销医疗费	472	67	64	132	442	1992
从政府和组织得到的实物产品和服务折价	5	1	8	2	11	6
政策性惠农补贴	2	2	3	5	0	0
其他转移性收入	44	62	79	1	62	3
非收入所得	718	585	425	1093	577	1003
出售资产所得	9	6	0	2	0	42
非经常性转移所得	695	580	424	1088	577	877
其他非收入所得	15	0	1	2	0	84
借贷性所得	914	91	163	563	1033	3312

城镇居民家庭人均分组调查资料

16-6　续表 1　（2019 年）　单位：元

指标名称	合计	20%城镇低收入户	20%城镇中低收入户	20%城镇中等收入户	20%城镇中高收入户	20%城镇高收入户
总　支　出	**31728**	**16204**	**24101**	**29448**	**36710**	**60519**
消费支出	23098	13742	18840	23398	25837	38374
食品烟酒	5601	3649	4810	6103	6189	8136
食品	3475	2609	3106	3968	3587	4471
烟酒	480	269	429	533	475	785
饮料	140	80	118	158	155	213
饮食服务	1507	691	1157	1444	1973	2666
衣着	1875	980	1370	1996	2288	3192
衣类	1537	779	1082	1613	1930	2667
鞋类	339	201	288	383	358	525
居住	6016	4119	4935	5840	7244	8936
生活用品及服务	1303	568	874	1351	1607	2497
交通通信	2603	1210	2667	2366	2550	4808
交通	1971	777	2134	1708	1925	3789
通信	633	433	533	658	624	1019
教育文化娱乐	2422	1400	2235	2357	2716	3848
教育	1577	1092	1603	1376	1705	2316
文化娱乐	845	308	633	980	1012	1531
医疗保健	2757	1598	1587	2914	2648	5821
医疗器具及药品	843	329	545	1179	1063	1320
医疗服务	1914	1268	1043	1734	1586	4500
其他用品和服务	522	218	361	471	594	1136
生产经营费用支出	1183	255	1397	371	1075	3266
第一产业经营费用支出	374	78	853	3	910	19
第二产业经营费用支出	1	2	0	1	0	0
第三产业经营费用支出	809	174	544	366	165	3247
财产性支出	130	19	43	159	226	258
生活贷款利息支出	102	19	17	71	226	233
其他财产性支出	27	0	26	88	0	25
转移性支出	1969	587	1230	1963	2557	4229
部分商业保险支出	168	91	134	164	220	265
购置资产及非经常性转移支出	3941	887	1959	2517	4856	11420
借贷性支出	1238	623	500	876	1940	2707
附：住房建筑面积（平方米）	34	27	30	32	39	44

16-7 城镇居民家庭每百户耐用品拥有量

（2019 年）

县（市、区）名 称	家用汽车（辆）	摩托车（辆）	助力车（台）	洗衣机（台）	电冰箱（台）	微波炉（台）	彩 色电视机（台）
全 市	**42.9**	**19.4**	**32.3**	**100.1**	**101.6**	**65.0**	**104.3**
双桥区	38.5	9.5	13.5	97.1	98.5	68.2	100.0
双滦区	42.9	10.5	9.1	100.0	100.0	63.9	102.1
营子区	34.6	31.4	18.1	99.0	94.0	55.1	100.0
承德县	53.4	12.6	56.2	100.0	100.0	46.5	100.0
兴隆县	46.9	20.1	60.1	100.0	99.9	47.4	105.3
平泉市	31.6	24.4	75.8	113.3	101.5	61.6	106.4
滦平县	39.0	14.2	51.5	104.8	100.0	48.0	109.1
隆化县	50.1	42.6	28.1	97.8	101.3	46.0	110.8
丰宁县	58.1	15.2	55.1	95.1	99.9	65.0	100.0
宽城县	54.6	85.5	24.0	104.0	102.0	88.2	111.8
围场县	47.2	17.6	47.2	100.0	127.8	100.0	120.4

16-7 续表 1

县（市、区）名 称	空调（台）	热水器（台）	洗碗机（台）	排油烟机（台）	固定电话（部）	移动电话（部）	#接入互联网
全 市	**49.3**	**92.1**	**0.2**	**91.8**	**9.4**	**234.9**	**187.9**
双桥区	60.7	88.3	0.0	87.3	6.5	222.1	130.7
双滦区	67.5	98.5	1.9	100.0	2.4	226.5	200.5
营子区	31.6	74.4	0.0	84.8	16.1	219.7	206.7
承德县	66.6	92.5	0.0	97.4	2.6	246.5	246.5
兴隆县	19.9	80.4	0.0	90.0	7.6	246.9	225.4
平泉市	55.3	98.4	0.0	107.6	16.5	275.8	256.7
滦平县	41.2	99.3	0.0	85.6	2.9	243.2	209.3
隆化县	45.2	92.0	0.0	65.7	31.2	281.3	254.7
丰宁县	9.6	87.4	0.0	97.6	17.3	160.3	115.0
宽城县	67.8	105.6	0.0	100.0	15.5	232.2	193.2
围场县	10.1	100.0	0.0	100.0	2.6	272.9	272.9

16-7 续表 2

县（市、区）名 称	计算机（台）	#接入互联网	照相机（台）	中高档乐器（架）	健身器材（台）	空气净化器（含新风系统）（台）	吸尘器
全 市	**69.5**	**50.8**	**13.4**	**5.1**	**5.9**	**2.4**	**8.8**
双桥区	59.7	38.0	10.6	1.9	2.0	0.0	6.1
双滦区	71.4	71.4	20.8	4.0	15.7	4.2	6.4
营子区	72.9	67.0	17.2	2.7	0.0	0.0	2.7
承德县	66.6	51.3	22.0	7.5	5.2	2.3	2.6
兴隆县	85.1	48.2	10.0	7.0	2.3	5.8	2.3
平泉市	98.0	92.9	4.7	8.4	8.7	3.1	9.8
滦平县	76.2	14.5	5.3	2.9	8.2	0.0	5.3
隆化县	51.7	49.6	6.6	4.4	6.6	0.0	15.5
丰宁县	67.7	15.1	9.9	7.5	2.4	7.5	12.3
宽城县	65.5	61.4	17.9	14.3	4.0	6.3	20.0
围场县	84.8	82.3	32.7	10.0	14.9	7.4	22.6

16-8 分县（市、区）城镇

（2019 年）

县（市、区）名称	可支配收入	一、工资性收入	工资	实物福利	其他	二、经营净收入	第一产业经营净收入	农业	林业	牧业
全 市	**32365**	**20127**	**19323**	**15**	**789**	**2502**	**209**	**127**	**0**	**92**
双桥区	37153	19723	19044	1	678	-1	0	1	0	0
双滦区	37698	17484	16495	0	989	7372	-2	-1	0	0
营子区	28947	17770	16964	2	805	-1	0	0	0	0
承德县	30338	23548	22694	11	842	634	0	0	0	0
兴隆县	28887	22622	21700	4	918	1332	-1	0	-1	0
平泉市	31327	18500	17351	1	1147	4696	56	81	0	-25
滦平县	33082	24944	23065	144	1734	3777	68	14	1	53
隆化县	28610	23026	22127	17	882	5696	2438	1459	0	1105
丰宁县	25765	13514	13308	7	199	3843	9	-8	7	10
宽城县	34801	28284	27552	0	731	1555	-2	-2	0	0
围场县	27001	18046	17906	8	132	1885	1	1	0	0

16-8 续表 1

县（市、区）名称	租赁和商务服务业	居民服务、修理和其他服务业	三、财产净收入	利息净收入	红利收入	出租房屋财产性收入	出租机械、专利、版权等资产的收入	其他财产净收入	房屋虚拟租金	四、转移净收入
全 市	**254**	**62**	**2889**	**32**	**8**	**11**	**202**	**33**	**2593**	**6847**
双桥区	0	0	4225	-191	0	0	103	194	4120	13206
双滦区	0	0	2406	-31	0	0	0	0	2437	10436
营子区	0	0	1552	159	0	0	59	0	1334	9626
承德县	0	140	3350	697	0	10	589	0	2054	2806
兴隆县	0	0	3409	-2	11	0	119	21	3259	1525
平泉市	2631	87	1561	-36	0	0	150	-3	1449	6571
滦平县	-76	0	2538	208	0	80	122	-45	2174	1823
隆化县	-9	202	820	-9	0	33	0	0	796	-931
丰宁县	0	75	3262	-70	0	0	680	7	2568	5146
宽城县	12	445	4173	717	142	0	1033	0	2282	790
围场县	0	0	1779	-31	0	18	0	-222	1956	5290

居民人均可支配收入

单位：元

渔业	第二产业经营净收入	采矿业	制造业	电力、热力、燃气及水生产和供应业	建筑业	第三产业经营净收入	批发和零售业	交通运输、仓储和邮政业	住宿和餐饮业
-10	**272**	**0**	**-1**	**1**	**272**	**2020**	**1258**	**280**	**139**
0	0	0	0	0	0	-2	-2	0	0
0	3159	0	0	0	3159	4215	2458	122	1654
0	-1	0	-1	0	0	0	0	0	0
0	0	0	0	0	0	634	460	57	0
0	-1	0	-1	0	0	1334	448	0	0
0	0	0	0	0	0	4640	558	1562	0
0	0	0	0	0	0	3709	3465	320	0
-126	0	0	0	0	0	3257	2313	731	0
0	18	0	0	18	0	3815	3507	276	-39
0	-3	0	-3	0	0	1560	1103	0	0
0	-5	0	-5	0	0	1890	1824	75	0

单位：元

转移性收入	养老金或离退休金	社会救济和补助	政策性生活补贴	报销医疗费	家庭外出从业人员寄回带回收入	赡养收入	其他经常转移收入	转移性支出	附：住房建筑面积（平方米）
8612	**7580**	**26**	**49**	**472**	**328**	**105**	**44**	**1764**	**34**
14521	13496	52	31	894	0	9	35	1315	36
12653	12256	0	6	376	0	16	0	2217	31
11088	10251	122	133	517	0	66	0	1463	30
4555	3877	29	113	25	0	329	181	1750	33
3515	3051	6	0	449	0	0	1	1990	33
9355	5532	0	192	590	2891	0	149	2784	34
4287	3020	37	17	339	147	646	55	2463	30
1349	1240	0	19	39	32	8	0	2280	29
5549	5087	34	36	0	317	56	0	402	43
2301	1900	1	0	96	0	231	73	1511	37
7215	6427	0	38	551	47	134	0	1925	33

16-9 城乡（全体）居民家庭人均总收入与总支出

（2019 年）

单位：元

指标名称	人均数
总收入	**24889**
工资性收入	13262
工资	12454
实物福利	16
其他	793
经营性收入	4637
第一产业经营收入	2298
第二产业经营收入	353
第三产业经营收入	1986
财产性收入	1551
利息收入	82
红利收入	34
储蓄性保险净收益	6
转让承包土地经营权租金净收入	44
出租房屋财产性净收入	105
出租机械、专利、版权等资产的净收入	4
其他财产净收入	31
房屋虚拟租金	1244
转移性收入	5438
养老金或离退休金	3994
社会救济和补助	83
政策性生活补贴	72
家庭外出从业人员寄回带回收入	679
赡养收入	185
报销医疗费	331
从政府和组织得到的实物产品和服务折价	6
现金政策性惠农补贴	39
其他转移性收入	49
非收入所得	769
出售资产所得	36
非经常性转移所得	723
其他非收入所得	10
借贷性所得	796

城乡（全体）居民家庭人均总收入与总支出

16-9 续表 1　　（2019 年）　　单位：元

指 标 名 称	人 均 数
总 支 出	**22714**
消费支出	15938
食品烟酒	4155
食品	2674
烟酒	446
饮料	110
饮食服务	925
衣着	1218
衣类	984
鞋类	234
居住	3869
生活用品及服务	907
交通通信	1852
交通	1376
通信	477
教育文化娱乐	1603
教育	1085
文化娱乐	518
医疗保健	1996
医疗器具及药品	707
医疗服务	1289
其他用品和服务	339
生产经营费用支出	1894
第一产业经营费用支出	1177
第二产业经营费用支出	77
第三产业经营费用支出	640
财产性支出	70
生活贷款利息支出	57
其他财产性支出	13
转移性支出	1155
部分商业保险支出	118
购置资产及非经常性转移支出	2757
借贷性支出	781
附：住房建筑面积（平方米）	32

16-10　城乡（全体）居民家庭人均可支配收入

（2019 年）　　　　单位：元

指　标　名　称	人　均　数
可支配收入	21828
工资性收入	13262
工资	12454
实物福利	16
其他	793
经营净收入	2681
第一产业经营净收入	1140
农业	915
林业	60
牧业	169
渔业	-4
第二产业经营净收入	231
采矿业	0
制造业	20
电力、热力、燃气及水生产和供应业	0
建筑业	211
第三产业经营净收入	1309
批发和零售业	752
交通运输、仓储和邮政业	247
住宿和餐饮业	119
租赁和商务服务业	135
居民服务、修理和其他服务业	40
农林牧渔服务业	-1
财产净收入	1488
利息净收入	31
红利收入	34
储蓄性保险净收益	6
转让承包土地经营权租金净收入	44
出租房屋财产性收入	105
出租机械、专利、版权等资产的收入	4
其他财产净收入	19
房屋虚拟租金	1244
转移净收入	4396
转移性收入	5438
养老金或离退休金	3994
社会救济和补助	83
政策性生活补贴	72
报销医疗费	331
家庭外出从业人员寄回带回收入	679
赡养收入	185
其他经常转移收入	49
从政府和组织得到的实物产品和服务折价	6
现金政策性惠农补贴	39
转移性支出	1042

16-11 分县（市、区）城镇、农村居民人均可支配收入

（2019 年）

单位：元、%

县（市、区）名称	城镇居民人均可支配收入			农村居民人均可支配收入		
	2019 年	2018 年	增速	2019 年	2018 年	增速
全　市	**32365**	**29557**	**9.5**	**12101**	**10804**	**12.0**
双桥区	37153	33930	9.5	14247	12812	11.2
双滦区	37698	34427	9.5	14442	12918	11.8
营子区	28947	26387	9.7	11652	10441	11.6
承德县	30338	27782	9.2	12385	11118	11.4
兴隆县	28887	26285	9.9	13849	12343	12.2
平泉市	31327	28479	10.0	14097	12531	12.5
滦平县	33082	30047	10.1	11411	10116	12.8
隆化县	28610	26248	9.0	10239	9093	12.6
丰宁县	25765	23660	8.9	9586	8528	12.4
宽城县	34801	31810	9.4	14215	12806	11.0
围场县	27001	24703	9.3	10118	9002	12.4